Jean-Paul Picaper · Ludwig Norz

DIE KINDER DER SCHANDE

Jean-Paul Picaper · Ludwig Norz

DIE KINDER
DER SCHANDE

Das tragische Schicksal deutscher
Besatzungskinder in Frankreich

Aus dem Französischen
von Michael Bayer

Mit 42 Abbildungen auf Tafeln

Piper
München Zürich

Die Originalausgabe erschien 2004
unter dem Titel »Enfants Maudits«
bei Éditions des Syrtes, Paris.

Die deutsche Ausgabe wurde von den Autoren überarbeitet und ergänzt.
Alle Photos im Bildteil entstammen Privatbesitz,
mit Ausnahme des Bildes auf Tafel 16 (SV-Bilderdienst).

ISBN 3-492-04697-5
© Éditions des Syrtes, 2004
© Deutsche Ausgabe:
Piper Verlag GmbH, München 2005
Satz: seitenweise, Tübingen
Druck und Bindung: Pustet, Regensburg
Printed in Germany

www.piper.de

INHALT

Dieses Buch ist allen Kriegskindern gewidmet, die in diesen Buchseiten nicht auftauchen, all denen, die es nie gewagt haben oder denen es unmöglich war, eigene Nachforschungen anzustellen und ihr Schicksal dadurch bekanntzumachen, die schweigend unter ihrer Schande, ihrer Einsamkeit leiden und die Hoffnung aufgegeben haben, daß sich an ihrem schweren Los noch je etwas ändern könnte. Möge es ihnen ein Trost sein zu wissen, daß sie nicht mehr alleine sind, möge es ihnen dadurch möglich sein, ihre Bürde mit denen zu teilen, die künftig das Gespräch mit ihnen suchen und an ihrem Schicksal Anteil nehmen werden.

Sie leben mitten unter uns Franzosen, vielleicht etwas blonder als der Durchschnitt, aber nicht einmal das ist immer der Fall; sie tragen ihr Geheimnis seit ihrer Kindheit mit sich herum und leben in Frankreich, diesem sonst so großzügigen Asylland für politisch Verfolgte, das ihnen doch niemals Gerechtigkeit hat widerfahren lassen. Oft bereits hinfällig, manchmal aber auch trotz allem durchaus mit ihrem Leben zufrieden, sind sie heute zwischen achtundfünfzig und dreiundsechzig Jahre alt. An eine ständige »Heimlichtuerei« gewöhnt, hängen sie ganz selten ihre Geschichte an die große Glocke und öffnen ihr Herz nur wenigen Freunden oder ihrem Lebenspartner.

Heute aber, da sie in den Ruhestand treten, fühlen sie sich dazu aufgerufen, sich anderen anzuvertrauen, und auch ihre Kinder und Enkel würden ihr deutsches »Erbteil« gerne besser kennenlernen. Vor allem würden sie gerne verstehen, warum es diesen so schwer fällt, andere ins Vertrauen zu ziehen, und sie sich sogar für einen »Fehltritt« verantwortlich fühlen, den sie nicht selbst begangen haben.

Trotz der nunmehr bereits seit über vier Jahrzehnten andauernden Freundschaft, die durch den deutsch-französischen Vertrag vom 22. Januar 1963 besiegelt wurde, der die Unterschriften des Generals de Gaulle und des Kanzlers Adenauer trägt, schlägt ihnen immer noch das Herz bis zum Hals, wenn sie über ihr Geburtsjahr oder die Identität ihres Vaters Auskunft geben sollen. Möge dieses Buch ihnen dabei helfen, ein Beziehungsnetz mit Leuten ähnlichen Schicksals zu knüpfen, das es ihnen erlaubt, die besonderen Umstände ihres Lebens leichter tragen zu können.

VORREDE

Es ist doch seltsam, wie sehr sich der Standpunkt unterscheidet,
je nachdem, ob man Frucht eines Fehltritts oder einer legitimen Beziehung ist.

André Gide, *Die Falschmünzer*

Im Jahre 1997 hatte ich im *Figaro* einen Artikel über die Fährnisse
von Franz Anthöfer, eines Deutschen aus Köln, veröffentlicht.
Dieser hatte erst im Erwachsenenalter von seiner Mutter erfahren, daß er der Sohn eines Beamten der amerikanischen Besatzungstruppen in Deutschland sei und daß sein Vater in die Vereinigten Staaten zurückgekehrt war, ohne irgendwelche Spuren zu
hinterlassen. Anthöfer hatte mir vor allem erzählt, wie er es angestellt hatte, seinen Vater, einen Anwalt in West Virginia, aufzu-
finden. Der Vater war allerdings kurz vor Anthöfers Ankunft in
den USA verschieden.

Nach dem Erscheinen meiner Reportage schrieb mir Norbert
Leroy, ein hoher französischer Beamter, er sei der Sohn eines
Deutschen, der im Zweiten Weltkrieg in Frankreich als Besatzer
stationiert gewesen sei. Er hatte in einem Flugzeug auf dem Weg
nach Asien zufällig meinen Artikel gelesen. Nun bat er mich, seinem Fall und dem Tausender anderer Franzosen, die wie er nach
dem Krieg unter ihrer missliebigen Abstammung gelitten hätten,
einige Zeilen zu widmen. Die meisten hätten ihren Vater in
Deutschland gesucht oder wären immer noch auf der Suche nach
ihm. Ich antwortete Monsieur Leroy, daß ein paar Zeitungsspal-
ten zur Behandlung eines solchen Themas bei weitem nicht aus-
reichen. Statt dessen sei es nötig, eine gründliche Untersuchung

anzustellen und dem Thema ein ganzes Buch zu widmen. Dieser Briefwechsel wurde nun zum ersten Anstoß für dieses Projekt. Durch ihn wurde ich ermutigt, mich an diese Aufgabe zu wagen.

Schon meine ersten Nachforschungen konnten mich davon überzeugen, daß es sich hier um eines der größten Nachkriegsprobleme handelte, dem man aber lieber aus dem Weg ging, da es weder in den offiziellen Geschichtsrahmen noch zu den heroischen Mythen paßte, die sich die Völker erfinden, um Unheil in der Vergangenheit besser verdrängen zu können. Ich konnte dies an den Ablehnungen erkennen, die ich von etlichen Verlegern erfuhr, als ich nach ihrer Bereitschaft fragte, eine gründliche Untersuchung über diese Kriegskinder zu veröffentlichen. Während mein Buch *Sur la trace des trésors nazis** (Auf den Spuren der Nazischätze), das von der Ausplünderung der europäischen Juden durch das Hitlerregime handelte, ganz leicht einen Verlag gefunden hatte, stießen die *Kinder der Schande* auf große Widerstände. Ihr Schicksal wieder ins Gedächtnis zurückzurufen, schien nicht, zumindest noch nicht, zeitgemäß. Aber dann äußerte im Jahre 2002 ein Pariser Verlag Interesse an diesem vergessenen Stoff, da es in der engeren Verwandtschaft der Cheflektorin ein Besatzerkind gegeben hatte. Sie erkannte sofort die Dringlichkeit einer solchen Arbeit.

In der Zwischenzeit hatte ich Ludwig Norz kennengelernt, der von diesem unerforschten Vorgang ebenso fasziniert war wie ich. Der zweite Anstoß war dann ein Gespräch, das ich mit diesem deutschen Freund führte, der im Archiv der *Deutschen Dienststelle (WASt)* arbeitete. Diese *Deutsche Dienststelle (WASt) für die Benachrichtigung der nächsten Angehörigen von Gefallenen der ehemaligen deutschen Wehrmacht* in Berlin war aus der alten *Wehrmachtsauskunftstelle für Kriegerverluste und Kriegsgefangene* hervorgegangen. Durch Ludwig Norz erfuhr ich, daß die *WASt* mehr und mehr Briefe aus allen europäischen Ländern erhielt, die im Zweiten Weltkrieg durch die Deutschen besetzt waren, die von Personen stammten, die

---

* Paris: Édition Tallandier 1998.

10

auf der Suche nach ihren deutschen Vätern waren. Das Thema war also durchaus von höchster Aktualität.

Im folgenden wurde dann im Herbst 2002 ein Historikertreffen abgehalten, das den »Kindern des Krieges« in Europa gewidmet war. Organisiert von dem Berliner Kunst- und Kulturverein »Fantom e.V.«, zusammen mit dem Landesarchiv Berlin und unter der Schirmherrschaft von Marlies Wanjura, der Bezirksbürgermeisterin von Berlin-Reinickendorf, einem Bezirk, der früher im ehemaligen französischen Sektor Berlins lag, fand diese Tagung in dem riesigen roten Backsteingebäude am Eichborndamm statt, das mehr als zwanzig Millionen Personalakten und Karteikarten von Soldaten der Wehrmacht und der Kriegsmarine beherbergt. Dieses Treffen war Teil des Projekts Experienzawast, das unter der Ägide von Urs Veit, dem Leiter der Deutschen Dienststelle (WASt),* steht und dessen Ziel es ist, eine öffentliche und offene Debatte über zeitgeschichtliche Fragen anzustoßen. Zu der Tagung waren Betroffene erschienen, um über ihre Kindheits- und Jugendprobleme in der Nachkriegszeit und über die Suche nach ihrem verschwundenen Vater zu berichten, die für manche erfolgreich verlief, während sie für andere vergeblich geblieben war.

Mehrere Historiker, die an dieser Tagung des Kulturvereins teilnahmen, wie zum Beispiel der Franzose Fabrice Virgili, hatten sich bereits mit den Mißhandlungen und Erniedrigungen beschäftigt, denen Französinnen während und nach der Befreiung ihres Landes ausgesetzt waren, weil sie ein Kind von einem Deutschen hatten. Einige von ihnen waren sogar in den Selbstmord getrieben worden. Auch wenn die Gestapo und die SS weit Schlimmeres getan hatten, gereichte die demütigende Behandlung dieser Frauen Frankreich nicht zur Ehre. Am Ende dieser Tagung stiftete auf Initiative des Kulturvereins Fantom e.V. der Volks-

---

* Siehe im Anhang das Interview mit Urs Veit; und: Jean-Paul Picaper, »Die WASt: Wie die Archive der Wehrmacht gerettet wurden« im Internet-Magazin *Airbag Magazin* (www.glacis.org), Ausgabe Nr. 3 von 2003, S. 12.

bund Deutsche Kriegsgräberfürsorge (VDK) und die Deutsche Dienststelle (WASt.) eine bronzene Gedenktafel zu Ehren des deutschstämmigen, heute 87 Jahre alten amerikanischen Offiziers Henry Sternweiler und des französischen Hauptmanns Armand Klein, eines Elsässers, der bereits am 3. April 1992 in Mülhausen verstorben war. Diese beiden hatten nach der deutschen Niederlage im Juni 1946 dieses wichtige deutsche Militärarchiv der WASt. gerettet, das die Amerikaner hatten vernichten wollen, weil sie »fürchteten, daß die Deutschen sich seiner bedienen könnten, um ihre Armee wiederaufzubauen«. Aber am 14. Juni 1946 faßte der Alliierte Kontrollrat auf Veranlassung des Oberbefehlshabers der französischen Besatzungsarmee und Chefs der französischen Militärverwaltung General Koenig doch den Beschluß, dieses Wehrmachtsarchiv zu erhalten und es den französischen Besatzungsbehörden zu unterstellen. Die Franzosen argumentierten, daß sie es benutzen wollten, um ihre Landsleute zu identifizieren, die als Freiwillige in der Wehrmacht gedient hatten, um sie danach vor Gericht zur Rechenschaft ziehen zu können.

Nach heftigen Debatten im Alliierten Kontrollrat wurde tatsächlich der gesamte Aktenbestand den Franzosen übergegeben. Danach verblieb er von der Berlinblockade 1948 bis zum Abzug der französischen Truppen 1994 in der Obhut der französischen Streitkräfte in der geteilten Stadt. Diese Dokumente erlaubten es dann Hauptmann Klein, der mit ihrer Auswertung betraut worden war, Elsässer und Lothringer zu entschädigen, die zwangsweise in die Wehrmacht eingezogen worden waren, und sogar die Russen dazu zu bewegen, einige von ihnen, die in sowjetische Kriegsgefangenschaft geraten waren, in die Freiheit zu entlassen. Schließlich und vor allem konnten und können sie den nicht anerkannten Kindern deutscher Soldaten dabei helfen, diesen verlorenen Teil ihrer Identität wiederzufinden. Oft, wenn auch nicht immer, genügt ein Name oder Vorname, ein Dienstgrad oder der Name einer Stadt, um das Geheimnis ihrer Herkunft zu lüften. Über die reine Erinnerungsarbeit hinaus handelt es sich hierbei um nichts Geringeres als um einen Beitrag zur Rekonstruktion von Persönlichkeiten, denen man die Hälfte ihrer Vorfahren und damit ihrer ganz privaten Geschichte geraubt hat. Bei der Aufarbeitung der Verbrechen des Dritten Reiches hatte man sich vor allem mit den Opfern der Schoah und der Konzentrationslager, mit den Erschossenen, Gefolterten, Gemarterten, aber auch mit den an der Front Gefallenen beschäftigt, deren Gräber man wiederauffinden wollte. Hier aber forschte man nicht mehr nach dem Schicksal von Toten, sondern nach den Hintergründen einer Geburt.

Der Fall der von deutschen Vätern abstammenden französischen Kinder wurde im Fernsehen zum ersten Mal 1994 im Sender TF1 aufgegriffen. Kurz nach Ausstrahlung einer Sendung, die dem Schicksal der Nachkommen von so genannten Harkis, Algeriern, die auf der Seite der Franzosen gekämpft hatten, gewidmet war, hatte der Franzose Daniel Rouxel der Redaktion ein Schreiben gesandt, dessen Inhalt lautete: »Sehr verehrte Damen und Herren! Meines Wissens hat es bisher keine Fernsehsendung über Kinder gegeben, die während des Krieges geboren wurden und eine französische Mutter und einen deutschen Vater haben. Da auch ich zu diesen gehöre, hätte ich an einer solchen Sendung lebhaftes Interesse. In der Hoffnung, etwas von Ihnen zu hören, verbleibe ich mit freundlichen Grüßen …« Die Produzenten dieses Programms, die die Bedeutung dieses bisher von den großen Medien völlig ignorierten Themas erkannten, nahmen sofort mit Daniel Rouxel Kontakt auf. Daraufhin schilderte er ihnen in kurzen Worten seinen Fall, der dem von so vielen anderen glich, die aus denselben Gründen gelitten hatten wie er. »Während des Krieges gab es eine große Zahl von Kindesaussetzungen«, ließ er sie dann noch wissen. Eingeladen, sein Schicksal vor den Kameras zu erzählen, wurde er danach von vielen Französinnen und Franzosen kontaktiert, die sein Los teilten. Neben Norbert Leroy, dessen Brief ich bereits weiter oben erwähnt habe, war er es, der diesen »Geächteten« den Mut gab, ihre Stimme zu erheben und vor allem untereinander ein kleines Netzwerk der »Kriegskinder« zu knüpfen. So bildete sich auch in Deutschland auf einer Tagung der Evangelischen Akademie Bad Boll im April 2000 über das Thema »Kriegskinder – gestern und heute«, an der Betroffene und Therapeuten aus mehreren Ländern teilnahmen, eine Arbeitsgruppe gleichen Namens, die sich weiterhin den Problemen dieses Personenkreises widmete und sich dann im Jahre 2003 zum Verein »Kriegskind.de e.V.« umwandelte.[*] Verstanden und angehört zu werden und die Geschichte des eigenen Leids mit anderen teilen zu können, war und ist für diese durch ihre Herkunft stigmatisierten »Kriegskinder« von allergrößter Wichtigkeit.

Daniel Rouxel hatte die Stimme für diese inzwischen erwachsen gewordenen Kinder erhoben, denen man bis in ihre eigenen Familien hinein die Liebe verweigert hatte, die jedem menschlichen Wesen ungeachtet seiner Herkunft zusteht. Um dieses Gefühl von Verlassenheit und Einsamkeit besser verstehen zu können, erlaube man mir, den Brief zu zitieren, den ich von einer der für dieses Buch befragten Personen erhielt, die ich zuvor mit Norbert Leroy bekanntgemacht hatte. Jeanine Sevestre schrieb mir daraufhin folgende Zeilen: »Vielen Dank, daß Sie Norbert Leroy meine Adresse und Telefonnummer gegeben haben. Er hat mich bald darauf angerufen. Unser Gespräch hat mich sehr bewegt. Es war das erste Mal, daß ich mit einem Menschen sprechen konnte, der denselben Hintergrund wie ich hat und sich deshalb in vergleichbarer Lage befindet. Darüber hinaus hat er mir die Telefonnummer von Michelle Colin gegeben, mit der ich seitdem ebenfalls ein Gespräch führen konnte. Ich hatte das deutliche Gefühl, daß wir alle drei einen sehr wichtigen Punkt, nämlich eine ausgeprägte Überempfindlichkeit, gemeinsam haben, und daß sich zwischen uns eine gewisses Einverständnis gebildet hat, das keiner Worte bedarf. Dies hat mich im tiefsten Herzen berührt. Auch wenn ich von meinem Mann und meinem Arzt viel Beistand bei den Schwierigkeiten erfahre, die von der Tatsache

---

[*] Zu der Arbeit dieses wissenschaftlichen Vereins Kriegskind.de e.V. siehe unten auf S. 409.

herrühren, daß ich meinen Vater nicht kenne, war doch diese Begegnung mit Norbert und Michelle etwas ganz anderes und, ich würde sogar sagen, Wunderbares.«

Wollte ich meine Arbeit voranbringen, dann war es unerläßlich, mit diesen Menschen zusammenzutreffen, die sich selbst als Parias betrachteten und aus diesem Grund sehr schwer ausfindig zu machen waren. Auf einen 2002 in der Lokalzeitung »L'Éclair des Pyrénées« in Pau erschienenen Aufruf erfolgte nur eine einzige Antwort. Deren Schreiber verdammte den Haß zwischen den Nationen und pries in bewegenden Worten die deutschfranzösische Versöhnung... Durch Ludwig Norz mit der Deutschen Dienststelle (WASt) bekanntgemacht, konnte ich auf diesem Wege mehrere Briefe an Französinnen richten, die ihren ehemaligen deutschen Freund suchten, sowie an Französinnen und Franzosen, die ihren deutschen Vater finden wollten. Um ihr Vertrauen zu gewinnen, schrieb ich ihnen, daß ihr Fall keineswegs außergewöhnlich sei, daß »man die Zahl der Französinnen und Franzosen, die während des Zweiten Weltkriegs einen deutschen Soldaten oder Angehörigen der deutschen Besatzungsbehörden als Vater hatten, auf ungefähr 200 000 schätzt«, und daß diese Zahl »unsere Einstellung zur deutschen Besatzungszeit zutiefst verändert und zahlreiche neue Fragen aufwirft«. Außerdem ließ ich die Empfänger dieser Schreiben wissen, daß Norz und ich die Absicht hätten, »uns ausführlich mit dieser Frage zu befassen und Zeugenaussagen zu sammeln, um unsere Erkenntnisse dann den Parlamenten unserer beiden Länder vorzulegen«, mit dem Ziel »die Verabschiedung von gesetzlichen Bestimmungen zu erreichen, die eventuelle Nachteile berücksichtigen würden, die Folgen einer solchen Abstammung für die Betroffenen waren.«

Mit der Zustimmung von Urs Veit hatte die bei der WASt mit Nachforschungen beauftragte Marie-Cécile Zipperling, deren Ratschläge und Sachkenntnis für uns sehr wertvoll waren, meinem Brief ein weiteres Schreiben beigelegt, das den Adressaten alle möglichen Garantien bot. Darin betonte sie: »Es versteht sich von selbst, daß Herr Jean-Paul Picaper Ihre Identität nicht kennt und daß der bei uns geltende rechtliche Schutz persönlicher Daten es uns nicht erlaubt, ihm diese in irgendeiner Form mitzuteilen.« Sie leitete dieses vervielfältigte Anschreiben an die Anschriften in ihrem Besitz weiter – und ich wurde mit Antwortbriefen regelrecht überschüttet. Ihre Verfasser offenbarten mir freimütig ihre Identität, baten mich um ein Treffen und um Hilfe bei ihrer Suche. Alle wollten weitere Informationen, alle wollten Zeugnis ablegen. Julie Robin, die Enkelin eines deutschen Soldaten, der wir in diesem Buche noch begegnen werden, drückte den Hintergrund dieses Vertrauens in einem Brief auf unübertreffliche Art und Weise aus: »Marie-Cécile [Zipperling] ist ein wunderbarer Mensch, und ich hoffe, daß dieses Buch sie angemessen würdigen wird. Man kann sich gar nicht vorstellen, wie wichtig ihre Rolle für uns ist! Sie ist es, die das Band wieder zusammenknüpft. Sie gibt uns zurück, was uns der Krieg, die Dummheit der Menschen oder ganz einfach das Leben genommen haben. Und mit welcher Finesse sie dabei vorgeht...« Diese Würdigung sei ihr hier in aller Form dargebracht.

Die WASt brach von da an unter den Auskunftsbegehren fast zusammen. Ganz offensichtlich steigt der Druck und fallen die Tabus. Die ehemaligen Ehegattinnen, Geliebten und Freundinnen deutscher Soldaten, ihre Kinder und Enkel wollen endlich Klarheit haben. Wie aber soll man all diese Wünsche mit den vorhandenen spärlichen Mitteln erfüllen? Die Archive der Kriegszeit beginnen gerade erst damit, ihre Bestände mit dem Computer zu erfassen. Auch sind die Schriftstücke oft selbst für geübte Augen nur schwer zu entziffern.

Im Sommer 2003 reiste ich dann durch ganz Frankreich, um mich mit diesen »Kriegskindern« zu treffen, die man immer noch als »Kinder« bezeichnet, obwohl sie inzwischen um die sechzig Jahre alt sind. Dabei konnte ich mit einigen von ihnen Freundschaft schließen. Sie empfingen mich wie einen Bruder oder Schicksalsboten. Manche hätten mich fast in die Arme

16

genommen, weil ich es unternommen hatte, ihr Problem bekannt zu machen und ihnen eine bescheidene Genugtuung zu verschaffen: zu erfahren, wer und wie derjenige war, der sie gezeugt hatte, und, wenn möglich, ein kleines Photo von ihm zu erhalten. Nichts anderes. Schon gar nicht ein Teil seiner Erbschaft, wie sie mir ganz klarmachten, was übrigens das Gesetz ohnehin eindeutig ausschließt. Einige, die vom Leben gezeichnet waren oder sich vor dem anschließenden Gerede fürchteten, bekamen im nachhinein Angst, sich selbst oder vor allem ihrer Mutter Schande zu machen, weshalb sie mich baten, ihre Namen nicht zu preiszugeben. Aber die Mehrheit wünschte trotz der immer noch herrschenden Vorurteile und üblen Nachrede offen und freimütig Zeugnis abzulegen. Ich weiß nicht, ob Leiden tatsächlich zur Seelenreinigung beiträgt, aber es bleibt eine Tatsache, daß ich unter diesen Frauen und Männern nur Menschen reinen Herzens getroffen habe.

Es sei mir gestattet, am Ende dieser Vorrede noch einmal Julie Robin zu zitieren, die jüngste meiner Gesprächspartnerinnen, eine Geschichtsstudentin und Enkelin des Leipzigers Rolf Wagner: »Ihr Buch wird zu einem außerordentlich wichtigen Dokument der Geschichte des Zweiten Weltkriegs werden. Dies um so mehr, weil alle diese Kriegskinder sich erst sehr spät zu Wort gemeldet haben – oder weil man ihnen, um genau zu sein, reichlich spät dieses Zeugnis erlaubt hat. Außerdem sind sie alle nicht mehr ganz jung, und dies ist vielleicht die letzte Gelegenheit, bei der sie persönlich zu Wort kommen. Wenn diese Botschaften von den Verantwortlichen gehört werden und auch von denen, die nicht persönlich betroffen sind – was sie, da bin ich sicher, nicht weniger wichtig werden läßt –, wird dieses Kapitel unserer Geschichte für immer aufbewahrt werden.«

Jean-Paul Picaper
Berlin, Januar 2005

ERSTER TEIL

EINLEITUNG

Die vergessenen Kriegskinder _____

Das Bild der Frauen, die nach der Befreiung Frankreichs geschoren wurden, weil sie als verwerflich angesehene Beziehungen zu deutschen Besatzern unterhielten, hat sich tief in das kollektive Gedächtnis der Franzosen eingebrannt, was vor allem auf die Photographien des amerikanischen Kriegsberichterstatters und zukünftigen Mitbegründers der Photoagentur Magnum Robert Capa zurückzuführen ist. Auf einem am 18. August 1944 in Chartres aufgenommenen Bild trägt eine dieser Frauen auf dem einen Arm einen Säugling und auf dem anderen ein Kleiderbündel, ein schlichtes, rechteckiges, weißes, an den Ecken zusammengeschnürtes Tuch. Ein einige Augenblicke später gemachtes Photo zeigt sie flankiert von einem Feuerwehrmann, während ein feixender Gendarm vor ihr hergeht, der einen gebührenden Abstand zu der »Sünderin« wahrt. Während ihr Bündel inzwischen ein älterer Mann, wohl ihr Vater oder Großvater, übernommen hat, geht sie jetzt inmitten einer Menge, die sich aus zahlreichen Frauen, einigen kleinen Mädchen und Männern zusammensetzt, die sie offensichtlich beschimpfen und schmähen. Dieses Spießrutenlaufen hat die Aufmerksamkeit Alain Brossats geweckt, der die Behandlung dieser Frauen, die manchmal sogar auf öffentlichen Plätzen nackt »vorgeführt« wurden, mit einem mittelalterlichen Fastnachtsritual vergleicht.* Brossat hat dieser von Robert Capa photographierten Unbekannten ein ganzes

_____
* Alain Brossat, *Les Tondues, un carnaval moche,* Levallois-Perret: Manya 1992.

Kapitel gewidmet. Er konnte sie identifizieren und Akteure dieser Szene befragen. Die meisten dieser Leute kannten sich untereinander und kannten auch die Frau, die ihre Nachbarin war. Ihre Berichte fallen allerdings widersprüchlich aus. Für einige war ihr Vergehen, ein Verhältnis mit einem Deutschen gehabt zu haben; andere meinten, sie habe Franzosen denunziert, die verbotenerweise Radio London gehört hätten. Angesichts der Tatsache, daß diese Mutter ein Baby im Arm hält, scheint uns doch die erste Interpretation die wahrscheinlichste zu sein. Es ist wohl unmöglich, kein Mitleid mit diesen beiden menschlichen Wesen zu empfinden, die diesen öffentlichen Schimpf erdulden müssen. Dabei kommt uns ein berühmtes Wort aus der Antike in den Sinn: *Vae victis* – »Wehe den Besiegten«. Aber wie läßt sich ein solch gnadenloses Verdikt gegenüber einem in seinen Windeln liegenden Säugling rechtfertigen? Die diesen Frauen angetane Erniedrigung wurde allerdings von Historikern keineswegs übersehen. So hat Fabrice Virgili fünfzehn Jahre über dieses Thema gearbeitet und den nach der Befreiung »geschorenen Frauen« ein ganzes Buch gewidmet.* Die Verfolgungen, denen norwegische Frauen, die sich mit einem deutschen Mann eingelassen hatten, in ihrem Heimatland ausgesetzt waren, wo der Haß auf die deutschen Besatzer ebenso tief und verständlich war wie in Frankreich, werden in dem bemerkenswerten Buch der deutschen Autorin Ebba Drolshagen ausführlich dokumentiert, in dem das »Schicksal der Frauen in den besetzten Ländern« dargestellt wird, »die Wehrmachtssoldaten liebten«.**

So irritierend dies auch erscheinen mag, ist es nun einmal eine Tatsache, daß in Frankreich während des Zweiten Weltkriegs, aber auch, wie wir noch sehen werden, in den Départements in Nord- und Ostfrankreich, die während des Krieges von 1914 bis

---

* Fabrice Virgili, *La France »virile«. Des femmes tondues à la Libération*, Paris: Payot & Rivages 2000.
** Ebba D. Drolshagen, *Nicht ungeschoren davonkommen*: das Schicksal der Frauen in den besetzten Ländern, die Wehrmachtssoldaten liebten, Hamburg: Hoffmann und Campe 1998.

1918 besetzt waren, Französinnen feindliche Soldaten liebten, während es doch eigentlich ihre patriotische Pflicht gewesen wäre, diese zu ignorieren oder sogar zu hassen. Wie auch immer man ihr Verhalten beurteilen mag, es handelte sich dabei um Hunderttausende von Frauen, also um eine weit höhere Zahl, als man sie uns im Geschichtsunterricht beigebracht hat. Allerdings hat man sich im nachhinein bei der Betrachtung der Zeit von 1940 bis 1945 auch nur für die Frauen und Mütter interessiert, von denen eine große Zahl von ihren Landsleuten verfolgt und abgelehnt wurden, weil sie einen näheren Umgang mit den feindlichen Invasoren pflegten, während sich keine spezielle Studie dem Schicksal der Kinder widmete, die aus diesen verfemten Liebesbeziehungen hervorgingen. Eine erste summarische Untersuchung hat uns gezeigt, daß deren Zahl etwa 200 000 betragen muß... Hier handelt es sich also zweifellos um einen historischen Vorgang von größter Bedeutung, dessen Aufarbeitung es erlauben würde, dieses Kapitel der Vergangenheit ganz neu zu schreiben. In Frankreich hat man diese »Kinder«, die heute zwischen neunundfünfzig und sechsundsechzig Jahre alt sind, nur sehr selten und viel zu kurz zu Wort kommen lassen. Aus diesem Grunde haben wir uns dazu entschlossen, sie aufzusuchen, ihnen zuzuhören, mit ihnen zu sprechen und sie einzuladen, sich untereinander auszutauschen über ihre leidvollen Erfahrungen mit ihren Landsleuten, über Ablehnung und Isolation.

Gewiß hat die Versöhnung zwischen Frankreich und Deutschland Modellcharakter. Die einstigen »Erbfeinde«, bilden nach einer Präsident Valéry Giscard d'Estaing zugeschriebenen Aussage heute eine »Schicksalsgemeinschaft« zweier Völker. Trotzdem wurden natürlich nicht alle Streitfragen gelöst. Immer noch sind die bilateralen Beziehungen voller Reibungen und Spannungen, ohne daß diese die deutsch-französische Freundschaft, diese für den europäischen Kontinent so bedeutende Errungenschaft, in Frage stellen würden. Allerdings gibt es in verschiedenen Kreisen weiterhin Gefühle des Grolls und der Verbitterung, die von Generation zu Generation weitergegeben werden. Einige alte

Rechnungen sind immer noch offen, auch wenn es beiden Nationen gelungen ist, eine gemeinsame Sicht der Geschichte zu entwickeln. In diesem Zusammenhang bleibt aber das Schicksal der »Kriegskinder« eine der wichtigsten offenen Fragen, es ist nach wie vor ein Tabu der deutsch-französischen Annäherung.*

Um dem entgegenzuarbeiten, wollen wir im folgenden diesen zu Unrecht vergessenen »Kindern« das Wort erteilen und die von ihnen geäußerten Fragen darstellen. Eine ganze Anzahl von ihnen offenbaren freimütig ihre Identität, während es andere vorzogen, die zu lange unter der Dummheit und Ignoranz ihrer Umwelt leiden mußten, ihren Namen zu verschweigen. Viele machten sich mit Hilfe der Berliner Wehrmachtsauskunftsstelle** (WASt) auf die Suche nach ihrem verschwundenen Vater oder Großvater. Sie alle wünschen von ganzem Herzen, daß er noch leben möge und sie ihn treffen, ihn sehen, mit ihm sprechen und ihn vielleicht sogar berühren können. »Seine Stimme zu hören, das wäre bereits viel. Und wenn er mich dann noch in den Arm nehmen würde?«, hoffen diejenigen unter ihnen, die in ihrer Kindheit nie die beruhigende Nähe eines Vaters gekannt haben. Das Paradox will es aber auch, daß diese Opfer des Krieges eben diesem Krieg ihr Leben verdanken.

Diese »Kinder«, die keine mehr sind, aber die man immer noch so nennt, haben länger gelitten als ihre Mütter. Aber warum hätte man sich denn überhaupt mit ihrem Schicksal befassen sollen? Sie haben nie etwas verlangt, verlangen auch jetzt noch nichts und haben ihren Fall auch nie an die Öffentlichkeit gebracht. Allerdings waren sie auch nicht offiziell geächtet, denn Frankreich hat sie nie aus der nationalen Gemeinschaft ausgeschlossen. Das Land hat ihr Schicksal nur mit Schweigen über-

---

* Das gilt auch für die Kinder der französischen Kriegsgefangenen und der französischen Zwangsarbeiter mit deutschen Müttern im Deutschland der Jahre 1940 bis 1945, denen wir im kommenden Jahr ein Buch widmen werden, das ebenfalls im Piper Verlag erscheinen wird.
** Vgl. Anmerkung 2 der Vorrede dieses Buches.

gangen, sich ihrer Lage gegenüber gleichgültig verhalten und ein Problem ignoriert, mit dem sich Politiker, Historiker, Erzieher und Psychologen hätten beschäftigen müssen. Aber auch Deutschland hat nicht mehr Einsicht gezeigt. Man tat so, als ob die Soldaten der Wehrmacht, die Frankreich von 1940 bis 1944 besetzt hielten, nur Tote, Zerstörung und böse Erinnerungen zurückgelassen hätten. Aber diese Armee hinterließ auch verzweifelte Frauen und Quasi-Waisen. Die folgende Bemerkung mag vielleicht den einen oder andern schockieren, aber es ist immer viel leichter, die Toten zu beweinen, als sich um die Lebenden zu kümmern. Die meisten Deutschen, vom einfachen Bürger bis zum verantwortlichen Staatsmann, haben von Kriegskindern nichts gewußt oder nichts wissen wollen. Warum aber hat man deren Existenz im kollektiven Bewußtsein unserer beiden Länder derart verdrängt?

Um dafür die Gründe zu finden, muß man tief in die bewegte Geschichte der Beziehungen zwischen Frankreich und Deutschland zumindest bis zu den Napoleonischen Kriegen zurückgehen. Der erste Teil dieses Buches ist den Männern und Frauen gewidmet, die an Körper und Seele das Drama einer zu ihrer Zeit für unerwünscht erachteten Abstammung erdulden mußten. Der zweite Teil soll klären, in welchem historischen Kontext diese Geburten stattfanden und welche Vorstellungen und Mythen in den Mentalitäten der beiden Völker dazu beitrugen, diese Realitäten zu verdrängen, was die Betroffenen als schwer zu ertragende, ja sogar völlig unerträgliche Verleugnung ihrer eigenen Personen empfinden mußten.

Nach unseren eigenen Nachforschungen und im Vertrauen auf die zahllosen von uns gesammelten Zeugnisse scheint festzustehen, daß die Mütter in der absoluten Mehrzahl der Fälle keinen ihrer Landsleute verraten haben und nicht politisch mit dem Feind kollaborierten. Diese Liebesbeziehungen widersprachen sogar eher dem Geist der inhumanen Nazigesetze, die sexuelle Beziehungen zwischen »Ariern« und »Nicht-Ariern« untersagten. Der deutsche Philosoph Friedrich Nietzsche, den die Nazis durch eine skandalöse Sinnverdrehung der von ihm geprägten Vorstellung vom »Übermenschen« zu einem der Vorläufer ihrer rassistischen und antisemitischen Ideologie umdeuteten, hatte ganz im Gegenteil nicht ohne eine gewisse philosophische Ironie in seiner Abhandlung *Die fröhliche Wissenschaft* festgestellt: »Ich mag nun mit gutem oder bösem Blicke auf die Menschen sehen, ich finde sie immer bei Einer Aufgabe, alle und jeden einzelnen insonderheit: das zu tun, was der Erhaltung der menschlichen Gattung frommt. Und zwar wahrlich nicht aus einem Gefühl der Liebe für diese Gattung, sondern einfach, weil nichts in ihnen älter, stärker, unerbittlicher, unüberwindlicher ist als jener Instinkt – weil dieser Instinkt eben das Wesen unserer Art und Herde ist. Ob man schon schnell genug mit der üblichen Kurzsichtigkeit auf fünf Schritt hin seine Nächsten säuberlich in nützliche und schädliche, gute und böse Menschen auseinanderzutun pflegt, bei einer Abrechnung im großen, bei einem längeren Nachdenken über das Ganze wird man gegen dieses Säubern und Auseinandertun mißtrauisch und läßt es endlich sein.«* Dagegen hatten die Nazis versucht, durch den Erlaß der Rassengesetze die Völker und Menschen zu trennen, um ihre angebliche Rasse »rein zu halten«. Welch ein unsinniges und todbringendes Hirngespinst! Dieser Instinkt, der anzieht und die Menschen einander näherbringt, ist am Ende doch stärker gewesen und wird immer der stärkere bleiben.

Die Menschen entwickeln füreinander Gefühle, die sie gegen die künstlichen Grenzen zwischen Nationen und Individuen immunisieren. Auch mitten im Krieg dachten nicht alle zu jeder Zeit daran, sich gegenseitig zu töten. Aber zu Recht stellt die deutsche Historikerin Insa Meinen bedauernd fest, daß die sexuelle Dimension von Krieg und deutscher Besatzung noch nicht aufgearbeitet worden sei und »es weiterhin an Untersuchungen zur Lage von Frauen in den deutsch besetzten Ländern Europas

---

* Friedrich Nietzsche, *Die Fröhliche Wissenschaft, Erstes Buch,* in: *Werke in vier Bänden,* Band 4, Erlangen: Müller 1960, S. 13.

zwischen 1939 und 1945« mangele.* Es ist aber nun einmal eine Tatsache, daß sich einige Frauen und Männer über alle Verbote hinweggesetzt und sich im vollen Sinne des Wortes geliebt haben. Sie haben sich dabei nicht um die Politik geschert, jene »verfluchte Politik«, um den Ausdruck des Schriftstellers Ernst von Salomon zu gebrauchen, dessen 1950 erschienener Roman *Boche in Frankreich*,** der sicherlich auch auf persönlicher Erfahrung beruht, solche problematischen Liebschaften bereits im Gefolge des Ersten Weltkriegs beschreibt.

Niemand leugnet die von den Besatzern und ihren Helfershelfern begangenen Greueltaten. Aber unter den Trägern der feldgrauen Uniform gab es auch junge Männer, Wehrpflichtige, die unter der Trennung von ihrer Familie litten, die zuvor kaum mehr kennengelernt hatten als das Stadtviertel oder das Dorf ihrer Kindheit und bald in der Furcht leben sollten, an die Ostfront abkommandiert zu werden. Nicht alle teilten die Naziideologie. »Die kleinen Französinnen waren so charmant, aber wir hatten diese verfluchte Uniform an, die uns all unserer Chancen beraubte«, hatte mir einer meiner alten deutschen Freunde, der inzwischen verstorbene Werner Krüger, anvertraut, dessen Einheit in Arras stationiert war. Die regulären deutschen Truppen benahmen sich nicht wie die »Routiers«, die mittelalterlichen Söldnertruppen im Hundertjährigen Krieg. Im besetzten Frankreich wurden Vergewaltigungen und Plünderungen von der Wehrmachtsjustiz streng geahndet, zumindest soweit die Militärstellen noch eine gewisse Autonomie gegenüber einem Hitlerregime bewahren konnten, das diesen Resten des alten preußischen Reichs feindlich gesinnt war. Vor das Kriegsgericht gestellt werden, hieß nach 1942 für einen deutschen Soldaten, in ein Strafbataillon geschickt zu werden, das an der Ostfront an vorderster Linie kämpfte, und das war fast gleichbedeutend mit dem sicheren Tod.

---

* Insa Meinen, *Wehrmacht und Prostitution während des Zweiten Weltkriegs im besetzten Frankreich,* Bremen: Edition Temmen 2002, S. 11.

** Ernst von Salomon, *Boche in Frankreich,* Berlin: Rowohlt 1950.

Einige deutsche Soldaten nahmen sogar Risiken auf sich, um eine Beziehung mit einer Französin eingehen zu können. Die »Kriegskinder« waren fast immer Frucht eines gegenseitigen Einverständnisses, aber auch eines nicht ungeschehen zu machenden Dramas. In dieser Zeit wurden alle unehelichen Kinder, ob nun französische oder deutsche, als unerwünschte Produkte eines »Fehltritts« betrachtet. In Norwegen, den Niederlanden und Dänemark durften die deutschen Soldaten gemäß eines Führererlasses einheimische Frauen heiraten. In Frankreich waren solche Verbindungen im Prinzip verboten. Daher wurden dort viele Neugeborene, die den »Engelmacherinnen« entgangen waren, von ihren Müttern verlassen. Manche kamen in Waisenhäuser, andere wurden von ihrer Mutter oder Großmutter adoptiert oder aufgezogen. Die Mehrzahl von ihnen hatte eine harte Kindheit. Viele von ihnen konnten auf der sozialen Leiter nur untergeordnete Stellungen erklimmen. Dennoch gibt es einige, die das Handicap ihrer Herkunft überwinden konnten. Angespornt von ihren Kindern und Enkeln, fanden diese Männer und Frauen, die man 1945 und in den Jahren danach als »Boche-Bastarde«, »Quadratschädel«, »Parasiten« oder »Schädlinge« beschimpfte, endlich den Mut, ihre Sache zu verteidigen und die vorhandenen Tabus zu brechen. Schließlich fordert auch die junge Generation, das Geheimnis der deutsch-französischen anonymen Abstammungen aufzuklären.

Der Instinkt, der jedes Individuum dazu antreibt, sich eine eigene Identität aufzubauen, sie ständig zu überprüfen und sein Leben danach auszurichten, ist stärker als alle moralischen Kategorien. Diesbezüglich erinnere ich mich an das Geständnis eines Deutschen aus Baden-Baden: »Als kleiner Junge wuchs ich in der Nähe von Baden-Baden auf. Später gestand mir meine Mutter, daß sie 1944 von einem französischen Soldaten vergewaltigt worden sei, daß man uns unsere Kuh weggenommen habe und wir von den französischen Besatzern aus unserem Haus verjagt worden seien und im Stall im Heu schlafen mußten. Trotz des Gewichts dieser Aussage und der Mißbilligung durch die Nachbarn«, fügte er dann hinzu, »ging ich danach als Heranwachsender regelmäßig in die Soldatenmesse in die französische Kaserne, wo ich ihre Sprache lernte und zum ersten Mal mit diesen für mich, der aus einem kleinen Dorf stammte, so exotischen Leuten Umgang pflegte. Hier öffnete sich für mich eine andere Welt, so nahe und doch so verschieden. Es war das Abenteuer nach der bleiernen Zeit der Kriegsjahre, ein Weg, all diese Ressentiments zu überwinden und dem wiedergefundenen Frieden eine neue Hoffnung abzugewinnen.«

Sechzig Jahre nach dem Ende des Zweiten Weltkriegs treten die Kriegskinder endlich aus ihrem Schatten heraus. Es steht zu hoffen, daß wir es dieses Mal verstehen, sie zu empfangen und anzuhören. Die Schäden, die sie erlitten haben, psychische, physische, einige dazu materielle, haben alle einen individuellen Charakter. Ebenso wie viele andere sind diese »Kinder der Schande« Opfer des Konflikts zwischen Frankreich und Deutschland. Sie gehören sogar zu den völlig macht- und hilflosen Opfern. Nun wünschen sie sich, daß man das ihnen zugefügte Unrecht anerkennt, damit sie ohne Scham in der Einzigartigkeit ihres Geschicks leben können. Sie erwarten keine Entschuldigung, nur Respekt. Wie alle Kinder auf dieser Welt lehnen sie es ab, sich für ihre Herkunft rechtfertigen oder diese sogar verhehlen zu müssen.

Viele hegen auch den Wunsch, ihre deutschen Wurzeln leichter wiederauffinden zu können, soweit dies noch möglich ist. Sie fühlen sich als Franzosen, hätten aber auch gerne ein Freundschaftszeichen von jenseits des Rheins. Jedoch ist es schwierig, Leute um ihre Zuneigung zu bitten, die oft nicht einmal etwas von der Existenz dieser Menschen wissen. Als Franzose plötzlich in das Leben deutscher Halbbrüder und Halbschwestern einzudringen, macht diesen Eindringling nicht gerade zum wohlgelittenen Gast. Das einzige Verbindungsglied, der Vater, der für diese verspätet auftauchende Person verantwortlich ist, ist in vielen Fällen bereits verstorben. Und die unterschiedliche Ausgangslage läßt die einen vielleicht als lästige Bittsteller und die anderen als kaltherzige Besitzende erscheinen. Egoismus und Vorurteile sind in allen Völkern gleichmäßig verteilt. Aber man weiß meist nicht, daß diese Stiefkinder des Krieges nicht nach materiellen Zuwendungen streben und auch in keinster Weise versuchen, einen Teil des Familienerbes zu erlangen. Die Geltendmachung von Erbansprüchen in Deutschland sind ihnen im übrigen durch das Gesetz verwehrt. Was sie suchen, geht von einem nicht unterdrückbaren Bedürfnis und einer rein subjektiven und ganz persönlichen Erwartung aus. »Euer Vater oder Onkel wurden zu uns geschickt, um dort Krieg zu führen. Und dann haben sie dort Kinder gezeugt. Hier sind wir jetzt, liebt uns, schließt uns in die Arme.« Mitunter gelingt ein solches Treffen. Es entwickeln sich Beziehungen, die manchmal recht herzlich sind. Aber in vielen Fällen schlafen nach dem ersten Kontakt die Verbindungen rasch wieder ein. Wenige Telefongespräche, einige Briefe, eine Neujahrskarte, dann herrscht wieder Schweigen. Aber zumindest wurde ein erster Schritt getan, der ja bekanntlich immer der schwerste ist.

Es liegt uns fern, aus den Deutschen und Französinnen, die sich in Kriegszeiten geliebt haben, Pioniere eines Europas zu machen, das sich aus Demokratien zusammensetzt, die sich aus freien Stücken gemeinsame Institutionen gegeben haben. Ganz im Gegenteil können gerade deren Abkömmlinge durch alles, was sie erdulden mußten, Zeugnis ablegen von dem langen Weg, der bis heute zurückzulegen war, und von dem Wert dessen, was uns die Geschichte gelehrt hat. In dieser Beziehung sind wir der Ansicht, daß die Politik sich mit dem Problem der Kriegskinder befassen muß und daß nur auf diesem Wege eine gerechte Lösung gefunden werden kann.

Die Zahl der französischen Kinder, Enkel und Urenkel jener Männer, die man die »Boches« nannte und die heute »unsere deutschen Freunde« geworden sind, dürfte heute etwa eine Million betragen: Eine Million Französinnen und Franzosen, deren direkte oder zumindest nahe Verwandtschaftsverhältnisse von diesem Problem betroffen sind. Da es aber den inzwischen alt gewordenen Hauptbetroffenen schwer fällt, eine solche politische

Forderung zu formulieren, den einen aus Scham oder Stolz, den anderen aus purer Resignation, sei es uns erlaubt, in ihrem Namen dabei mitzuhelfen, daß ihnen endlich Gerechtigkeit widerfährt. Warum sollte man für sie nicht die doppelte Staatsbürgerschaft fordern? Und dies vielleicht auch für die in Deutschland geborenen Kinder von französischen Kriegsgefangenen und Zwangsarbeitern?

Wir sollten aber betonen, daß dieser Wunsch von keinem der für dieses Buch befragten Zeugen geäußert wurde, mit Ausnahme von Daniel Rouxel, der uns auf diese Idee gebracht hat, da er tatsächlich von seinem deutschen Vater auf dem Sterbebett und von dessen Familie anerkannt wurde. Und so haben wir uns diesen Vorschlag zu eigen gemacht, weil wir in ihm eine Art moralische Genugtuung für diese Frauen und Männer sehen, die man so lange vergessen hatte. In ihren Augen zählt nur noch, ihrer Forderung nach Wahrhaftigkeit Genüge zu tun und sie in ihrer so besonderen wie schmerzlichen Geschichte endlich anzuerkennen, im vollen Bewußtsein, daß sich diese Kriegskinder ganz und gar als Franzosen fühlen und dies in jeder Hinsicht auch sind.

DANIEL*

Die dramatischen Folgen
einer Fahrradpanne ————————————————

»Ich wurde am 2. April 1945 in Paris geboren. Ich glaube, ich bin ein Kriegsunfall. Mein Vater war Deutscher, meine Mutter Französin. Bis zum Alter von vier Jahren lebte ich bei einer Pflegefamilie. Dann brachte man mich zu meiner Großmutter in ein kleines Dorf in der Bretagne. Die hat mich dann aufgezogen, bis ich zwölf Jahre alt war. Die Leute gingen an unserem Haus vorbei, um nachzusehen, ob ich ein menschliches Wesen bin wie alle anderen.«

Diese Aussage machte Daniel Rouxel in einem Dokumentarfilm, den der Fernsehsender TF1 am 1. Oktober 1994 ausstrahlte. Für die Dreharbeiten hatten die Journalisten alle Orte aufgesucht, wo er gelebt hatte – Mégrit und Umgebung in der Bretagne, Amélie-les-Bains in den Pyrenäen, Montauban, Rennes –, aber auch die väterliche Familie in Deutschland, und sie hatten Menschen interviewt, die ihn in seiner Kindheit und Jugend gekannt hatten. Am Tag nach der Sendung schrieb dann ein Journalist: »Man sollte immer dem Glück mißtrauen, es ist nicht für die Dauer gemacht...« Einige Jahre später vertraute uns Daniel in einem an uns gerichteten Brief an: »Was für ein Kind so schrecklich ist, ist nicht so sehr zu wissen, daß es nicht geliebt wird, auch wenn das natürlich schon wichtig ist, sondern selbst nicht lieben zu können, weil dieses noble Gefühl von den anderen zurückgewiesen wird.« Dieser Satz faßt auf bewundernswerte Weise das Drama zusammen, daß dieses Kind des Feindes durchleben mußte. Als Daniels Mutter seinem Vater begegnete, waren

———— * Die Namen der Personen und Orte sind authentisch.

die Vorzeichen denkbar ungünstig. Und es brauchte viele Jahre, bis er seine Geburt nicht mehr als einen »Unfall«, ja sogar als ein »Verbrechen« ansah. Hier nun seine Geschichte, wie er sie uns im Laufe des Sommers 2003 erzählte.

Léa Rouxel, eine hübsche Französin von zweiundzwanzig Jahren, kaufmännische Angestellte in Dinard, fährt an einem Abend des Jahres 1942 mit dem Fahrrad auf der Landstraße, die von Dinard nach Pleurtuit führt. Nach dem Ende ihres Arbeitstages ist sie auf dem Weg nach Hause. Plötzlich springt ihre Fahrradkette heraus, und dies auch noch ausgerechnet vor dem Flugfeld von Pleurtuit-Dinard, das von den Deutschen beschlagnahmt wurde und das sie seitdem besetzt halten. Ein junger Offizier auf dem Weg ins Militärlager eilt auf die junge Frau zu, um ihr seine Hilfe anzubieten. Diese nimmt an, und während sie lächelnd die Lenkstange hält, geht er in die Hocke und fängt an, die Kette zu reparieren. Als er damit fertig ist, richtet er sich wieder auf, seine Hände sind voller Kettenfett. Léa reicht ihm ein Schmutztuch. Sie sind beide jung und unbekümmert. Plötzlich fühlen sie sich ganz nahe trotz der verfluchten Uniform, die sie trennt. In diesem Augenblick trifft es sie wie ein Blitz. Der junge Mann, der sich auf den ersten Blick in die junge Radfahrerin verliebt hat, versucht die unverhoffte Begegnung zu verlängern und beginnt ein Gespräch mit Léa, die das Ganze im übrigen ebenfalls durchaus nicht kaltzulassen scheint. Er heißt Otto Daniel Ammon, aber seine französische Freundin wird ihn Daniel nennen. Schnell macht der Soldat ihr einen Vorschlag, den sie eigentlich kaum ablehnen kann: »Suchen Sie Arbeit? Wenn Sie wollen, kann ich Ihnen eine Stelle in unserer Lagerkantine verschaffen.« Und Léa nimmt sofort an. Der Offizier, der ihr diesen Freundschaftsdienst erweist, ist ein schöner Mann. Seine Wehrmachtsuniform sitzt wie angegossen. Er hat gute Manieren, und er ist gebildet. Er spricht ein gutes Französisch und kann sogar eine längere Unterhaltung in dieser Sprache führen, was bei den Besatzern, die der jungen Frau bisher begegnet sind, selten vorkommt.

Am 23. April 1918 in Unterweissach nördlich von Stuttgart geboren, ist Otto, alias Daniel der Deutsche, nur zwei Jahre älter als Léa. Er stammt aus einer guten Familie, ist Junggeselle und Student, trägt seinen Leutnantsrang mit Stolz zur Schau und hat in dem Lager, für dessen Bewachung er zuständig ist, weitgehende Handlungsfreiheit. Gewiß gibt es da noch seine Vorgesetzten. Er ist eigentlich nur ein einberufener Wehrpflichtiger, ein Offizier unter anderen, aber seine Dienststellung und zweifellos auch seine Ausbildung verschaffen ihm ein wenig mehr Freiheiten, als seine Kameraden haben. Vielleicht spürt er wie viele andere deutsche Soldaten ganz tief innen, daß seine Tage gezählt sind. Der Tod schwebt über allen diesen jungen Männern, die der Führer für das große europäische Schlachten bestimmt hat. Tatsächlich wird Otto Daniel Ammon drei Jahre nach seiner Begegnung mit Léa sterben. Sie war der letzte Sonnenstrahl seines Lebens, sicherlich sein einziges großes Glück in dieser Tragödie. Dies war ganz gewiß kein Moment der Verirrung, sondern ein Augenblick des Glücks am Rande der Stahlgewitter und der militärischen Disziplin. Er verstand es, seine Chance zu ergreifen, als sie sich ihm bot. Auf seinem Totenbett wird er an seine Mutter schreiben, er habe einen Sohn in Frankreich, und sie bitten, sich »um ihn wie um dein eigenes Kind zu kümmern«. Nachdem er in einem Bombenangriff einen Arm und beide Beine verloren hat, stirbt Daniel am 11. Januar 1945 in einem Militärlazarett an Typhus. Er wurde siebenundzwanzig Jahre alt.

Für Léa hat ihre beginnende Schwangerschaft dramatische Konsequenzen. Ledige Mütter, die man in dieser Zeit und in ihrem Milieu als gefallene Sünderinnen betrachtet, werden wie Parias behandelt, vor allem auf dem Dorf, wo üble Nachrede schnell die Runde macht. Die junge Frau entschließt sich, die Bretagne zu verlassen. Sie begibt sich heimlich nach Paris, um dort ihr Baby zur Welt zu bringen. Am 2. April 1943 kommt sie um 9.15 Uhr heimlich in einem Heim im V. Arrondissement, Boulevard de Port-Royal 123, nieder. Am Tag nach seiner Geburt wird Daniel Georges François Rouxel im Standesamt des Pariser

XIV. Bezirks von seiner Mutter, »Léa Marie Madeleine Rouxel, kaufmännische Angestellte, geboren in Maigrit* bei Dinan im Département Côtes-du-Nord am 18. Dezember 1919, wohnhaft in Saint-Malo im Département Ille-et-Vilaine, Avenue Pasteur 30,« angemeldet, die ihn »als ihr eigenes Kind anerkennt«. Die Urkunde wird im Beisein eines stellvertretenden Bürgermeisters des XIV. Arrondissements ausgefertigt. Und so bekommt Daniel Rouxel, Sohn des Otto Daniel Ammon und der Léa Marie Madeleine Rouxel eine offizielle Identität, auch wenn der Name seines Vaters nicht in die Geburtsurkunde eingetragen ist.

Mutig wie sie ist, weigert sich Léa, ihr Kind wegzugeben, als man ihr das vorschlägt, aber da sie nicht über die Mittel verfügt, um es aufzuziehen, gibt sie es dann doch in eine Pflegefamilie. Daniel kommt also in die Obhut einer Pflegemutter namens Madeleine Sassier. Sie und ihr Mann sind reizende Leute. Sie leben in Pleine-Fougères, einem kleinen Dorf im Département Ille-et-Vilaine, am Rande der Bretagne. Sie ziehen das Kind zusammen mit Jacques, ihrem Enkel, groß. Dieser »Milchbruder« wird später offizieller Photograph des Gallimard-Verlags und eine Berühmtheit in den Pariser literarischen Kreisen werden. Daniel wird später nie mehr die Gelegenheit haben, ihn wiederzusehen, aber er besitzt immer noch mehrere Briefe seiner Mutter, die ihn erwähnen, sowie Photos von sich selbst und Jacques, als sie noch ganz klein waren.

Daniel bleibt bis zum Alter von vier Jahren in seiner Adoptivfamilie. Dann wird er im Jahre 1947 zu seiner Großmutter geschickt, die in dem kleinen bretonischen Dorf Mégrit im Département Côtes-d'Armor wohnt, zwanzig Kilometer von Dinan entfernt, in der Heimat seiner mütterlichen Familie. Seine Mutter, die ihn ab und zu besucht, offenbart ihm das Wesentliche seines Herkommens, als sie ihm bestätigt, daß er das Kind eines

---

* So steht es in der Geburtsurkunde. In Wirklichkeit handelt es sich um den Ort Mégrit im Département Côtes-d'Armor.

Deutschen sei. Der sei aber bereits tot. Damals ist er acht Jahre alt, ein Alter, wo man bereits verständig ist. Er kann also bereits seine eigene Lage ermessen, für die er sehr teuer zahlen wird. Als er in die Schule kommt, geben ihm dies die Kinder seines Alters auch deutlich zu verstehen. Seine Großmutter weigert sich ihrerseits allerdings standhaft, mit ihm darüber zu reden, und als er sie fragt, warum die »anderen« ihn »Boche« oder »Sohn eines Boche« rufen, verschanzt sie sich hinter Ausflüchten und antwortet ihm hartnäckig: »Das mußt du deine Mutter fragen.«

Die Großmutter ist eine völlig ungebildete Frau. 1888 geboren, wurde sie ganz klein als billige Hilfskraft auf einen Bauernhof geschickt, um dort regelmäßig quasi als Lohn »einen Fußtritt in den Hintern zu bekommen«, wie es Daniel, der die deutlichen Worte nicht scheut, so plastisch ausdrückt, um dann weiter zu erzählen: »Ihr Mann starb einige Jahre nach dem Ersten Weltkrieg an den Spätfolgen eines Gasangriffs. Meine Großmutter hatte nur ihre eigene Arbeitskraft zum Überleben. Sie bezog keine Pension außer der mageren Summe von 200 Franc pro Monat, die sie bekam, weil sie sich um mich kümmerte. Sie hat mich ohne jede Sentimentalität aufgezogen. Sie betrachtete mich nicht als ihren Enkel. Ich war einfach eine Person, für die sie zu sorgen hatte und die ihr etwas Geld einbrachte. Diese Frau hat mich nie in den Arm genommen oder mir einen Kuß gegeben. Jedesmal wenn ich es versuchte, sagte sie zu mir: »Hör auf, mich abzuschlecken«, und drehte ihren Kopf weg, um meinen »Zudringlichkeiten« auszuweichen. Ich glaube heute, daß diese ganze Situation meine Großmutter sehr belastete und in Verlegenheit brachte. Sie konnte mich nicht verteidigen. Sie wußte nicht einmal, wie sie dies hätte tun sollen. Das war alles viel zu viel für sie, und auch sie schämte sich deswegen. Sie hat mich aufgezogen, wie sie selbst aufgezogen wurde. Auf die harte Weise. Das Gefühl von Liebe, Zuneigung, die kleinen Zärtlichkeiten, den Kopf an jemandes Schulter lehnen zu können, all das habe ich nie erfahren, das vermißt ein Kind dann doch sehr.«

Auch findet Daniel kaum Trost bei einer Mutter, die er nur

von Zeit zu Zeit sieht und zu der er im übrigen keinen guten Kontakt findet. Jeanne Allé, seine ehemalige Lehrerin, kann sein damaliges schweres Los nur bestätigen: »Die Großmutter schlug ihn. Sie benutzte dazu einen Stock, der immer in ihrer Reichweite war. Und dann gab es da noch den Hühnerstall, in dem er nicht selten die Nacht verbringen mußte. Ich erinnere mich an ein Kind, das daheim unglücklich war, das aber auch von den Leuten hier nicht gerade zart behandelt wurde. Ich glaube, seine Großmutter litt unter dieser ganzen Situation. In diesen Zeiten eine unverheiratete Tochter zu haben, die ein Kind, und dann auch noch von einem Deutschen, hatte, war fürchterlich. Im Dorf wußten schließlich alle Bescheid. Also die arme Frau, die Großmutter, stellen Sie sich das nur mal vor ... Ich glaube, daß sie ihn all das manchmal hat büßen lassen, und das auch noch äußerst schwer.« Damals zählte das Dorf gerade einmal vier- bis sechshundert Einwohner. Alle waren sehr bald über seine »unnormale« Abstammung unterrichtet.

Als Daniel fünfunddreißig Jahre später nach Mégrit zurückkehrt, sucht er als erstes das Familiengrab auf dem Dorffriedhof auf, dessen ganz einfacher Grabstein nur die lapidare Inschrift »Familie Rouxel« trägt. Danach geht er »nach Hause« und überschreitet die Schwelle des mit Steinplatten ausgelegten kleinen Hauses, das nur ein einziges Sprossenfenster aufweist; in dem Einheitsraum mit seiner niedrigen Decke hängt immer noch eine Lampe, wenn auch ohne Glühbirne. Schon seit längerer Zeit verlassen, steht dieses armselige Häuschen heute leer, nur das Bett der Großmutter ist immer noch da. Daniel erinnert sich daran, wie er neben ihr darin schlief. Sie behielt den Lichtschalter immer unter Kontrolle, da man auf keinen Fall Strom verschwenden durfte.

Nach der Befreiung wurde Léa Rouxel nicht geschoren. Vorsichtig wie sie war, hatte sie bereits das Weite gesucht, bevor die Leute von der Résistance das Kommando übernahmen. Allerdings entkamen am 4. Juli 1944 vor der Befreiung von Saint-Malo zwei andere Frauen aus Mégrit dieser Erniedrigung nicht: Man rasierte ihnen auf dem Dorfplatz die Köpfe. Das Ereignis wurde vom örtlichen Feldhüter mit großem Pomp angekündigt, wobei die gesamte Bevölkerung zur Teilnahme eingeladen wurde. Die armen Büßerinnen führte man alle beide durch den Ort, wobei sie von Résistancekämpfern der FFI und Gendarmen gebührend eskortiert wurden. Diese moralische Steinigung wurde sogar gefilmt. Sie hinterließ im Dorf eine tröstliche Erinnerung und Selbstvergewisserung à la »Nun ist endlich der Gerechtigkeit genüge getan... Wir, wir sind die guten Franzosen... Wir haben unsere Pflicht erfüllt.« Jeanne Allé erinnert sich: »Das war eine Zeit, die man sich heute gar nicht mehr vorstellen kann. Ich habe selbst Frauen gesehen, die weit Schlimmeres angestellt hatten, ohne allerdings Kinder zu bekommen. Die Klassenzimmer waren von den deutschen Soldaten beschlagnahmt worden, und ich habe dort Szenen gesehen, die gar nicht schön waren, an denen Frauen des Dorfes beteiligt waren.«

»Sie müssen sich diese Menschen vorstellen, die den Krieg und die Besatzung erlebt haben«, erklärt René Richard, ein ehemaliger Klassenkamerad von Daniel, der Psychologe im staatlichen Bildungswesen geworden ist. »All das hat zur Ablehnung alles Deutschen beigetragen, und Daniel ist ganz unschuldig mitten in diese Periode hineingeraten. Zwar hatte es in Mégrit bereits einige Abrechnungen gegeben, aber immer noch liebte man die Deutschen nicht. Und dann kam eines Tages so ein kleiner Blonder ins Dorf.« Ein uneheliches Kind zu haben, war natürlich ein weiteres Zeichen der Verworfenheit. Das Kind wurde quasi zum Zeichen für das dahinterliegende Verbrechen. Jeanne Allé, Daniels Lehrerin, versuchte ihn im Gegensatz zur Mehrheit der Dorfbewohner zu schützen. Aber »da er sehr blonde Haare, blaue Augen und keinen Vater hatte, können Sie sich vorstellen, daß es nicht sehr schwer war, die entsprechenden Schlüsse zu ziehen«.

Seltsamerweise waren auch die Franzosen der rassistischen Propaganda der Nazis auf den Leim gegangen. Sie waren fest davon überzeugt, daß die Deutschen, die sie doch selbst gesehen hatten, wenigstens die deutschen Männer, alle blond und blauäugig seien, obwohl dies ja keineswegs der Fall war und ist. Somit war es gar nicht gut, bereits im zarten Alter diese charakteristischen Merkmale aufzuweisen, wenn man keinen Vater hatte. Ein Blondschopf war automatisch verdächtig. Selbst die von Arthur Miller beschriebene Hexenjagd in Salem war weniger verbissen, da von ihr nur Erwachsene betroffen waren. Die Kinder waren vergleichsweise viel schwächere Opfer, und doch ist, zumindest unserer Kenntnis nach, bisher kein Film über ihr Martyrium gedreht worden. Dieser sich gegen Kinder richtende Rassismus, der sich zweifellos in den ersten zehn bis fünfzehn Jahren nach dem Krieg in ganz Frankreich tausendfach gezeigt hat, bleibt für immer ein dunkler und unauslöschlicher Fleck in der Geschichte unseres Landes.

In diesem kleinen Dorf, das vor Anbruch der Fernsehära vor Langeweile beinahe starb, war Daniel *die* Attraktion. Die Leute lungerten vor dem Haus herum, um einmal »den Sohn des Deutschen« zu sehen. Daniel kommentiert heute diese Besuche im »Rouxel-Zoo« folgendermaßen: »In diesem ländlichen Teil der Bretagne war der Sohn eines Boche gar nicht gerne gesehen. Sie wollten wissen, ob ich wie die anderen wäre oder ob ich eher einem Marsmenschen gliche. Aber sie wußten ja gar nicht, wie so ein Marsmensch aussieht, aber die Deutschen, die kannten sie ja. Und da ich hellblond war und blaue Augen hatte, konnten sie daraus ihre Schlüsse ziehen. Aber meine Großmutter verbot mir, vor die Tür zu treten. Also blieb ich im Käfig. Und der Käfig, das war der Hühnerstall, in den sie mich die ganze Nacht mit dem Vorhängeschloß einsperrte. Dort drinnen überkam mich im Dunkeln eine schreckliche Angst. Die Hühner und Tauben gaben keine Ruhe, und die Ratten begannen, über mich drüberzuklettern. Je weniger Lärm ich machte, desto frecher wurden sie. Also fing ich an, um mich zu schlagen und zu schreien, was meine Lage natürlich nur noch schlimmer machte.« Aus Rache zerschlug Daniel wenigstens die Eier.

Als er ziemlich spät eingeschult wurde, traf er als erstes auf eine Lehrerin und einen Direktor, die auf extreme Weise gegen Deutsche eingestellt waren. Und so waren für ihn alle Bestrafungen reserviert, die meist mit Fußtritten einhergingen. Manches Mal bekam er auch die harten Stiefel seiner Schulkameraden zu spüren. Endlich begann er, sich durch Aufsässigkeit zu wehren. »Ich habe viele Dummheiten gemacht«, erinnert er sich noch heute. »Ich wurde zwar kein richtiger Strolch und Rowdy, aber für so ein Dorf waren meine kleinen Racheakte doch ziemlich beachtlich und spektakulär.« Er schwänzt die Schule, er schlägt Äste von Bäumen besonders mißgünstiger Bauern mit einer Sichel ab und stiehlt die Eier aus ihren Hühnerställen. Am Sonntag muß er in die Messe gehen. Oft wird er dazu verdonnert, mit ausgebreiteten Armen in der Mitte der Kirche zu stehen, um für seine Sünden zu büßen. Als Daniel dann erfährt, daß man ihn nicht zur Erstkommunion zulassen wird, denkt er sich Vergeltungsmaßnahmen aus, die auch noch die gewitztesten Lausbuben des Dorfes zu beeindrucken und fröhlich zu stimmen vermögen. »Es gab da so eine Schwester, die mich besonders haßte. Sie wurde auch von den anderen Dorfjungen nicht sehr geschätzt, die ihr den Spitznamen Trottinette (Tretroller; A. d. Ü.) gegeben hatten. Wenn sie sich zum Gottesdienst begaben, hatten die Schwestern die Gewohnheit, ihre Stiefel in der Sakristei zu lassen. Einmal legte ich mich zusammen mit anderen Jungs auf dem Friedhof hinter einem Grabstein auf die Lauer. Als die Schwestern in der Kirche verschwunden waren, holte ich Trottinettes Stiefel. In diese verrichtete ich meine Notdurft und brachte sie danach zurück in die Sakristei. Das war vielleicht ein Riesenspaß, als die Nonne schließlich ihre Füße wieder da hineinsteckte...« Wenn die Frauen des Dorfes in der Messe und die Männer im Bistro sind, nützt das Daniel mitunter aus, um auf den Kirchturm zu klettern und nach dem Gottesdienst Sturm zu läuten. Auch gießt er in das Weihwasserbecken Tinte, die er aus den Tintenfässern der Schule stibitzt hat. Unvermeidlicherweise hinterlassen danach die weiblichen Gemeindeglieder, wenn sie sich bekreuzigen, auf ihren Blusen blaue Daumenabdrücke. Nach jedem dieser Streiche hagelt es neue Strafen und Schläge. Wenn er nicht mehr weiter kann, geht er ans Ufer des Teichs von Rocherelle, ballt die Fäuste in den Taschen und weint sich mal so richtig aus. Wenn es ihm dann wieder besser geht, kehrt er ins Dorf zurück. Zweimal fragt er sich sogar, ob es nicht besser wäre, Schluß zu machen und ins Wasser zu gehen. Aus Trotz, aber mehr noch aus gekränktem Stolz bleibt er am Leben: »Ich wollte mich durch Ertränken umbringen. Warum durch Ertränken? Ich weiß es nicht. Der Gedanke muß mir gekommen sein, als ich sechs oder acht Jahre alt war. Aber die guten Seelen hätten das nicht verstanden. Ich, der Sohn eines Boche, den man die Güte hatte aufzunehmen! Die Undankbarkeit etwa bis zum Selbstmord treiben? Nur Taugenichtse, die Dreck am Stecken haben, bringen sich um.«

Daniel erinnert sich auch noch an eine Episode, die ihm fast das Herz zerrissen hätte: »Nach der Messe war es üblich, daß der Gemeindesekretär alle Einwohner versammelte, um ihnen die Dorfneuigkeiten mitzuteilen. Er war ein wichtiger Mann. Als Gemeindebeamter konnte er sogar den Bürgermeister vertreten. Eines Tages, als er wieder einmal dieses Amt ausfüllte, rief er mich am Kirchenausgang zu sich, ließ mich auf eine kleine Steinstufe auf dem Dorfplatz steigen und erklärte vor allen Leuten seinen Zuhörern: ›Ich möchte mit euch sprechen. Kennt ihr den Unterschied zwischen dem Sohn eines Boche und einer Schwalbe?‹ Niemand antwortete. ›Nun, ich werde es euch sagen. Wenn eine Schwalbe in Frankreich ihre Kleinen macht, nimmt sie die mit, wenn sie davonfliegt, aber der Boche läßt die seinen da.‹ Danach habe ich viel geweint. Ich schämte mich so, daß ich mich die ganze Nacht unter einer Brücke versteckte. Ich dachte sogar daran, meinem Leben ein Ende zu setzen.« Für Daniel ist dieser Vorfall, dessen Opfer er war, nichts mehr oder weniger als eine Form des Rassismus, ein Rassismus, der zweifellos weniger konzeptionell, aber dafür nicht weniger aggressiv war als die Ideologie der Nazigrößen. So wie etwa sein Lehrer, der zu ihm sagte:

»Boche-Kopf, komm vor an die Tafel.« Gar nicht zu reden von jenem »Aufruf zum Mord«, den ihm ein Bauer eines Tages an den Kopf warf: »Deine Mutter hätte besser einen Hasen zur Welt gebracht, das hätte den Jägern gefallen.« Die Kleinbauern, die »Boucans«, wie man sie in der Bretagne nannte, gingen jagen, um ihr Einkommen aufzubessern. Von da an wagte Daniel es nie mehr, allein in der Umgebung umherzustreifen.

»Die anderen Kinder erinnerten mich oft an meine Herkunft. So provozierten sie mich zum Beispiel mit der Frage: ›Weißt du, wie man dich, den Boche-Sohn, gemacht hat? Dein Vater hat deine Mutter bestiegen.‹ Sie wollten damit sagen, wie die Kühe oder Schweine, die sie auf den Bauernhöfen sahen. Alle diese Bosheiten haben meinen Charakter abgehärtet. Im Unterricht antwortete ich aus Trotz, wenn man mich aufrief, mit meinem deutschen Namen, Ammon.« Sein Klassenkamerad René Richard bestätigt das: »In Daniels Leben gab es zwei Epochen: Als er ins Dorf kam und danach, als er sich verteidigen mußte. Es gibt einen mittelalterlichen Sinnspruch, der lautet: ›Bist du Amboß, sei geduldig, bist du Hammer, schlage zu.‹ Ich glaube, er ist sehr schnell zum Hammer geworden.«

Glücklicherweise stellen sich einige Personen dieser kollektiven Hysterie entgegen. So die Mutter von René, die ihrem Sohn »das schönste Paar Ohrfeigen meines ganzen Lebens« gibt, als der eines Tages nach einem Streit seinen Kumpel Daniel mit »sale Boche«, »dreckiger Boche«, beschimpft. Sein Leidensschicksal in dieser ländlichen Gemeinschaft und die Behandlung, die er zu Hause erfährt, beunruhigen seine Lehrerin so sehr, daß sie auch die Gendarmen des Nachbarorts Jugon davon in Kenntnis setzt, die dann tatsächlich kommen, um ein wenig Ordnung in das großmütterliche Haus zu bringen. Dies wird nicht das letzte Mal sein. Im Laufe der Jahre werden sie noch einige Male wiederkommen müssen. Und doch erklärt Daniel noch heute: »Nichtsdestoweniger schämte ich mich in meiner ganzen Kinderzeit, Sohn eines Deutschen zu sein. Jedesmal wenn man von ihnen sprach, hatte ich den Eindruck, für irgendwas schuldig zu sein.

Ich habe diese Scham bis zu meinem achtzehnten Lebensjahr empfunden, und sie hat mich eigentlich erst richtig verlassen, als ich in dem von TF1 ausgestrahlten Dokumentarfilm darüber sprechen konnte.«

Mit zwölf Jahren, nach seiner feierlichen Kommunion, wird Daniel in ein kirchliches Internat nach Lamballe geschickt. Im Collège, einer kirchlichen Schule, laufen die Dinge etwas besser, da man offensichtlich nichts von seiner Abstammung weiß. »Trotz meiner großen Einsamkeit verbesserte sich meine Lage deutlich. Weit weg von meinem Dorf begann ich mich von meinem Minderwertigkeitskomplex zu befreien, aber ich fühlte mich doch immer noch für meine ganz spezielle Abstammung verantwortlich...« Daniel kennt zu dieser Zeit bereits die Familie seines Vaters, die seine Spuren gefunden und die er bereits einige Male besucht hatte. »Sie waren sehr offen, sehr verständnisvoll... Als Jugendlicher stand ich mit ihnen in Briefkontakt und verbrachte meine Ferien bei ihnen. Aber weder meine Mutter, noch meine deutsche Familie haben jemals erfahren, daß ich mißhandelt worden war. Niemand sprach darüber. Das war ein absolutes Tabuthema. Ich sah meine Mutter nur einmal im Jahr. Sie weigerte sich stets, mir Einzelheiten über ihre Beziehung mit meinem Vater zu erzählen, mit mir »darüber« zu reden, wie sie sich ausdrückte, während ich vor einem Bild meines Vaters, das ich besaß, meine Phantasie spielen ließ. Ich ähnle ihm enorm. Otto Ammon und Daniel Rouxel. Man könnte sie für Zwillinge halten. Natürlich hätte ich ihn gerne kennengelernt und erfahren, was er über mich denkt, ob er mich für eine Jugendsünde hielt oder ob er mich wirklich gewollt hat, kurz, ob er meine Mutter wirklich geliebt hat. Ich glaube ja, aber ich habe nie irgendwelche Briefe gesehen. Dennoch bin ich sicher, daß er ihr schrieb, als der Krieg sie getrennt hatte.« Schon immer erfüllt Daniel folgender Gedanke: »Es freut mich, daß er mich anerkennen wollte, wie es der Brief beweist, den er kurz vor seinem Tod seiner Mutter geschickt hat. Er hat schriftlich das Nötige veranlaßt. Und seine Schwester, meine Tante, sowie sein Bruder haben seinen letzten

Willen respektiert. Sie haben alles getan, was sie konnten, daß ich zu einem der Ihren wurde.«

Seit dem Ende der Feindseligkeiten tat die Familie Ammon, wenn auch zuerst vergebens, alles in ihrer Macht Stehende, um das Schicksal des deutsch-französischen Kindes zu verbessern. »Als sich der durch den Krieg hervorgerufene Groll etwas abzumildern begann, unternahm meine deutsche Familie zahlreiche Nachforschungen«, berichtet Daniel Rouxel. »Ich war fünf Jahre alt, als sie mich fand.« Der erste Besuch in Deutschland ist für den achtjährigen Daniel ein Schock. Die Familie seines Vaters lebt in der Nähe von Stuttgart, in Unterweissach, in einer prächtigen und großen Villa. Der Empfang ist offen und herzlich. Seine Tante vertraut dem kleinen Franzosen an: »Daniel, ich möchte, daß jeder Tag, den du hier verbringen wirst, für dich ein Festtag ist.« Daniel ist »wie eine Sonne in ihrem Haus«. Die deutsche Familie findet in ihm ein wenig den Sohn oder Bruder wieder, der viel zu früh im Krieg gefallen war, und hofft vielleicht auch, ihn zum Bleiben überreden zu können. Trotzdem wird er zurückkehren, aber jedesmal wenn ein Familientreffen stattfindet, wird man Daniel Photos davon schicken, um ihn doch irgendwie daran teilnehmen zu lassen. »Letzten Endes sind sie meine einzige Familie. Und mein Leben wäre ganz anders verlaufen, wenn sie mich hätten aufnehmen können. Gewiß empfinde ich eine gewisse Bitterkeit und ein Bedauern. Ich bin doch ein bißchen anders als sie. Es fehlt mir das gewisse Etwas, das sie mir voraushaben. Aber sie lassen mich dies nie spüren, wenn ich bei ihnen bin. Sie nehmen mich so, wie ich bin. Bei ihnen fühle ich mich wirklich wohl. Sie sind eine ziemlich wohlhabende bürgerliche Familie, die früher sogar zum Adelsstand gehörte. Mein Vater und seine Schwester hatten sogar einen Hauslehrer. Man nannte meinen toten Vater mit seinem zweiten Vornamen Otto, um ihn von seinem Vater, meinem Großvater, zu unterscheiden, der denselben Vornamen wie er und ich trug: Daniel. Beim ersten Besuch, bei dem auch meine Mutter dabei war, blieben wir acht Tage bei ihnen. Sie wollten mich dabehalten, um mir eine angemessene Erziehung zu verschaffen, ich sollte bei meiner Tante zusammen mit meinen Cousins und Cousinen aufwachsen. Dies aber lehnte meine Mutter ab. Ich glaube, sie hat gar nicht so recht verstanden, was man ihr da vorschlug. Es gab da ein Sprachproblem.« Die deutsche Cousine Daniel Rouxels, die dolmetschte, da sie sehr gut Französisch spricht, bestätigt dies: »Meine Familie wollte, daß Daniel hier in Deutschland leben sollte. Wir waren eine recht kultivierte Familie und dachten, das sei gut für ihn. Aber Daniels Mutter wollte nicht hierher ziehen. Sie fürchtete, hier Verständigungsprobleme zu haben, weil sie kein Deutsch konnte. Also sind wir übereingekommen, miteinander in Kontakt zu bleiben.« Im Jahr darauf kehrte Daniel ganz allein zurück. Auch danach brach die Beziehung nie ab, und er besuchte seine deutsche Familie wohl ein Dutzend Mal. Erst recht viel später sucht er dann das Grab seines Vaters auf, der auf dem Soldatenfriedhof von Bad Bertrich an der luxemburgischen Grenze liegt.

In dem von TF1 ausgestrahlten Dokumentarfilm beschreibt Elisabeth Krauter, Daniels deutsche Tante, die zum Zeitpunkt der Aufnahme dreiundsiebzig Jahre alt war, den Schock, den ihre Familie erlitt, als sie kurz nach dessen Tod den Brief des jungen deutschen Soldaten erhielt: »Meine Mutter war sehr bewegt, als sie von der Existenz eines Kindes namens Daniel erfuhr. Damals war ich genau so alt wie seine französische Mutter. Unser Vater war bereits gestorben. Mein Bruder mißbilligte sehr, was da passiert war. Er verstand nicht, wie Otto eine junge Frau hatte unglücklich machen können.« Später haben sie dann erfahren, daß deutsche Offiziere, die Beziehungen zu Französinnen unterhielten, eingesperrt und degradiert worden seien. Zweifellos hatten Ottos Vorgesetzte Kenntnis von seiner Beziehung mit Léa, weshalb er wohl auch versetzt wurde.

Als Daniel erwachsen ist, entscheidet er sich mit achtzehn Jahren, seinen Grundwehrdienst freiwillig vorzeitig abzuleisten. Nach seiner Dienstzeit tritt er als technischer Zeichner ins aktive Leben ein. »Mein erstes verdientes Geld war der Initialzünder, der mir half, mich zu befreien.« Er ist neunzehn Jahre alt, als er in Le Mans heiratet. Sein Schwiegervater ist niemand anderer als der Mann seiner Mutter Léa, die er nach dem Tod seiner ersten Frau geheiratet hat. Zusammen mit seiner Frau startet Daniel ein kleines Geschäft, aber als er sich viereinhalb Jahre nach seiner Hochzeit scheiden läßt, muß er alles verkaufen, um sämtliche Folgekosten begleichen zu können, wonach er alle Verbindungen zu seiner Familie abbricht. Er nimmt seinen Beruf als technischer Zeichner wieder auf, trifft dann aber seine zweite Frau, mit der er ein weiteres Geschäft eröffnet. Da seine Frau aber unter Atemproblemen leidet, beschließen sie, sich in Amélie-les-Bains, einem Thermalbad in den östlichen Pyrenäen, niederzulassen. Daniel ist damals siebenunddreißig Jahre alt. Er findet Arbeit als Kellner in einem Restaurant des Heilbads. Heute verbringen die Rouxels ihre Zeit in den Pyrenäen und in Le Mans.

Nach seinen freimütigen Aussagen im Fernsehen vor zehn Jahren wird Daniel Rouxel auf Veranlassung des Manns seiner Mutter zum ersten Mal seit ihrem Zerwürfnis eingeladen, sie zu besuchen. Er nimmt sogar wieder einen gewissen Kontakt zu seinen Kindern aus erster Ehe auf. Außerdem erhält er eine Menge Post. Alle, die ihm schreiben, sind wie er Kriegskinder von Deutschen. Sie sprechen von ihrer Scham, die man ihnen eingetrichtert hat, weil ihr Vater Deutscher war. Viele dieser Männer und Frauen geben auch zu, daß sie ihren Kindern, selbst ihren Lebenspartnern, niemals davon erzählt haben, wie etwa einer von Daniels Freunden, der es heute als Sechzigjähriger immer noch nicht schafft, mit seiner Familie, die die Wahrheit nicht kennt, darüber zu sprechen. Daniel erwähnt auch den Fall einer Frau, die ihm gestand, daß sie sich oft im Kino deutsche Kriegsfilme ansieht und dabei versucht, unter den Soldaten ihren Vater zu entdecken. »Alle diese Menschen sind auf der Suche nach ihrer Identität. Sie möchten ihre Schande abwaschen.«

Lange nach seiner Kindheit in Mégrit, die er dreißig Jahre lang so weit wie möglich von sich ferngehalten hat, denkt Daniel über die tragischen Zufälle der Geschichte nach: »Meine Mutter hat sich in einen deutschen Offizier verliebt, während ihr zwei Jahre jüngerer Bruder, mein Onkel, in England den »Bérets verts«, der französischen Kommandotruppe mit grünen Baretten, beigetreten ist, die als eigenständige Einheit unter den »Royal Marines« diente. Mit ihnen nahm er dann an der Invasion in der Normandie teil, wo er als Teil des »Kommandos Kieffer« einer der ersten Franzosen war, die im Kampf gegen die Nazis wieder das Mutterland betreten konnten.« Auch dieser ordengeschmückte Onkel gab, mit seinem Barett in der Hand, in dem Dokumentarfilm von TF1 seine Meinung ab. War für ihn diese Familienschande vergeben und vergessen? Nicht ganz: »Nein, ich trage Daniel nichts nach, es ist nicht seine Schuld. Er hat auch nie um was gebeten. Es ist die Schuld seiner Mutter«, wetterte dieser alte, bärbeißige Haudegen, der mit Stolz seine Auszeichnungen zur Schau trägt, aber niemals seinem Neffen begegnen wollte. Von dessen Existenz hatte er durch ein Photo erfahren, das er fand, als er im Schrank seiner Mutter herumkramte.

Daniel hegt seinerseits keinen Groll gegen seine Mutter: »Ich kann ihr nicht böse sein. Es gibt so viele Entschuldigungen für sie.« Auf andere Weise sagt seine alte Lehrerin das gleiche: »Seine Mutter war ein sehr hübsches Mädchen. Sie wollte es draußen zu etwas bringen. Das ist entschuldbar. Sie war ja noch sehr jung.« Allerdings fügt dann Daniel doch hinzu: »Ich glaube trotzdem, daß sie meine Kindheit hätte in bessere Bahnen lenken können, wenn sie nur gewollt hätte.« Die Beziehungen zu seiner deutschen Familie sind dagegen immer ausgezeichnet geblieben. »Aber ich bin von ganzem Herzen Franzose«, stellt er dann klar. Was bleibt, ist die irreparable große Leere seiner Kindheit: »Ich hätte so gern jemand lieb gehabt, aber jeder verweigerte mir diese Liebe. Fehlende Liebe tut sehr weh. Man leidet entsetzlich. Manchmal frage ich mich, ob es für mich nicht besser gewesen wäre, wenn meine Mutter mich nach der Geburt verlassen hätte. Dann hätte ich die Wahrheit nie erfahren und hätte weniger gelitten.« Auch wenn die Aufenthalte in Deutschland ihm kurze

Momente des Wohlbehagens verschafften, mußte er doch immer wieder in die Hölle nach Mégrit zu seiner Großmutter und später ins Internat zurückkehren. Durch den Fehler seiner Mutter, die ihn nicht seiner deutschen Familie anvertrauen wollte, war seine Kindheit ein Alptraum und auch seine Schulausbildung nicht besonders erfolgreich.

Heute ist es Daniel allerdings klar, wieviel Glück er hatte, seine Familie in Deutschland wiederzufinden, dank ihrer zu wissen, woher er kommt, daß er einen Platz auf dieser Welt hat und daß er der Sohn seines Vaters ist. Seine Lebensgeschichte ist klar, transparent und unzweideutig so wie er selbst. Eloquent und leidenschaftlich, ist Daniel ein Mann von großer physischer Stärke und außergewöhnlicher Intelligenz, mit der Sensibilität des im Leben Geschundenen, die ihm immer das richtige, das treffende Wort eingibt. Er hat auf mühsame Weise lernen müssen, auf was es im Leben wirklich ankommt. Da er seit seiner Kindheit Opfer von Lügen und Ausflüchten war, verspürt er in sich einen ungeheuren Wahrheitsdurst. Bereits lange vor den großen Stunden der deutsch-französischen Aussöhnung empfingen ihn seine deutschen Onkel und Tanten und erkannten ihn als ihren Neffen an, wobei sie im Namen ihres toten Bruders und der ebenfalls bereits verstorbenen Mutter handelten. Aber vor dem Gesetz zählte das alles nichts. Heute hofft Daniel ohne jede »Donquichotterie« und mit einer profunden Kenntnis der gesamten Sachlage, daß die Behörden, die bisher die Augen vor dem Problem der deutschen Soldatenkinder fest verschlossen hielten, diese vollständig und in jeder Beziehung anerkennen werden.

JEANINE*

Suchmeldung:
Wer hat Werner gekannt? _____

»Bei allen von mir unternommenen Schritten und Nachforschungen habe ich immer klargestellt, daß ich damit nicht das
geringste finanzielle Interesse verfolge. Ich möchte nur die
Wahrheit erfahren und endlich meinen Frieden finden.« Nicht
sehr groß, etwas rundlich, mit graugrünen Augen, Haaren, die
einst sehr blond gewesen sein müssen und einem Aussehen, das
die Sechzigjährige weit jünger erscheinen läßt, vermittelt Jeanine
beim lebhaften Sprechen den Eindruck freimütiger Aufrichtig-
keit. Schon zu Beginn unseres ersten Treffens, das nach einer
brieflichen Kontaktaufnahme und zwei Telefongesprächen in
Paris stattfindet, bittet sie mich für den Fall um Verständnis,
daß sie während ihrer Erzählung von ihren Gefühlen übermannt
werden sollte. »Es tut mir immer weh, wenn ich von meiner Situation berichte. Die Schuldgefühle, die Schande, aber auch die
Demütigungen, die ich erleben mußte, sind mir trotz all der Jahre
in jedem Augenblick gegenwärtig«, erklärt sie mir. Ihr Mann
Michel, ein großgewachsener Mann ihres Alters, der aus der
Picardie und den Ardennen stammt, begleitet sie. Man merkt
ihnen an, daß sie beide das Problem wieder und wieder von allen
Seiten beleuchtet haben, was sie befähigt, sich ruhig, besonnen
und ohne eine Wort zuviel darüber auszulassen. Jeanine scheint
fast eine Lektion aufzusagen, so sehr hat sie ihr eigenes Dossier
verinnerlicht. Manchmal schaut sie in ihren schriftlichen Aufzeichnungen nach, um nur ja nichts zu vergessen. Von Zeit zu

----

* Die Namen der Personen und Orte sind authentisch.

Zeit wird in ihren Worten eine leichte Aufregung spürbar, aber ganz offensichtlich verschafft es ihr eine gewisse Erleichterung, sich die Sache von der Seele reden zu können. Vor allem scheint es ihr darauf anzukommen, ein Maximum an Details vorzubringen, da sie die Hoffnung immer noch nicht verloren hat, schließlich ihre Angelegenheit eines Tages zu einem befriedigenden Ende bringen zu können.

Jeanine erblickt am 13. Dezember 1941 im normannischen Canteleu in der Nähe von Rouen das Licht der Welt. Ihre Mutter Léontine Sevestre, die aus Cambes-en-Plaine im Département Calvados stammt, ist in ihrer Familie das vierte von sieben Kindern. Am 23. April 1924 geboren, ist Léontine erst sieben Jahre alt, als ihre Mutter, eine Briefträgerin, bei der Geburt ihrer jüngsten Tochter stirbt. Von da an kümmert sich ihre damals vierzehnjährige ältere Schwester Françoise um die Erziehung der sechs Waisen und den Haushalt, während ihr Vater François zusammen mit seinem Schwiegervater die Felder bestellt. Um Françoise zu entlasten, lassen einige Dorfbewohner ihre zur Schule gehenden Brüderchen und Schwesterchen bei sich essen. Dabei kümmert sich um Léontine die Familie Novak, die den Dorfladen mit angeschlossenem Gasthaus und Bar führt. Cambes-en-Plaine liegt, wie sein Name bereits andeutet, in der fruchtbaren Ebene von Caen auf halbem Wege zwischen Caen und Luc-sur-Mer. Durch das Dorf führt die Eisenbahnlinie zum Meer. Die 250 Einwohner leben hauptsächlich von der Landwirtschaft. Eine Bäckerei und dieses Café-Restaurant mit seinem kleinen Laden sorgen als einzige für ein bißchen Leben in diesem Marktflecken.

Als im Juni 1940 die deutsche Wehrmacht auch in dieses Dorf einrückt, ist Léontine Sevestre sechzehn Jahre alt. Sie hat bereits die Schule beendet und verbringt ihre Tage im Café-Restaurant der Novaks, wo sie die verschiedensten Aufgaben erledigt. Sie behandeln sie inzwischen wie ihre eigene Tochter. Abends kehrt sie zu ihrer eigenen Familie zurück, die einige Häuser entfernt wohnt. Zur selben Zeit ißt Werner, ein junger Besatzungssoldat, öfter bei den Novaks. Er kommt oft in Uniform in Begleitung anderer deutscher Soldaten, um im Café gemeinsam mit Einwohnern des Dorfes seine Abende zu verbringen. Dort begegnet er auch Léontine und verliebt sich sofort in sie. Wahrscheinlich diente Monsieur Novak, der ein wenig Deutsch konnte, dem jungen Burschen anfangs als Dolmetscher, bis dieser genug Französisch gelernt hatte, um sich selbst verständlich machen zu können.

Im Laufe des Jahres 1941 wird Monsieur Novak wegen seiner jüdischen Herkunft die Führung seines Geschäftes verboten, und er ist deshalb gezwungen, es einem Geschäftsführer zu übergeben. Es war dies ein gewisser Monsieur Plantier und seine Frau, die nach dem Krieg spurlos verschwinden. 1942 wird Monsieur Novak kurz nach Jeanines Geburt verhaftet und deportiert. Er wird aus den Lagern nicht mehr zurückkommen. Die Nazis versuchen später, auch seinen Sohn Albert zu verhaften, obwohl Madame Novak Katholikin ist. Er wird tatsächlich inhaftiert, hat aber den Krieg überlebt. 1929 geboren, lebt Albert heute in Longueville im Département Calvados. Madame Novak wird nach dem Krieg in Tunesien zum zweiten Mal heiraten. 1974 stirbt sie, ohne daß Jeanine zuvor Gelegenheit gehabt hätte, ihr zu schreiben oder sie gar persönlich zu treffen.

Die Menschen, die mit Werner in Cambes-en-Plaine Kontakt hatten, erinnern sich an einen lustigen Burschen, der ein richtiger Witzbold und Spaßvogel sein konnte. »Jung, fröhlich und höflich«, präzisiert einer von denen, die ihn gut kannten. Und Léontine? Leider weiß Jeanine fast nichts von ihrer sehr jung gestorbenen Mutter. Man hat ihr nur erzählt, daß auch sie »einen sehr fröhlichen Charakter hatte«, aber auch »sehr schüchtern« gewesen sei. Es ist durchaus möglich, daß dieser junge Deutsche durch seine Albereien für Stimmung sorgte, dadurch das junge Mädchen zum Lachen brachte und es zumindest für kurze Zeit die Trostlosigkeit vergessen ließ, die in ihrem eigenen Zuhause herrschte, das von einem ungehobelten, ungebildeten und engstirnigen Vater geprägt war.

Jeanine wurde dann in diesem gastlichen und gut geführten

Dorfgasthaus im März des Jahres 1941 als Frucht einer Liebesbeziehung zwischen der jungen Léontine und dem Soldaten Werner gezeugt, die wohl nur ein Jahr vom Sommer 1940 bis zum Sommer 1941 dauerte. Denn sobald Léontines Vater von der Schwangerschaft seiner Tochter erfuhr, für ihn eine völlig unerträgliche Situation, beschloß er, sie aus Cambes-en-Plaine wegzuschicken. In diesem kleinen normannischen Dorf wußte natürlich jeder über alles Bescheid, nichts konnte man hier verbergen, und so waren die dort lebenden jungen Frauen nicht gerade zu beneiden. Vor allem ein uneheliches Kind galt als Fehltritt und schwerer Makel.

Wer war nun aber dieser Werner? Weiß man noch etwas von ihm? Anscheinend war es vor allem sein heiterer und fröhlicher Charakter, der sich den Leuten einprägte. Es ist auch anzunehmen, daß er Sympathien für die Novaks entwickelte und sich bei ihnen ausgesprochen wohlfühlte. Einige behaupten sogar, er habe Monsieur Novak vor den Gefahren gewarnt, die aus dessen Judentum erwachsen könnten, und er habe ihm auch geraten, geeignete Vorkehrungen zum Schutz gegen die zu erwartenden Verfolgungen zu treffen. Man kann daraus schließen, daß er selbst nicht von der Nazi-Ideologie angesteckt gewesen sein dürfte.

Im Jahre 1972 schreibt Léontines beste Freundin, Jeanne Lemaître, geborene Decaen, an Jeanine, sie sei sicher, daß deren Vater ein Österreicher gewesen sei. In ihrem Brief nennt sie ihn »diesen österreichischen Soldaten, der Deiner Mutter bei den Novaks den Hof machte«. Jeanine ist gleich alt wie Léontine. »Er war 1940 etwa achtundzwanzig bis dreißig Jahre alt«, präzisiert sie dann. »Sein Name war Werner, er war sehr groß, sehr lebhaft und vor allem sehr fröhlich. Er konnte Musik spielen. Ich glaube, er hatte eine Schwester, aber ich kenne weder seinen Familiennamen noch den Namen seiner Einheit in Cambes. Es waren ja so viele.« Jeanne Lemaître fährt dann in ihrer einfachen Sprache, aber mit einer schönen, schrägen Schrift ohne alle Rechtschreibfehler fort: »Werner war von 1940–1941 in Cambes. Ich weiß aber nicht, wann er wegging. Ich bin ihm vor allem im Laden und Café von Monsieur und Madame Novak begegnet, wo Deine Mutter arbeitete. Man wußte, daß sie sein Schatz war. Ich arbeitete ja auch bei den Novaks. Also, weißt Du, als die Soldaten kamen, achtete ich im allgemeinen nicht so auf den einzelnen. Ich erinnere mich einfach nur deshalb etwas mehr an Deinen Vater, weil er von allen der Lustigste war und man ihn oft in Begleitung Deiner Mutter sah. Hätte Madame Novak nicht in Tunesien zum zweiten Mal geheiratet, dann hätte sie uns vielleicht noch weitere Auskünfte geben können. Aber in Cambes kennt keiner ihre Adresse.«

»Er kam sehr oft vorbei, weil er mit deiner Mama liiert war«, erzählte Albert Novak wenig später Jeanine, nachdem es dieser gelungen war, ihn wiederzufinden. Sie konnte sich allerdings nur telefonisch mit ihm unterhalten.» Er war der einzige Soldat, der je zum Essen in unsere Privatwohnung eingeladen worden ist. Meine Eltern schätzten seine Korrektheit. Er war jung, fröhlich und höflich. Ich weiß allerdings nicht, ob er Österreicher oder Deutscher war. Manchmal spazierte ich mit ihm durchs Dorf. Einmal zeigte er mir eine Narbe an seinem Unterarm. Ich glaube, es war der linke. Diese Kriegsverletzung stammte aus dem Polenfeldzug.« Diesen soll er bei den Panzertruppen mitgemacht haben. Wenn dies stimmt, ist anzunehmen, daß Werner zuerst bei einer Panzereinheit gedient hat. Albert fügte dann noch hinzu, daß Léontine » für ihn wie eine große Schwester« gewesen sei und daß seine » Eltern sie liebten, als ob sie ihre eigene Tochter gewesen wäre«. Außerdem bestätigte er, Werner » gut gekannt zu haben«, und bezeugte, daß » Jeanines Mutter und Werner sich wirklich geliebt haben. Ich glaube, er war quasi als Rekonvaleszent in Frankreich stationiert.«

Dank dem pensionierten Offizier der französischen Armee Bernard G., einem ehemaligen Dorfbewohner im gleichen Alter wie Albert Novak, gelang es Jeanine in der Zwischenzeit die Wehrmachtsdivision zu identifizieren, zu der Werner gehörte. Es handelte sich dabei wohl um die 216. Infanterie-Division, die am 15. Dezember 1941 Frankreich verließ und durch die 736. Infanterie-Division ersetzt wurde. Die wahrscheinlich zuständige 723. Feldkommandantur von Caen stand 1940 unter dem Kommando von Oberstleutnant Elster. In Caen waren auch noch zwei weitere Feldkommandanturen stationiert, die 884. unter Hauptmann Jamin für den »Canton« von Caen und die für die Stadt selbst zuständige 630., die unter dem Befehl von Hauptmann Schweikart stand, dessen Name auf eine österreichische Herkunft hindeuten könnte. Die 216. Division wurde danach an die Ostfront in den Raum Smolensk verlegt. Mit hoher Wahrscheinlichkeit fand Werner dort den Tod, denn seine Einheit wurde später fast völlig aufgerieben und die wenigen Überlebenden wurden in die 272. Division integriert.

Tatsächlich hatte Werner im Dezember 1941 auf Befehl seiner militärischen Vorgesetzten Cambes-en-Plaine verlassen. Bernard G. hegte im ersten Moment die Vermutung, daß diese Versetzung auf eine Beschwerde von Léontines Vater bei den deutschen Besatzungsbehörden zurückgehen könnte. Dies war zumindest das Gerücht, das damals im Dorf umlief. Aber die Verlegung der gesamten Division an die Ostfront im Dezember 1941 scheint diese Annahme zu widerlegen. Die hochschwangere Léontine Sevestre wollte ursprünglich ihr Kind in einem Entbindungsheim des Départements zur Welt bringen, das auch ledige Mütter aufnahm. Aber da dieses inzwischen von den Deutschen requiriert worden war, bekam sie ihr Baby in einem Schloß in Canteleu, wohin die Geburtsklinik kurz nach Werners Weggang verlegt worden war. Monsieur und Madame Novak besuchten sie dort und machten ein Foto von ihr, das Albert Novak seit dem Krieg in seiner Brieftasche aufbewahrte, um das inzwischen ganz vergilbte Bild dann schließlich Jeanine zu übergeben. 1929 geboren, war er damals ja gerade erst zwölf Jahre alt und himmelte Léontine an. Und so hatte er jahrzehntelang das Bild dieser Frau, die er so sehr bewunderte, wie eine Reliquie seiner Jugendtage auf dem Herzen getragen, in Erinnerung an eine Zeit, die für immer vergangen war und die so viele Menschen hatte sterben sehen. »Auf dieser Aufnahme ist meine Mama wie eine Krankenschwester gekleidet«, meint Jeanine Sevestre mit Blick auf dieses kurz nach ihrer Geburt aufgenommene Foto, das einzige, das sie heute von ihrer Mutter besitzt. »Die jungen Frauen, die sich dazu entschlossen hatten, ihr Kind auszutragen, waren naturgemäß beim Krankenhauspersonal gut angesehen, und man half ihnen. Sie konnten in der Klinik arbeiten und sich damit einen kleinen Notgroschen ansparen. Während dieser ganzen Zeit erhielten Mutter und Kind freie Kost und Logis. Meine Mutter blieb dort vom Juli 1941 bis März 1942, wobei sie sich um anonym geborene oder ausgesetzte Babys kümmerte. Ich wurde dort am 4. März getauft.« Die relative Ausgeglichenheit auf Léontines Gesicht zeugt davon, daß sie sich an diesem Ort mit dem Kind an ihrer Seite wohlfühlte. Es waren dies wahrscheinlich rare Monate der Ruhe und Freude in ihrem kurzen Leben.

Um diese Aussagen zu überprüfen, versucht Jeanine seitdem, Näheres über die Persönlichkeit ihres Vaters in Erfahrung zu bringen. So hat ihr Bernard G. erst vor kurzem anvertraut: »Dein Vater war sehr nett zu uns. Wenn wir ihm nach der Schule begegneten, riefen wir ihm zu: ›Salut Werner.‹ Dann machte er zu unserer Unterhaltung seine lustigen Späße. Er war ein richtiger Akrobat und ein Clown.« Andere Kinder erinnern sich sogar daran, daß Werner »auf den Händen ging« und »Pirouetten drehte«. Einer von ihnen, der inzwischen verstorbene Charles Decaen, erzählte einmal seiner Tochter Léone, daß Mitte des Jahres 1941 Monsieur und Madame Plantier, die damals bereits die Novaks im Café des Dorfes abgelöst hatten, manchmal das Klavier nach draußen stellten, damit die Einwohner von Cambes und die Soldaten der Besatzungsarmee auf der Straße tanzen konnten. Anscheinend war es Werner, der diese kleinen improvisierten Feste veranstaltete und auf dem Instrument spielte. Jeanine konnte leider bei den Einwohnern von Cambes kein Photo von diesen Festen finden. Eine Cousine ihrer Mutter, die Jeanine sehr mochte, lieferte ihr ebenfalls eine Beschreibung von Werner und bestätigte den liebenswürdigen Charakter des deutschen Soldaten. »Er war ein richtiger Spaßvogel. Manchmal begann er auf dem Tisch zu tanzen.« Diese Anekdote gibt uns wie viele andere dieser Art eine Vorstellung, wie die deutsche Besatzung zumindest am Anfang aussah. Die deutschen Soldaten hatten die Anweisung bekommen, Kontakt zur Bevölkerung aufzunehmen und dabei immer höflich und hilfsbereit aufzutreten. Sie sollten dadurch wohl Eindruck machen, vielleicht sogar Bewunderung erregen. Gehörten sie denn nicht gemäß der Nazi-Ideologie zur »Herrenrasse«? Viele von ihnen nutzten diese Anweisung, um einmal der Langeweile des Soldatenlebens zu entrinnen, um so mehr als Frankreich in ihren Augen ein Schlaraffenland war, das Land des Weins, der hübschen Frauen und der Liebe. Die deutsche Invasion war für die Franzosen ein schrecklicher Schock gewesen, und alle hatten große Angst vor der nachfolgenden Besatzung gehabt. Und dann benahmen sich die Besatzer äußerst diszipliniert. Sie besuchten die Cafés und die Restaurants, und sie bezahlten immer ihre Rechnungen. Sie waren gutaussehend, sportlich und oft recht gebildet. Die meisten Deutschen gehörten einem Chor oder Gesangverein an. Einige konnten ein Instrument spielen. Sie tanzten gerne und eigneten sich eher ein paar Worte Französisch an als die Franzosen ein paar Worte Deutsch. In den Jahren 1940 bis 1942 war die Besatzung einigermaßen erträglich. Erst später verschlechterte sich die Situation. Aber in diesen ersten beiden Jahren konnten sich Werner und seine Kameraden in Uniform und unbewaffnet im Dorf bewegen, ohne irgendwelche Angriffe befürchten zu müssen, die sie hätten das Leben kosten können, was zwangsläufig deutsche Vergeltungsmaßnahmen nach sich gezogen hätte. Die Kontaktaufnahme gestaltete sich also verhältnismäßig einfach.

Selbstverständlich wirkten diese hübschen, netten und süßen »kleinen Französinnen«, deren Ruf in der deutschen Vorstellungswelt tief verankert war, überaus anziehend auf diese Soldaten, die meist kaum zwanzig Jahre alt waren. Sie ihrerseits begannen diese Deutschen zu bewundern, die so gar nicht dem Zerrbild ähnelten, das aus dem Ersten Weltkrieg zurückgeblieben war, und die überhaupt nicht diesen »grausamen Kriegern« glichen, die gekommen waren, um, wie es in der Marseillaise hieß, die Französinnen und Franzosen »niederzumetzeln«. Wenn man weiß, wie sehr Léontine Sevestres Vater, ein Kriegsveteran von 1914–1918, die Deutschen haßte, ist es nicht erstaunlich, daß es seiner Tochter äußerst verwirrend erscheinen mußte, einem charmanten Deutschen zu begegnen, der so gar nicht den Ungeheuern glich, von denen ihr Vater zu Hause erzählt hatte.

Erst kürzlich hat Jeanine von einem langjährigen Einwohner von Cambes-en-Plaine erfahren, daß in diesem Dorf zwei Arten von Soldaten stationiert waren: Die einen arbeiteten im Schlachthof und waren in einem Gutshaus untergebracht, während die anderen die Franzosen bewachten, die für die Deutschen arbeiten mußten. Letztere wohnten im Schloß des Dorfes, das einer gewissen Mademoiselle de Colombelles gehörte; das Gebäude steht heute nicht mehr. Der alte Mann kann sich nur noch an den Namen eines einzigen Soldaten erinnern: Ampel. »Es ist allerdings nicht klar, ob er auch so geschrieben wird«, gibt Jeanine zu bedenken. Der Dorfbewohner berichtete dann noch, daß dieser Besatzer immer Zivilkleidung trug, daß er ein Bein nach sich zog und oft durch das Dorf spazierte. »Die Einwohner« hatten große Angst vor ihm«, erinnerte sich der Alte. Höchstwahrscheinlich handelt es sich hierbei nicht um Werner, der gewöhnlich Uniform trug, nicht hinkte und so gar nichts Erschreckendes an sich hatte: Es handelte sich dabei wohl eher um einen dieser aus dem aktiven Dienst ausgemusterten Kriegsversehrten, dem man die Aufsicht über die französischen Arbeiter übertragen hatte. Jeanine nahm lange Zeit an, ihr Vater habe im Schlachthof gearbeitet. Dort waren ungefähr fünfundzwanzig Personen beschäftigt, Metzger, Metzgergehilfen, Lastwagenfahrer und Verwaltungspersonal. Dieser Schlachthof war der größte Betrieb in Cambes. Dort arbeiteten auch die meisten Besatzungssoldaten des Dorfes, um ihre Regimenter zu versorgen. Diese Außenaktivität der Wehrmacht könnte die Bewegungsfreiheit erklären, über die Werner offensichtlich verfügte. Aber auch hier bleiben Zweifel.

Laut Albert Novak arbeitete Werner nicht im Schlachthof, sondern war mit der Bewachung der französischen Kriegsgefangenen beauftragt, die vor ihrer Verschickung ins Deutsche Reich sogenannte »Rommelspargel« aufstellen mußten, Reihen von Holzpfählen, die man auf offenem Feld einrammte, um dort die Landung alliierter Flugzeuge und Lastensegler zu verhindern. Albert, der diesen Franzosen oft Zigaretten brachte, traf dort Werner, der eher in nettem Ton mit ihnen plauderte, als daß er sie überwacht hätte. Läßt sich etwa daraus schließen, daß er mehr oder weniger gut Französisch sprach? Es bestätigt zumindest unsere Hypothese, daß er und Léontine sich unterhalten konnten. Wohnte auch er im Schloß des Dorfes? Auch dafür sprechen einige Quellen.

Faßt man all diese Aussagen zusammen, läßt sich das Phantombild eines Werner erstellen, der offensichtlich sympathisch, anziehend und ein fideler Bursche war, ein wenig künstlerisch begabt, auf jeden Fall musikalisch, und kein Nazi, auch wenn man mit dieser Aussage natürlich vorsichtig sein muß. Wie wir bereits einige Male festgestellt haben, entwickelt das französische Kind oft ein idealisiertes Bild seines »deutschen Vaters«, auch wenn sich Jeanine gegen diese »Unterstellung« wehrt und der Meinung ist, daß sie nie etwas anderes als die Wahrheit über ihren Vater gesucht habe und sich auch durchaus dazu imstande fühle, dieser ins Auge zu blicken. »Wie hätte ich ihn im übrigen idealisieren sollen, wo ich mich doch immer für meine Situation als Besatzungskind geschämt habe«, gibt sie dann noch zu bedenken.

Trotz der mageren Resultate ihrer bisherigen Nachforschungen gibt Jeanine ihre Suche nicht auf und geht weiterhin jeder Spur nach. Neben den Novaks und den Plantiers gab es in Cambes Madame Moulin, die Lehrerin, Monsieur Ménard, den Postboten, Monsieur Vornière, den Dorfbürgermeister, Monsieur Garnier, den Besitzer des Schlachthofs, Monsieur und Madame Kieffer mit ihrer Bäckerei und Mademoiselle de Colombelles, die Herrin des Schlosses von Cambes. Allerdings sind alle diese Personen inzwischen verstorben. Könnte es sein, daß ehemalige

Angehörige von Werners Division sich auch noch andere Namen von Dorfbewohnern gemerkt haben? Werners Talente als Unterhalter waren schließlich so ausgeprägt, daß sie auch den Kameraden in seiner Kompanie nicht verborgen geblieben sein können. Könnte dieser Hinweis vielleicht dazu führen, daß einer seiner alten Kameraden oder ein Mitglied seiner Familie ihn identifizieren könnte, falls einer von ihnen noch am Leben sein sollte? Bernard G. hat im Rahmen seiner Nachforschungen über die 216. Division herausgefunden, daß diese vom 6. Juli 1940 bis zum 15. Dezember 1941 in der Normandie stationiert war. Ihre Hauptaufgabe war die Kontrolle des ländlichen Raums und die Küstenverteidigung. Als Jeanine allerdings im Februar 1996 den Österreichischen Kameradschaftsbund in Salzburg anschreibt, bekommt sie keine Antwort. Ähnlich ergeht es ihr mit dem Sekretär des deutschen Pendants, Hans Gerhard Sandmann. Eine an ihn gerichtete Anfrage vom Oktober 2000 wurde ebenfalls nicht beantwortet.

Kehren wir zu Léontine Sevestre zurück. Als sie im März 1942 die Klinik von Canteleu verließ, um in die Gegend von Caen zurückzukehren, war es undenkbar, daß sie zusammen mit einem unehelichen Kind wieder in ihrem Vaterhaus aufgenommen würde. Sie gab deswegen ihre kleine Tochter in Pflege und ging putzen, um die Pflegeeltern bezahlen zu können. Sie war damals ganze siebzehn Jahre alt, ein hübsches Mädchen von eher nordischem Typ, groß und stark – ihre Körpergröße betrug 1,74 m. Tapfer arbeitete sie ohne Unterlaß, übernahm sich aber dabei zusehends. Jeanine ist zwei Jahre alt, als ihre Mama Tuberkulose bekommt. Trotzdem arbeitet diese weiter, ohne sich zu schonen. Ihre Krankheit zerrüttet ihre Kräfte, so daß sie schließlich Ende 1943 ins Krankenhaus von Caen eingeliefert wird, wo sie sechs bis sieben Monate bleiben muß. Die Pflegemutter bringt Jeanine jeden Tag in die Klinik. Auch wenn nach all den Jahren das Gesicht ihrer Mutter nur noch verschwommen in ihrem Gedächtnis erscheint, erinnert sie sich noch gut daran, wie deren Hände auf

Augenhöhe des Kindes auf dem Bett liegen. Nach einiger Zeit empfehlen die Krankenschwestern der Pflegemutter, Jeanine nicht mehr zu nahe an ihre Mutter heranzulassen, da sonst die Gefahr einer Ansteckung bestehe. »Deine Mutter ist zu krank. Du mußt bei einer Schwester am Eingang bleiben.« Jeanine wartet von da an in der Eingangshalle. Danach hören die Besuche ganz auf.

Der Gesundheitszustand ihrer Mutter verschlechterte sich immer weiter, und sie wäre sicherlich bald an ihrer Tuberkulose gestorben, wenn sie nicht wie etwa fünfzig andere Kranke bei dem Bombenangriff vom 18. Juni 1944 umgekommen wäre, der die Tuberkulosestation des Krankenhauses von Caen zerstörte, in der sie untergebracht war. Kurz nach diesem Drama kam die Pflegemutter, um den Körper zu identifizieren, was allerdings reine Formalität war, da die völlig verkohlten Körper nicht mehr wiederzuerkennen waren. Léontines Vater weigerte sich, den Leichnam seiner Tochter zu identifizieren, auch wenn dieser Schritt nötig gewesen wäre, um eine staatliche Waisenrente für das Kind zu beantragen. Jeanine fand sehr viel später in einem Buch über die Kriegsopfer in der Normandie ein Photo des provisorischen Friedhofs, der gleich nach dem Bombenangriff in den Gärten des Bon-Sauveur-Hospitals angelegt worden war. Tatsächlich trug das erste Grab im Vordergrund der Abbildung den Namen ihrer Mutter. Aber es ist überhaupt nicht sicher, ob diese tatsächlich dort begraben worden ist, da die Tuberkuloseabteilung des Krankenhauses bei diesem Luftangriff völlig ausgebrannt war. Später wurden die Särge auf den Saint-Gabriel-Friedhof von Caen überführt, wo heute die Namen aller zivilen Opfer auf einem Denkmal aufgeführt sind. Bis zu Jeanines sechstem Lebensjahre brachte die Pflegemutter ihren Pflegling regelmäßig dorthin, um zu beten.

Jeanine erinnert sich überhaupt gerne an »Oma Georget«, bei der sie sehr glücklich war. Diese wäre heute hundertzwanzig Jahre alt. Nach dem vorzeitigen Tod ihres Gatten, eines Wirtschaftsprüfers, ist die gute Frau gezwungen, die sechs Jahre alte Jeanine ihrem Großvater zurückzugeben. Bisher hatte ihre Pflegemutter sie nach dem Tod ihrer Mutter auf eigene Kosten behalten, was ihr nun als Witwe allerdings nicht mehr möglich war. Der Großvater steckte seine Enkelin sofort in ein Waisenhaus in Luc-sur-Mer, wo sie bis zum Alter von neun Jahren bleiben muß, ohne jemals eingeladen zu werden, bei ihrer eigenen Familie eine Zeitlang Ferien machen zu dürfen. Dieses Heim, in dem etwa vierzig kleine Mädchen lebten, gehörte zwei alten Jungfern, die sich nicht gerade durch Nächstenliebe auszeichneten und ihre Zöglinge wie kleine Wilde aufwachsen ließen. So wurde Jeanine erst nach ihrer Zeit in diesem Heim eingeschult. »Wir wurden nicht mißhandelt, man kümmerte sich einfach überhaupt nicht um uns. Wir bekamen nicht genug zu essen, und da wir deshalb immer Hunger hatten, kletterten wir nicht selten über die Umfassungsmauer des Heimgrundstücks, um etwas Eßbares aus den Speisekammern der Nachbarn zu stibitzen. Wir stahlen auch Obst aus den Gärten und sogar Gemüse, das wir noch roh aufaßen. Wir sind sogar nach der Ernte auf die Kohlfelder gegangen, um dort die im Boden verbliebenen Strünke zu verschlingen. Als ich in dieses Heim kam, war ich ein ziemlich molliges Kind, da mich meine Pflegemutter immer sehr gut behandelt hatte. Als ich mit fast zehn Jahren das Heim verließ, wog ich gerade einmal achtzehn Kilo. Als mich Oma Georget das erste Mal besuchte, fragte sie mich, was sie denn bei ihrem nächsten Besuch mitbringen solle. Ich bat sie um die hübsche Puppe, die mir die Leute geschenkt hatten, die mich ein paar Jahre zuvor hatten adoptieren wollen. Mein Großvater war damals gegen diese Adoption gewesen. ›Sie verdient das nicht‹, hatte er erklärt und die Adoption tatsächlich verhindert. Meine Pflegemutter kam dann vier Tage später mit der Puppe wieder, um die ich sie gebeten hatte. Eigentlich war sie eher dagegen gewesen, da sie fürchtete, daß die anderen Mädchen sie kaputtmachen könnten. Danach hörten ihre Besuche auf. Ich glaube, es war zu schmerzhaft für sie, mich in diesem Zustand zu sehen. Kurz darauf war auch meine Puppe verschwunden. Im übrigen verschwand alles in diesem Heim nach kurzer Zeit, einschließlich der Dinge, die die Eltern den Kindern mitbrachten, die manchmal noch Besuch bekamen. Sobald die Eltern wieder gegangen waren, rissen sich die beiden Alten diese Leckereien unter den Nagel. Sie hatten da einen Wandschrank, wo sie all ihr Raubgut horteten. Eines Tages hatten sie den Schlüssel in der Tür stecken lassen. Ich war klein und leicht und kletterte auf die Schultern einer meiner Kameradinnen, um den Schrank zu öffnen. Wir leerten ihn aus, versteckten die zurückgewonnenen Vorräte und warfen den Schlüssel in den Rinnstein. Später fragten uns die alten Jungfern, wer das getan habe. Ich sagte ihnen, daß ich es gewesen sei, aber sie glaubten mir nicht. An diesem Abend bekamen wir alle kein Abendessen. Aber das war uns ziemlich egal, denn wir hatten bereits einen Teil des Lebkuchens und des Zuckers aus dem Büffet gegessen.«

Jeanines Tante kam sie zwei- oder dreimal besuchen. Ihr Großvater allerdings kam in dieser ganzen Zeit nicht ein einziges Mal vorbei, obwohl er nur sechs Kilometer vom Heim entfernt wohnte. Jeanine glaubt, daß er die Schande niemals verwunden hat, die ihm seine Tochter bereitet hatte. Als Bauer in einem kleinen Dorf war ihm sehr wohl klar, daß hier jeder alles über jeden wußte. Darüber hinaus hatte er die Schützengräben des Ersten Weltkriegs kennengelernt, wo auch sein Bruder gefallen war, und haßte deswegen alle Deutschen. Äußerlich zeigte er allerdings kaum irgendwelche Gefühlsregungen. »Er war Pate seiner Nichte, der Tochter seines im Krieg gefallenen Bruders, und er hat sich um sie genausowenig gekümmert. Er hat auch sie ins Heim gegeben.«

Jeanine ist nicht bekannt, ob die beiden Heimleiterinnen wußten, daß sie das Kind eines Deutschen war. »Meine Pflegemutter wußte Bescheid. Ich dagegen habe es erst erfahren, als ich dreizehneinhalb Jahre alt war. Vorher waren für mich meine Eltern einfach gestorben. Man sprach im allgemeinen mit den anderen Kindern nicht über solche Dinge. Ich war wild, eigenwillig und naiv. Ich spielte und ich kletterte auf Bäume. Ich war ziemlich leichtsinnig. Ich genoß die guten Momente aus vollem Herzen, auch wenn ich viel zu oft sehr schmerzhafte Erfahrungen machen mußte.«

René, einer von Léontines Brüdern, ein Werftarbeiter, hatte seine Nichte liebgewonnen und besucht sie von Zeit zu Zeit mit seiner Verlobten Ginette Maindrelle in ihrem Heim. Empört über die Lebensbedingungen des kleinen Mädchens erklärt er eines Tages Jeanines Großvater, seinem Vater, daß es eine Schande sei, sie in einer solchen Lage zu lassen. Zwischenzeitlich heiratet er mit nicht einmal einundzwanzig Jahren. Die Ankunft eines ersten Babys ermutigt das junge Paar, auch Jeanine bei sich aufzunehmen. Als gesetzlicher Vormund seiner Enkelin verweigert der Großvater seine Zustimmung und behauptet, daß Jeanine in einem guten Waisenhaus lebe und daß ihre Schulzeugnisse exzellent seien, sie sogar die Beste in ihrer Klasse sei. Diese Zeugnisse sind natürlich gefälscht. Im übrigen wird das Heim später auf behördliche Anordnung geschlossen. Im Moment aber will der Großvater auf gar keinen Fall Jeanine aus diesem Gefängnis für kleine Mädchen herauslassen. Der Onkel besteht darauf und droht sogar seinem Vater, ihn zu verklagen. Der alte Mann gibt schließlich nach, nicht ohne seinem Sohn anzuvertrauen: »Du wirst hochzufrieden sein, denn sie ist sehr gut in der Schule.« »Ich war dabei und meinte dann nur, daß ich in den ganzen drei Jahren dort keine Schule von innen gesehen hätte und ich nun lesen, schreiben und rechnen lernen wolle«, erinnert sich Jeanine noch heute. Sein Onkel und seine Tante entscheiden sich daraufhin, sich nun um die Erziehung des Mädchens zu kümmern. Zuerst schicken sie sie in Schulvorbereitungskurse, wo sie mit den ganz Kleinen zusammensitzt. Sie ist inzwischen fast zehn Jahre alt, aber niemand zeigt sich übermäßig schockiert von dieser Maßnahme. Man muß allerdings hinzufügen, daß sie sich mit ihren achtzehn Kilo Gewicht kaum von ihren kleinen Kameraden abhebt. An Ostern kann sie aber bereits lesen und Ende Juni schreiben. In den Sommerferien trainieren Tante und Onkel abwechselnd ihre Lesefähigkeiten.

Zu dieser Zeit ist ihre Tante, die damals erst neunzehn Jahre alt ist, Kassiererin in einem Fischgroßhandel. Ihr Vater, ein Maler, hat sich auf den Bau von steinernen Grabmalen spezialisiert; ihre Mutter führt ein Geschäft für Obst und Gemüse, das sie mit ihrem Fahrrad und einem kleinen Anhänger bei den Bauern abholt. Gar nicht einmal selten begegnet sie dabei ihrer kleinen Adoptivnichte auf dem Schulweg und lädt sie ein, sich ein Stück Obst zu nehmen. Die Kleine darf dann in den Fahrradkorb langen und sich selbst bedienen. »Es ging mir in dieser Zeit ausgesprochen gut. Man kleidete mich sogar bei einer Schneiderin ein, weil ich aufgrund der schlechten Behandlung im Heim nicht die normalen Maße meines Alters hatte«, erinnert sich Jeanine. »Abends sowie am Sonntag und am Donnerstag kümmerte ich mich um das Baby meines Onkels und meiner Tante, das sechs Monate alt war, als ich in ihr Haus kam. Ich brachte es zur Gesundheitsstation, wo jeden Monat einmal ein Arzt für die Untersuchungen und Impfungen vorbeikam. Es war ein richtiges Familienleben. Nur die Ferien, die ich bei meinem Großvater verbrachte, waren schrecklich.«

Mit zehneinhalb hat Jeanine ihren gesamten schulischen Rückstand aufgeholt. 1953 legt sie die Aufnahmeprüfung ins Gymnasium ab und besteht sie bravourös. »Freilich hat mir mein Status als Kriegswaise einige Bonuspunkte verschafft«, gibt sie zu. Im Jahr 1954 gelingt es ihrem Großvater, daß sie zu 50 Prozent als offizielle Kriegswaise anerkannt wird. Auf diese Weise kann er nun durch den Tod seiner Tochter als Kriegsopfer und die Geburt seiner Enkelin, die er immer abgelehnt hat, eine nette Rente einschließlich der Nachzahlung seit dem Tod seiner Tochter einsacken. Um von diesem Manna, das da buchstäblich für ihn vom Himmel fällt, voll profitieren zu können, holt er die jetzt elfeinhalbjährige Jeanine zu sich zurück, ohne seinem Sohn René die geringste Entschädigung für dessen Auslagen für das Mädchen zu zahlen. Was die »Erziehung« seines Kriegsmündels angeht, wird er dafür nur einen Bruchteil des eigentlich hierfür vorgesehenen Geldes verwenden.

Trotz ihres brillanten Abschneidens bei der Aufnahmeprüfung

und den Bitten Renés weigert sich der Großvater, Jeanine aufs Gymnasium zu schicken. Seit dem Beginn des Schuljahres 1953 muß sie deshalb auf die Dorfschule gehen, mit der einzigen Perspektive, sich zwei Jahre lang auf den Volksschulabschluß vorzubereiten. Von dieser Zeit an beginnen die Verhältnisse immer schlimmer zu werden. Es fängt damit an, daß der Großvater es ablehnt, daß Renés Schwiegermutter Jeanine ein Kleid schneidert. Er verbietet ihr sogar, zur Anprobe vorbeizukommen. »Bringen Sie dieses Kleid nicht hierher. Sie wird es auf keinen Fall tragen.« Die Kleine besaß nur gebrauchte Kleidungsstücke. Einige Zeit später, an Allerheiligen, nimmt die arme Frau einen zweiten Anlauf und bringt dem Kind einen Mantel vorbei. Von wahrer Zerstörungswut gepackt, zerstückelt der Großvater den Mantel mit der Schere. Auch dieser Wutanfall wird von seinem gewöhnlichen Refrain begleitet: »Sie verdient es nicht.«

Jeanine muß auf diese Weise für ihre uneheliche Geburt, mit anderen Worten für den »Fehltritt« ihrer Mutter büßen, den der Großvater bewußt oder unbewußt als »Kriegsverbrechen« betrachtet. Als Veteran des Ersten Weltkriegs will er damit den Tod seines Bruders und seine eigenen Jahre in den Schützengräben rächen. Um so schlimmer, daß Jeanines Vater ein deutscher Soldat ist, etwas, was das Kind nicht einmal weiß, als es bei seinem Großvater einziehen muß. Ebensowenig weiß es, daß seine Mutter Léontine dessen Tochter war. Es weiß nur, daß dieser Mann sein Großvater ist. Außerhalb seines Hauses tritt er zwar ganz höflich auf, daheim aber beleidigt er seine Enkelin auf übelste Weise: »Du wirst mal eine Hure wie deine Mutter!... Dein Vater ist ein Arschloch!« Dies war eine Anspielung auf Werner, dem er zweifellos begegnet sein mußte, wenn er bei den Novaks zu Gast war. Ganz sicher wußte er von dem Verhältnis seiner Tochter mit dem deutschen Soldaten, aber er hütete sich gewiß, sich mit einem Besatzungssoldaten anzulegen. Sich an seiner Enkelin zu rächen, ist dagegen allerdings völlig gefahrlos...

Jeanine lebt also bei einem Tyrannen, zusammen mit einer von dessen Töchtern, deren Mann und ihren beiden Töchtern. »Es

65

war der absolute Horror«, sagt sie noch heute.»Das Leben in diesem Haus war unerträglich.«Beschimpfungen, Schläge und Schikanen sind das tägliche Los des jungen Mädchens, ohne daß es die Gründe für all diese Bosheiten kennt. Wenn ihr Großvater sie schlägt und beleidigt, stellen sich ihr immer wieder die gleichen Fragen:»Ich wußte nicht, warum er mich schlug und mir diese Schimpfnamen gab, während meine beiden Cousinen bis zum Gehtnichtmehr verwöhnt wurden. Dabei waren in der Schule und im Dorf alle Leute nett zu mir.«Diese Schläge hinterlassen Spuren und blaue Flecken auf ihren Beinen. Als sie die Lehrerin danach fragt, antwortet sie nicht: Ihre Angst ist viel zu groß. Jeanine erinnert sich noch gut an den Tag, an dem ihr Großvater, ein Riese, der mehr als zwei Meter groß war, sie um den Küchentisch herumjagt. Es gelingt ihr, den Schlägen zu entkommen, indem sie aus dem Haus schlüpft und die Tür hinter sich zuzieht. Um sich zu rächen, öffnet sie nach Anbruch der Dunkelheit die Kaninchenkäfige im Hühnerstall und entläßt Großvaters fünfzig Kaninchen in die Freiheit.»Am nächsten Morgen hatten sie alle das Weite gesucht. Ich rächte mich auch, indem ich Milch aus dem Topf trank, wenn ich diesen aus dem Stall holte. Das Getrunkene füllte ich dann mit Wasser von der Pumpe wieder auf. Das waren zwar nur ganz kleine Racheakte, aber sie verschafften mir doch eine gewisse Genugtuung.«An Großvaters Haus schließt sich das einer Familie mit sechs oder sieben Kindern an. Deren Vater konnte wohl öfter beobachten, wie Jeanine von ihrem Großvater geschlagen wurde. Eines Tages greift er ein, packt den üblen Gesellen am Kragen und schreit ihn an:»Wenn du so weitermachst, bekommst du von mir eine Kugel in den Wanst.«Der Mann besaß tatsächlich ein Gewehr. Diese Geschichte wurde Jeanine viel später von der Tochter dieses Nachbarn erzählt.

Erst als sie dreizehn Jahre alt ist und ihren Volksschulabschluß macht, erfährt Jeanine von ihrer ausländischen Abstammung. Sie hatte all ihre Hoffnungen auf eine erfolgreiche Prüfung gesetzt. Zur Anmeldung hatte die Lehrerin eine Personenstandsbescheinigung verlangt. Daraufhin schickt sie der Großvater auf das Bürgermeisteramt. »Ich werde das Bürgermeisteramt benachrichtigen, dann kannst du sie dort abholen«, teilt er ihr mit. Jeanine begibt sich also mit einer Klassenkameradin auf das Bürgermeisteramt des Dorfes und erhält dort die benötigten Unterlagen. Hinter der Angabe »Vater« steht darauf das Wort »unbekannt«. Auf dem Rückweg erklärt ihr dann die Klassenkameradin: »Deine Mutter war nicht verheiratet, dein Vater war ein Deutscher. Aber das weißt du wohl gar nicht, stimmt's? Ich weiß es von meinen Eltern, und die haben mich aufgefordert, niemandem etwas davon zu erzählen.« Jeanine erinnert sich: »Als ich nach Hause zurückkam, fragte ich Großvater, was denn dieses ›Vater unbekannt‹ bedeuten würde.« »Ah, deine Freundin hat's dir gesagt? Frag sie, sie wird's dir erklären«, ist seine ganze Antwort.

Diese unerwartete und brutale Enthüllung verursacht bei Jeanine unverzüglich eine schwere psychologische Blockade. Ungefähr zwei Monate lang leidet sie unter totalem Mutismus, spricht also weder zu Hause noch in der Schule ein einziges Wort. Das Ganze geschieht Ende April 1955, einen Monat vor der Schulabschlußprüfung. Am Tag ihres Examens soll Jeanine ein Gedicht aufsagen. Sie bleibt stumm; man erlaubt ihr dann, diese einzige mündliche Aufgabe schriftlich zu erledigen. Sie darf das Examen ablegen und besteht es zu ihrer ungeheuren Genugtuung mit Glanz und Gloria, sie ist sogar die Beste im ganzen »Canton«. Trotzdem verharrt sie wegen dieser »Enthüllung« weiterhin in einem zutiefst traumatischen Zustand. »Auf der Straße,« erzählt sie noch heute, »war es der reine Horror. Ich sagte zu mir: Die Leute müssen mich doch wie ein seltsames Tier anstarren. Besatzungskind zu sein, das traumatisierte mich tief. Man sprach im Dorf immer noch von den Grausamkeiten, die die Deutschen begangen hatten. Es war ja eine Zeit, wo man immer noch einen tiefgehenden Haß gegen sie empfand. Ich hatte Angst, die Tochter eines ›Mörders‹ zu sein. Jedoch sagte ich mir auch, daß ich doch überhaupt nicht böse sei. Dies war vielleicht der Zeitpunkt, als sich in mir die Fähigkeit zur Analyse zu entfalten begann, die mir später noch sehr hilfreich sein sollte. Nach den Prüfungen sagte die Lehrerin zu meinem Großvater: ›Sie muß dringend in Behandlung‹, woraufhin mich mein Großvater in die psychiatrische Klinik von Caen einweisen ließ.«

Natürlich kümmert sich dort niemand um ihre Probleme. Die Behandlung beschränkt sich auf ein Elektroenzephalogramm gleich nach ihrer Ankunft und die Verabreichung einiger Tabletten. Aber man gibt ihr niemals die Gelegenheit, ihrer tiefsitzenden Angst im Gespräch mit einem Psychiater Ausdruck zu verleihen. Allerdings entdeckt sie dort auch ihren Wunsch, sich mit Kindern zu befassen. »Es war sehr schwer, im Schlafsaal einzuschlafen. Die Kinder dort schrien die ganze Nacht. Am Tag spielte ich mit ihnen und half auch gern den Krankenschwestern, sie zu versorgen. Ich kümmerte mich vor allem um einen Kleinen, der blind war und einen Wasserkopf hatte. Ich half ihm beim Gehen. Zweifellos gelang es mir dank all dieser Kinder, ganz allmählich meine Sprache wiederzufinden. Aber bei meiner Entlassung aus der Klinik war ich immer noch voller Ticks und sehr gestört.«

In der Zwischenzeit hatte ihr Großvater beim Bürgermeisteramt von Cambes-en-Plaine eine Finanzhilfe beantragt, um den Teil der Krankenhauskosten bezahlen zu können, der nicht von der Sozialversicherung getragen wurde. Er dachte wahrscheinlich an eine langdauernde, vielleicht sogar immerwährende Einweisung seiner Enkelin. Aber der Bürgermeister und die Gemeinderäte kennen Jeanine gut und halten sie nicht für ein krankes Kind; sie glauben vielmehr, daß ihre Schwierigkeiten auf die schlechte Behandlung zurückzuführen sind, die sie seit Jahren erdulden muß. Deshalb lehnen sie seinen Antrag ab. Der Stationsleiter des Krankenhauses, ein Bekannter des Großvaters, muß daraufhin Jeanines Entlassungsschein unterzeichnen.

Niemand wartet am Klinikeingang auf sie. Sie nimmt den Bus und kehrt ganz allein nach Hause zurück. Als sie durch die Haustür tritt, ist ihr Großvater da. Er knurrt nur zwischen den Zähnen: »Ah, du bist es!« Dann kehrt sie ins Internat zurück. In der kleinen Schule, wo sie sich auf ihren Volksschulabschluß vorbereitet hatte, gab es in ihrer Klasse einen, mit dem sie über ihre Probleme hätte reden können. Es war ein Junge, der drei Monate nach ihr im Februar 1942 als Sohn eines Deutschen geboren worden war. Seine Kameraden riefen ihn »Boche-Kopf«. Jeanine hatte ihn immer bedauert. Als sie ihn aber nach ihrem Klinikaufenthalt wiedersieht, kann sie sich ihm trotz ihres gemeinsamen Schicksals nicht anvertrauen: »Wir verstanden uns gut, aber die Scham hinderte uns daran, an dieses Thema zu rühren. Der Name seines deutschen Vaters war bekannt. Er hieß Jung. Als wir beide eines Tages auf der Straße miteinander plauderten, rief uns meine Tante Augustine, die gerade vorbeikam, zu: ›Die beiden werden sich noch heiraten. Gleich und gleich gesellt sich gern.‹ Seine Mutter, die aus dem Elsaß stammte, wohnte auch im Dorf. Jung hatte sich seine Wäsche bei ihr waschen lassen, und so hatten sie sich kennengelernt. Der Mann dieser Frau war als Gefangener in Deutschland gewesen. Als er aus der Gefangenschaft zurückkam, benahm er sich sehr anständig. Er adoptierte das Kind und zog es zusammen mit seinem eigenen, etwas älteren Sohn auf. Aber ich glaube, mein ehemaliger Klassenkamerad hatte dennoch kein besonders beneidenswertes Leben. Vor zwei Jahren ist er gestorben.«

In Anbetracht von Jeanines außergewöhnlichen Leistungen bei ihrem Abschlußexamen schlägt die Lehrerin vor, man solle sie die vierte Klasse überspringen lassen, damit sie früher auf die höhere Schule gehen könne. Sie müsse nur noch in Schnellkursen ihre Lücken im Englischen füllen. Aber der Großvater lehnt ab und schickt sie bereits im September 1955 auf ein von Nonnen geführtes Internat, eine Berufsschule, damit sie sich dort auf das einzige vorbereiten soll, was sie überhaupt nicht will: auf den Gesellenbrief als Schneiderin, eine Lehre, die ihr wieder einmal vom Großvater aufgezwungen wird: »Aber bei diesen Nonnen fühlte ich mich endlich einmal wohl. Da man gute Ergebnisse vorweisen mußte, um von Samstag- bis Sonntagabend zur eigenen Familie zurückkehren zu dürfen, bemühte ich mich redlich, schlechte Betragensnoten zu bekommen, und prompt wurde mir auch regelmäßig der Samstagsausgang entzogen. Schwester Dardennes, die ebenso gutherzig wie intelligent war, fiel das schließlich auf. Einige Zeit vor dem Ende des ersten Trimesters stellte sie mir die Frage: ›Als du hier ankamst, lief alles sehr gut. Heute hast du nur noch schlechte Betragensnoten. Warum? Können wir mal darüber sprechen?‹ Ich gab ihr zur Antwort, daß ich das absichtlich so machen würde, da ich daheim von meinem Großvater verprügelt würde, der mich überhaupt nicht leiden könne. Danach teilte sie diesem sofort mit, daß ich in den Chor aufgenommen worden sei und somit sonntags natürlich nicht mehr nach Hause zurückkehren könne. Man muß allerdings zugeben, daß auch ihm das ganz gut paßte.«

Im Juni 1956 wendet sich ein Paar an die Schwestern, das ein Restaurant betreibt und ein junges Mädchen sucht, das auf ihren kleinen Jungen aufpassen soll. Den Nonnen fällt dabei sofort Jeanine ein. Sie wenden sich an ihren Großvater und bitten ihn um seine Erlaubnis, wobei sie sich allerdings davor hüten, ihm zu sagen, daß dies dem Mädchen die Gelegenheit verschaffen würde, einmal aus dem Internat herauszukommen und sich ein kleines Taschengeld zu verdienen. Großvater antwortet ihnen unverzüglich, daß sein Mündel natürlich arbeiten könne. Das ist wohl in seinen Augen eine weitere Bestrafung für diesen elenden Bastard. Kaum zwei Monate später, im August 1956, stirbt er bei einem Unfall auf seinem Bauernhof, als er versucht, einem jungen Burschen dabei zu helfen, einen Heuschober zu sichern. Er klettert hinauf, fällt herunter und bricht sich den Hals. »Ein heroischer Tod, ganz schön überraschend bei so einem bösartigen und egoistischen Mann«, wundert sich Jeanine noch heute. »Es war wohl pure Angeberei. Vettern, die ihn gut kannten, haben mir erzählt, daß er vollkommen verrückt war.«

»Nach seinem Tod war ich außer mir vor Freude. Bei seiner Beerdigung mußte ich auf dem Friedhof dermaßen lachen, daß man mich wegbringen mußte. Danach trat dann der Familienrat zusammen. Ich war damals vierzehneinhalb Jahre alt. Ich brachte meine Meinung deutlich zum Ausdruck. Ich teilte der Fürsorgerin mit, daß ich kein Mitglied aus meiner eigenen Familie als Vormund haben wolle. Nach all diesen Schikanen sollte es jemand von außerhalb sein. Mein Onkel René Sevestre war nicht einmal zu dieser Beratung eingeladen worden. Absichtlich. Das einzige, was sie interessierte, war meine staatliche Waisenunterstützung, gar nicht zu reden vom Kleidungszuschuß und dem Kindergeld. Bisher hatte meine Tante Augustine, die Tochter meines Großvaters, Kindergeld für ihre beiden Töchter und mich bekommen, obwohl ich ja bei den Nonnen lebte. Die einzige Besorgnis, die ich gegenüber meinem neuen Vormund äußerte, war die Frage, wo ich künftig meine Ferien verbringen würde, da ich in dieser Zeit auf keinen Fall zu meiner Familie zurückkehren wollte. Die Nonnen hatten schon eine Einrichtung gefunden, die mich während der Schulferien aufnehmen konnte. Sie wollten mir echte Ferien verschaffen.

Und so schlug man mir auch vor, jedes Jahr im Juli mit der ›Union française des œuvres de vacances laïques‹ (Ufoval), der ›Französischen Vereinigung für nicht-kirchliche Ferienwerke‹, wegzufahren, die Ferienaufenthalte für Heranwachsende organisierte. Ich durfte sogar das Ziel auswählen, und zu meiner großen Freude war auch Deutschland auf der Liste. Bei diesen Aufenthalten verbrachte man die Hälfte der Zeit in einer Jugendherberge und die andere Hälfte bei einer Familie. Sie erraten sicher, für welches Land ich mich entschied... Auf diese Weise habe ich von 1957 bis 1963 alle meine Sommerferien in Deutschland verbracht. Diese Ferienart erlaubte es mir, übrigens auch noch nachdem ich die Schule verlassen hatte, das Land meiner Vorfahren kennenzulernen: die wichtigsten Stationen waren dabei Mannheim, Weinheim, Calw, Titisee und Steinach. Niemand kannte meinen Hintergrund, und ich hütete mich, darüber zu reden. Ich war ganz einfach glücklich, und ich stellte mir vor, bei meinen eigenen Eltern zu sein, und dachte manchmal auch, daß sie dies vielleicht sogar sein könnten. Ich begegnete ihnen voller Herzlichkeit und Wärme, was mir dann auch reichlich zurückgegeben wurde. Erst 1972 erfuhr ich dann von meinen angeblichen österreichischen Wurzeln. Und selbst wenn ich heute immer mal wieder nach Österreich reise, behalte ich doch weiterhin meine Ferien in Deutschland in wunderbarer Erinnerung. Nachdem ich 1958 meinen Gesellenbrief erhalten hatte, entschloß ich mich, ins Berufsleben einzutreten. Ab jetzt ging ich meinen eigenen Weg. Ich konnte nun endlich das tun, was ich schon immer tun wollte, nämlich mich um gefährdete Kinder kümmern. Seit ich sechzehneinhalb Jahre alt war, arbeitete ich nun in unterschiedlichen Heimen, die sogenannte ›Sozialfälle‹ aufnahmen. Da ich vor meinem achtzehnten Lebensjahr nicht fest angestellt werden konnte, sah ich mich erst einmal in den verschiedensten Einrichtungen um. Vom achtzehnten bis zum einundzwanzigsten Lebensjahr arbeitete ich dann in einem Zentrum in Mathieu in der Nähe von Caen, wo ich mich mit straffällig gewordenen Mädchen befaßte. Irgendwie fühlte ich wie sie und verstand mich deshalb sehr gut mit ihnen. Auch ich hätte ja straffällig werden können, bei der Art von Erziehung, die ich ›genossen‹ hatte. Viele kamen aus desolaten Familien und hatten Angst davor, an den Wochenenden nach Hause zurückkehren zu müssen. Ich sagte ihnen immer: ›Nütz deine Woche!‹ Danach fand ich eine Stelle als Aufsichtsperson in einem land- und forstwirtschaftlichen Fachgymnasium, wo ich mich zur Dokumentalistin weiterbildete. 1964 ging ich als Betreuerin einer Ferienkolonie nach Algerien. Dort lernte ich meinen Mann kennen, der ebenfalls als Betreuer arbeitete.«

Jeanine ist bei ihrer Heirat dreiundzwanzig Jahre alt. Sie bekommt vier Jungen, Frank im Jahre 1966, E. 1969, D. 1972 und Y. im Jahre 1975.* Inzwischen gibt es in ihrer Familie auch schon vier Enkel, zwei 1999 und 2001 geborene Jungen und zwei im Jahre 2002 geborene Mädchen. Jeanines vier Söhne kennen ihre Abstammung und wünschen sich ebenfalls, die Identität ihres wohl österreichischen Großvaters zu ermitteln. Nach der Geburt ihres ältesten Sohnes Frank schickte Jeanine Albert No-

---

* Es war Jeanines Wunsch, hier nur den Vornamen des ältesten Sohnes vollständig anzugeben.

vak ein Photo von ihm.»Er ist seinem Großvater wie aus dem Gesicht geschnitten«, schrieb ihr dieser damals zurück. Viel später schickt Jeanine ihm erneut ein Photo ihres Sohnes, als dieser sechsundzwanzig Jahre alt ist.»Er sieht wirklich wie Werner aus, nur das Gesicht ist etwas runder«, bestätigt er auch dieses Mal. Die Beweislage war tatsächlich zwingend. Ihr Sohn war ein Meter vierundsiebzig groß, genausogroß wie Léontine Sevestre, Jeanines Mutter. Daraus läßt sich schließen, daß auch Werner nicht größer, sondern vielleicht sogar kleiner war als sie.

In der Zwischenzeit beginnt Jeanine, intensiv nach ihrem Vater zu suchen. 1968 machen sie und ihr Mann Michel einen Campingtrip nach Tirol und nehmen dabei ihren ältesten Sohn und Cousin Patrice, einen Sohn von Tante Augustine, mit.»Als sie von Augustine erfährt, daß wir in Österreich seien, wird sie von Jeanne Lemaître, der besten Freundin meiner armen Mutter, gefragt: ›Ach, hat Jeanine doch noch ihren Vater wiedergefunden?‹ Augustine informierte mich später beiläufig über diese Unterhaltung, aber erst...im Jahre 1972. Ich schrieb danach sofort Jeanne einen Brief, weil ich dachte, sie habe vielleicht meinen Vater gekannt. Sie antwortete mir, daß sie sich tatsächlich an ihn erinnern könne. Sie bestätigte mir auch, daß er Österreicher gewesen sei.«

Ohne in ihrer Entschlossenheit nachzulassen, hat Jeanine trotz der fünfunddreißig Jahre voller vergeblicher Nachforschungen immer noch nicht die Hoffnung aufgegeben, eines Tages ihren Vater wiederzufinden. Sie gehört zu denjenigen Charakteren, die es nicht akzeptieren können, die Wahrheit nicht zu kennen, und die erst dann Frieden finden, wenn sie DIE Antwort gefunden haben. Seit sie dreizehn war, quälen Jeanine nun schon diese Fragen nach ihrer Herkunft. Oft denkt sie noch an die Nonnen, bei denen sie als Heranwachsende eine Zeitlang lebte:»Ich habe nie erfahren, ob sie wußten, daß mein Vater ein Besatzungssoldat war. Sicher hielten sie uns auch mal Strafpredigten, aber alles, was sie sagten, war wohl bedacht und taktvoll. So habe ich es zumindest empfunden. Ich glaube, sie haben mir dabei geholfen, Selbstvertrauen zu entwickeln, und sie haben mir ein inneres Gerüst gegeben. Ich wurde zwar von meinem Großvater mißhandelt, habe aber auch sehr schöne Momente erlebt, vor allem bei den Schwestern. Was mir aber immer noch weh tut, sind all diese Selbstbefragungen und diese Schuldgefühle, die mich seit ewigen Zeiten verfolgen... Ich fühle mich für den Tod meiner Mutter verantwortlich. Schließlich hat sie sich quasi aufgerieben und zu Tode gearbeitet, um mich zu ernähren, und sie ist ja so jung gestorben. An dieser Stelle gerate ich immer in eine Sackgasse. Ich weiß nichts von ihr, nichts von meinem Vater, das ist einfach schrecklich.« Jeanines Leidensdruck ist manchmal so stark, daß sie Angstanfälle bekommt, die eine medizinische Behandlung erforderlich machen. In diesen Fällen hilft ihr der Hausarzt der Familie, dem sie die Hintergründe ihres Zustands anvertraut hat. »Solange ich noch meine Kinder um mich hatte, erlebte ich wunderbare Zeiten, da sie meine Zeit und meine Gedanken voll in Anspruch nahmen. Seit sie aber vor etwa zehn Jahren alle das Nest verlassen haben, hat sich meine ganze Geschichte zurückgemeldet und geht mir nicht mehr aus dem Sinn. Und dann diese Leere, die ich in mir verspüre, diese Leere...«

Einige Tage nach unserem Gespräch schickte uns Jeanine einen Brief, um einige Punkte ihrer Erzählung zu verdeutlichen. Ihre Botschaft schloß mit den folgenden Worten: »Ich möchte Ihnen noch einmal meine Hoffnung und mein Vertrauen ausdrücken, daß sie alles in Ihrer Macht Stehende unternehmen, um die Spur meines Vaters wiederzufinden oder zumindest meine Kenntnisse über seine Person zu erweitern. Zu wissen, wer er war, was aus ihm geworden ist, ob es noch Angehörige oder Leute gibt, die ihn gut gekannt haben und die bereit wären, mich zu treffen, wäre für mich eine große Erleichterung und ein Glück für unsere ganze Familie. Ich möchte Ihnen noch einmal versichern, daß hinter meinen Nachforschungen niemals irgendein materielles Interesse stand.«

74

Nach dem Erscheinen der französischen Fassung meines Buches trat Jeanine in einer Sendung der Berliner Journalistin Hilke Sinning im ARD-Fernsehen auf. Danach meldeten sich einige Deutsche, die sich als ihr Halbbruder oder ihre Halbschwester bezeichneten, da ihr Vater Werner heiße, in Frankreich stationiert gewesen sei und Klavier gespielt habe. Aber in all diesen Fällen war der Vater nicht in Cambes-en-Plaine stationiert gewesen, dem Ort, wo sich Jeanines Mutter und Werner kennengelernt hatten. Ein Herr Welinsky ließ aber nicht locker, woraufhin die WASt Nachforschungen über seinen Namen anstellte, ohne allerdings der Meinung zu sein, daß zwischen ihm und Jeanine irgendein Verwandtschaftsverhältnis bestehen könnte. Dies gilt auch für Brigitte Krause aus Rostock, die uns das folgende Schreiben schickte: »Gestern abend sah ich den Kulturreport vom ARD, in dem Auszüge Ihres Buches vorgestellt wurden. Als die Dame Jeanine Sevestre von ihrer Suche nach ihrem Vater erzählte, fiel mir folgendes ein und auf: 1. Mein Vater heißt, bzw. hieß Werner (er ist bereits gestorben). 2. Er liebte Musik und spielte Klavier. 3. Er war 1940 in Frankreich, wo, das weiß ich nicht. 4. Ich bin 1944 geboren und empfand bei jener J. Sevestre eine frappierende Ähnlichkeit zu mir. Das ist natürlich sehr subjektiv.«

Frau Krauses Brief ist dennoch interessant hinsichtlich der Suche nach der Identität des Vaters, ein Problem, das offensichtlich sehr verbreitet ist, weil es die deutsch-deutsche Geschichte berührt: »Da meine Eltern sich 1946 scheiden ließen, mein Vater in den Westteil Deutschlands zog, meine Mutter aber in Rostock blieb, gab es zunächst keinen Kontakt zu meinem Vater. Um diesen Kontakt habe ich mich aber immer sehr bemüht und auf einer Dienstreise nach Holland konnte ich 1981 für einige Stunden meinen Vater in Hamburg kennenlernen. Das hat mir selbst zu meiner Identität sehr geholfen.« Leider war Brigitte Krauses Vater an einem anderen Ort in Frankreich stationiert als Jeanines »Werner«.

Nun aber kam dann doch noch die große Wende, die große Überraschung. Marie-Cécile Zipperling, die WASt-Expertin, erzählt diese unglaubliche Geschichte: »Ein Zeitzeuge hatte Jeanine mitgeteilt, sich an einen deutschen Soldaten zu erinnern, der Brunn hieß und im Schlachthof von Cambes-en-Plaine arbeitete. Ich habe dann Nachforschungen über diesen Namen angestellt und ihn auf einer Vermißtenliste gefunden, die das Rote Kreuz nach dem Krieg herausgab. Der Soldat Brunn war tatsächlich in Cambes-en-Plaine gewesen. Er wurde danach an die Ostfront versetzt, wo er später als vermißt gemeldet wurde. Auf der Vermißtenliste seiner Einheit gibt es einige Werner. Da das Rote Kreuz auch die Photos der Vermißten veröffentlicht hatte, schickte ich Jeanine Brunns Bild zusammen mit mehreren anderen Photos von Soldaten, die zu dieser Zeit in seiner Nähe waren und auch Werner hießen.

Jeanine suchte danach Monsieur Novak auf, der ihren Vater gut gekannt hatte. Dieser studierte alle Photos genau und bestätigte dann, daß einer von ihnen tatsächlich Werner sei. Sein Name war Werner Schmidt. Er war zwar kein Österreicher, aber er hatte auch 1939 den Polenfeldzug mitgemacht, was mit den Tatsachen übereinstimmt, die Jeanine gesammelt hatte. Werner hatte angegeben, dort verwundet worden zu sein, aber diese Verwundung wird in seiner Akte nicht erwähnt. Allerdings wurden solche leichte Verwundungen nicht unbedingt in die Akten aufgenommen. Danach diente er in der 246. Division, die tatsächlich laut der uns zur Verfügung stehenden Literatur 1941 im Nordwesten Frankreichs stationiert war. Schmidt und Brunn fielen beide 1943 an der Ostfront. Dieser Werner Schmidt hatte eine Schwester in Darmstadt, die leider bereits 1984 verstorben ist. Man hat mir geraten, an das Darmstädter Verwaltungsgericht zu schreiben, um herauszufinden, ob in ihrer Sterbeurkunde irgendwelche Nachkommen erwähnt werden.«

Also wäre dieser »Werner«, den man so lange für einen Österreicher gehalten hatte, doch ein Deutscher gewesen. Wie so viele andere junge Männer seiner Generation verlor dieser lustige Geselle sein Leben im Kugelhagel an der Ostfront. Sollte es tatsächlich noch Neffen und Nichten von ihm geben, wäre es schön, wenn diese Personen Jeanine Sevestre eine Beschreibung oder vielleicht ein Photo ihres im Zweiten Weltkrieg gefallenen Onkels übermitteln könnten, baten wir die Öffentlichkeit. Daraufhin meldete sich ein Mann, der »Werner Schmidt« nahestand und zu wissen glaubte, daß dieser zwischen dem Polenfeldzug und dem Rußlandfeldzug, auf dem er fiel, nie in Frankreich stationiert war. Aber vielleicht kann sich dieser Mann nur nicht daran erinnern. Tatsächlich könnte in solchen Fällen nur eine Genanalyse letzte Gewißheit bringen, aber wer sollte sie den Nachkommen der vermuteten Väter abverlangen?

GÉRARD*

> »Ohne den Krieg
> gäbe es mich überhaupt nicht.«

Als der Maat Gérard Périoux zum letzten Mal die Gangway des Flugzeugträgers *Clemenceau* hinabstieg, war er gerade einmal zwanzig Jahre alt. Ob er damals wohl den berühmten Spruch Paul Nizans »Niemand soll sagen, das sei die schönste Zeit des Lebens.«** kannte? Er befand sich auf jeden Fall an einem wichtigen Kreuzungspunkt seines Lebens, als er nach drei »lohnenden und nutzbringenden« Jahren die Marine verließ. Die Disziplin dort hatte ihn nie gestört, ganz im Gegensatz zu seinen Kameraden, die ihrerseits oft das strenge Reglement beklagten. Dazu muß man allerdings wissen, daß ihn die ersten siebzehn Jahre seines Lebens so sehr abgehärtet hatten, daß es ihm möglich war, die Härten des Lebens auf See mit Leichtigkeit zu ertragen und sich hinterher nur noch an die »Entdeckungen, starken Gefühle und die Freiheit« zu erinnern. Denn er hatte gerade deshalb sein Familienmilieu verlassen und sich so früh verpflichtet, weil er der grausamen Odyssee seiner Kindheit und Jugend entfliehen wollte.

Gérard Périoux kehrte also nicht in die Welt seiner Vergangenheit zurück, ganz im Gegenteil: »Ich träumte von einem bes-

---

* Diese Geschichte stützt sich zum Teil auf das Buch von Gérard Périoux, *Né à Saint-Malo de père allemand,* Cancale: Éditions du Phare, wurde aber von Gérard Périoux selbst überarbeitet. Alle Namen von Personen und Orten sind ohne Ausnahme authentisch. Wir verdanken Norbert Levoy die Bekanntschaft mit Gérard Périoux.

** Paul Nizan, *Aden* in: *Aden und Die Wachhunde,* Reinbek: Rowohlt 1969, S. 47.

seren Leben. Die Straße des Lebens stand mir jetzt offen, und ich wartete ungeduldig darauf, neue Abenteuer zu erleben.« Zu dieser Zeit konnte er ja noch nicht wissen, daß er bis zu seinem siebenundfünfzigsten Lebensjahr würde warten müssen, bis er den Schlüssel finden würde, der ihm die Einzigartigkeit seines Schicksals zu verstehen erlaubte. Bis dahin erlebte er Zeiten tiefster Dunkelheit, aber auch des hellsten Lichts. Aber welchem Extrem er auch immer ausgesetzt war, nie verlor er die Hoffnung, endlich doch noch die Liebe seiner Mutter zu gewinnen, die tief verwundet durch das Leben anscheinend nur die Anstrengungen gekannt hat, die zum nackten Überleben nötig waren. Wo hätte sie auch die Sanftmut und Zärtlichkeit hernehmen sollen, nach der sich ihr kleiner Gérard so sehnte, wo sie doch all ihre Energie dazu brauchte, die Alltagsmühen zu bewältigen. Man mußte die Umschwünge ihrer Geschichte kennen und wissen, in welche Tiefen des Unglücks und des Schmerzes sie ihre familiären Wurzeln gestürzt hatten, um zu verstehen, warum sie trotz ihres Leids niemals erfahren hat, daß das Lachen eines Kindes dies alles aufzuwiegen vermag und daß man für eine zärtliche Geste genausoviel zurückbekommt, wie man gibt. Warum aber verschloß sie sich dieser elementaren Erkenntnis? War sie böse oder schlecht, oder war sie ein weiteres Opfer des Unglücks, das von Generation zu Generation so stark zuschlägt und jede Geste und jedes Wort der Liebe für das eigene Kind bereits im Keime erstickt?

Gérard wird erst sehr spät erfahren, daß auch seine Mutter drei sonnige Jahre des Glücks erleben durfte. Sie, die in Saint-Malo bisher als quasi ausgebeuteter Sklave zwölf Hühner in der Stunde töten, rupfen und ausnehmen mußte, wird plötzlich von einem schönen Offizier der deutschen Marine geliebt. Wie im Märchen erblickt da plötzlich der Prinz die Schäferin und sie verlieben sich sofort unsterblich ineinander. Und diesem Mädchen, das bisher nichts außer Armut und Elend gekannt hat, wird es nun in diesen drei Jahren des Glücks an nichts fehlen. Kann ein Außerstehender überhaupt ermessen, welche Auswirkungen dieser totale Umschwung ihres Lebens hatte? Raymonde gab und empfing.

Warum konnte sie aber nun ihrem Kind diese Liebe nicht zurückgeben, die sie von 1941 bis 1944 erfahren durfte, als sie mit klopfendem Herzen zu den Rendezvous mit Gérards Vater eilte und die Glücksgefühle einer beginnenden Leidenschaft kennenlernte? Sie, die Bäuerin, die kleine Landpomeranze aus Saint-Malo, erwählt von Fritz, dem schönen Marineoffizier...

Gérard erblickte am 5. Februar 1942 das Licht der Welt; gezeugt wurde er im Juli 1941. Deutschland stand damals auf dem Höhepunkt seines kriegerischen Erfolgs; der Teufelskreis von Attentaten der Widerstandsbewegung und anschließenden Repressionsmaßnahmen hatte das Bild des Besatzers noch nicht getrübt. »Sie sind korrekt«, pflegte man damals zu sagen. Fritz und Raymonde hatten eine ernste Beziehung, und als der Soldat im Jahre 1944 verschwand, ließ er kein Eintagsliebchen zurück. Und dann gab es da noch sein liebes Kind, das er auf den Knien hatte reiten lassen! Erst viel später, als Gérard das Vertrauen der Freundin seiner Mutter, Yvette, gewinnt, wird er ermessen können, wie groß deren Enttäuschung wirklich war. »Fritz war etwa fünfundzwanzig Jahre alt, er war attraktiv, gebildet und gut erzogen. Die beiden haben eine schöne Romanze erlebt.« Als sie schwanger wurde, hatte sich Raymonde entschieden, die Frucht ihrer Liebe zu behalten. Und dann brach ganz plötzlich wieder das Nichts über sie herein. Fritz ging, und das warf sie auf den Ausgangspunkt zurück. Das Wunder hatte doch nicht stattgefunden. Voller Hoffnung hatte sie sich eine strahlende Zukunft ausmalen können, die sie endgültig aus ihrer Armut befreien würde, wo sie nicht mehr Tag für Tag um ihren Lebensunterhalt kämpfen mußte und ihr auch endlich ein dauerhaftes Glück winken würde... Dann brachte ihr das Leben nichts anderes mehr als endloses Unglück, und alle ihre Träume waren unwiederbringlich zerstoben.

Hatte sie sich etwa sogar ganz bewußt für dieses Unglück, ihres und das ihres Sohnes, entschieden, um sich selbst zu bestrafen? Welche geheime Alchemie, welche Seelenqual konnte sie dazu bewegen, dem kleinen Gérard die Rolle eines »Sühneopfers« aufzuerlegen? »Überwältigt von dem plötzlichen Verschwinden meines Vaters ist meine Mutter ins Reich der Finsternis zurückgekehrt. Sie hatte nichts mehr zu erhoffen, und vor allem durfte sie nicht mehr glauben, daß das Leben noch etwas anderes für sie bereithalten könnte als pures Leid. Dieses Leiden würde sie mit mir, ihrem Sohn, teilen. Tatsächlich hätte sie mir dies aber ersparen können.«

Anfangs wurde er allerdings Pflegeeltern anvertraut, die ihn ausgesprochen gut behandelten. Er wurde zusammen mit den beiden Kindern des Paares aufgezogen und lernte das echte Familienleben kennen. Aber als dieses Paar Raymonde vorschlug, ihren Gérard zu adoptieren, wehrte sich diese dagegen mit aller Macht. Wie hätte sie es ertragen sollen, daß ihr Kind all das bekommen würde, was man ihr selbst verweigert hatte, und daß das Kind ihrer verlorenen Liebe selbst lieben könnte und von anderen geliebt würde? Sie will nicht alleine leiden, und diese Pflegeeltern sollen ihren Sohn nicht dorthin mitnehmen dürfen, wohin sie selbst nicht mehr gehen kann. Da man ihr ihre Liebe für immer geraubt hat, wird sie ihr Kind in ihr eigenes Unglück miteinbeziehen. Zusammen werden sie ihr Leben als Tragödie gestalten.

Dennoch hat Gérard nie die Liebe vergessen, die er von seinen Pflegeeltern erfahren hat, eine Liebe, die die Zeit nicht auszulöschen vermochte und es ihm sicherlich möglich machte, seinerseits eine feste Beziehung mit Lydie, seiner Frau, aufzubauen.

Für Gérard war die Rückkehr zu seiner Mutter ein echter Abstieg in die Hölle. Jeder Tag war voller schwerer Prüfungen und Mißhandlungen. »Noch so lange Zeit danach trägt mein Körper die Spuren dieser Quälereien. Ja, ich habe viel geweint und war oft am Rande völliger Verzweiflung. Ich trug das Kreuz meiner Mutter, ihr Golgatha, und akzeptierte es fast, ihr Sühneopfer zu sein... Ich wurde zu einer Saat der Gewalt.« Einige Zeit später heiratet Raymonde. »Als ich sieben Jahre alt war, heiratete meine Mutter Louis. Er war kein schlechter Kerl. Er gab mir den

Namen, den ich noch heute trage, aber er war unfähig, seine Frau zur Vernunft zu bringen, und bestätigte sie sogar noch in ihrer Verrücktheit! Erst sehr viel später erfuhr ich, daß mein wirklicher Vater ein deutscher Marineoffizier war. Das erschütterte mich wie ein richtiges Erdbeben. Aber ich sagte mir, auch wenn er ein Feind war, war er doch vor allem andern mein Vater. Sicher, er war ein Deutscher, aber er hatte mich in seinen Armen gehalten. Und diese Geste bedeutete für mich, daß ich nicht länger eine Waise war.«

Raymondes Freundin Yvette gab Gérard später noch weitere Auskünfte über seinen Vater: »Er war ein blendend aussehender Mann von seltener Eleganz.« Gérard war nun klar, welch ungeheuer starke Gefühle und unvorstellbar intensive Momente seine Mutter durchlebt hatte, obwohl diese im Krieg ja eigentlich verboten waren. »Ohne Yvette«, sagt er noch heute, »hätte ich nichts erfahren, nichts begriffen und wäre als Waisenkind gestorben.« Die Erkenntnis, daß sein Vater ein richtiger Herr gewesen war, brachte Gérard dazu, »noch mehr über ihn erfahren zu wollen«. Diese Suche wurde schließlich für ihn zur Chance, der »Qual« seines Lebens zu entkommen, auch wenn einige Fragen ihn ununterbrochen zu beschäftigen begannen. Wenn es den Krieg nicht gegeben hätte, hätte sich dann je ein schöner Marineoffizier in diese für Gotteslohn arbeitende, ausgebeutete Kreatur verliebt?

Die ganze Familie half Gérard daraufhin voller Mitgefühl bei seinen Recherchen. Und jedes Mal, wenn er sich scheute, »von dieser wenig ruhmreichen Vergangenheit zu erzählen«, gab sich seine Umgebung die größte Mühe, ihn wieder aufzubauen. »Es war doch eine wirklich schöne Liebesgeschichte«, bekam er dann zu hören. Und dann geschieht eines Tages das kaum noch erhoffte Wunder: Er erhält das Photo eines jungen Seemanns, dessen »überwältigende, umfassende Ähnlichkeit« mit seinem eigenen jüngsten Sohn ihm sofort ins Auge sticht. Später schreibt ihm ein inzwischen neunzigjähriger Kriegskamerad seines Vaters »einen Brief in gestochener Schrift«, dem ein anderes Bild beigelegt ist, das dieses Mal seinem ältesten Sohn ähnelt! Auch Yvette ist sich ihrerseits über die Authentizität dieser Photos ganz sicher. Endlich fühlt sich Gérard nicht mehr als Waise. Ein Photo mag zwar einerseits sehr wenig sein, kann aber dann doch so viel bedeuten. Welch eine neue Selbstvergewisserung, welch eine großartige Rekonstruktion der eigenen Vergangenheit eröffnet sich doch demjenigen, der seinen beiden Eltern endlich ein Gesicht zu geben vermag! Bei dieser immer wieder erneuerten Suche nach den eigenen Wurzeln wird als einziger Mangel bleiben, daß sein deutscher Halbbruder sich nicht mit ihm treffen mochte. Worauf nun aber könnte dieses Schweigen beruhen? Mangelnde Großherzigkeit oder die Furcht vor einem eventuellen Miterben?»Ich werde es niemals erfahren.« Eine einzige Sache ist Gérard jetzt noch wichtig:»Wenn ich doch noch ans Grab meines Vaters treten könnte. Dies ist zu einer wahren, fast unerträglichen Obsession geworden. Es wäre so ungeheuer wichtig für mich, nach den ganzen langen Jahren, die ich damit verbrachte habe, den unbekannten Vater wiederzufinden, endlich seine letzte Ruhestätte sehen zu können.« Auf diesem Hintergrund entschließt sich Gérard nach seiner Pensionierung, seine eigene Geschichte niederzuschreiben und dadurch gleichzeitig zum Biographen seiner Mutter zu werden.

Raymonde Orvet wird am 8. Januar 1920 in dem Weiler Pontruchet geboren. Ihre Eltern sind einfache Bauern und leben in den allerbeschränktesten Umständen.»Solche Verhältnisse kann man sich heutzutage kaum noch vorstellen.« Raymonde wird nach Saint-Malo in Stellung gegeben.»Viel zu viele Arbeitsstunden, viel zu wenig Respekt.« Gérard kommt 1942 »mitten im Chaos« auf die Welt. Zwei Wochen nach seiner Geburt wird der »sperrige Gegenstand« zu guten Leuten in Pflege gegeben. Er erlebt dort »eine wunderbare frühe Kindheit, in der ich den Heuschrekken auf den Feldern und entlang dem Routhouan, einem kleinen Bach, nachjagte«, geborgen bei seinen Adoptiveltern Jean und Suzanne, »wunderbaren, geduldigen und liebenswürdigen« Leuten, ihren beiden Söhnen Jean und Bernard, die ihn bald wie einen Bruder behandeln, und einer Großmutter, die ihm ganz sanft die Haare bürstet. Fünf Jahre wird er bei dieser Familie bleiben. Im Sommer 1944 werden die Kampfhandlungen heftiger, die alliierten Truppen landen an den Küsten, woraufhin Saint-Malo evakuiert wird. Die ganze Hausgemeinschaft verläßt die Stadt und findet in einem kleinen Dorf in der Nähe von Rennes bei einem von Jeans Schwägern Zuflucht, der dort Direktor der örtlichen Grundschule ist. »Ich war im Warmen, eingesponnen in einen Kokon aus Liebe und Herzlichkeit.« Willy, ein deutscher Soldat, stellt regelmäßig die Milch vor die Tür, die zu Gérards ausgewogener Ernährung nötig ist. Raymonde besucht ihren Sohn von Zeit zu Zeit, auch wenn die Abstände zwischen diesen Besuchen zusehends länger werden. Die Pflegeeltern erwägen daraufhin, Gérard endgültig zu adoptieren … Seine Mutter fühlt sich deswegen in ihrem Stolz verletzt und steckt ihren Sohn unverzüglich in ein Heim der Vinzentinerinnen. Dies ist der Beginn einer langen Leidenszeit, ein Jahr »langsam fortschreitender Vernichtung«. »Ich wurde bei lebendigem Leib geschunden. Bei den Mahlzeiten mußte absolute Stille herrschen. Beim geringsten Verstoß hagelte es Bestrafungen. Auch die stärksten Charaktere wurden dadurch gebrochen. Oft verbot man mir, im Sprechzimmer den Besuch meiner Pflegemutter zu empfangen. Ich führte das Leben eines kleinen Gefangenen. Die demütigendsten Schikanen wiederholten sich ohne Unterlaß. Wie oft brach ich in Tränen aus, wenn ich an meine Pflegeeltern denken mußte. Nur ganz selten gab es da ein verstecktes Lachen oder gar einen Traum von besseren Tagen. Die Religion regierte unsere Tage, unsere Nächte und unsere Ausflüge. Nur Suzanne verschaffte mir bei ihren Besuchen mit ihren liebevollen Worten etwas heimlichen Trost.« Trotz allem gibt es da noch das Spielen am Strand und in den Bunkern. »Wir Waisenkinder spielten im Bauch des Krieges.« Nach einem Jahr im Heim bekommen Jean und Suzanne, die das Vertrauen der Schwestern gewonnen haben, die Erlaubnis, den kleinen Gérard wieder zu sich zu nehmen. »Das

war die pure, wilde Freude, die das Herz hüpfen läßt! Die Über-
querung der Rancemündung war der absolute Traum!« Zwar gibt
es da auch noch die Ruinen von Saint-Malo, aber für das Kriegskind ist dies etwas ganz Normales.

Raymonde arbeitet zu dieser Zeit als Serviererin im Hôtel des
Voyageurs gegenüber dem Bahnhof von Saint-Malo. Dann heiratet sie einen gewissen Louis Périoux, einen Gipser. Da sie Gérard
zurückholen will, bedient sie sich Jeans und Suzannes, die das
Kind davon überzeugen sollen, daß es ganz natürlich sei, einen
neuen Papa zu bekommen und den eigenen Namen zu wechseln.
Auf diese Weise sollten diejenigen »einen Bruch herbeiführen«,
die doch Gérard wie ihr eigenes Kind aufziehen und ihm ihre Zuneigung beweisen wollten. »Das war wirklich schrecklich und
führte bei mir zu vollkommener Verwirrung. Von nun an mußte
ich zu meinem Stiefvater ›Papa‹ sagen.« Ein erstes »Guten Tag,
Monsieur« wird von Raymonde mit einem Paar solch starker
Ohrfeigen bestraft, daß selbst »Monsieur« protestiert! Es ist
dies der Beginn einer ununterbrochenen Folge von Mißhandlungen. Zehn ganze Jahre lang wird Gérard zum Prügelknaben seiner
Mutter, ein ihr auf Gedeih und Verderb ausgelieferter Fron-
knecht. Schläge setzt es in regelmäßigen Abständen. Er ist nur
noch »ein Fremdkörper, eine Bürde, ein Nichts!« Sein Leben ist
ein einziger Albtraum … »Ich wurde zum Sühneopfer für ein mir
unbekanntes Verbrechen; alles konnte als Vorwand für Ohrfeigen, Schläge und Prügel dienen.«

Da er antiklerikal eingestellt ist, entschließt sich Louis, Gérard
auf die laizistische Schule von Saint-Servan zu schicken. Aber
bevor er zum Unterricht geht, muß der Junge erst einmal seiner
Mutter in dem kleinen Lebensmittelladen helfen, den sie gerade
erworben hat. Ein bescheidener Tante-Emma-Laden, in dem
man alles mögliche kaufen konnte. »Sie war eine ausgesprochene
Geschäftsbegabung, das war ihr Lebensinhalt, sie machte die Lie-
feranten zur Schnecke, war aber gegenüber ihren Kunden die
Freundlichkeit selbst.« Louis, ein schwacher Mensch, versucht
immer mal wieder, die Wogen zu glätten und die gewalttätige

und hektische Atmosphäre in diesem Haushalt etwas zu beruhigen. Aber Gérard ist eben nur ein Bastard. Er schläft im Lagerraum, »einem exotischen Ort, in dem es nach Rosinen aus Smyrna und Korinth roch, inmitten von Äpfeln und Säckchen voller Pfefferkörner«. Gleich nach dem Aufstehen muß er die Milch holen. Auf dem Rückweg schafft er es kaum, den Zehn-Liter-Kanister auf seinem Fahrrad zu balancieren. Wenn er tatsächlich einmal stürzt, ist das ein echtes Drama, das bedeutet Angst, Weinen... und eine Tracht Prügel!

In der Schule erregen dann die blauen Flecken auf seinem Körper, die »blauen« Augen, die Kratzer auf seiner Kopfhaut allmählich doch ein gewisses Aufsehen. Man stellt eine Untersuchung an. Raymonde wird allerdings bald entlastet, nachdem sie den Behörden erklärt hatte, ihr Sohn Gérard »habe nur Flausen im Kopf, würde nur den Schmetterlingen nachjagen«. Die Schikanen hören allerdings auch danach nicht auf, was Raymondes ganze Grausamkeit zeigt. Sie hindert ihren Sohn sogar daran, seine Hausaufgaben zu machen, und findet immer wieder einen guten Grund, ihn dabei zu stören. Oft schickt sie ihn dann »Kaninchenfutter sammeln, wobei sie ihm befiehlt, nur Klee und Gänsedistel zu nehmen. Hält er sich nicht daran, setzt es wieder Schläge.« Die Kaninchen werden bald zu Gérards einzigen Freunden. Sonst hat er niemanden. Er beneidet die Katze, deren Schicksal ihm weit angenehmer erscheint. »Die allergeringste Sache war Anlaß für Bestrafungen, eine schlimmer als die andere; Schläge, aber auch Schikanen und Demütigungen. Ich erinnere mich an eine historische Prügelorgie mit einer Klopfpeitsche. Mein Vater und meine Mutter schlugen mich abwechselnd, während der jeweils andere die Schläge zählte. Alle Hilfsarbeiten waren für mich reserviert, dazu die Auslieferungen und das Putzen und Brechen von Bohnen. Aber wenn ich mal im Laden beim Verkaufen half, war ich ein As beim Abwiegen! Ich durfte während solcher Arbeiten nicht auf die Toilette gehen. Und wenn ich es nicht mehr zurückhalten konnte, mußte ich das Wasser trinken, mit dem meine Hosen gewaschen worden waren. Ich mußte auch die Flöhe in meinem Bett, meiner › Flohkiste ‹, essen. Die blinde Wut meiner Eltern war so groß, daß sie mich, wenn sie keine Flöhe finden konnten, zwangen, meinen Mund zu öffnen, und dann hineinspuckten. Stundenlang mußte ich eine Flasche schütteln, bis die Milch darin zu Butter geworden war. Meine Mutter wollte mir ganz einfach das Leben schwermachen. Es kam ihr auch manchmal in den Sinn, mir in die Ohren oder Fingerspitzen zu beißen. Regelmäßig schlug sie mir mit voller Wucht auf die Nase. Mein Gesicht war verschwollen, ich war blutig, meine Haut hing teilweise in Fetzen herunter, ich war ein menschliches Wrack. Man schlug mich mit spitzen Holzschuhen. Ich bekam so viele Schläge auf die Beine, daß man deren Spuren noch jetzt auf meinen Schienbeinen sehen kann. Die Hiebe hagelten so häufig auf mich herab, daß die Wunden keine Zeit hatten zu verheilen. Meine Haut ist heute noch glatt wie eine verheilte Brandwunde, da die Körperhaare nie mehr nachgewachsen sind. Einmal stach sie mir sogar mit dem Messer ins Knie. Ich war absolut verängstigt. Ich erwartete die Mißhandlungen mit geschlossenen Augen. Meine Mutter pflegte zuzuschlagen, so hart sie konnte. Danach zog ich vor Schmerzen brüllend meine Hosen wieder hoch.« Die Erniedrigungen nehmen kein Ende. Während der seltenen Familienbesuche darf Gérard nicht an den Unterhaltungen teilnehmen. »Wenn die Erwachsenen sprechen, brauchen die Kinder nicht zuzuhören.« In seiner großen Einsamkeit merkt er gar nicht, daß es bei seinen kleinen Kameraden nicht genauso zugeht. Oft kniet er neben seiner »Flohkiste« nieder, um den Herrgott zu fragen, womit er dieses Schicksal verdient habe. »Ich war ganz allein in meiner Not.«

Doch Gérard kann sich immerhin satt essen. Obst, Gemüse, nichts läßt er verkommen. Aber auch hier vergißt Raymonde nicht ihre Rolle als weiblicher Folterknecht: »Sie entwickelte ein Rezept aus den Zutaten gehacktes Pferdefleisch, Zucker und nicht verkauften kleinen Rahmkäsestücken, die ich essen mußte, wenn sie bereits verdorben waren. An einigen Tagen war der Schimmel auf diesem Rahmkäse so dick, daß es aussah, als ob er ein Fell hätte.« Gérard muß sich übergeben, seine Mutter sammelt alles auf und zwingt ihn, das Erbrochene zum zweiten Mal zu essen… All dies verursacht bei ihm eine akute Furunkulose und eine riesige Milzbrandschwellung am Gesäß. Der Junge muß seine Mahlzeiten im Laden einnehmen, und dies stehend, »um besser verdauen zu können«, wie Louis es ausdrückt. Wenn eine Kunde eintritt, muß er sofort aufspringen, um diesen zu bedienen, was ihn aber nicht davor schützt, auch vor diesem Kunden erniedrigt und wie ein fauler Tagedieb behandelt zu werden.

Der kleine Gérard kann dieser Hölle erst entkommen, als er ins Collège von Pleine-Fougères eintritt, wo er von 1952 bis 1956 im Internat lebt. »Ich sollte dort zwar ein hartes und reglementiertes Leben kennenlernen, aber ich war nicht mehr allein…« Am Tag des Schulbeginns nach den großen Ferien ist er der einzige, der nicht weint, wenn seine Eltern die Schule wieder verlassen. In den Schulferien muß er allerdings in den Laden zurückkehren und die Erniedrigungen seiner Mutter aufs neue erdulden. »Sie hatte Hefte, aber sie zwang mich, meine Aufgaben auf Verpackungskartons zu erledigen.« Trotz allem findet er doch Zeit, mit seinem Jokarischläger, einigen Murmeln und seinen kleinen Zinnsoldaten zu spielen. Dank der Geduld seines Lehrers, der es schafft, die »kleine Wildkatze« aus ihrer Isolation herauszulokken, ist er oft der beste Schüler seiner Klasse. »Ich saugte alles in mich auf. Und ich wurde ein wahrer Meister im Herstellen von Tinte. Ich hatte ja auch ein hartes Training absolviert… als ich Butter machen mußte!« Er schafft es dann auch bis zur ersten Klasse Gymnasium. Die Lebensumstände in diesem Internat sind spartanisch, im Schlafsaal ist es eiskalt. Gérard wird regelmäßig zum Ofendienst eingeteilt, aber bei der Härte seiner bisherigen Erziehung kommt er ziemlich gut in dieser Schulwelt zurecht. Wenn am Sonntag die örtliche kirchentreue Bevölkerung zur Messe geht, machen sich die Internatsschüler zu einem Landspaziergang auf. Sie erleben dabei die schöne Natur mit ihren Tausenden von Blumen, ihren Insekten, Schmetterlingen, Libellen, Fröschen, Salamandern, Kaulquappen, Ringelnattern, Blind-

schleichen, Vipern, nicht zu vergessen die Spiele mit den Maikä-
fern, die »das Entzücken der kleinen Jungen hervorrufen«.
Die Pflegeeltern vergessen ihren kleinen Gérard nicht. Sie
schicken ihm Päckchen voller Leckereien und Micky-Maus-
Hefte. Er kann sich nur selten eine Zugfahrkarte leisten, um am
Wochenende seine Eltern zu besuchen, genießt dann aber die
Einsamkeit der leeren Schule. Das ist für ihn die wahre Freiheit.
Die erste Klasse Gymasium ist für ihn ein recht »durchwach-
senes« Schuljahr. 1955 wechselt er in das Schulzentrum von Ro-
cabey, wo er im Jahre 1956 seinen Hauptschulabschluß macht
und damit seine Schulausbildung beendet. »Ich mußte anfangen,
meine Brötchen zu verdienen!« Zur selben Zeit kauft Raymonde
»ein kleines Café, Au Bon Mic, eine Hafenkneipe«. Gérard kümmert sich noch allein um den Laden, bis man endgültig mit dem
Handkarren umzieht. Raymonde versteht es ausgesprochen gut,
mit den Besuchern ihrer neuen Kneipe umzugehen, und spendiert
ihnen auch schon mal einen kleinen Calvados. Auch sie arbeitet
ausgesprochen hart. Gérard erinnert sich noch heute an seine
ambivalenten Gefühle: »Ich hörte sie bis tief in die Nacht arbeiten, was mir sogar in der Seele weh tat. Sie war sehr hart zu mir
gewesen, aber war ihr eigenes Schicksal nicht noch viel härter?«
Mit vierzehn beginnt er eine Kesselschmiedlehre in einer
Schiffswerft, elf Arbeitsstunden am Tag, sechs Tage in der
Woche, und das drei Jahre lang. »Unsere Ausbilder waren von
einer unglaublichen Härte; man mußte immer auf Schimpfworte
und Backpfeifen gefaßt sein. Ich hatte Gott sei Dank einen eher
geduldigen Meister, der mich nicht schlug. Er begnügte sich
damit, mir seinen Kautabaksaft ins Gesicht zu spucken.« Morgens
muß Gérard den Fußboden des Bon Mic putzen, bevor er sich
mit seinen Holzpantinen in die Fabrik aufmachen kann. Oft ist
die Sirene bereits ertönt, wenn er dort ankommt! Und dann hat
er diesen schrecklichen Unfall: Er klemmt sich den Arm in einem
Lastenaufzug ein. »Mein Arm war vollkommen ausgerenkt, der
Knochen war durch das Hemd und den Pullover gedrungen.«
Danach hatte er allerdings das Glück, von einem ausgezeichneten

Chirurgen, Doktor Leduc, operiert zu werden, der ihm eine Amputation erspart. Einer blinden Bewegungstherapeutin gelingt es, »durch ihre außergewöhnlich gute Behandlung« die Beweglichkeit seines Armes wiederherzustellen. Die notwendigen Rehabilitationsübungen sind eine weitere »Folter«, aber danach kann er als ein »wahrhaft wunderbar Geheilter« in die Fabrik zurückkehren. Durch die schwere Arbeit gewinnt er bald auch seine Muskelkraft zurück und kann dann noch ein Ereignis miterleben, das ihn auf Dauer prägen wird: den Stapellauf eines neuen Schiffes, »dieser magische Augenblick, wo das Schiff endlich zu seinem Element findet«.

Die Arbeiten im Bistro hören in der ganzen Zeit nicht auf und bleiben ein »ständiges Martyrium«. Die Stuhlsprossen sind natürlich nie sauber genug. Louis kommt jetzt regelmäßig ziemlich abgefüllt mit schwerer Schlagseite und schief sitzender Baskenmütze heim. Er nimmt seine Mahlzeiten ganz allein ein, schnauzt seine Frau an, die ihrerseits allein in ihrer Ecke ißt, und knöpft sich dann schließlich Gérard vor. Dieser, inzwischen sechzehn Jahre alt, hat von einem verstorbenen Onkel ein Bett geerbt und kann sich jetzt von Zeit zu Zeit in sein Zimmer, »ein unterirdisches Verlies«, flüchten. Am Sonntag nachmittag darf er aufs Stadtfest gehen und dort der Musik Paul Ankas lauschen, mit einem einzigen Franc in der Tasche, den er möglichst nicht ausgeben sollte. Und wenn er zu spät heimkommt, setzt es Schläge mit den Holzpantinen. »Wir lebten vom Hafen, der in den fünfziger Jahren noch sehr betriebsam war. Abends trafen sich bei uns die Dockarbeiter und Hochseefischer zu ihren großen Besäufnissen.« Inzwischen weiß Gérard auch genau, wie man einen guten Kabeljau zubereitet. Seine Mutter müht sich weiterhin ab bis zur völligen Erschöpfung. Die Arbeit war wohl der letzte Rettungsanker in ihrem verpfuschten Leben. »Da sie sehr gut kochte, hatte sie in ihrem Café ein Restaurant eröffnet, in das die Kundschaft nur so strömte. Sie begann dann sogar, möblierte Zimmer zu vermieten. Alles war recht, was potentielle Gäste anlocken konnte, bis zum Schild ›Hier darf man sein eigenes Essen mitbringen‹,

90

das sie an der Tür anbrachte, um auch noch die Ärmsten in ihre Kneipe zu locken...«

Schließlich kommt für Gérard die Zeit, sich gegen sein widriges Schicksal aufzulehnen. Er lebt immer noch mit einer Mutter zusammen, die glaubt, er sei ihr auf ewige Zeiten verpflichtet, egal was passiert. Außerdem wird sein Stiefvater Louis, der sich nun regelmäßig betrinkt, immer streitsüchtiger. Und so wird die Atmosphäre im Bon Mic immer unerträglicher. Eines Abends entlädt sich dann diese Spannung, es kommt die Stunde der Wahrheit, die Kraftprobe für Gérard, der dabei endlich das notwendige Selbstbewußtsein entwickelt, das es ihm erlaubt, gegen seine schwere Vergangenheit anzugehen und seine Freiheit nach siebzehn langen Jahren Fremdbestimmung wiederzugewinnen. »Ohne die Unterstützung durch meine Pflegeeltern, die ich immer wieder heimlich traf, hätte ich schon lange vorher aufgegeben und mich wohl tatsächlich ertränkt.« Jetzt aber läßt er sich nichts mehr bieten. Er zeigt seinen Peinigern die Stirn und findet die rettenden Worte, das Sesam-öffne-dich, das ihm den Weg nach draußen bahnt, als er Louis ins Gesicht schleudert: »Faß mich bloß nicht an, du bist nicht mein Vater.« Damit verabschiedet er sich innerlich von »diesem Hundeleben« und beginnt von einem Anderswo zu träumen.

Wenn man in Saint-Malo wohnt, geht der Blick erst einmal hinaus aufs Meer, wo das Abenteuer wartet. Und so entscheidet sich Gérard für den Seemannsberuf, den Beruf seines leiblichen Vaters. »Das wußte ich damals natürlich noch nicht. Sagen wir einfach, daß hier die Stimme des Blutes gesprochen hat. Aber das Meer lag ja da, direkt vor meinen Füßen. Also ging ich an einem Februartag des Jahres 1959 ins Büro der Gendarmerie und trat freiwillig in die Marine ein. Ich war damals siebzehn Jahre alt. Man schickte mich danach ins Marineausbildungszentrum von Hourtin im Département Gironde.« Gérard verläßt Saint-Malo mit der Uhr, die ihm seine Pflegemutter geschenkt hatte und die er vor den »Leibesvisitationen« seiner Mutter hatte retten können. Raymonde, die nun keine Macht mehr über ihren

Sohn hat, wirkt an seinem Abreisetag regelrecht milde gestimmt und tatsächlich »laufen ihr sogar Tränen über die Wangen«. Endlich frei und erlöst geht Gérard nur ein Gedanke durch den Kopf: »Wo liegt wohl das Land meines Vaters? Und wer ist mein Vater?« Fragen, die über lange Jahre ohne Antwort bleiben werden ...

Zuerst einmal kommt aber der »große Sprung ins Unbekannte«. In Hourtin herrscht herrliches Wetter. Der Neuverpflichtete bekommt am 9. Juni 1959 die Personenkennziffer 2893T59. Die Ausbildungskurse machen ihm keinerlei Schwierigkeiten. Was kann ihm noch passieren, nach allem, was er durchgemacht hat? Er wird nach Brest, auf das Schlachtschiff *Richelieu,* später auf den Schweren Kreuzer *Tourville* abkommandiert. Er schläft in einer Hängematte. Das Essen ist allerdings fast ungenießbar. Die Matrosen müssen zu jeder Zeit von Kopf bis Fuß ein tadelloses Erscheinungsbild abgeben. Die Ausbildung ist hart: Übungen in den Booten oder das Verlassen des Schiffes mit Hilfe eines über die Bordwand gehängten Fallreeps. Dazu kommt die tägliche Routine. Schließlich läuft das Schiff in den Hafen von Toulon ein. »Das helle Licht des Südens, der Himmel, die üppige Vegetation, das Meer, so schön, so blau!« In Toulon schickt man Gérard auf die Schiffsmechanikerschule der französischen Marine. »Die Ausbildung war von allerhöchstem Niveau. Es herrschte dort eine eiserne Disziplin.« Danach wird er auf die *Clemenceau* versetzt, die er am 12. November 1959 zum ersten Mal betritt. »Im Innern war alles schön, neu und geräumig. Das war äußerst beeindruckend.« Das Essen für die 2000 Mann Besatzung ist ausgesprochen gut. Danach folgen die ersten Übungen auf hoher See. Gérards Einsatzort ist der Kesselraum ganz im Heck des Flugzeugträgers. Dort herrscht ein ohrenbetäubender Lärm. Die Wachen dauern zwei bis vier Stunden und gehen rund um die Uhr. Als die ersten Flugzeuge vom Typ Fougas Magister landen, ergibt dies ein prächtiges Bild. Das Schiff patrouilliert an der algerischen Küste entlang, legt einen Zwischenaufenthalt in Mers el-Kebir ein und fährt dann durch die Straße von Gibraltar in Richtung Schwarzafrika.« Ich war direkt verrückt nach all diesen fremden Eindrücken, und ich war glücklich, auf dieser Erde zu sein und überlebt zu haben. Las Palmas, Madeira, Funchal, diese wundervollen Orte! Ich war vollkommen hingerissen von den Gerüchen, den Farben, den Sitten und Gebräuchen... und dann Dakar. Ich wollte dies in vollen Zügen genießen. Es war das Paradies. Man konnte die Seele baumeln lassen und im warmen Wasser baden.« Danach geht es in die Elfenbeinküste mit der Hauptstadt Abidjan und seiner Lagune, weiter über den Äquator, wo er die Äquatortaufe mit ihren Späßen erlebt... und schließlich zurück nach Brest zum ersten Heimaturlaub.

Gérard muß ein bißchen mogeln, um zuerst seine Pflegeeltern besuchen zu können, bevor er bei seiner Mutter vorbeischaut. Im Bon Mic sind die Auseinandersetzungen nur noch verbal, aber immer noch muß er sich den ständigen Vorwürfen seiner Mutter stellen: »Warum hast du dich nur für drei Jahre verpflichtet?« »Ich bin mündig, frei und ich mache, was ich will!« Der Aufstand ist vollzogen, die Ketten zerbrochen. Für Gérard ist das Leben auf See ein echter Ausweg aus seiner bisherigen Misere. »Solange ich Matrose bin, werden mich meine Eltern nicht mehr wiedersehen!« Dann reist er ab. Raymonde versucht sich zu rächen, indem sie ihren Sohn bei seinen Vorgesetzten anschwärzt. Sie ruft auf seinem Schiff an und teilt dort mit, »daß ihr Gérard während seines Heimaturlaubs Zivilkleidung getragen hat«, was allerdings keine weiteren Folgen für ihn hat. An Bord hat er endlich echte Freunde, mit denen er sogar eine kleine Gesangsgruppe, »das *Clemenceau*-Quartett«, bildet. Bei jedem Aufenthalt in Toulon nutzt er seinen Landurlaub, um auf den Hügeln über der Reede spazierenzugehen. »Von dort oben war die Aussicht atemberaubend.«

Eine seiner letzten Fahrten bringt ihn in den Norden... nach Deutschland, nach Hamburg und Lübeck. »Zahlreiche Schaulustige applaudierten, als wir in den Hafen einliefen. Wir wurden wirklich herzlich empfangen.« Gérard ist von diesem Land sofort beeindruckt. »Man zeigte uns die Symbole des Kalten Krieges, den Eisernen Vorhang, die Vopos, die Stacheldrahtverhaue, die Beobachtungstürme. Eine junge, sehr hübsche deutsche Studentin diente uns als Führerin und Dolmetscherin. Lübeck ist eine großartige Stadt.« Gérard steht immer ganz vorne in der Gruppe, um nur ja nichts zu verpassen. Die Führung interessiert ihn so sehr, daß er den Eindruck hat, sie richte sich nur an ihn. »Ich war verzaubert, begeistert... Überall wurden wir mit so viel Respekt und Sympathie empfangen. Ich erhob sogar mein Glas auf die deutsch-französische Freundschaft!« Und so hatte Gérard, ohne es zu wissen, quasi im voraus, die beiden Seiten seiner Identität miteinander in Einklang bringen können. Besonders beeindruckt ihn die äußerste Höflichkeit der Deutschen. Er kann recht oft seine Kameraden nicht verstehen, wenn diese dumme Bemerkungen machen oder im Übermaß zugreifen, wenn man ihnen netterweise Zigarren anbietet. Er schämt sich dann für diese Idioten, die der Reputation der ganzen Gruppe schaden.

»Ich bin vollkommen davon überzeugt, daß die starken Gefühle, die mich an diesem Ort ergriffen, kein Zufall waren. Aber wie kann man rational auf das Ungreifbare, das Unerklärliche reagieren? Solange ich Matrose war, hatte ich von keiner Bevölkerung eines Landes, das wir besucht hatten, eine solche Wärme ausgehen sehen.« Nach dem Ablegen des Schiffes versucht Gérard die letzten Konturen dieses Landes solange wie möglich im Blick zu behalten. Er ist zwanzig Jahre alt. Nach seiner Rückkehr nach Hause verläßt er die Marine. Aber er kann zu diesem Zeitpunkt noch nicht ahnen – wie wäre das auch möglich gewesen? – daß er auch in Deutschland zu Hause gewesen war...

THÉRÈSE UND MARIE-JOSÉ*

»Ich werde ihn wiederfinden,
und er wird mich rächen.«⎯⎯⎯⎯⎯⎯⎯⎯

Thérèse See und ihre Tochter Marie-José riefen uns eines Abends in Berlin an. Sie waren bereit, mir ihre wahrlich herzzerreißende Lebensgeschichte anzuvertrauen, die ich im folgenden kennenlernen durfte. Um diese Zeit gemeinsam aufzuarbeiten, trafen wir uns dann an einem Maisamstag des Jahres 2003 im Café le Charbon, im XI. Pariser Arrondissement in der Nähe der Metro-Station Saint-Maur, einem malerischen Bistro alten Stils, das auf angenehme Weise nostalgisch und volkstümlich wirkte.

Thérèse, eine würdige, adrette und gepflegte Dame von siebzig Jahren, erwartete mich auf einer Bank im hinteren Teil des Lokals. Ihre zierliche Erscheinung und feinen Gesichtszüge, ihre blauen Augen und ihre makellos nach hinten gekämmten weißen Haare, die »früher einmal blond waren«, wie sie mir erzählte, zeigten eine Frau, die einst sehr hübsch gewesen sein muß. Sie verstand es, sich gewandt und besonnen auszudrücken. Es ließ sich auch eine gewisse Ironie in ihren Worten feststellen, wie sie einem nicht selten bei jemandem begegnet, der es gelernt hat, sein eigenes Leben mit einem gewissen Abstand zu betrachten. Sie scheute nicht davor zurück, die Einzelheiten ihrer Geschichte genauer zu beleuchten. Es tat ihr leid, uns nicht bei sich daheim empfangen zu können, aber ihr behinderter Sohn sei ans Haus gebunden und würde eine solch lange Unterhaltung, wie wir sie vorhatten, nur sehr schwer ertragen. Ihr gegenüber saß ihre Toch-

⎯⎯⎯ * Die Namen der Orte und Personen sind authentisch, mit Ausnahme der algerischen Familie, deren Identität Thérèse und Marie-José nicht preisgeben möchten.

ter Marie-José. Sie hatte die blauen Augen ihrer Mutter geerbt, »und meines Vaters«, stellte sie sofort klar, »ebenso wie meine hellbraunen Haare«. Ihr Gesicht war nicht ganz so fein geschnitten wie das ihrer Mutter und ihre Gestalt war etwas fülliger. Ihr Blick war traurig, aber ausdrucksvoll.

Thérèse wird am 10. März 1926 im Département Nord als Tochter einer Mutter aus dem französischen Flandern und eines aus dem amerikanischen Virginia stammenden Vaters geboren. Ihre Eltern, Lucienne und Leroy Williams See, hatten sich 1918 kurz vor dem Ende des Ersten Weltkriegs kennengelernt. Leroy Williams war ein Soldat der amerikanischen Armee, dessen Einheit zu dieser Zeit im Norden Frankreichs stationiert war. Als Lucienne erfährt, daß sie schwanger ist, entschließt sich das junge Paar, in die Vereinigten Staaten zu gehen. Dort werden dann ihre beiden ältesten Töchter Vernice und Lily geboren. Aber Lucienne leidet sehr unter Heimweh und kann sich nur sehr schwer in diesem neuen Land eingewöhnen. Es gelingt ihr, ihren Mann zur Rückkehr nach Frankreich zu überreden. Die Familie läßt sich zuerst in Malo-les-Bains nieder, wo 1922 ihr Sohn Hervey zur Welt kommt, um kurz darauf nach Dünkirchen umzuziehen. Dort erblickt 1926 Thérèse das Licht der Welt. Die gut katholische Lucienne gibt ihrer Tochter diesen Vornamen aus Verehrung für die heilige Therese von Lisieux. Daheim spricht man eine Mischung aus Französisch und Flämisch. Der Handfeger heißt bei ihnen *blecksche,* die Schaufel *zwintsche,* der Scheuerlappen *dwelle* und der Schürhaken *pockre.* »Und wenn man unter einer Zahnfleischentzündung litt, hatte man einen ›Meule de couke-Mund‹, also einen Mund voller Kuchenkrümel«, erinnert sich Thérèse. Eine bildhafte Sprache, deren germanische Wurzeln ihr später das Deutschlernen erleichtern werden.

Die Sees ziehen nach Thérèses Geburt von Dünkirchen ins normannische Lillebonne. Leroy William findet dort Arbeit als Elektrotechniker und Mechaniker in einer Autowerkstatt, während Lucienne die Geschäftsführung des Cafés Les Glycines übernimmt.»Das war eine ausgesprochen schlechte Idee«, stellt nach all den Jahren Thérèse mit einem traurigen Lächeln fest.»Mama flirtete gerne, und dann kamen ja viele Männer in ihr Café. Sie hatte sozusagen neben der Bar immer ein Bett frei. Man muß das verstehen, mit all den Kindern, da mußte das Café schon gut laufen…« 1930 vergrößert dann Michel, das fünfte Kind, die Familie. Leroy William, der schon seit langem kein Eheleben mit Lucienne mehr führt, weiß wohl, daß der Kleine nicht von ihm stammt, aber er erkennt ihn an und zieht ihn wie seinen Sohn auf. Als ihm aber im Jahr 1935 Lucienne mitteilt, sie sei erneut schwanger, macht er dieses Spiel nicht mehr mit und kehrt in die Vereinigten Staaten zurück. Er reist eine Woche vor der Geburt von Annie, der Jüngsten, ab und verläßt seine Familie für immer. Damals ist Thérèse neun Jahre alt. Lily begleitet ihren Vater noch zum Bahnhof.»Meine Schwester erzählte mir später, er habe ihr beim Abschied gesagt: ›Ich werde meinen kleinen Liebling Thérèse nie wiedersehen.‹ Nach seiner Abreise hat meine Mutter uns alle gegen ihn aufgehetzt. Erst viel später habe ich erfahren, daß es bereits seit langem zwischen den beiden große Zwistigkeiten gab und daß es meine Mutter war, die wollte, daß er geht. Vielleicht lag die Schuld bei beiden, dennoch glaube ich, daß es für ihn genug mildernde Umstände gab. Als mein Vater zum ersten Mal Hervey einen Brief schickte, verbot meine Mutter meinem Bruder, ihm zu antworten. Sie wollte nie mehr etwas von ihrem Ex-Mann hören.« Dies ist das letzte Lebenszeichen, das seine Kinder von Leroy William je erhalten werden.

Die Jahre vergehen, der Zweite Weltkrieg bricht aus und Frankreich wird von den Deutschen besetzt. Vernice und Lily, die durch ihre Geburt in den Vereinigten Staaten die amerikanische Staatsbürgerschaft besitzen, werden einige Monate in einem Lager in Vittel in den Vogesen interniert. Lucienne, die nach ihrer Scheidung wieder die französische Staatsbürgerschaft angenommen hat, läßt man in Frieden. Sie kümmert sich weiterhin um ihre Geschäfte. Wenn die deutschen Soldaten nach ihrem

Dienst durch das Städtchen spazieren, machen sie oft in Luciennes Café Station. Und dann nimmt eines Abends Thérèses Geschick eine schlimme Wendung. »Meine Mutter und meine ältere Schwester trieben mich einem Deutschen in die Arme. Er war schon etwas älter. Ich versuchte, mich zu widersetzen, aber man stieß mich buchstäblich ins Schlafzimmer«, erinnert sich Thérèse, die diese Behandlung noch nicht verwunden hat. »Ich habe mir sogar den Arm in der Tür eingeklemmt, so heftig waren die Schläge. Ich war gerade einmal sechzehn Jahre alt.« Auf diese Weise läßt ihre Mutter sie »die Liebe« entdecken, indem sie sie einem schrecklichen Unbekannten vorwirft und auch nicht zögert, sich von dem ersten »Liebhaber« ihrer Tochter bezahlen zu lassen. Seltsamerweise tut die so sex- wie geldgierige Lucienne alles in ihrer Macht Stehende, um ihren Kindern eine gute Ausbildung zu ermöglichen. Diese müssen sie allerdings bei Kriegsausbruch unterbrechen, weil die Schule zu weit von ihrem Wohnhaus entfernt liegt. Später geht Thérèse mit siebzehn Jahren nach einem Oberstufenjahr mit dem Abschlußzeugnis von der Schule ab. Nach ein paar einfachen Gelegenheitsjobs, beispielsweise bei einem Gemüsegärtner, findet sie eine Bürotätigkeit in einer Färberei in Montivilliers in der Nähe von Le Havre, die sie allerdings nur ein paar Monate ausübt. Sie entschließt sich, nach Paris zu einer ihrer beiden älteren Schwestern zu ziehen. Dort arbeitet sie drei Monate lang als Sekretärin im Büro des Verbands der Holzindustrie. In der Zwischenzeit kehrt allerdings der Mann ihrer Schwester nach Paris zurück, der im Rahmen des Arbeitsdiensts STO in Deutschland gearbeitet hatte. Da die Wohnung nun zu klein ist, um weiterhin auch die junge Frau zu beherbergen, geht diese wieder nach Lillebonne zurück.

»Madame Fleury, die Nachbarin meiner Mutter, lieferte Eier an die Deutschen«, erzählt Thérèse weiter. »Vor denen hatte man keine Angst, im Gegenteil. Im übrigen traten sie nur ganz selten bewaffnet auf, mit Ausnahme von einigen, die, wie ich glaube, ein Bajonett am Koppel trugen. Sie hatten alle ein Schiffchen, ihre

›Feldmütze‹, auf. Sie waren gute Kunden. Damals lernte ich Josef Lahme kennen. Das war im Jahr 1943. Er kam mit einem seiner Kameraden vor unserem Café vorbei, und wir gerieten in ein Gespräch. Ich erinnere mich noch, daß meine Mutter mit ihren paar Worten Deutsch Josefs Kumpel anmachte.« Während sie miteinander plaudern, erzählt der junge deutsche Soldat Thérèse, daß sie manchmal kleine Feste organisieren würden und daß man sich auf einem davon doch vielleicht mal sehen könnte. Natürlich ist dieser Vorschlag für das junge Mädchen sehr verlockend, weil es zu dieser Zeit nicht allzuviel Zerstreuung gibt. Tatsächlich sollte sich aber eine solche Gelegenheit nie ergeben. Stattdessen fängt Josef an, die Abende zusammen mit seinem Kameraden in Luciennes Café zu verbringen.» Sie kamen am Ende des Tages. Meine Mutter servierte ihnen den schlechten Kaffee, den es damals gab. Dann kehrten sie in das Schloß von Langeais zurück, das von der Wehrmacht beschlagnahmt worden war und in dem seine Einheit untergebracht war.« Josef spricht kaum Französisch. Thérèse spricht zwar noch nicht fließend Deutsch, kann sich aber doch bereits ziemlich gut mit ihm verständigen.» Er war ein junger Mann von vierundzwanzig Jahren, sehr nett und ziemlich groß für die damalige Zeit. Ich war kaum siebzehn Jahre alt, als ich ihm begegnete. Er war sehr in mich verliebt. Und das beruhte auf Gegenseitigkeit«, erinnert sie sich noch heute mit einer gewissen Nostalgie.» Mir kam nie die Idee, daß dies der Feind sein könnte. Im übrigen war er kein Nazi. Seine Kameraden hielten ihn sogar für einen Angsthasen. Für mich war das eher ein Kompliment.« Auch als Obergefreiter hat Josef Lahme so gar nichts von einem Krieger an sich. Er ist ein » Etappenhengst«, der eindeutig keine Lust hat, aufzufallen und die Versetzung an die Ostfront zu riskieren. Für ihn zählt ganz allein die Musik. Als Sänger in einem Luftwaffen-Orchester genießt er eine bevorzugte Stellung, um die ihn viele deutsche Soldaten beneiden, da alles, was mit Musik zusammenhängt, bei den deutschen Streitkräften ein relativ hohes Prestige genießt. » Er sang wunderbar *La Traviata*«, erinnert sich Thérèse, die seine schöne Stimme nie vergessen hat.

Sehr bald wird sie schwanger und teilt dies Josef mit. »Er wußte, daß das Kind nur von ihm sein konnte. Dann ging ich zur Kommandantur am Rathausplatz, um nach Arbeit zu fragen.« Man bietet ihr eine Stelle als Haushaltshilfe im Schloß von Langeais an, in dem die Deutschen untergebracht sind. Da sie bereits seit einigen Monaten schwanger ist, läßt sich dies schlecht verbergen, als sie ihre Arbeit antritt, die sie jedoch noch einige Monate lang ausüben kann. »Vier oder fünf«, präzisiert Thérèse, die erst neulich für ihren Rentenantrag ihre Beschäftigungszeiten zusammenstellen mußte, wobei auch ihre Arbeit für die Deutschen anerkannt wurde. »Ich räumte die Zimmer auf und mittags half ich, das Gemüse zu putzen und den Soldaten Suppe in ihre Eßgeschirre zu füllen. Josef aß zwar auch in der Kantine, aber er tat so, als ob er mich nicht kennen würde. Ich wollte das auch nicht, denn ich wußte, daß er Gefahr lief, an die Ostfront versetzt zu werden, wenn man erfuhr, daß er der Vater meines Kindes war.«

Auch wenn Thérèse sich heute auf diese Weise an das damalige Geschehen erinnern möchte, ist doch anzunehmen, daß sie damals in Unkenntnis der Reichsgesetze angenommen hatte, einen engeren Kontakt zu Josef pflegen zu können, wenn sie im Schloß arbeiten würde. Zu sehen, daß er Distanz zu ihr hielt, war für sie dann sicherlich eine große Enttäuschung. Als Französin wurde sie trotz ihrer flämischen Wurzeln vom Dritten Reich nicht als »reinrassige Arierin« betrachtet. Sie war also quasi eine »Unreine«, zwar nicht unberührbar, aber doch der Heirat mit einem aufrechten Wehrmachtssoldaten unwürdig. Vielleicht ist es Josef als praktizierendem Katholiken auch peinlich, durch Thérèse jeden Tag an seinen Fehltritt erinnert zu werden, obwohl er in sie verliebt ist.

Thérèse fällt einem von Josefs Kameraden, Egon Rademacher, auf, auch er ein Gitarrist und Sänger im Militärorchester seines Regiments. Er begegnet ihr jeden Tag in der Kantine und bleibt nicht unbeeindruckt von ihrem Charme. Aber es ist vor allem die von ihrem Freund im Stich gelassene junge Frau, die ihn so sehr rührt, daß er sie unter seine Fittiche nimmt. »Da er nicht der

Vater meines Kindes war, ging er kein Risiko ein«, stellt Thérèse klar. »Er gab mir über die zugelassenen Rationen hinaus zu essen.« Und so entwickelt sich zwischen den beiden eine rein platonische, aber doch ziemlich starke Beziehung. Später wird er ihr sogar sein Photo schicken. Aber auch diese Liaison dauert nicht lange. Kurz bevor die junge Frau ihr Kind bekommt, werden Josef und Egon mit ihrem ganzen Regiment an die normannische Küste verlegt, wo gerade die Alliierten gelandet sind. Die »Invasion« hatte begonnen, wie die Deutschen diese alliierte Landeoperation vom 6. Juni 1944 noch heute nennen. Die ruhige kleine Stadt Lillebonne erlebt die ersten Bombenangriffe. »Das war gar nicht so einfach für mich, die ein Kind erwartete, und das noch von einem Vater, der sich davongestohlen hatte!« seufzt Thérèse.

Zur gleichen Zeit müssen Lucienne und ihre Kinder das Café verlassen, das von den deutschen Militärbehörden beschlagnahmt wurde, um es in ein Bordell für ihre Soldaten umzuwandeln. Im Gegenzug weist die Wehrmacht der Familie See eine Unterkunft in Lillebonne zu. Dort bringt Thérèse mit Unterstützung einer städtischen Hebamme ihr Kind auf die Welt. Sie ist achtzehn Jahre alt, als Marie-José am 17. Juni 1944 elf Tage nach der alliierten Landung auf die Welt kommt. Einige Kilometer entfernt toben schwere Kämpfe. Thérèse, die seit langem nichts mehr von Josef gehört hat und ihn für tot hält, weiß nicht, daß sich dieser damals mit seinem Regiment in Doudeville aufhält. Dort erfährt er von einem seiner Kameraden, der im Schloß zurückgeblieben war, daß Thérèse ein kleines Mädchen bekommen habe. Durch wer weiß welches Wunder gelingt es ihm, einen Einsatzbefehl zu erhalten, der ihn von der Front wegführt, so daß er nur vier Tage nach der Geburt seines Kindes nach Lillebonne kommen kann. Thérèse, die noch das Bett hüten muß, teilt ihm mit, daß sie sich entschieden habe, ihrer kleinen Tochter den Vornamen Marie-José zu geben, wobei das »José« an seinen Vornamen »Josef« erinnern solle. Der frisch gebackene Vater nimmt das Baby in den Arm, hält es vor sein Gesicht und erklärt, es sei »ein schönes

Baby«, das ist alles. Er macht keine Versprechungen irgendwelcher Art. Thérèse hat ihn nie wiedergesehen.

Zur gleichen Zeit bekommt Thérèses Mutter dank der paar Worte Schulenglisch, die sie nicht vergessen hat, eine Anstellung in der Küche des Hotels de France, das von den Amerikanern besetzt ist. »Zweifellos das einzige Mal in ihrem Leben, daß sie wirklich gearbeitet hat«, bemerkt Thérèse voller Ironie. Sie ist es auch, die die Geburt ihrer Enkelin beim Bürgermeisteramt anmeldet. Als sich Thérèse ihrerseits dorthin begibt, um die Geburt ihrer Tochter zu bestätigen, gibt sie ganz spontan als Namen des Vaters »Josef Lahme« an. Sie selbst hat absolut kein Problem damit, ein uneheliches Kind, und das auch noch von einem Deutschen, zu haben. Aber der Standesbeamte ist auf diesem Ohre taub und trägt das Kind unter dem Namen Marie-José See ein. »Ich habe versucht, auf meine Art die Wahrheit zu sagen. Er allerdings lenkte das Gespräch in eine andere Richtung und riet mir dringend davon ab, den Namen Lahme in das Geburtsregister eintragen zu lassen. Ich meinerseits hätte gerne bekanntgemacht, wer der Vater meines Kindes war.« Die Leute von Lillebonne erfahren also nicht, daß Marie-José die Tochter eines deutschen Soldaten ist. Angesichts der Geisteshaltung, die zu dieser Zeit herrschte, wäre dies auch ganz gewiß eine große Dummheit gewesen.

»Jedermann wußte, daß ich bei ihnen gearbeitet hatte«, fährt Thérèse fort, »aber ich hatte mich nie zusammen mit einem von ihnen gezeigt, im Gegensatz zu anderen Frauen, die deswegen nach der Befreiung die schlimmsten Erniedrigungen erdulden mußten. Ihnen wurde der Kopf rasiert, und auch sonst wurden sie verfolgt. Nur meine unmittelbaren Nachbarinnen, Madame Fleury und Madame Raymonde, wußten Bescheid; aber sie waren sehr nett und haben immer geschwiegen. Sicherlich habe ich es ihnen zu verdanken, daß mir vor allem am Anfang Unannehmlichkeiten erspart blieben. Erst als später neue Nachbarn neben uns einzogen, begannen die Probleme. Die Frau war unerhört bösartig. Das Paar wußte, daß wir in einer Wohnung lebten, die uns während des Krieges von den Deutschen zugewiesen worden war. Sie übten einen unglaublichen Druck auf uns aus, weil sie diese Wohnung selber haben wollten. Sie hätten dann ihre Unterkunft vergrößern können, die Wand an Wand an unsere angrenzte, und deshalb versuchten sie diese Situation zu ihren Gunsten auszunutzen. Aber die Zeit der Befreiung war schon lange vorbei, und es war glücklicherweise inzwischen zu spät, mich noch öffentlich anzuprangern. Andererseits kannte ich eine Frau aus Lillebonne, die arme Marie-Thérèse, Tochter des Feldhüters, die nicht so gut davonkam. Sie hatte auch ein Kind mit einem Deutschen und man rasierte ihr kurz nach der Befreiung den Schädel. Ich glaube, der Hauptgrund dafür war die Tatsache, daß man ihrem Vater vorwarf, mit den Besatzern kollaboriert zu haben. Ich kannte noch eine andere Frau aus Lillebonne, die Schwester eines Freundes meines Bruders Michel, die ungefähr gleichzeitig mit mir eine kleine Tochter zur Welt brachte. Sie hatte allerdings keine Probleme, da auch sie sich nie öffentlich mit deutschen Soldaten gezeigt hatte. Erst neulich lernte ich einen Polizisten kennen, der mir erzählte, daß er ebenfalls Kind eines Deutschen sei.«

Nach der Niederkunft bleibt Thérèse zu Hause, um Marie-José achtzehn Monate zu stillen. »Mein Bruder Hervey, der als freiwilliger Arbeiter nach Deutschland gegangen war, kam kurz darauf zurück. Er war überrascht, mich mit einem anderthalbjährigen Kind in den Armen zu sehen. Aber er hat mich gut behandelt. Er war ein netter Junge. Der Arme ist bereits 1996 gestorben, wie meine älteste Schwester.«

Die junge Frau beschließt, sich um eine Stelle in der Spinnerei von Lillebonne zu bewerben, die sie dann auch tatsächlich bekommt. Ihre Mutter Lucienne paßt recht gut auf die Kleine auf, während Thérèse in der Fabrik arbeitet. Natürlich tut sie das nicht umsonst. Thérèse muß ihrer Mutter ihren gesamten Lohn abliefern, plus der geringen Beihilfe, die sie als ledige Mutter bekommt. »Ich nehme ihr das bis heute übel, wie übrigens auch noch ein paar andere Dinge,« sagt sie noch immer. »Trotzdem war ich eigentlich nicht einmal unglücklich. Man war damals mit wenig zufrieden.«

In dieser Zeit erhält Thérèse einen Brief von Egon Rademacher, in der dieser ihr mitteilt, daß Josef und er während des deutschen Rückzugs nach Norden gefangengenommen worden seien. Dann seien sie als Kriegsgefangene in England gewesen, allerdings nicht zusammen, da sie nicht in der gleichen Einheit gekämpft hätten, als sie in Gefangenschaft geraten seien. Josef konnte dann tatsächlich zwei Jahre vor Egon nach Deutschland zurückkehren. Thérèse macht sich sogar Sorgen, weil er verwundet worden war. Egon ist immer noch in England gefangen, als er ihr diesen Brief schreibt. Seinem Brief liegt ein Lied bei, das er für sie komponiert hat. Der deutsche Text ist so naiv wie rührend. Thérèse, die dieses Musikstück immer in Ehren halten und aufbewahren wird, schickt Egon einen Antwortbrief. Sie schreiben sich danach noch eine gewisse Zeit. Der junge Mann schickt ihr sogar ein Photo des Orchesters, in dem er jetzt spielt. Danach werden die Briefe immer seltener... Nichts ist ihr aus dieser Periode ihres Lebens geblieben. Warum hat Thérèse nicht versucht, den Vater ihrer Tochter wiederzufinden, der sich einfach so davongemacht hatte? »Es war Nachkriegszeit, man wußte wirklich nicht, wie man solche Nachforschungen hätte anstellen sollen.« Im Grunde wiederholte sich Thérèses Geschichte auf eine andere Weise. War nicht auch ihr amerikanischer Vater in sein Heimatland zurückgekehrt, ohne danach seiner Familie noch das geringste Lebenszeichen zu schicken?

Thérèse arbeitete in der Spinnerei bis 1949. In diesem Jahr wurden sie und ihre Mutter von dem Nachbarehepaar vertrieben, deren Vorhaben doch noch gelungen war, nachdem sie sie Tag für Tag gepiesackt hatten. So hatten sie ihnen zum Beispiel den Zugang zum Hof verboten, wo sich die Toiletten befanden. »Das Ganze war nicht mehr zu ertragen. Wir mußten zum nahegelegenen Fluß gehen, wenn wir unseren Eimer leeren wollten.« Die beiden Frauen brechen also mit der kleinen Marie-José nach Paris auf. »Wir machten die ganze Reise mit einem Lastwagen. Die

Ankunft in der Hauptstadt war trostlos. Ich erinnere mich, daß es bitterkalt war und regnete. Wir klapperten mit den Zähnen. Noch heute spüre ich diese beißende Kälte in meinen Knochen«, fügt Marie-José hinzu, die der Erzählung ihrer Mutter aufmerksam gefolgt ist. In Paris zieht Lucienne mit Marie-José zu ihrer ältesten Tochter Vernice, die in der Rue Sedaine im XI. Arrondissement wohnt, während Thérèse ein wanzenverseuchtes Zimmer bei einer Nachbarin bezieht. Eine ihrer Tanten, die als Concierge in einem Gebäude in der Rue du Bourg-Tibourg im IV. Arrondissement arbeitet, verschafft ihr eine Anstellung bei einem der Mieter, einem Apotheker, der sie als Mädchen für alles in seinen Dienst nimmt. Allerdings verschlechtern sich ihre Beziehungen zu ihrer älteren Schwester bald so sehr, daß sie ihre zweite Schwester Lily bittet, sie aufzunehmen, wozu diese auch tatsächlich bereit ist. In dieser Zeit ist Thérèse ständig niedergeschlagen und ratlos und hat den Eindruck, ins Leere zu sinken. Sie ist nur noch von einer einzigen Sache besessen: den Vater ihres Kindes wiederzufinden. Aber sie hat nicht die geringste Ahnung, wie sie das anstellen könnte. »Mein ganzes Leben lang habe ich mich gefragt, ob er eines Tages nicht doch noch zurückkommen würde. Jedesmal, wenn ich in der Metro Deutschen begegnete, bildete ich mir ein, er wäre dabei und ich könnte ihn vielleicht wiedererkennen.«

In dieser Zeit geschieht etwas, das ihren Lebensweg hätte völlig verändern können. Marie-José ist fünf Jahre alt, als sie mit ihrer Mutter und Großmutter Lillebonne verläßt. Vor ihrer Abreise vertrauen die beiden Frauen dem Lebensmittelhändler ihres Viertels ihre Adresse in Paris an. Ein Jahr später, also sechs Jahre nach Kriegsende, kommen die deutschen Großeltern, die von Marie-Josés Geburt erfahren und danach die Spur der Familie See wiedergefunden haben, nach Lillebonne, um das Kind ihres Sohnes und ihrer »Schwiegertochter« abzuholen. Sie machen den Lebensmittelhändler ausfindig, der ihnen die Anschrift von Thérèses Schwester Lily gibt, bei der sie ja einige Zeit gewohnt hatte. Danach reisen die Deutschen mit dieser Adresse in der Tasche nach Paris.

»Der Mann meiner Schwester war etwas seltsam, aber auch sie war manchmal leicht durch den Wind. Als Josefs Eltern an ihre Tür klopften und ihr mitteilten, sie seien Marie-Josés Großeltern, warf sie diese unerwarteten Besucher ganz einfach hinaus. Erst sehr viel später hat mir Lily von diesem Besuch erzählt. Sie mußte mir das dann doch mitteilen für den Fall, daß ich es eines Tages von jemand anderem erfahren hätte. Auch wenn sich Lily später für ihr Verhalten entschuldigt hat, hat sie doch dadurch mein Leben verpfuscht, das so ganz anders hätte verlaufen können, als es tatsächlich der Fall war«, klagt Thérèse noch heute.

»Ich wohnte zu dieser Zeit schon nicht mehr bei ihr, sondern lebte mit Tahar, einem Algerier, zusammen. Meine Mutter, die mich immer noch vollständig unter ihrer Kuratel hatte, hängte mir diesen Mann praktisch auf, um mich, ihre ›undankbare‹ Tochter, endlich loszuwerden. Er hatte sich mir eines Tages genähert, als ich spät von der Arbeit zurückkam. Er war mir auf dem Boulevard gefolgt, und es gelang mir, ihn abzuwimmeln, indem ich so tat, als müsse ich meine Schnürsenkel binden. Am nächsten Morgen erwartete er mich in der Nähe meiner Wohnung und versuchte, mich anzumachen. Ich sagte ihm, daß ich mich um meine Tochter kümmern müsse und keine Lust auf einen Kontakt zu ihm hätte. Aber er war hartnäckig. Es gelang ihm, die Bekanntschaft meiner Mutter und meiner jüngeren Schwester zu machen. Als ich und Marie-José zusammen mit der Familie des Apothekers in Ferien fuhren, erhielt er von meiner Mutter meine Adresse. Er schrieb mir, worauf ich ihm antwortete, daß ich nicht die Absicht hätte, ihn wiederzusehen. Aber als ich zurückkam, erwartete er uns am Bahnhof ... zusammen mit meiner Mutter.«

Tahar wird Thérése und ihrer Tochter nur Unglück bringen. Das Ganze ist eine Kette von verhängnisvollen Entwicklungen, die sich tief in ihr Gedächtnis einbrennen werden. Ihre kurze heimliche Idylle mit Josef Lahme, dann ihre nicht weniger diskrete Mutterschaft erscheinen ihr im Rückblick als Lichtblicke in ihrem Leben im Vergleich zu dem, was nun folgen sollte.

»Bei meiner Rückkehr aus den Ferien hatte meine Mutter zu mir gesagt: ›Annie und ich wohnen im Hotel. Du kannst nicht länger bei Lily bleiben. Übrigens hat Tahar ein Hotelzimmer für dich bestellt.‹ Und so mußte ich mit ihm gehen. Schlau und vorsichtig, wie er war, hatte er eine Strategie der kleinen Schritte ausgearbeitet, und so sah ich, getrieben von meiner Mutter, bald keine andere Alternative mehr, als ihn zu heiraten. Damit fing mein Unglück an. Schließlich trieb mich meine Mutter buchstäblich in die Arme dieses Mannes, so wie sie es ein paar Jahre früher gemacht hatte, als sie mich diesem schrecklichen Deutschen im Café ›anbot‹.«

Tahar, ein Kabyle, ist kein praktizierender Moslem, aber sehr bald zeigt sich, daß er unter krankhafter Eifersucht leidet. Besitzergreifend wie er ist, dient ihm alles und jedes als Vorwand für Verdächtigungen und Vorwürfe. »Wenn er einen Mann im Hotelzimmer nebenan husten hörte, behauptete er, dies sei ein Zeichen, das ich mit diesem Mann vereinbart hätte. Ich lebte in ständiger Angst und traute mich nicht einmal mehr, aus dem Fenster zu schauen. Er zwang mich, Holz zu hacken und die Kohlen heraufzuholen. Als wir später nach Algerien gingen, bürdete er mir dieselben Pflichten auf.«

Und dann verschlimmert sich die Lage weiter. Er fängt an, Marie-José jedesmal zu verprügeln, wenn diese sich weigert, ihren Teller leer zu essen: »Er trat unter dem Tisch mit den Füßen gegen meine Beine. Ich habe diese Tritte nie vergessen, ich war voller blauer Flecken. Meine Lehrerin hat sich sogar einmal meiner Großmutter gegenüber besorgt über mein Aussehen geäußert. Aber diese antwortete ihr nur, daß ich die Treppe hinabgestürzt sei. Zur Strafe zwang mich der Mann meiner Mutter, mich auszuziehen und aufs Bett zu legen, und er verprügelte mich mit seinem Gürtel«, erinnert sich Marie-José. »Eines Tages habe ich dann aufgemuckt und ihn gezwungen aufzuhören«, wirft Thérèse ein. Dann setzt Marie-José ihre Erzählung fort: »Als mein Adoptivvater mich aufs Bett legte, um mich zu verprügeln, und seine Gürtelschnalle auf meiner Haut Spuren hinterließ, da er so hart zuschlug, mußte ich an meinen echten Vater denken. Ich war zwar noch ein Kind, aber in meinem kleinen Kopf stellte ich mir vor, daß er mich rächen würde, wenn ich ihn einmal wiederfinden würde. Er, ein Deutscher, ein starker und zivilisierter Mann, er würde kommen, um seine kleine Tochter zu rächen ...«

Bald darauf wird Thérèse schwanger. Tahar hat sie nun endgültig in seinen Krallen. Sie heiraten einen Monat vor der Geburt ihrer Tochter im Oktober 1952, da Tahar unbedingt will, daß diese seinen Namen bekommt. Das Paar und die beiden Mädchen ziehen nach Tremblay-lès-Gonesse, wo Tahar ein Grundstück gekauft hat. Bevor Tahar ein Haus baut, leben sie dort in der ersten Zeit in einem ausrangierten Eisenbahnwaggon. Die Jahre vergehen. Als der Algerienkrieg endlich zu Ende ist, fordert die siegreiche FLN-Regierung die französischen Algerier dazu auf, in ihre Heimat zurückzukehren. Daraufhin quittiert Tahar seinen Posten bei der französischen Post und läßt sich im Dezember 1962 mit seiner ganzen Familie in seinem Heimatland nieder. Zuerst scheint sich Thérèses Lage in Algerien zu verbessern, Tahar zeigt sich weniger eifersüchtig, und sie darf allein aus dem Haus gehen. Aber das Schlimmste sollte erst noch kommen.

Die Familie ihres Mannes weiß nicht, daß Marie-José nicht von ihm stammt. Tahar hingegen weiß dies nur allzugut und haßt deswegen diesen Bastard, der obendrein auch noch ein Mädchen ist. Thérèse weiß nicht, daß sich ihr Mann ihrer Tochter bereits in Frankreich unsittlich genähert hatte. Marie-José war elf Jahre alt, als er damit anfing. »Er rächte sich dadurch heimlich an mir. Ich mußte sieben Jahre lang diese sexuellen Übergriffe ertragen. Es gab zwar keine Vergewaltigungen, aber alle möglichen anderen Sachen, und dies jedesmal, wenn wir allein waren. Sie können sich ja wohl vorstellen, was das für ein heranwachsendes Mädchen bedeutete! Ich lebte in ständiger Angst. All das hat mich innerlich kaputt gemacht. Meine Mutter wußte von nichts, da mein Stiefvater mir schlimme Folgen angedroht hatte, wenn ich ihr je etwas davon erzählen sollte. Und das traute ich ihm durchaus zu. Er hat mir eine tiefsitzende Angst vor Männern eingeflößt, und noch heute habe ich Schwierigkeiten, ihre Blicke zu ertragen«, gibt Marie-José vierzig Jahre nach diesen Erlebnissen zu.

Tahars schändliches Treiben hört erst auf, als sie in Algerien ankommen. Marie-José ist damals achtzehn Jahre alt. Zurück in seiner Großfamilie ändert sich Tahar vollständig. »Letzten Endes bin ich nur bis zum Alter von fünf oder sechs Jahren glücklich gewesen. Aber als dann dieser Mann ins Leben meiner Mutter trat, hat sich alles für mich zum Schlechten verändert. Von morgens bis abends war ich allein in unserem Hotelzimmer. Ich erinnere mich, daß es auf einen Hof hinausging, der von Ratten verseucht war. Bei jeder kleinsten Dummheit fragte ich mich: ›Was wird es wohl diesmal setzen, wenn er heimkommt!‹ Ich erinnere mich an einen Tag, als ich zwei Tropfen Parfüm hatte auf den Teppich tropfen lassen. Vor lauter Angst, daß er nach seiner Rückkunft etwas riechen könnte, kaschierte ich den Fleck mit meinen Kindermalfarben. Damals wußte ich noch nicht, daß ich die Tochter eines deutschen Soldaten bin. Ich habe es erst kurz danach erfahren. Auf diese Weise kam zu meinen bisherigen Seelenschmerzen noch ein weiterer hinzu. Zu dieser Zeit ging ich auf das Collège von Sevran in der Nähe von Tremblay-lès-Gonesse. Mein Französischlehrer, Monsieur Vilquin, der glücklicherweise nichts über meine familiären Hintergründe wußte, verabscheute die Deutschen auf eine fast krankhafte Weise. Er kam immer wieder auf das Thema der ›Boches‹ zurück. Ich hatte ihn als Lehrer von meinem zwölften bis vierzehnten Lebensjahr, und in der ganzen Zeit habe ich in seinen Unterrichtsstunden nicht mitgearbeitet.«

In Algier fühlt sich Marie-José so sehr in der Enge der Wohnung ihrer Mutter und ihres Stiefvaters eingesperrt, daß sie beginnt, sich heimlich davonzuschleichen, um sich mit einem Algerier, einem Apothekenlaboranten, zu treffen, den sie eines Tages kennengelernt hatte, als er ins Haus gekommen war, um ihrem kleinen Bruder eine Spritze zu geben. Oft besucht er sie auch an ihrer Arbeitsstelle und begleitet sie nach Hause. Und so kommen sich die beiden allmählich näher, was für sie die Flucht aus ihrer bisherigen Misere bedeutet. Als Tahar davon erfährt, greift er sofort ein. Da sie mit diesem Mann ausgegangen sei, müsse sie dieser nun auch heiraten. Es ist für ihn eine bequeme Art, sie loszuwerden.

Tahars Tod bei einem Autounfall im Jahr 1965, zweieinhalb Jahre nach ihrem Umzug nach Algerien, ist für beide Frauen eine wahre Erlösung, vor allem für Marie-José. Die frisch verwitwete Thérèse entschließt sich, den Rest des Schuljahrs mit ihren Kindern, einer Tochter und zwei Söhnen von Tahar, noch in Algerien zu bleiben, um danach im Januar 1965 endgültig nach Frankreich zurückzukehren. Sie nimmt dort wieder den Namen ihres amerikanischen Vaters, See, an, den sie an den Namen ihres verstorbenen Mannes anhängt. Sie nimmt an der Auswahlprüfung für eine Daueranstellung bei der Post teil. Während sie auf die Resultate wartet, geht sie putzen, wird dann aber tatsächlich fest bei der Post angestellt, wo sie einundzwanzig Jahre bis zu ihrer Pensionierung bleiben wird. »Es gab viel Arbeit. Ich vermied es, von meiner Vergangenheit zu sprechen, um keine Schwierigkeiten zu bekommen. Ich erinnere mich an eine Kollegin, die die Deutschen abgrundtief haßte. Ihr Mann war in Oradour-sur-Glane ermordet worden.« An ihrer Arbeitsstelle lernt Thérèse Jean-Pierre, einen Postbeamten, kennen, der sie nach kurzer Zeit einlädt, in einer Sektion der Gewerkschaft CFDT mitzuarbeiten, deren lokaler Vertreter er ist.

Für Marie-José geht das Leben in Algerien weiter. »Als mein ›Vater‹ starb«, erzählt sie, wobei sie darauf besteht, daß das Wort Vater in Anführungszeichen gesetzt wird, »war ich seit fünf Monaten verheiratet und mit meinem ersten Kind schwanger. Ich konnte also nicht mit meiner Mutter heimkehren. Vierzehn Tage vor der Geburt meines Sohnes Karim reisten sie und meine Brüder und Schwestern ab. Ich fühlte mich allein und hilflos. Mein ganzes Leben bestand nun darin, auf die nächsten Ferien bei ihnen zu warten und nach jeder Rückkehr in Tränen auszubrechen. Die ganze Familie meines Mannes war gegen mich eingestellt. Er selber steckte die meiste Zeit mit seinen Freunden zusammen.« Marie-José bekommt noch zwei weitere Kinder,

Lynda im Jahre 1967 und Mehdi 1970. Ihr Mann schlägt sie zwar nicht, übt aber ständig einen schweren moralischen Druck auf sie aus. »Er war schrecklich eifersüchtig. Ich war ihm, wie bei den algerischen Frauen üblich, total unterworfen. Ich hatte keinerlei gesetzliche Rechte über meine Kinder. Heute besitzen alle drei wie ich die doppelte Staatsbürgerschaft und sind zweisprachig, sprechen also perfekt Französisch und Arabisch. Ich glaube, es war der Gedanke an meinen echten Vater, der es mir möglich machte, durchzuhalten und diese arrangierte Heirat zu ertragen, die mir von meinem Rabenstiefvater aufgezwungen worden war. Dank dieses Vaters, den ich zwar nicht kannte, der aber immer in meinem Geist gegenwärtig war, konnte ich mir sagen, daß ich ja nicht aus diesem für mich so feindlichen Land Algerien stammte, auch wenn ich zugeben muß, daß ich ein gutes Verhältnis zu meiner Nachbarschaft hatte. Als ich später, im Jahr 1976, in den Schuldienst eintrat, hatte ich auch dort sehr nette Kollegen. Aber immer fehlten mir Frankreich und meine Familie.«

Marie-José bleibt bis 1993 in Algerien. In diesem Jahr verläßt sie ihren Mann. Das Land hat in dieser Zeit unter zahlreichen Terrorattentaten zu leiden, was ihr den Entschluß zur Abreise noch leichter macht. Sie kehrt zu ihrer Mutter in Frankreich zurück, wo sie versucht, ihr Leben neu zu ordnen. Kurz nach ihrer Rückkehr lernt sie Thérèses Gewerkschaftsfreund Jean-Pierre kennen. Zwischen beiden entwickelt sich eine enge Beziehung, und sie beschließen, künftig ihr Leben miteinander zu teilen. Aber Marie-José wird weiter von ihrer Vergangenheit verfolgt und leidet unter chronischen Depressionen. Die Blicke der anderen sind ihr unerträglich, und so trägt sie ständig eine Sonnenbrille. Die Angst vor der Einsamkeit zerfrißt sie. Von ihren Angehörigen ermutigt, entschließt sie sich, einen Psychologen aufzusuchen. Dessen Therapie wird es ihr tatsächlich ermöglichen, den langen Faden ihres Lebens zu entwirren und vor allem zu verstehen, warum ihr Mann ihr immer verboten hatte, Nachforschungen über ihren leiblichen Vater anzustellen. »Er wollte, daß ich eine Algerierin wäre und daß auch mein Vater ein Algerier war. Wenn die Umstände meiner Geburt bekannt geworden wären, hätte ihn das bei seiner eigenen Familie in Mißkredit gebracht. Ich wäre zu einem Bastard geworden und nicht mehr das Kind des Mannes meiner Mutter gewesen. Und dann hätte mir die Suche nach meinem Vater helfen können, mich aus seinem Machtbereich zu befreien. Dort in Algerien besaß eine Frau keinerlei Rechte. So holte zum Beispiel mein Mann mein Gehalt ab, über das ich in keinster Weise verfügen durfte. Da ich noch heute nicht offiziell geschieden bin – die Scheidung kann nur von der algerischen Gerichtsbarkeit ausgesprochen werden –, bekomme ich immer noch keine Pension für meine Jahre im algerischen Schuldienst. In der Zwischenzeit lebe ich von Sozialhilfe und hoffe, daß eines Tages mein Antrag, der beim Amt für Auslandsehen in Nantes eingereicht wurde, positiv entschieden wird und ich dann meine Pension erhalte. Meiner Mutter geht es übrigens genauso. Wir beide hoffen weiter auf einen günstigen Ausgang dieser Angelegenheit.«

Die Therapie und die von dem Psychologen verschriebenen Medikamente haben leider nicht die erhoffte Wirkung. »Trotz der Analyse und der Tabletten ging es mir immer schlechter«, erzählt Marie-José. »Ich hatte Weinkrämpfe und litt schrecklich unter der Tatsache, nichts über meine Ursprünge zu wissen. Da riet mir der Psychologe, mich an die deutsche Botschaft in Paris zu wenden, was ich dann auch tat. Dort gab man mir die Adresse des Wehrmachtsarchivs in Berlin und den Namen einer Dame, Marie-Cécile Zipperling, die sich dort mit den französischen Angelegenheiten befasse.« Thérèse schreibt ihr und teilt ihr alles mit, was sie von diesem jungen Deutschen weiß, den sie vor neunundfünfzig Jahren kennengelernt hatte. Weniger als zwei Monate später erhält sie bereits eine Antwort. Mit Datum vom 4. November 2002 teilt ihr Marie-Cécile Zipperling mit, sie habe »die Person, die Gegenstand der Nachforschungen war, identifiziert«. Sie fügt noch an, daß »die Informationen über Josef Lahmes Freund Egon Rademacher ihre Ermittlungen sehr erleichtert hätten«. Marie-José hält nun fast ehrfurchtsvoll dieses Dokument in Händen. Nun kann sie sich völlig sicher sein: Dieser Vater, den sie nie kennengelernt hat, hat tatsächlich existiert, und sie hatte nicht nur von ihm geträumt.

Er wurde am 25. Juli 1919 um 23 Uhr 30 in Hamm in Westfalen geboren. Sein Vater Heinrich Friedrich Christian Lahme, von Beruf Seiler, wohnhaft in Hamm, Joseph-Straße 11, verheiratet mit Anna Maria Lahme, geborene Piel, beide katholischen Glaubens, hatte die Geburt seines Sohnes selbst beim Standesamt angemeldet. Leider trägt das Dokument auch den folgenden Vermerk: »Verstorben den 22. April 1984 in Hamm in Westfalen.« Die WASt fügt noch hinzu, daß »sie keine Spuren eventueller Nachkommen nach Artikel 779 des Personenstandsgesetzes« gefunden habe. »Als ich erfuhr, daß mein Vater keine Kinder hatte, bewirkte das etwas in mir. Ich war stolz, sein einziger Nachkomme zu sein«, sagt Marie-José. Aber sie war doch zu spät gekommen, und sie wird diesen Vater niemals kennenlernen, der sie so lange in ihren Gedanken beschäftigt hat.

In der Zwischenzeit setzt die WASt ihre Nachforschungen über Egon Rademacher fort, der ebenfalls 1919, allerdings in Köln, geboren wurde. Vielleicht ist er noch am Leben? Er war wie sein Freund Josef Lahme Obergefreiter in der 17. Luftnachrichtenkompanie, die der 17. Luftwaffen-Felddivision unterstellt war. Diese Einheit war von Januar 1943 bis Juni 1944 im Département Seine-Maritime in der Normandie stationiert. Aber ein zweiter Brief von Marie-Cécile Zipperling vom 6. Dezember 2002 teilt dann mit, daß Egon Rademacher am 2. April 2000 in Köln gestorben sei, eine traurige Nachricht, die vom Einwohnermeldeamt der Stadt bestätigt wurde. In dem Brief steht auch, daß Josef Lahme in Hamm in Westfalen, einer Stadt ungefähr dreißig Kilometer nordöstlich von Dortmund, begraben liege. Das Standesamt der Stadt Hamm hatte bestätigt, daß er keine Kinder hinterlassen habe und daß kein Mitglied seiner Familie gefunden werden konnte. Die Stadtverwaltung hatte allerdings die Adresse einer Person beigelegt, mit der Lahme vor seinem Tod zusammengelebt hatte. Die WASt teilt in ihrem Schreiben weiter mit, daß sie ihre Nachforschungen in diese Richtung fortsetzen werde; wenn diese Dame noch am Leben sei, habe sie vielleicht ein Photo von Josef Lahme. Aber am 14. Februar 2003 folgt eine weitere Enttäuschung. Marie-Cécile Zipperling schreibt in ihrer Antwort auf einen weiteren Brief von Thérèse See, daß Josefs Gefährtin bereits 1998 verstorben sei. Es bleibt nun noch als einzige Möglichkeit, Egon Rademachers Witwe zu finden, um sich bei ihr zu erkundigen, ob die beiden alten Kriegskameraden weiterhin Kontakt zueinander hatten oder ob sie gar Josef Lahme persönlich gekannt habe und vielleicht noch ein Photo von ihm besitze. Die WASt erhält allerdings keine Antwort.

Marie-Cécile Zipperling gibt dennoch ihre Nachforschungen nicht auf. Sie schickt Thérèse am 29. April 2003 eine Photokopie der Geburtsurkunde Josef Lahmes und teilt ihr gleichzeitig mit, daß sie versuchen wolle, andere Kameraden von ihm und Egon Rademacher zu finden, in der Hoffnung, auf diesem Wege auf jemanden zu stoßen, der noch am Leben sei und alte Photos besitze.

In der Zwischenzeit entschließt sich Marie-José, mit ihren drei Kindern und ihrem Partner Jean-Pierre das Grab des verschwundenen Vaters zu besuchen. Durch ihr Gebet dort möchte sie ihm mitteilen, wie sehr er ihr doch beigestanden habe, wenn es ihr schlecht ging. Wenn dies auch nur in ihrer Vorstellung so war, habe er ihr doch, ohne es zu wissen, in ihren schwersten Momenten helfen können. Ausgestattet mit einem Stadtplan von Hamm und einem Plan des Katholischen Westenfriedhofs der Kirchengemeinde St. Josef, auf dem die Grabstelle ihres Vaters genau eingetragen ist, macht sie sich mit ihrer ganzen Familie am 20. April 2003 mit dem Auto auf den Weg. Thérèse ist nicht dabei, weil sie ihren behinderten Sohn nicht allein lassen kann. Es ist eine lange Fahrt, und so kommen sie erst am Spätnachmittag in Hamm an. Nachdem sie stundenlang auf der Suche nach einem Hotel durch die Stadt gefahren sind, finden sie endlich eine erschwingliche, sehr gemütliche Pension, die vor allem in der Nähe des Friedhofs liegt. Die Eigentümer empfangen die französische Familie mit großer Warmherzigkeit. Der Wirt ist sogar so aufmerksam, einen Französisch sprechenden Freund zu holen. An diesem Abend findet im Hotel die Beschneidungsfeier eines kleinen Türken statt. Marie-José, Jean-Pierre und die Kinder werden eingeladen, an dieser Familienfeier teilzunehmen und mitzuessen.

Am nächsten Morgen beginnt dann Marie-Josés großer Tag, an dem sie ihren Vater auf dem Friedhof besuchen wird. Das Grab zu finden, ist gar nicht so einfach; schließlich zeigt ihnen der Gärtner die Stelle. Seit langen Jahren vernachlässigt, ist es von Unkraut überwuchert; es gibt wie oft in Deutschland keinen Grabstein. Gleich daneben liegt ein anderes Grab, das auch den Namen Lahme trägt, das aber sehr gut gepflegt ist. Nachdem sie mit Hilfe ihrer Familie die Begräbnisstätte wieder in Ordnung gebracht hat, zündet Marie-José eine Kerze an, die sie in einen kleinen rotgefärbten Glasbehälter gestellt hat. »Ich bin nicht gläubig, aber ich habe in diesem Moment doch etwas gespürt«, gibt sie zu. »Ich nahm ein Locke von meinem Haar und vergrub sie in der Erde. Dabei bat ich meinen Vater, mich zu beschützen. Zwar ruht er schon seit neunzehn Jahren in deutscher Erde, aber dies sind doch auch meine Wurzeln. Ich empfinde eine große Liebe für ihn. Ich habe ihn schon immer geliebt, ohne ihn zu kennen. Ich hätte gern ein Kind mit blauen Augen gehabt, das mir ähnelt, und dies nicht weil ich mich schön finde, sondern weil ich anscheinend meinem Vater ziemlich ähnlich sehe. Meine Kinder sind einfach herzig, und ich liebe sie, aber sie haben eben alle dunkle Augen. Mehdi, der jüngere meiner beiden Buben, fühlt sich schon ganz als Deutscher und möchte bald schon in das Land seines Großvaters zurückkehren.« Übrigens waren alle drei Kinder Marie-Josés so von Deutschland begeistert, daß sie gern die deutsche Staatsbürgerschaft annehmen würden. Sogar Jean-Pierre hat begonnen, die Sprache zu lernen. Thérèse hatte ihr Deutsch bereits zu dem Zeitpunkt wieder aufgefrischt, als sie mit ihren Nachforschungen begann. Auch heute noch paukt sie mit Hilfe eines Wörterbuchs deutsche Vokabeln.

Im Juli 2003 haben wir uns erneut mit Thérèse und Marie-José in Paris getroffen. Dieses Mal hatten sie Marie-Josés Tochter und Josefs Enkelin Lynda mitgebracht. Mit ihrer südländischen Schönheit könnte man Lynda für eine Italienerin oder Spanierin halten. Ihre Großmutter Thérèse dagegen erinnern ihre Gesichtszüge ein wenig an Josef Lahme. Dieser wäre heute Urgroßvater, da Lynda zwei fünfzehn- und achtzehnjährige Söhne hat. Auch sie hat schwere Zeiten durchmachen müssen. Die Familie ihres Vaters, vor allem ihre Onkel, hatten einen Mann für sie ausgewählt. Und so mußte sie 1992 in Algier den Cousin ihres Vaters heiraten, der sechs Jahre älter war als sie. »Er war oft abwesend. Er schlug mich nicht, aber er beschimpfte mich auf übelste Weise. Er war hart, sehr religiös und stand unter der Fuchtel seiner Eltern, die er sehr fürchtete. Er mußte seiner Familie genauso gehorsam sein wie ich ihm. Die Frau in Algerien zählt überhaupt nichts. Sie hat ihre Meinung für sich zu behalten. Mein Mann wollte nicht, daß ich arbeite, aber er gab mir auch keinen Pfennig. Er kaufte ein, worum ich ihn bat. Ich ging niemals aus. Auf jeden Fall hatte er mir das verboten. Also brauchte ich auch kein Geld. Ich durfte mich auch nicht von einem männlichen Arzt behandeln lassen.« »Das Schlimmste ist, wenn dich jemand dazu zwingt, immer daheim zu bleiben, als ob du im Gefängnis wärst«, geben Marie-José und ihre Tochter zu. Erst im Jahr 2002 konnte Lynda nach dem Tod ihres Mannes nach Frankreich zurückkehren. Mit fünfunddreißig war sie Witwe ... und frei. Sie lebt heute mit ihren beiden Söhnen in Paris, wo sie eine Arbeit als Laborhelferin gefunden hat. Lynda bringt der Familie ihres Vaters kaum noch Achtung entgegen; ihr Urteil über sie steht unverbrüchlich fest: »Alles geistig Zurückgebliebene.«

Sie fügt noch hinzu, daß sie zu Hause nie ihre Muttersprache benutzt habe. »Eine Frau, die französisch sprach, das machte böses Blut.« Sie sprach deshalb arabisch, die Sprache ihres Vaters und Mannes. Es war Marie-José, die ihr Französisch beibrachte, was sie heute akzent- und fehlerfrei spricht. Marie-José hatte sich ihrerseits immer geweigert, Arabisch zu lernen. »Ich wollte meine

Identität behalten. Mit meinen Kindern sprach ich nur französisch. Ich wollte unbedingt, daß sie meine Kultur teilten.« Heute gesteht Lynda, daß sie gerne Deutsch können würde. »Ich liebe es, wenn ich in Paris deutschen Touristen begegne und sie sprechen höre. Ich finde diese Sprache sehr schön. Und dann hat mich die Fahrt zum Grab meines Großvaters völlig umgekrempelt. Immerhin ist ein Viertel des Bluts, das in meinen Adern fließt, deutsch. Auch ich darf mich ganz gewiß ein bißchen als Deutsche fühlen ...«

ANITA AUS DER PROVENCE*

Sie wußte nicht Bescheid. _____

Das Leben der am 24. Juli 1944 in Châteauroux im Département Indre geborenen Anita bekam an dem Tag des Jahres 1962 eine völlig neue Wendung, als ihre Mutter ihr eröffnete, daß sie Tochter eines deutschen Soldaten sei. Sie war zu dieser Zeit achtzehn Jahre alt. Am schlimmsten war es für sie, zu erfahren, daß »Joaquin«, der Mann, der sie aufgezogen hatte und den sie verehrte, nicht ihr Vater war. Der im Dezember 1920 im spanischen Reus geborene Jorge Sanchez, genannt »Joaquin«, war stets ihr großes Vorbild gewesen. Als Mitglied der anarchistischen Gewerkschaft CNT hatte er in der republikanischen Armee gegen Franco gekämpft. 1939 kam er als Flüchtling nach Frankreich, wo er sich später der Résistance anschloß und die Armbinde der F.F.I. (Forces Françaises de l'Intérieur) trug. Wenige Jahre nach Kriegsende heiratete er Anitas Mutter Jeanne Duchêne, die vier Jahre jünger war als er. Joaquin beantragte niemals die französische Staatsbürgerschaft, da er seinem Vaterland und seinen Idealen treu bleiben wollte. Heute trägt Anita Sanchez-Duval, pensionierte Spanischlehrerin, den Namen ihres Adoptivvaters zusammen mit dem ihres zweiten Mannes, »wie das in Spanien üblich ist«, wie sie selbst erklärt. Aber dies soll gleichzeitig auch an den

_____ * Anitas Vorname ist authentisch. Auf ihre Bitte hin haben wir die Namen und Vornamen einiger Personen und Orte geändert. Auch die Namen ihres deutschen Vaters und ihrer Halbschwester ebenso wie deren Wohnort in Deutschland wurden geändert, da sich Anitas Halbschwester gegenwärtig noch weigert, ihre französische Familie zu treffen.

Menschen erinnern, den sie so sehr geliebt und bewundert hat, dessen politische Ideale sie übernahm und mit dessen Kultur sie sich aus vollem Herzen identifizierte.

An ihre 2001 gestorbene Mutter hat sie allerdings keine besonders glücklichen Erinnerungen. »Wir hatten nicht viel gemeinsam. Sie war eine Mutter, die einem regelmäßig vorwarf, überhaupt auf die Welt gekommen zu sein und ihr das Leben verdorben zu haben... Ich schaffte es, mich vollständig von ihr und diesen Vorhaltungen zu lösen.« Ihre Mutter hatte ihr Kind in einem Krankenhaus bekommen. »Sie erzählte mir, daß die Schwestern sie sehr schlecht behandelt hätten, wahrscheinlich weil sie eine ledige Mutter gewesen sei, und daß meine Geburt eine der schlimmsten Erinnerungen ihres Lebens sei. Es war ganz schön hart, so etwas anhören zu müssen. Ganz offensichtlich war es für sie keine Freude gewesen, ihr Baby in den Armen zu halten.«

Jeanne Duchéné ist kaum zwanzig Jahre alt, als sie ihre kleine Tochter zur Welt bringt. Aus einer Familie mit sechs Kindern stammend, von denen nur eines ein Junge war, hatte sie ihre frühe Jugend in Châteauroux verbracht, wo ihr Vater in einer Metzgerei arbeitete. Jeanne ist ein hübsches junges Mädchen, ziemlich groß, mit hellen Haaren und strahlenden verschiedenfarbigen Augen. Sie wird ihren »Seitensprung« teuer bezahlen, den sie selbst nie als ehrenrührig empfand, den sie aber vor Anita, ihrem Kind, bis zu diesem plötzlichen Geständnis im Jahre 1962 verheimlichte.

In dieser Zeit lebt Anita in der Vendée. Sie hat sich heftig in Nadir Metoudi, einen algerischen Fußballer, verliebt, den sie in Nantes kennengelernt hat, wo ihre Eltern wohnen. Nadir spielt als Profi beim Fußballklub FC Nantes, zu dessen eingeschworenen Fans die Sanchez gehören. »Seine Physis war eigentlich für den Leistungssport nicht sehr geeignet«, gibt Anita zu. »Er war eher klein, aber ich fand ihn sofort anziehend, ich, die man bei aller Bescheidenheit für ein besonders hübsches Mädchen halten konnte...« Anita möchte Nadir heiraten, was ihre Eltern kategorisch ablehnen. Sie wollen von dieser Heirat am liebsten kein Wort mehr hören. Bei jedem Besuch ihrer Tochter kommt es deswegen zum Streit. »Ich glaube, meine Mutter wollte diese Verbindung nicht, weil mein Freund Araber war. Sie gab dies aber niemals zu. Meine Eltern schoben als Argument vor, daß Nadir dreizehn Jahre älter sei als ich und daß er keine berufliche Zukunft habe, da seine Fußballkarriere in Frankreich vor ihrem Ende stehe.« In den folgenden Monaten werden die Auseinandersetzungen immer heftiger. Da sie keinen Ausweg mehr sieht und der Druck ihrer Eltern auf sie immer stärker wird, versucht Anita, sich das Leben zu nehmen. Geschockt von der Tat ihrer Tochter, verkündet ihre Mutter dieser damals auf brutale Weise, daß sie nicht die Tochter des Mannes sei, den sie für ihren Vater hält. »Ich glaube, das war in diesem Augenblick Ausdruck ihrer grenzenlosen Wut. Niemals werde ich ihre genauen Worte vergessen: ›Dein Vater ist nicht dein wirklicher Vater. Dein Vater war ein deutscher Soldat. Das mußt du dir merken.‹ Ich war wie vor den Kopf gestoßen und völlig erschüttert, denn ich hing sehr an diesem Menschen, der mich aufgezogen hatte, an seiner spanischen Familie und seinen Wurzeln. Zu hören, daß nicht sein Blut in meinen Adern floß, war für mich der absolute Horror... Schließlich war die Art, wie mir meine Mutter dies mitteilte, sehr brutal, und der Zeitpunkt war auch nicht gerade gut gewählt, da ich immer noch von meinem Selbstmordversuch sehr angeschlagen war. Und dann verletzte mich auch die ideologische Tragweite dieser Nachricht aufs tiefste. Mit meinen achtzehn Jahren war meine Ideenwelt bereits tief in der Linken verankert; irgendeine Verbindung mit Nazi-Deutschland zu haben, war mir unerträglich.«

Ihr ganzes Leben lang bis zu ihrem letzten Atemzug gab die Mutter ihrer Tochter keinen Namen, keine nähere Beschreibung und nicht das geringste Detail preis. Obwohl sie einmal ihr Schweigen gebrochen hatte, schwieg sie danach wieder beharrlich. Um jede weitere Frage zu unterbinden, hatte sie der eigentlichen

Information nur noch hinzugefügt, daß der Erzeuger ihrer Tochter weggegangen sei, ohne eine Nachricht zu hinterlassen, und daß er vermutlich im Krieg gefallen sei. Seit dieser Zeit glaubte Anita, daß ihr leiblicher Vater auf dem Schlachtfeld geblieben sei und daß sie von dieser Seite nichts mehr zu erwarten habe. Und selbst wenn Anita gleich nach dem Geständnis ihrer Mutter mit ihren Nachforschungen begonnen hätte, hätte sie ihren biologischen Vater nicht mehr kennenlernen können, da dieser bereits 1958 im Alter von sechsunddreißig Jahren in Freiburg gestorben war.

Gegen den Willen ihrer Eltern heiratet Anita schließlich Nadir im Jahr 1964. Das Paar läßt sich in Algerien nieder. Die ersten Jahre sind glücklich. Als exzellenter Fußballer genießt Nadir in seinem Land einen gewissen Ruhm. Die jungen Leute leben in einer komfortablen Stadtwohnung. Anita kann ohne Probleme allein ausgehen, und auch die Beziehungen zu ihren Schwiegereltern sind harmonisch. 1965 kommt das erste Kind, Rayan, zur Welt, zwei Jahre später dann eine Tochter, Marie. 1967 entschließt sich der vom unabhängigen Algerien enttäuschte Nadir, nach Frankreich zurückzukehren, das Land, in dem er immerhin seine glücklichsten Jahre verbracht hat. Die Familie läßt sich in der kleinen Stadt Vendôme nieder. Dort wird 1971 ihr drittes Kind Nadia geboren. Die Zeit vergeht und das Paar lebt sich allmählich auseinander. 1976 lassen sich Anita und Nadir scheiden.

»Meine Scheidung hatte nichts mit der Tatsache zu tun, daß mein Mann Moslem war. Er hat nie versucht, mich zum Islam zu bekehren. Wir waren beide nicht religiös, da gab es überhaupt keine Probleme. Wir hatten in Sables-d'Olonne in der Vendée, wo ich damals Lehrerin war, standesamtlich geheiratet. Nach der Geburt unserer Tochter Nadia fing Nadir an, uns zu vernachlässigen. Ich fühlte mich sehr allein und löste mich schließlich innerlich von ihm. Es stimmt, daß unsere beiden Familien gegen unsere Ehe waren, es stimmt auch, daß wir nicht derselben Kultur angehörten, aber ich glaube nicht, daß diese Unterschiede der Grund für unsere Trennung waren. Ich empfand ganz einfach nichts mehr für ihn, das ist alles. Später hat mein Exmann wieder geheiratet, diesmal eine Algerierin. Zu beiden habe ich weiterhin gute Kontakte.« Ihr Adoptivvater Joaquin hat diese Scheidung nicht mehr erlebt. Er war bereits drei Jahre zuvor, im Jahr 1973, an Krebs gestorben. Er war erst zweiundfünfzig Jahre alt. »Für mich war das eine echte Tragödie... In unserer Familie hat es gewiß genug Leid gegeben.« Anita verliert 1985 ihre Tochter Nadia durch einen Unfall. »Vierzehn Jahre, sie war erst vierzehn Jahre alt...«

In diesem Leben voller Heimsuchungen bleibt doch der ärgste Bruch die Entdeckung einer Abstammung, die sie von dem Teil ihrer selbst trennte, auf den sie am meisten stolz gewesen war. Sie wird lange Jahre brauchen, bis sie mit dieser Tatsache fertig wird. Heute hat sie ihre Herkunft akzeptiert. Und doch liegt da noch einiges im Dunkeln... »Ich stelle mir immer noch viele Fragen. So wußte zum Beispiel meine ganze Familie Bescheid. Aber warum hatte man mir vor diesem schrecklichen Tag im Jahre 1962 überhaupt nichts gesagt? Niemand hat etwas rausgelassen, und das achtzehn Jahre lang! Ich kann das immer noch nicht verstehen. Ich erinnere mich, daß meine Mutter, nachdem sie mir die Wahrheit ins Gesicht geschleudert hatte, ihren Worten noch hinzufügte: ›Man darf nicht darüber sprechen. Keiner außerhalb der Familie weiß etwas davon.‹«

Eine noch schmerzlichere Frage schließt sich daran an: »Wie ist es möglich, daß meine Mutter, von der ich später erfahren habe, daß sie in der Zeit meiner Empfängnis 1943–1944 eine prodeutsche Einstellung hatte, sich zwei Jahre später zu einem spanischen Anarchisten und alten Widerstandskämpfer hingezogen fühlte? Denn sie hat ja meinen Adoptivvater schon 1946, also zwei Jahre nach meiner Geburt, kennengelernt.« Anita vermutet, daß ihre Mutter gegenüber ihrem Mann so tun mußte, als ob ihr Kind von einem Unbekannten sei. »Auf jeden Fall hat sie sich mir gegenüber niemals über dieses Thema geäußert. Es ist durchaus möglich, daß er von all dem überhaupt nichts wußte. Ich habe meine Mutter nicht ein einziges Mal darüber sprechen hören. Sie hat in meinem Beisein nie etwas über ihre Jugend und ihre damaligen Ansichten erzählt.«

Und Joaquin, der sie wie seine eigene Tochter aufgezogen hatte, was wußte er eigentlich von alledem? In ihrem Schock versucht Anita, sich ihm anzuvertrauen. Während eines Besuchs bei ihren Eltern in Nantes, nutzt sie einen Moment, in dem sie beide allein sind, um ihm die Frage zu stellen, die sie quält. »Dieser Vater, den ich so sehr bewunderte, reagierte darauf ganz großartig. ›Als ich deine Mama kennenlernte‹, gab er mir zur Antwort, ›offenbarte sie mir, daß sie bereits eine kleine Tochter habe. Ich habe ihr sofort gesagt, daß dieses Mädchen von nun an unser beider Kind sei. Für mich war das eine Selbstverständlichkeit.‹ Aber damit endete unser Gespräch. Niemals hat er das Thema meines deutschen Vaters angeschnitten.« Andererseits mußte er doch wissen, daß Jeanne Duchéné nach der Befreiung zehn Monate im Gefängnis gesessen hatte. Diese Frage, inwieweit sich ihre Eltern gegenseitig ins Vertrauen gezogen haben, quälte Anita unablässig. Neben dem Geheimnis ihrer deutschen Herkunft gab es da also noch das Rätsel der Beziehung zwischen ihren Eltern. »Ich habe mich manchmal gefragt, ob sich meine Mutter nicht mit Absicht für einen Partner entschieden hat, der es ihr erlaubte, ihre Vergangenheit und ihre Jugendsünden zu vergessen und vergessen zu lassen, so als ob die Tatsache, einen Mann der Linken geheiratet zu haben, diese Vergangenheit auslöschen könnte... Sie stritten sich viel. Sie wirkten nicht wie ein Paar, dessen Beziehung immer glatt lief, aber schließlich blieben sie immerhin sechsundzwanzig Jahre mit mir als einzigem Kind zusammen, bis mein Vater starb.«

Als seine Mutter verhaftet wurde, wäre der Säugling um ein Haar der staatlichen Fürsorgebehörde übergeben worden. Zwei Beamte kamen bei Anitas Großmutter vorbei, um von ihr das Familienbuch zu verlangen, damit man das Kind in ein Heim einweisen könne. »Als meine Großmutter das mitbekam, zog sie sofort den Mantel an und holte mich zu sich. Sie war ein wundervoller Mensch.« Nach ihrer Entlassung aus dem Gefängnis nahm die Mutter das Kind nicht wieder zu sich, sondern ließ es noch mehrere Jahre in der Obhut seiner Großmutter. Erst im Alter von sieben Jahren kehrte Anita anscheinend auf Wunsch ihres Adoptivvaters Joaquin zu ihren Eltern zurück.

Solange ihre Mutter lebt, ist sich Anita ganz sicher, daß diese sich ihr schließlich doch noch anvertrauen wird, daß sie nicht sterben wird, ohne ihr doch noch ihre Geschichte zu erzählen. Als sie bereits sehr krank ist, entschließt sich ihre Tochter, ihr einen Brief zu schreiben: » Ich leide sehr unter der Tatsache, daß ich nicht mehr über meinen Vater weiß. Ich will meine eigenen Nachforschungen anstellen. Ich möchte nun, daß du mir wenigstens seinen Namen, sein Alter und seinen Heimatort mitteilst. Stell dir mal vor, ich kenne nicht einmal seinen Vornamen!« Ihre Mutter antwortet ihr telefonisch, daß ihr Brief sie zum Weinen gebracht habe, aber daß sie nichts wisse. Ihre eigene Mutter habe alles verbrannt... Als ob das Verbrennen irgendwelcher Unterlagen sie auch ihres Gedächtnisses beraubt hätte. Erst mit etwa fünfzig Jahren beginnt sich Anita zu fragen, ob die wenigen Angaben ihrer Mutter überhaupt stimmten. Diese hatte ja behauptet, ihr Liebhaber sei wahrscheinlich im Kampf gefallen. Nun soll aber laut einer ihrer engsten Freundinnen dieser » Geist« bereits 1946 Kontakt zu seiner ehemaligen Geliebten aufgenommen haben.

» Von diesem Moment an«, berichtet Anita, »änderte sich meine gesamte Geistesverfassung. Mein Vater existierte, er hatte überlebt, vielleicht war er auch heute noch am Leben.« Eine ihrer Tanten hatte ihr bereits anvertraut, daß ihre Mutter nach der Befreiung eine Zeitlang im Gefängnis gesessen habe. Auf Anraten eines Vetters entschließt sich Anita, Einsicht ins entsprechende Anklageregister zu nehmen, das im Archiv von Poitiers aufbewahrt wird. Als Antwort auf ihren Antrag auf Akteneinsicht erhält sie ein Schreiben, das die Urteilsanzeige enthält. Sie wird außerdem darüber belehrt, daß sie zwei Ausnahmegesuche, eines in Paris, das andere in Poitiers, stellen müsse, um Zugang zu den

Prozeßakten zu bekommen. Viele dieser Gesuche werden zwar abgelehnt, aber sie hat das Glück, sowohl vom Departementalarchiv in Poitiers als auch vom Pariser Nationalarchiv einen positiven Bescheid zu bekommen. Und so kann sie endlich die Suche nach ihrer eigenen Geschichte aufnehmen.

Anita begibt sich also ins Archiv von Poitiers: »Der Saal war groß und hell, es herrschte eine gedämpfte Atmosphäre. Ich blieb drei Stunden dort. Die Akten: ein dickes Bündel vergilbter Papiere. Fast alle Dokumente waren handgeschrieben. Ich war sehr aufgeregt und sehr neugierig. Ich blätterte die Seiten durch, schaute mir speziell die Briefe an. Da ich nicht die Zeit hatte, alles zu lesen, suchte ich vor allem nach Informationen über meinen Vater. Ich war überrascht und schockiert, als ich die Bewunderung meiner Mutter für das Naziregime entdeckte. Ich war wütend, als mir klar wurde, welche Freiheiten sie sich als junges Mädchen herausgenommen hatte, sie, die mir die allerstrengste Erziehung hatte angedeihen lassen.«

Die Leute von der Widerstandsbewegung FFI verhaften Jeanne Duchené im Oktober 1944 an ihrer Arbeitsstelle. Zuerst ist sie in Châteauroux inhaftiert, wird dann aber recht bald nach Bourges verlegt, wo sie bis zum Juli 1945 bleibt. Es gibt Hinweise darauf, daß sie auch geschoren wurde, aber das läßt sich nicht mehr mit Sicherheit feststellen. Anitas Tante konnte oder wollte darüber nichts sagen. Fest steht, daß die Mutter Glück gehabt hat, nur ins Gefängnis zu kommen und nicht nach einem Standgerichtsurteil exekutiert zu werden. Man weiß nicht, ob sie wie andere durch die Straßen geführt wurde. Anita erfährt aber durch ihr Aktenstudium, daß ihre Mutter wegen »Verbrechen gegen die äußere Sicherheit des Staates« angeklagt war. Sie erfährt auch, daß diese vor ihrem Vater bereits einen anderen Deutschen kannte, der Fritz hieß und dem sie Anfang 1943 in Poitiers begegnet war. Die Bekanntschaft des Zweiten, Karl Ludwig, machte sie dann im Sommer 1943 in Châtellerault. Offensichtlich gelang es dem Gericht nicht, genug Anklagepunkte gegen sie zu sammeln. Die Nachforschungen der »Renseignements généraux«, der politischen Polizei, ergeben keine Anhaltspunkte für eine Mitgliedschaft der Beschuldigten bei irgendwelchen prodeutschen Organisationen. Es ist nur die Rede von einer »beklagenswerten Reputation und Einstellung« und von »intimen Beziehungen mit Wehrmachtsangehörigen sowohl in Châtellerault als auch in Poitiers«.

Die Aussage ihrer Vermieterin in Angers zeigt »eine übel beleumundete junge Frau mit zweifelhaftem Verhalten und Moral, die ihre prodeutschen Ansichten offen bekundete«. Auch ihre persönliche Post war beschlagnahmt worden, die Anita nun ihrerseits liest. So schrieb Jeanne Duchéné damals zum Beispiel: »Ich möchte mutig sein wie ein junges deutsches Mädchen. Er hat mir gesagt, ich sei mehr deutsch als französisch.« Und an anderer Stelle: »unser teures Deutschland«, und dann noch mit Datum vom 11. Januar 1943: »Die Deutschen können und dürfen nicht verlieren. Ich habe ein Hakenkreuz an meine Jacke geheftet. Ich bin jetzt vollkommen deutsch. Ich grüße jetzt mit deutschem Gruß.« Und weiter: »Ich bin ganz glücklich, daß man mich für eine Deutsche hält.« Und schließlich im Jahr 1944: »Wenn ich die Leute sagen höre, daß diese Invasion eine gute Sache sei, gerate ich ganz außer mir.« Zu dieser Zeit spricht sie von den Deutschen als von »unseren lieben Freunden« und schließt ihre Briefe mit den deutschen Worten »Heil Deutschland«. Ein Brief endet sogar mit »Heil Hitler«.

Nach allem, was wir von der soldatischen Laufbahn Karl Ludwigs wissen, scheint er jedoch kein überzeugter Nazi gewesen zu sein. Jeanne Duchénés Verhaftung geht auf eine Denunziation zurück. In ihrer kirchlichen Hochschule in Poitiers wurden Angehörige des Lehrkörpers von der Gestapo verschleppt. Während der »Säuberung« nach dem Krieg fragte man sich, ob sie nicht einer Denunziation zum Opfer gefallen seien, deren Urheberin dieses junge Mädchen gewesen sein könnte, das auf solch empörende Weise ihre prodeutschen Sympathien gezeigt habe. Allerdings hatte sie sich wohl tatsächlich damit begnügt, ihre entsprechenden Ansichten deutlich kundzutun und intime Beziehungen zu deutschen Soldaten zu unterhalten, ohne tatsächlich aktiv zu kollaborieren.

Nach einigen Monaten wurde Jeanne aus dem Gefängnis entlassen. Kurz danach fand dann aber eine Gerichtsverhandlung statt, in der sie von einem kraft der Verordnungen vom 26. August 1944 eingesetzten Sondergericht wegen eines »Verbrechens der nationalen Unwürdigkeit«, also eines Verstoßes gegen die »Würde der französischen Nation«, verurteilt wurde, ein Straftatbestand, den die Juristen des »freien« Frankreichs kreiert hatten, um speziell gegen die Schreibtischtäter des Vichy-Regimes vorgehen zu können. Im Urteilsspruch heißt es: »Heute, am 23. August 1945, hat sich nach dem Aufruf der Geschworenen in der Strafsache eines Verbrechens der nationalen Unwürdigkeit gegen Duchéné, Jeanne, Andrée, einundzwanzig Jahre alt, geboren am 24. Januar 1924 in Châteauroux, Beruf: Postangestellte, die Zivilkammer des Gerichtshofs des Départements Cher im Justizpalast von Poitiers in öffentlicher Sitzung versammelt.« Man kann auch lesen, daß sie »aus freien Stücken erschienen« (sic) sei. Seltsamerweise ist kein Verteidiger aufgeführt, die entsprechende Stelle im Dokument ist leer. Sie wird »aufgefordert, der Verhandlung aufmerksam zu folgen« und dann »erschienen die geladenen Zeugen«. Danach befragt der Vorsitzende die Angeklagte und die Belastungszeugen. Im Laufe ihrer Anhörung beschwert sich die Angeklagte, daß man sie während ihrer Haftzeit von ihrem Baby getrennt habe. Sie erhält zur Antwort, daß »eine rechtliche Überprüfung ergeben hat, daß diese Maßnahme den gesetzlichen Vorschriften entsprach«. Nach den Plädoyers fragte »der Vorsitzende die Angeklagte, ob sie noch etwas zu ihrer Verteidigung vorzubringen habe«. Es geht aus der Urkunde nicht hervor, ob sie darauf geantwortet hat. Der Vorsitzende stellt dann dem Gericht die Frage: »Ist sie schuldig, in der Zeit nach dem 16. Juni 1940 im Département Vienne entweder Deutschland oder seinen Verbündeten direkt oder indirekt Hilfe geleistet zu haben oder der Einheit der Nation oder der Gleichheit der Franzosen oder deren Freiheit Schaden zugefügt zu haben?«

»Nach einer den rechtlichen Regeln entsprechenden Beratung hat die Kammer mehrheitlich Duchéné, Jeanne, Andrée, des Verbrechens der nationalen Unwürdigkeit für schuldig erklärt. Mit der Mehrzahl der Stimmen wurden ihr mildernde Umstände zugebilligt und der Zeitraum des Entzugs ihrer bürgerlichen Ehrenrechte auf fünf Jahre verkürzt.« Die Angeklagte wird dazu verurteilt, die Gerichtskosten zu tragen und man setzt eine Ersatzhaftdauer fest, wenn sie nicht imstande sein sollte, dieses Geld aufzubringen. Die Höhe der Kosten wird allerdings nicht aufgeführt. Eine Freiheitsstrafe wird jedoch nicht ausgesprochen. In der ganzen Urkunde steht nach Jeanne Duchéné immer das Maskulinum, was darauf hinweisen könnte, daß dieses Verfahren in großer Eile durchgezogen wurde. Dennoch billigte man ihr mildernde Umstände zu, so als ob beim Gericht doch gewisse Zweifel zurückgeblieben wären.

Hier wird ganz im Einklang mit dem damaligen Zeitgeist eine unbedarfte oder überspannte junge Frau wegen eines Meinungsdelikts verurteilt. Man hütet sich allerdings davor, zuzugeben, daß sie von der Gesellschaft ausgestoßen wurde, weil sie intime Beziehungen zu zwei Deutschen unterhalten habe und von einem von ihnen schwanger geworden sei. Aber es geht dennoch aus den Untersuchungsakten ganz klar hervor, daß dies das »Verbrechen« war, das die Aufmerksamkeit der Justiz erregte. Wenn man also einmal die tatsächlich aufgeführten Gründe beiseite läßt, wird klar, daß diese Frau vor einer Strafkammer erscheinen mußte, weil sie ein Kind von einem Deutschen hatte, und nicht, weil sie Franzosen bei der Gestapo denunzierte. Da man sie ja nicht der Denunziation für schuldig befand, wurde die »nationale Unwürdigkeit« ausgesprochen, ohne daß das Verhandlungsprotokoll irgendwelche Klagepunkte aufgeführt hätte, die eine solche Verurteilung rechtfertigen würden. Was auch immer ihre politischen Schwärmereien und Provokationen gewesen sein mögen, es steht fest, daß Jeanne Duchéné keinen fairen Prozeß bekommen hat. Ihre Sympathiebekundungen für die Besatzer und ihr »Heil Hitler« in ihrer privaten Korrespondenz sind ein Zeichen von

Dummheit und jugendlicher Unreife. Sie beruhen nicht auf einer vertieften Kenntnis des Nationalsozialismus und haben auch zu keinerlei Unterstützungshandlungen geführt. Aber sie hat das Kind eines Deutschen ausgetragen, und das macht sie mehr als vieles andere zu einer verachtenswerten Sünderin.

Bei der Durchsicht des Aktenbündels findet Anita schließlich einen Brief, in dem ihre Mutter auf ihre Schwangerschaft anspielt, und einen zweiten, in dem endlich der Name ihres Vaters steht: Karl Ludwig Hecht, und eine Nummer, 54 474C, die sie für seine Wehrnummer hält. Anita wendet sich mit diesen Angaben an die Auskunftsstelle der WASt in Berlin. Dort sind mehrere Karl Hechts verzeichnet, aber nur ein Karl Ludwig Hecht, geboren am 17. Juni 1922 in Freiburg. Die von Anita gefundene Nummer ist in Wirklichkeit die Feldpostnummer, die 1943 die 13. Kompanie des Nachschubregiments Hermann Göring trug. Wir haben unsererseits daraus geschlossen, daß Jeanne Duchénés Freund kein kleines Licht war. Er könnte Berufsoffizier gewesen sein, da er nach Anitas Angaben bereits mit zweiundzwanzig Offizier war. 1941 habe er noch zur Luftwaffe gehört, um dann zu den » Bodentruppen « zu wechseln, wo er in der Stabskompanie einer Panzereinheit Dienst tat. Damals war Anitas Mutter Studentin an einer katholischen Hochschule in Poitiers, wo sie ein Lehrerstudium absolvierte. » Sie studierte Englisch, aber ich glaube, daß man die Studenten dort aufforderte, auch Deutschkurse zu belegen. Das tat sie auch, aber nicht sehr lange, da man sie der Hochschule verwies, als sie schwanger wurde. Gleich danach begann sie zu arbeiten. Sie nahm an einem Auswahlverfahren für Postangestellte teil, das sie mit Bravour bestand, da sie brillant und intelligent war. « Auch wenn sie durch ein Gesetz vom 9. April 1949 amnestiert wird, bleibt es ihr doch weiterhin verwehrt, ihre angestammte Arbeit im öffentlichen Dienst wiederaufzunehmen. » So wie ich sie kannte, muß das eine schreckliche Demütigung für sie gewesen sein. «

Mit Hilfe von Marie-Cécile Zipperling setzt Anita ihre Nachforschungen in der WASt fort und stößt dabei auf die Spur einer deutschen Halbschwester, die eigentümlicherweise Dolores heißt. Sie wurde 1955 geboren und wohnt ebenfalls bis heute in Freiburg. Diese Dolores antwortet auf ein Kontaktgesuch der WASt durchaus wohlwollend. Aber Anita, die ihr Anfang Juli 2003 auf englisch einen Brief schreibt, wartet immer noch auf eine Antwort. Dolores' 1957 geborener Bruder, der ebenfalls Karl Ludwig hieß, ist leider bereits 2001 verstorben.

Aber was für ein Mensch war eigentlich dieser leibliche Vater? Unsere Nachforschungen vor Ort ergeben, daß Karl Ludwig Hecht am 12. April 1958, vier Jahre nach seiner dritten oder vierten Hochzeit, Selbstmord beging, als seine Frau Hannelore Ursula gerade ihr drittes Kind erwartete. Er hatte damals bereits die Scheidung eingereicht und die gemeinsame Wohnung verlassen, um in ein Fertighaus zu ziehen. Er war kein Flieger, vielleicht nicht einmal Offizier. Seine französische Freundin hatte sich zweifellos von den Flügeln des deutschen Adlers, die alle Wehrmachtsuniformen schmückten und vom Beinamen seines Regiments täuschen lassen – Hermann Göring war ja bekanntlich Chef der Luftwaffe. Es könnte sogar durchaus sein, daß dieser Frauenheld, der drei- oder viermal heiratete – die Unterlagen widersprechen sich in diesem Punkt – niemals an Kampfhandlungen teilgenommen hat. Von Beruf Bäcker, war er vor seinem Tod landwirtschaftlicher Verwalter, beides Qualifikationen, die seine Zugehörigkeit zu einem Nachschubregiment und nicht einer Kampfeinheit bestätigen. Alles in allem eine recht seltsame Persönlichkeit.

In einem kurz vor seinem Tod bei einem Notar hinterlegten Testament schreibt Karl Ludwig: »Meine Frau hat die Hausarbeiten und die Erziehung der Kinder auf unverzeihliche Weise vernachlässigt. Sie hat mich immer aufs Vulgärste beleidigt und eine Scheidungsklage eingereicht, in der sie ohne die geringste Berechtigung behauptet, von mir mißhandelt worden zu sein. Sie hat keine Vermögenswerte in die Ehe eingebracht. Um meine Frau für ihr Verhalten zu bestrafen und um sie auf die Ungehörigkeit ihres Tuns hinzuweisen, habe ich mich schweren Herzens entschlossen, die folgenden Verfügungen zu treffen ... « Dann enterbt er seine Frau und vermacht seinen gesamten Besitz einer gewissen Ingeborg K., wohnhaft in Durlach. Die gesamte bewegliche und unbewegliche Habe, die er dieser Dame überläßt, besteht nur aus einem »zweisitzigen Sofa, einem vollständigen Tafelservice, einem Tisch mit Radiogerät, einer Lampe, Kleidungsstücken und einem Schrank«. Besagte Ingeborg unterschreibt später vor dem Notar eine Erklärung, daß sie »dieses Erbe ablehnt und feststellt, daß der Erblasser verschuldet gewesen sei«. Sie läßt dann noch hinzufügen, daß sie es auch abgelehnt hätte, »wenn es da keine Schulden geben würde«. Die Tochter des Verstorbenen sollte später bestätigen, daß ihr Vater bis an den Hals in Schulden steckte. Außerdem war er einem namentlich aufgeführten Lamertz Beiertheim, dem Vermieter seiner Wohn- und Geschäftsräume, die Miete schuldig geblieben. Mußte er etwa noch andere Exfrauen unterhalten? Oder ihre Kinder ...?

In der von seiner Frau Hannelore unterschriebenen Sterbeurkunde wird festgestellt, daß »ihr verstorbener Gatte keine Kinder aus seiner ersten und zweiten Ehe hatte«. Aber kann man sich dessen sicher sein? Die Gemeinde, in der er beerdigt wurde, antwortete auf unsere Anfrage nach seiner Begräbnisstelle, daß »sein Grab aufgelassen wurde«. Und so verblaßt allmählich ein vom Krieg zerstörtes Leben. Karl Ludwig Hecht hinterließ aber zumindest zwei Kinder, die er zu Lebzeiten gekannt hatte, Dolores und Karl Ludwig. Letzterer hatte seinerseits sechs Kinder, darunter Gert Sascha, geboren 1981, und Beatrice Gabriele, geboren im Jahre 1989.

In der von Hannelore Ursula, geborene Precht, der in Scheidung lebenden Ehegattin, unterzeichneten Sterbeurkunde steht auch, daß sie in Besançon geboren wurde. Sollte die nostalgische Erinnerung an Frankreich den ehemaligen Liebhaber der Jeanne Duchéné dazu getrieben haben, diese Frau zu heiraten? Wir werden es nie erfahren. Aber bei ihren Nachforschungen erhält Anita auch die Bestätigung dafür, daß Karl Ludwig Hecht nach dem Krieg versuchte, den Kontakt mit ihrer Mutter zu erneuern, und das im Jahre 1946, als ganz Deutschland noch in Trümmern lag. Karl Ludwig schickte ihr einen Brief, in dem erklärte, daß er schwer verwundet worden sei und sich noch kaum davon erholt habe. Er schlug vor, daß Jeanne und das Kind zu ihm kommen sollten, denn er liebe sie noch immer und wünsche, mit beiden wieder zusammenzukommen. Anitas Mutter ging auf diese Bitte nicht ein. Warum hat diese Frau einem Vater nicht gestattet, seine Tochter wiederzusehen? Warum hat sie um diesen Mann ohne Rücksicht auf ihr gemeinsames Kind den Mantel des Schweigens gehüllt? Neue Fragen, ein neuer Schmerz vor dem Unerklärlichen.

Wie andere Kriegskinder auch hat Anita ihre Verletzungen durch berufliches Engagement kompensiert. 1962 tritt sie in den Schuldienst ein. Als brillante Schülerin absolviert sie bereits mit achtzehn ein vorbereitendes Studienjahr, dessen Abschlußprüfung sie mit »gut« besteht. Dies reicht zu dieser Zeit aus, um zur Hilfslehrerin ernannt zu werden. Danach legt sie die erste Lehrerprüfung ab. Nach ihrer Rückkehr aus Algerien im Jahre 1967 wird sie als Lehrerin verbeamtet und darf Französisch und Englisch im Gymnasium unterrichten. 1973 nimmt sie ihr Studium wieder auf, das sie mit dem Staatsexamen in Spanisch und der Prüfung für das höhere Lehramt abschließt.

Selbst wenn es etwas gewagt erscheinen mag, das Verhalten und die Lebensentscheidungen eines Menschen aus seiner Familiengeschichte abzuleiten, gibt Anitas Leben hierfür doch einige Anhaltspunkte. Daß sie zum Beispiel in dem Alter, in dem ihre eigene Mutter ihren »Fehltritt« begangen hatte, einen Ausländer heiratet, der aus einem Land kommt, das gerade einen Krieg mit Frankreich geführt hatte – die Verträge von Evian, die die Unabhängigkeit Algeriens begründeten, wurden 1962 unterzeichnet –, ähnelt auf eigentümliche Weise ein wenig der Entscheidung ihrer Mutter für einen Feind. »Allerdings mit dem gewaltigen Unterschied«, gibt Anita zu bedenken, »daß ich mit der Wahl eines Algeriers Partei für ein unterdrücktes Volk ergriff, das für seine

Unabhängigkeit kämpfte, während meine Mutter den Eroberer, ja sogar Unterdrücker vorzog.« Aber vielleicht sollte gerade dies die ursprüngliche Familiensünde tilgen. Im übrigen ließe sich auch dieser schneidige angebliche Luftwaffenoffizier, der ihre Mutter verführte, mit dem Mann vergleichen, für den sich die Tochter entscheidet, denn dieser genießt Ruhm als Sportler. Als ihr Mann sie nach Algerien mitnimmt, erleichtert gerade dieser Ruhm die Integration seiner französischen Frau gewaltig, deren Gesichtszüge, grüne Augen und blonden Haare nicht gerade mediterran wirken. Und warum hat sie es sich schließlich zur beruflichen Aufgabe gemacht, Verständnis für die hispanische Kultur zu wecken? War dies eine unbewußte Gegenreaktion auf einen germanischen Teil ihres Wesen, den sie mehr als dreißig Jahre lang unterdrückte? Anita hat sich diese Frage allerdings nie gestellt. Sie liebte einfach das Spanische. Sie fühlte sich als Spanierin. Noch heute, da sie im Languedoc, im Département Herault, wohnt, bleibt sie auch geographisch diesem Lande nahe, das ihr Adoptivvater sie kennen und schätzen lehrte.

Anita war ihrem zweiten Mann Gérard, einem Firmencontroller, gefolgt, als dieser in den Süden Frankreichs versetzt wurde, nachdem sie zuvor in Orléans gelebt hatten. Sie hatte ihn 1985 kennengelernt. Er ist sechs Jahre jünger als sie. Da sie schon mit achtzehn zu arbeiten begonnen hatte, konnte sie sich ziemlich jung als Lehrerin pensionieren lassen, und hat heute ihren Frieden in einem hübschen Landhaus gefunden, dessen Garten ihre ganze Freude ist. » Ich liebe es, inmitten von Blumen zu leben. Ich liebe unsere Obstbäume: den Kirschbaum, Pflaumenbaum, Nektarinenbaum, Aprikosenbaum, Nußbaum, Mandelbaum, Orangenbaum und unsere exotischen Pflanzen: unsere Palmen, Bougainvilleen und den Jasmin.« Anita sagt heute über sich, sie sei glücklich und bedaure ihre Vergangenheit nicht. Und dennoch litt ihr ganzes Leben unter der Last ihres Geheimnisses, dessen brutaler Enthüllung und der mangelnden Zuneigung, die ihre Mutter ihr entgegenbrachte. 1976 bekommt sie eine schwere

Depression, deren Folgen sie auch noch heute spürt. Eine davon ist eine chronische Überempfindlichkeit, die durch die Gegenwart ihres Mannes gemildert wird, der ihr die Stabilität gebracht hat, die sie so sehr benötigt. Sie stellte bei ihrer jüngsten Tochter Marie eine große Neigung zu deren Großmutter, also ihrer Mutter, fest. »Marie stand meiner Mutter Jeanne sehr nahe.« »Ich habe meine Großmutter geliebt«, unterstreicht Marie, »weil sie es verdiente. Sie hat meiner Mutter das Kinderheim erspart.« »Meine Mutter schenkte Marie viel Liebe, aber sie hat sie nicht aufgezogen. Ich habe mich immer selbst um meine Kinder gekümmert. Dennoch ähnelt sie ihr in ihrem Charakter und Temperament.«

Marie ist heute sechsunddreißig. Es war ihre Großmutter, die ihr kurz vor ihrem Tod Anitas deutsche Abstammung offenbarte. Anita selbst hatte das Schweigegebot ihrer Mutter immer respektiert und ihrer Tochter deshalb kein Sterbenswörtchen darüber erzählt. Marie war darüber nicht schockiert. Aufgewachsen im Zeitalter der deutsch-französischen Versöhnung und Freundschaft, fühlt sie sich von dieser ganzen Angelegenheit nicht sehr betroffen, die auf einen lange zurückliegenden Krieg zurückgeht, und sie hat nichts dagegen, zu einem Viertel deutsches Blut in den Adern zu haben. Als Anita mit ihren Nachforschungen begann, hatte ihre Tochter sie sogar noch dazu ermuntert. Sie würde gerne Kontakt mit der deutschen Familie ihres Vaters, mit Dolores, ihrer Freiburger Tante, und vielleicht mit ihren Vettern aufnehmen. »Daran ist sie sehr interessiert«, erklärt Anita. »Sie fragt mich regelmäßig, ob ich Post von ihnen bekommen habe.«

NORBERT *

Die lange Suche nach dem Vater _____

Im Sommer 1961 verbringt Norbert, der siebzehnjährige Sohn eines französischen Eisenbahners, drei Wochen in Deutschland im Schloß Wörth in der Nähe von Regensburg, der deutschen Stadt mit ihren fünfundsechzig Kirchen. Nur zufällig – ein anderer Junge hatte abgesagt – nimmt er an einem Jugendtreffen im Rahmen eines von der französischen Eisenbahn SNCF veranstalteten Austauschprogramms teil. Es ist seine erste Reise in dieses Land, mit dem ihn ein unsichtbares Band verbindet, das nur er selber kennt. Nach dem großen Durcheinander des Zweiten Weltkriegs war nun das Zeitalter der Versöhnung angebrochen, und die Betreuer taten ihr möglichstes, um die Begegnung zwischen diesen jungen Franzosen und ihren deutschen Kameraden erfolgreich und harmonisch zu gestalten. Das Ergebnis war leider nicht sehr überzeugend, da beide Seiten weiterhin die dominierende Rolle spielen wollten. Aber Norbert gehen in dieser ganzen Zeit tatsächlich ganz andere Dinge im Kopf herum. Der Aufenthalt auf deutschem Boden ist für ihn aufwühlend und schmerzhaft und läßt eine Wunde wieder aufbrechen, die ihn in seiner ganzen Jugendzeit geschmerzt hatte. Er war zehn Jahre alt, als seine Mutter Anne ihm gestand, daß sein Vater ein Deutscher sei, den sie kennengelernt habe, als er als Soldat in Frankreich stationiert war. Norbert erfuhr dann noch, daß dieser unbekannte Vater den Krieg überlebt habe. Allerdings habe sich 1954 der Eiserne

_____

* Auf Norberts Wunsch wurden sein Name und Vorname sowie der seiner Mutter und der wichtigsten aufgeführten Städte verändert. Die Namen der erwähnten Deutschen sind authentisch.

Vorhang hinter ihm geschlossen, er habe deswegen nicht zurückkehren können, und sie wisse deshalb auch nicht, wo er sich befinde. Anne zieht es damals vor, die äußeren Umstände als einziges Hindernis für seine mögliche Rückkehr zu betrachten. Norbert kennt von seinem Vater, den er nie gesehen hat, also nur Namen und Vornamen, das Geburtsjahr und dessen Heimat Thüringen.

Er hat nicht den Mut, sein Geheimnis den Betreuern des Treffens anzuvertrauen, obwohl diese von ihrer Aufgabe überzeugten Männer wie geschaffen dafür wären, ihn anzuhören und ihm zu helfen, den Ariadnefaden zu finden, der ihn aus dem Labyrinth seiner Ängste, Hoffnungen und Zwangsvorstellungen herausführen könnte. Trotz des Drucks von Seiten seiner Kameraden, die ihm »Liebedienerei« vorwerfen, verspürt er das Bedürfnis, mit diesen Betreuern in einen engeren Kontakt zu treten. Deshalb wird er es sich auch nie verzeihen, daß er die Einladung eines Betreuers ablehnt, der sich auf dem Weg zum Speisesaal mit ihm unterhalten will: »Wie ein Irrer stürmte ich die Treppe hinunter und rannte hinter den anderen her, um nur ja kein Außenseiter zu sein.« Er hat Angst vor den Repressalien, die ihm blühen könnten, wenn bei seinen Kameraden der Verdacht entstünde, er stehe nicht solidarisch zur Gruppe der Franzosen.

Den Schock, den sechs Jahre zuvor die Nachricht von seiner ganz speziellen Herkunft bei ihm auslöste, hatte er einfach nicht überwinden können. Vom Kindergarten bis zu diesem schrecklichen Tag hatte er wie alle anderen Kinder gerne Krieg gespielt und dabei ganz genau gewußt, wer die Guten und wer die Bösen waren. Ganz plötzlich mußte er nun seine Werteskala überdenken: Wie soll man mit der Tatsache fertigwerden, einen »bösen« Vater zu haben, vor allem wenn man ihn überhaupt nicht kennt? Nur eine Erkenntnis ging ihm von nun an nicht mehr aus dem Sinn: Er war nicht wie alle anderen. Und so erfuhr er, was Heimlichtuerei bedeutet und welche Gefahren sie mit sich bringt. Das Geheimnis durfte auf keinen Fall ans Licht kommen: Einen feindlichen Soldaten zum Vater zu haben, barg die große Gefahr,

Verständnis, Freundschaft, Liebe und Zuneigung der eigenen Umwelt zu verlieren, alles Dinge, die ein Kind und später ein Heranwachsender dringend braucht. Er lernte also, auf allzu präzise Fragen nicht zu antworten und wie man ihnen ausweichen und sie umgehen konnte, wenn man sie kommen sah. Norbert war sehr blond, aber dies war glücklicherweise sein Großvater mütterlicherseits auch; außerdem war er nicht der einzige in seiner Klasse mit blonden Haaren und blauen Augen. Die Kriegsfilme im Fernsehen waren schrecklich: Ein Deutscher war dort kein Mensch wie jeder andere, er bellte eher, als daß er sprach (»raus, zack-zack, jawoll«), und er war grausam. Norbert erinnert sich noch heute an den Film *Rom, offene Stadt* von Roberto Rossellini und seine Angst, mit einer solchen Geschichte leben zu müssen. Er mußte warten, bis 1958 Marlon Brando im amerikanischen Film *Die jungen Löwen* von Edward Dmytryk eine Figur verkörperte, mit dem er sich auf romantische Weise identifizieren konnte... Dieser Film war wirklich Balsam auf seine Wunden.

Allerdings sollte dieser Aufenthalt in Deutschland dann doch nicht ganz vergeblich sein. Bei einer Abschiedsfeier hält der Präsident der Bundesbahndirektion Regensburg eine kleine Freundschaftsrede. Seine Tochter Ursula begleitet ihn. Kurz vor der Abreise der Franzosen erkundigt sie sich, ob einer von ihnen aus dem Zentralmassiv stamme, da sie die Berge liebe und sich freuen würde, mal etwas anderes kennenzulernen als den Bayerischen Wald. Daraufhin hebt Norbert die Hand. Er ist der einzige aus dieser Gegend. Sie tauschen Adressen aus. Als er wieder daheim ist, schickt er ihr eine Handvoll Postkarten und Broschüren, um die sie ihn sehr nett gebeten hatte. Die Brieffreundschaft mit Ursula wird ein Leben lang halten. Von nun an verbindet ihn noch etwas anderes mit Deutschland. Die Gefühle füreinander werden im Laufe der Zeit stärker, und sie besuchen sich gegenseitig. Diese Verbindung zweier Wirklichkeit gewordener Traumvorstellungen ist für beide mehr als nur ein einfacher Jugendflirt. Norbert verbringt zwei Aufenthalte von jeweils einem Monat bei seiner Brieffreundin. Auch sie besucht ihn zusammen mit ihren Eltern.

Die Jahre gehen ins Land. Ursula heiratet, und dann Norbert. Das Verhältnis der beiden zueinander wird zeitweise recht locker, um später dann wieder aufzuleben. Ursula kommt einige Male mit ihrem Partner nach Chaville in der Nähe von Paris, wo sich Norbert niedergelassen hat. Er und seine Frau reisen daraufhin auch nach Falkenstein bei Regensburg, wo Ursula mit ihrer Familie lebt. Bei einem dieser Besuche gesteht sie ihm eines Abends in aller Vertraulichkeit, daß sie ihn geliebt habe und daß sie durch ihn Frankreich und Paris lieben lernte. Dieses Geständnis rührt Norbert. Er ist zu dieser Zeit siebenundvierzig Jahre alt und arbeitet in Paris. Einmal geschieden, hat er mit seiner zweiten Frau, seinen Kindern und Enkeln sein inneres Gleichgewicht wiedergefunden. Und nun kann er durch seine Jugendliebe endlich besser verstehen, was die deutschen Soldaten fühlten, wenn sie während des Krieges eine »kleine Französin« kennenlernten, danach aber unter dem Zwang der Ereignisse fortgehen mußten, um ihr Leben woanders weiterzuführen.

1984 lädt Ursula ihn, seine Frau und seinen Sohn ein, bei ihr Weihnachten zu verbringen. Norbert wird plötzlich klar, daß bei diesem freundschaftlichen Treffen in Deutschland nur noch sein Vater fehlt. »Es war Spätnachmittag. Man bereitete sich auf den Heiligen Abend vor«, erinnert er sich. »Wie vor jedem Fest gab es eine Zeit des Wartens und der Stille. Wir waren alle in einem Raum, einige saßen, andere standen da und schauten aus dem Fenster, während das Fest immer näherrückte. Gedankenverloren fiel mir plötzlich ein, ich könnte doch im örtlichen Telefonbuch nachschauen, ob der Name meines Vaters darin zu finden wäre. Im nächsten Moment erschien mir diese Idee aber absurd und unangebracht. Eine solche Suche ausgerechnet am Weihnachtsabend? Wäre dies nicht etwa eher eine gute Gelegenheit, meine Hoffnungen zu Grabe zu tragen und endgültig damit aufzuhören, nach einer Nadel im Heuhaufen zu suchen? Warum sollte ich mich dazu herablassen, ihm nachzulaufen, wo er doch von mir nichts hatte wissen wollen?«

Norbert hat später erfahren, daß sein Vater diesen Heiligen

Abend dreißig Kilometer entfernt bei seinem Sohn in Schmidt-mühlen verbrachte und daß sein Name tatsächlich im Fern-sprechverzeichnis stand. Was wäre wohl passiert, wenn er damals an die Tür seines Halbbruders geklopft hätte? Hätte man ihn als Störenfried behandelt? »Wie schade«, wird später Lotte, die Witwe seines Vaters, sagen, »ich hätte viel darum gegeben und mich gefreut, wenn ich damals das Gesicht hätte sehen können, das er in dieser Situation gemacht hätte!« Diese bewunderns-werte, heute bereits achtzigjährige Frau hat es immer bedauert, daß ihr Mann nie den Mut und die notwendige Selbstsicherheit aufbrachte, seinen Sohn in Frankreich aufzusuchen. Dieses Tref-fen wäre tatsächlich bereits im Jahre 1962 möglich gewesen.

Gleich nach seinem ersten Aufenthalt in Deutschland ver-suchte Norbert auf eigene Faust mit Hilfe des Roten Kreuzes sei-nen Vater zu finden. »Die näheren Angaben, über die ich ver-fügte, waren nicht sehr umfangreich, aber ich erfuhr lange Zeit später, daß sie dazu ausreichten, meinen Vater ausfindig zu machen. Diesen schreckte wohl die Vorstellung, daß sein bisher offensichtlich schon recht kompliziertes Leben durch eine weitere Umwälzung noch komplizierter werden könnte, weshalb er es vorzog, sich nicht zu melden. Das Kind, das ich damals war, hätte ihn ja vielleicht um Hilfe bitten können...« Damals teilte das Rote Kreuz Norbert mit, daß seine Nachforschungen nichts erge-ben hätten, daß sie aber fortgesetzt würden! Norbert nimmt es seinen damaligen Ansprechpartnern immer noch übel, daß sie ihm nicht die Wahrheit gesagt haben. Vielleicht wäre sein Vater beruhigt gewesen, wenn er erfahren hätte, daß es seinem Sohn gut gehe, daß er kein Geld brauche, sondern ihn einfach nur kennen-lernen und ihm seine Gefühle zeigen wolle. Wenn er dies gewußt hätte, hätte er vielleicht sein Zögern aufgegeben. Das Rote Kreuz hatte sich in seinem Schreiben an den Vater etwas ungeschickt ausgedrückt: »Das Kind lebt anscheinend bei seiner Großmut-ter.« Norbert hatte die Adresse seiner Großmutter angegeben, die er ins Vertrauen gezogen hatte, weil er seine Eltern durch die-sen ganzen Vorgang nicht belasten wollte. Er glaubt weiterhin, daß diese Bemerkung neben anderen Gründen dazu beitrug, daß sein Vater Günther ihm keine Antwort zukommen ließ. Als einziger Sohn stand er unter dem Einfluß seiner dominanten Mutter, die ihm ganz sicher in dieser Angelegenheit zur Vorsicht riet. »Sie waren sich ähnlich, und er hörte auf sie, hat mir Lotte später erzählt. Mißtrauisch, wie alte Leute, die viel erlebt haben, nun einmal sind, hat sie ihm sicherlich geraten: ›Sei vorsichtig, du weißt nicht, was du dir da auflädst.‹ Tatsächlich meldete sich der Vater nicht, hat aber trotz allem die Anfrage des Roten Kreuzes immer sorgfältig aufbewahrt.«

Deshalb ist Norbert seinem Vater nie begegnet, obwohl er davon geträumt hatte. Auch konnte er ihm nie seine Zuneigung zeigen, und wenn es nur ein Spaziergang Hand und Hand mit ihm gewesen wäre. Günther starb 1983 mit achtundsechzig Jahren an einem Herzanfall.

Es ist aber gerade sein Tod, der Norbert den Weg in seine Vergangenheit eröffnet, auf den er so lange gewartet hat. Auch wenn es nun zu spät war, den Vater persönlich kennenzulernen, wird seine Witwe Lotte Norbert dann viel über seinen Vater erzählen. Als sie die persönlichen Papiere ihres verstorbenen Mannes ordnete, war sie auf den Brief des Roten Kreuzes gestoßen. Sie teilte danach Hans, Günthers anderem Sohn, dessen Inhalt mit, woraufhin dieser sofort seinen französischen Bruder kennenlernen wollte. Danach ging alles sehr schnell. Der Suchdienst des Deutschen Roten Kreuzes findet im Telefonbuch von La Canourgue in Frankreich den Namen von Norberts Eltern, die nach ihrer Pensionierung in diese Stadt zurückgekehrt sind. Norbert wird den Anruf nie vergessen, den er eines Spätnachmittags von seiner Mutter erhält, in dem sie ihm mitteilt, daß sein deutscher Bruder Kontakt zu ihm aufnehmen möchte. »Meine Mutter gab mir seinen Namen und den der Stadt, in der er wohnte. Innerhalb von zwei Minuten konnte mir die Auslandsauskunft seine Telefonnummer mitteilen. Unmittelbar danach rief ich ihn in Schmidtmühlen an. Ich sprach kein Deutsch und Hans, wie ich ihn bald nennen würde, weder Französisch noch Englisch! Ich konnte trotzdem verstehen, daß mein Vater nicht mehr lebte: › Vater ist tot. ‹ In diesem Augenblick beraubte mich die Todesnachricht nach fünfundzwanzig Jahren jeder Möglichkeit eines persönlichen Treffens mit meinem Vater. Dank Lotte hatte ich nun aber das Glück, meinen leiblichen Bruder endlich kennenlernen zu können. «

Hans und Norbert vereinbaren, künftig brieflich miteinander zu verkehren, um den Austausch zu erleichtern. Glücklicherweise erklärt sich einer von Norberts Kollegen bereit, der beide Sprachen perfekt spricht, ihm als Dolmetscher zu dienen und ihm beim Abfassen des ersten Briefes zu helfen. »Von da an rief ich jeden Tag von meiner Arbeitsstelle aus daheim an, um zu erfahren, ob endlich eine Antwort aus Deutschland da sei. Und dann teilte mir an einem Samstagmorgen meine Frau mit, daß endlich ein Brief angekommen sei. Ich fragte sie, ob sie ihn geöffnet habe. Dies war der Fall, aber sie wollte mir nichts sagen. Die vierzig Autominuten zurück in meine Wohnung schienen mir ewig zu dauern. Ich zählte innerlich mit: noch eine Viertelstunde, noch fünf Minuten... Und dann war der Moment da, wo ich zum ersten Mal ein Photo meines Vaters in Händen hielt. Er war in Uniform, lächelte und schien offensichtlich mit sich zufrieden zu sein. Mir fiel auf, daß ich ihm ähnlich sah. «

Sehr schnell kann Norbert den Ariadnefaden aufnehmen, der ihn mit seiner Vergangenheit verbindet. Seinem Vater hatte sicher der Mut gefehlt, sich mit der rauhen Wirklichkeit auseinanderzusetzen. Aber seine Witwe Lotte versichert Norbert, daß »er trotz all seiner Ängste der erste gewesen wäre, der sich über dieses große Wiedersehen gefreut hätte, genauso wie er tief im Innersten gern einmal nach Frankreich gefahren wäre, um dort sein Kind zu treffen. Tatsächlich verbrachte er seinen Urlaub sehr oft in Jugoslawien und wollte niemals nach Frankreich zurückkehren. « »Lotte und ich unterhielten uns stundenlang in einer Sprache, die wir selbst entwickelt hatten, über seine Vergangenheit, seine Stärken und Schwächen, schauten uns gemeinsam Photos an, und sie erzählte mir Anekdoten aus seinem alltäglichen Leben. In der Zwischenheit lernte ich mit der Assimil-Methode Deutsch und konnte mich allmählich gut in dieser Sprache verständigen. Es ist verrückt, was man sich mit fünfzig Wörtern alles sagen kann. Der Wunsch, sich auszutauschen, war riesengroß.«

Natürlich unterrichtete Norbert seine Mutter haarklein über alle diese Geschehnisse. »Ich habe kein Detail dieser Geschichte ausgelassen.« Tatsächlich wußte sie, daß Günther verheiratet war, als sie ihn kennenlernte, und daß er zwei Kinder, Hans und Karin, hatte. Aber erst von Norbert erfährt sie von seiner zweiten Ehe mit Lotte. »Plötzlich hatte ich das Gefühl, daß meine Mutter mit mir darüber sprechen wollte. Und dann hat sie mir alles von Anfang an erzählt.«

Sie wohnte während des Krieges bei ihren Eltern. Unbekümmert wie alle jungen Mädchen ihres Alters ließ sie trotz der Verdunkelungsverordnung das Licht in ihrem Zimmer brennen. Die deutsche Feldgendarmerie patrouillierte jeden Abend durch die Straßen, um zu überprüfen, daß die entsprechenden Verordnungen eingehalten wurden. »Der Mann, der mein Vater werden sollte, warf dann kleine Steinchen an die Fensterläden ihres Zimmers im ersten Stock, um sie aufzufordern, das Licht auszumachen. Sie öffnete dann ihr Fenster, und was eine ernste Verwarnung hätte sein können, wurde zu einem kleinen Geplänkel zwischen den beiden. Auf diese Weise lernten sie sich kennen.« In dieser kleinen Provinzstadt war es gewiß nicht schwer, sich immer wieder über den Weg zu laufen, und so wurde allmählich aus einem kleinen Flirt eine echte Affäre.

Norbert betrachtet das einzige, in keinster Weise kompromittierende Photo, das seine Mutter Anne aus dieser Zeit aufbewahren konnte, während alle anderen zusammen mit den Briefen von ihrem Vater vernichtet worden waren. Sie hat es seitdem immer in der Brieftasche getragen. Es stellt einen von Bäumen gesäumten Bach in der Umgebung dar, einen romantischen Platz, wo sie und Günther sich heimlich trafen. Als Norbert einige Zeit später seine Halbschwester in der DDR besucht, wird er dort auf dasselbe Bild stoßen. Die beiden Liebenden erleben nur kurze Momente höchsten Glücks, eine kleine Verrücktheit, die Anne später bitter bezahlen wird. Ihre Mutter Marie, Norberts Großmutter, erinnert sich noch an eine dieser Nächte, in denen sie wirklich große Angst bekam; sie hatte ein Geräusch gehört und sich das Schlimmste vorgestellt, was passieren könnte: Ihr Mann wacht auf, und der ernste Fehltritt ihrer Tochter endet in einer Tragödie.

Im Juli 1944 geht Anne zu ihrer Schwester nach Marvejols, um dort ihr Kind auf die Welt zu bringen. Danach nimmt sie ihre Arbeit als Buchhalterin wieder auf, nachdem sie ihr Kind einer Pflegemutter in der Nachbarschaft anvertraut hat. Auch wenn der Großvater von nichts wußte, so hatte man doch Marie ins Vertrauen gezogen: Daher wird sie von nun an ihre Töchter etwas häufiger besuchen als üblich, und das allein... Knapp zwei Jahre später kommt sie eines Tages mit einem Kind heim und erklärt ihrem Mann, das sie dieses in Pflege genommen habe, um sich zu beschäftigen, denn da sie ja nicht arbeite, fühle sie sich allzuoft schrecklich einsam. Das Kind, das seinen Großvater zuerst »Onkel« nennt, darf dann auf seine Knie klettern, bis es ihn schließlich als »Großvater« anerkennt. Natürlich läßt sich der Großvater nicht sehr lange hinters Licht führen, und der so befürchtete große Wutausbruch findet doch noch statt. Aber er war tatsächlich kein übler Mann, und Norbert wächst bei seinen Großeltern auf. Auch wenn er, klein wie er ist, noch nicht weiß, daß es einen Vater braucht, um ein Kind zu zeugen, versteht er doch recht gut, daß bei ihm irgendetwas anders ist als bei den anderen. Als er beginnt, Fragen zu stellen, erzählt ihm Großmutter, daß sein Vater »eine sehr weite Reise übers Meer machen mußte, daß er aber ganz sicher eines Tages wiederkehren wird«.

Norbert ist sechs Jahre alt, als seine Mutter heiratet. Ihr Mann Roland akzeptiert das Kind und gibt ihm seinen Namen. Bei Schulbeginn trägt man ihn bereits mit seinem neuen Namen ein. Danach verläßt das Paar die Provinz und läßt sich in Paris nieder, allerdings ohne Norbert, der bei den Großeltern bleibt. Nach der Geburt ihres viertes Kindes zieht das Ehepaar in eine größere

Wohnung und entschließt sich endlich, Norbert wieder zu sich zu nehmen. Er ist damals zehn Jahre alt, aber in seinem kleinen Kopf geht es immer noch drunter und drüber ... Er stellt seiner Mutter viele Fragen, und diese versteht irgendwie, daß es besser ist, ihm alles zu sagen, auch wenn die Wahrheit schwer zu vermitteln und zu akzeptieren sein würde.

Sie erzählt ihm, daß Günther Ende 1944 in Gefangenschaft geraten sei und in ein Lager in Cessieu-Crémieux in der Nähe von Lyon eingewiesen wurde. Als Tochter eines Eisenbahners kann sie umsonst mit dem Zug fahren, und so besucht sie ihn dort einmal nach Norberts Geburt, um ihm ein Bild seines Sohnes zu zeigen. Dieses Treffen veranlaßt sie dazu, einen weiteren riskanten Schritt zu unternehmen. Sie schreibt dem Lagerleiter einen Brief, in dem sie ihm mitteilt, sie habe ein Kind mit einem seiner Gefangenen. Dieser antwortet ihr auf nette Weise, daß in diesem Falle Vorsicht geboten sei, denn Monsieur Günther Leybold sei bereits verheiratet und habe zwei Kinder in Deutschland. Als Anne danach ihren Liebhaber zur Rede stellt, gibt er zu, daß er ihr tatsächlich seine persönlichen Verhältnisse verschwiegen habe, daß aber seine Frau, die zuvor schon an Tuberkulose gelitten habe, an den Kriegsentbehrungen gestorben sei.

Enttäuscht und frustriert, aber immer noch in Günther vernarrt, versucht Anne dann das Unmögliche, um ihm die Freiheit zu verschaffen, auf daß sie von neuem vereint sein könnten. Eine verrückte Idee beginnt in ihrem Kopf Gestalt anzunehmen. Immerhin ist sie erst zwanzig Jahre alt und fühlt sich von all diesen Ereignissen völlig überfordert.

Jedes Wochenende, wenn sie ihre Schwester besucht, um ihren Sohn zu sehen, hat sie dank ihres Schwagers, der Lehrer und gleichzeitig Sekretär des Bürgermeisters ist, freien Zutritt zum Sekretariat des Bürgermeisteramts. Ohne Schwierigkeiten kann sie dort einen Blankopersonalausweis abstempeln, etwas was bereits ihr Schwager während des Krieges heimlich einige Male gemacht hatte, um Widerstandskämpfern zu helfen. Anne gelingt es, ihrem gefangenen Freund diesen falschen Ausweis zuzustekken. Aber als dieser über die Umfassungsmauer des Kasernenareals klettert, bricht er sich beim Herunterspringen das Bein. Er wird zurückgeholt und, was noch schlimmer ist, man findet bei ihm das falsche Dokument. Der Polizei fällt es nicht schwer, den Stempel bis zu seinem Ursprung zurückzuverfolgen. Man verhört Anne. Der Polizist behauptet ihr gegenüber, daß Günther bereits die ganze Geschichte erzählt habe, was allerdings nicht der Wahrheit entspricht. Trotz eines harten Verhörs verrät dieser nie, wer ihm den Ausweis beschafft hat. Anne geht in die Falle und gesteht. Sie wird wegen Urkundenfälschung zu mehreren Monaten Gefängnis verurteilt.

Die Erinnerung daran wird sie ihr ganzes Leben verfolgen. Als Zeitvertreib gesteht ihr der Gefängnisdirektor nur ein kleines Lexikon zu. Ihre einzige echte Freude ist es, jede Woche einmal zur selben Zeit auf den Hocker zu klettern und durch ihr vergittertes Fenster zu beobachten, wie die Großmutter mit ihrem Enkel an der Hand ihr vom Gehsteig auf der anderen Straßenseite aus zuwinkt. Auch diese arme Frau leidet schwer unter einer Situation, die sie total überfordert. Sie sucht sogar den Direktor der örtlichen Zeitung auf, um ihm einen Geldumschlag zu überreichen mit der Bitte, die Meldung über die Inhaftierung ihrer Tochter nicht erscheinen zu lassen. Die abschätzigen Blicke ihrer Nachbarn zu ertragen, geht über ihre Kräfte. Norbert erinnert sich immer noch gerne an das enge Verhältnis zwischen ihm und seiner Großmutter. Er verdankt ihr das Wesentliche seiner Erziehung. Von ihrem Mann im Stich gelassen, der ihr niemals verzieh, daß sie ihm nicht die Wahrheit gesagt hatte, konzentrierte sich ihre gesamte Zuneigung auf das Kind, dem sie sich wie einem kleinen Erwachsenen anvertraute. Diese Frau, die gut katholisch erzogen worden war und aus ganz einfachen Verhältnissen stammte, hatte nicht lange die Schule besucht und konnte ihrem Enkel doch die Liebe zum Lesen und den Büchern vermitteln; sie nahm ihn auch in Filme mit, für die er eigentlich noch nicht alt genug war. Es ist ihr zu verdanken, daß Norbert später das Lehrerseminar besuchen und den Beruf des Lehrers ergreifen konnte.

Heute, mit neunundfünfzig Jahren, blickt Norbert ohne Bitterkeit oder Bedauern auf seine Vergangenheit zurück und hat auch keinerlei Schwierigkeiten, mit uns darüber zu sprechen. So erzählt er uns von dem Besuch, den er seiner Halbschwester Karin in Pößneck in der DDR abstattete, einem Industriestädtchen tief in der thüringischen Provinz. Auf Vermittlung von Lotte konnte er ihr schreiben und hatte sich daraufhin entschieden, für sich, seine Frau, seine Mutter und deren Mann Visa zu beantragen. Die Visa wurden erst erteilt, nachdem die Stasi Karin befragt hatte, ob es sich dabei tatsächlich um ein Familientreffen handele. Als Antwort legte diese nur zwei Photos nebeneinander... Die sprachen dann für sich selber. »Die Baufälligkeit der Häuser, die unvorstellbare Luftverschmutzung, das kärgliche Angebot der wenigen Geschäfte, die gedrückte Stimmung der Leute haben uns alle sehr beeindruckt«, erinnert sich Norbert noch heute. »Aber der Empfang war herzlich, die große Familienzusammenkunft sehr bewegend und beim Abschied flossen die Tränen. Wir ›Kapitalisten‹ verließen dann unsere neue Familie von jenseits des Eisernen Vorhangs und kehrten in die Freiheit zurück; wir hatten wirklich das Gefühl, beim Verlassen dieses Landes die Mauer eines Gefängnisses zu passieren. Das war für uns ein unvergeßliches Erlebnis. Einmal hatte mein Sohn bei Karin übernachtet, weil er gemeinsam mit seinem Vetter ein bißchen Rockmusik spielen wollte. Am nächsten Morgen fragte mich die Stasi, warum er nicht in seinem Hotelzimmer geschlafen habe. Ich antwortete, er sei bereits achtzehn Jahre alt und in Anbetracht der Ruhe, die in der Stadt herrschte, hätte ich mir keine Sorgen gemacht. Am nächsten Tag gingen wir alle in den Intershop, um dort unsere Francs auszugeben. Das war ein richtiges Konsumparadies, in dem Jeans, Whisky und Mon-Chéri-Pralinen auf die Besitzer von Westgeld oder von »Forumschecks« warteten.«

Hans, Norberts Halbbruder, wohnte hundert Kilometer entfernt auf der anderen Seite der innerdeutschen Grenze, in Schmidtmühlen. Norbert hat auch ihn einmal über Weihnachten besucht. Da er im Gaststättengewerbe arbeitet, konnte Hans ihm nicht viel Zeit widmen, aber »auf dem Weg durch das Dorf zur Christmette nahm er meinen Arm. Wir waren beide sehr gerührt. Wir konnten uns nicht viel sagen, aber das war auch gar nicht mehr nötig. Jeder wußte, wer ich war, und lächelte mir verständnisinnig zu. In diesem Augenblick machten wir dem Leben eine lange Nase. Unmöglich, sich damals die umgekehrte Szene in Frankreich vorzustellen! Heute noch bekomme ich gelegentlich Postkarten und Photos von seinen Kindern, für die ich auch nach dem Tode ihres Vaters ihr Onkel bleibe. Sie bedauern nur, daß ich so weit enfernt wohne. Hans und Karin sind inzwischen beide gestorben, Karin durch einen Asthmaanfall, der wahrscheinlich auf die katastrophale Luftverschmutzung zurückzuführen war, und Hans wie unser Vater durch einen Herzanfall. In den Augen meiner lieben Lotte bin ich nun der letzte Überlebende dieser Familiegeneration.« Wenn sie und seine eigene Mutter nicht mehr am Leben sein werden, wird er als letzter Zeuge dieser Geschichte deren letztes Kapitel endgültig abschließen.

Aber da gibt es auch noch diese verblüffende Bemerkung eines Nachbarn, die er nie vergessen wird. Als dieser vor gar nicht so langer Zeit, im Jahr 2003, fast zärtlich seine Hand auf den Kopf von Norberts Enkeln legte, rief er aus: »Richtige kleine Arier!« Für seinen Vater Günther, der 1933 achtzehn Jahre alt war, wäre dieser Ausspruch alles andere als harmlos gewesen: Im Einklang mit dem damals herrschenden Zeitgeist war Günther in die SS eingetreten. Die genauen Umstände und Gründe lassen sich heute nicht mehr feststellen, um so mehr als er diese Tatsache gegenüber Anne und Lotte niemals erwähnte. Jedenfalls kann er nicht lange diesem schwarzen Eliteorden angehört haben, sonst wäre er im Krieg nicht nur ein einfacher Feldgendarm gewesen, der den Auftrag hatte, die Ausgangssperre und Verdunkelungsverordnung in einer kleinen Stadt im besetzten Frankreich zu überwachen, und der dabei Steinchen an die Fensterläden leichtsinniger junger Mädchen warf. Karin hatte Norbert erzählt, daß ihr im thüringischen Rhona geborener Vater mit Nazitrupps in die Nachbarstadt gezogen sei, um die Zögerlichen an die »neue Ordnung« zu erinnern. Sein langer Aufenthalt in der französischen Provinz ließ ihn vielleicht Abstand zu seiner übertriebenen Begeisterung in den Anfangsjahren des Dritten Reiches gewinnen, die wohl auch seiner damaligen jugendlichen Unreife geschuldet war. Und so konnte er in dem besetzten Land eine romantische Idylle erleben. Als Anne ihm außerdem einmal anvertraute, daß ihr Vater Freimaurer sei, forderte er sie sofort auf, ihn bei der ersten daraus erwachsenden Gefährdung sofort zu informieren, damit er die Sache so schnell wie möglich bereinigen könne.

Im Gegensatz zu seiner Mutter, die eher zu schnell verzeiht, möchte Norbert seinem Vater keine mildernden Umstände für seine Handlungsweise zubilligen. Er wirft ihm vor allem seinen mangelnden Mut vor, auf die Anfrage des Roten Kreuzes zu antworten: »Ein schwerer Fehler.« Im Leben ist es manchmal nötig, schwierige Entscheidungen zu treffen. Günthers politisches Engagement vor dem Krieg hatte sicherlich seine Spuren hinterlassen und sein Gespür für ein angemessenes sittliches Verhalten beeinträchtigt. Vielleicht wollte er auch nur seine Vergangenheit nicht an die große Glocke hängen. Norbert hat trotzdem versucht, diesen Mann zu verstehen, der 1915 während des Ersten Weltkriegs noch in das wilhelminische Reich mit seiner altmodischen Weltsicht hineingeboren wurde. Sein Schweigen könnte auch persönlichere Gründe gehabt haben. Bei seiner tiefgegründeten patriarchalischen Einstellung war es für ihn wohl nicht vorstellbar, daß seine beiden anderen Kinder ihre Kenntnis seiner Vergangenheit zum Anlaß nehmen könnten, seine Anweisungen und seinen Hang zu einsamen Entschlüssen zu hinterfragen. Er war ein autoritärer Mann, der es liebte, Moralpredigten zu halten. Er bedauerte es, daß sein Sohn als Koch nicht genug verdiente.

Karin, seine Tochter, trug ihm ihrerseits sehr nach, daß er sie bei ihrer Großmutter in der DDR zurückgelassen hatte, obwohl er fünf Jahre vor dem Mauerbau noch die Möglichkeit gehabt hätte, sie in den Westen mitzunehmen. Als sie Rentnerin wurde, ging ihre Großmutter Milda für immer in die Bundesrepublik, und Karin blieb nun endgültig als einzige in der Familie hinter der Mauer zurück. Ihr Vater hatte in der Nazizeit seine Ahnentafel erstellt, die belegen sollte, daß alle seine Vorfahren Arier waren. Karin hatte dieses Dokument aufgehoben. Heute ist es in Norberts Besitz. Die Ironie der Geschichte will es, daß er nun also seine rechtsrheinischen Vorfahren seit dem 18. Jahrhundert kennt, während seine Kenntnis der mütterlichen Seite nur drei Generationen zurückreicht.

»Aber ich werde auch niemals vergessen, daß mein Großvater, der mich aufgezogen hat, im Ersten Weltkrieg die Tapferkeitsmedaille erhielt, daß er in einen Gasangriff geriet und erleben mußte, wie einer seiner Brüder im Kampf fiel, und daß meine Kindheit von seinen Erzählungen geprägt war, die mich die Grausamkeit und Ungerechtigkeit des Krieges lehrten. Sein Freimaurertum und sein Engagement in der Gewerkschaftsbewegung waren ein Appell an die Verbrüderung aller Menschen. Immer wieder wies er darauf hin, daß ein bayerischer Bauer keinen Grund habe, gegen einen Bauern aus der Vendée in den Krieg zu ziehen, und daß man doch beide zwinge, sich gegenseitig umzubringen, um den Profit der Waffenhändler zu vermehren.«

Auch heute fällt es Norbert immer noch schwer, seinen persönlichen Hintergrund preiszugeben. »Wenn ich mich entschließe, jemanden ins Vertrauen zu ziehen, schlägt mein Herz sofort schneller und ich fange an, ein bißchen zu stottern. Dann bricht es richtiggehend aus mir heraus, daß ich ein Kriegskind bin. Manchmal bekomme ich dann zur Antwort: ›Ich auch‹, worauf ich noch genauer werden muß: ›Ja, aber mein Vater war ein deutscher Soldat.‹ Ganz selten gelingt es mir, zu erkennen, was genau in diesem Augenblick im Kopf meines Gesprächspartners vorgeht.« Norbert hat vor einiger Zeit erfahren, daß eine seine Nachbarinnen trotz der wenigen Anhaltspunkte, die sie besaß, ihren deutschen Vater wiedergefunden hat und daß das anschließende Wiedersehen sehr herzlich verlaufen ist. Daraufhin schickte er ihr einen Brief, in dem er seinen Wunsch äußerte, sie wegen der Ähnlichkeit ihres Schicksals einmal kennenzulernen. Aber bis heute wartet er immer noch auf eine Antwort.

Trotz gelegentlicher Witzeleien – »Vor ein paar Jahren spielte bei der Fußballweltmeisterschaft Frankreich gegen Deutschland. Ich war mir sicher, daß ich gewinne ... « – fühlt sich Norbert oft französischer als viele Leute in seiner Umgebung. »Ich liebe die französische Sprache und Kultur, und ich war nicht wenig stolz, wenn ich in der Schule der Beste in Französisch war. Frankreich ist ein großartiges Aufnahmeland, und ich habe in meinem Heimatland auch niemals unter meiner ganz besonderen Identität leiden müssen. Im Ausland versuche ich immer, der beste Botschafter zu sein und dort die Liebe zu Frankreich zu fördern. Wenn ich Deutschen begegne, sind diese immer überrascht, daß ein Franzose ihre Sprache so gut beherrscht und daß es so leicht sein kann, sich als gute Nachbarn schätzen zu lernen. Nur die Reaktionen auf meinen eigenen Hintergrund haben mir immer Probleme bereitet. Ich denke immer noch, daß Schweigen mein bester Schutz ist, denn ich fürchte mich vor unkontrollierbaren Reaktionen, wenn ich mich jemandem anvertraue. In meiner eigenen Familie weiß jeder Bescheid. In der meines Schwagers, der immer sehr nett und herzlich zu mir war, vermuten es einige, aber man spricht mich nie darauf an. In meiner unmittelbaren Umgebung halte ich es für besser, mein Geheimnis für mich zu behalten. Wenn ich mich zu jemandem freundschaftlich hingezogen fühle, bin ich versucht, ihm nach einer gewissen Zeit die Wahrheit zu enthüllen. Die Erfahrung eines ganzen Lebens hat mich gelehrt, daß ich dabei keine Probleme mit offenen, intelligenten Menschen bekomme, die sofort verstehen, daß ich das Opfer der damaligen Umstände bin, auch wenn ich ohne diese überhaupt nicht am Leben wäre. Bei den anderen wahre ich entweder eine gewisse Distanz, oder ich gestehe mir ein, daß es überhaupt nicht wünschenswert sein kann, sich gegenüber jedermann zu öffnen. Diese Spaltung bestimmt meine Gefühlswelt und meine Freundschaften. In meinen Liebesbeziehungen, wo ich mich immer ohne Bedenken offenbart habe, habe ich in allen Fällen viel Verständnis gefunden, und die Tatsache, daß beide Beteiligten nun von meinem Geheimnis wußten, hat unser Verhältnis zueinander immens bereichert.«

Norbert erträgt allerdings nur schwer all die fälschlichen Verallgemeinerungen, die angeblich den jeweiligen Geist der beiden Völker charakterisieren. Außerdem hat er den Spruch: »Sag mir, wer dein Vater ist, und ich sage dir, wer du bist«, immer für eine Form von Rassismus gehalten. »Der Streit darüber, was anerzogen und was angeboren ist, wird nie gelöst werden. Ist organisiert und pünktlich zu sein, nicht viel Sinn für Humor zu haben, riesige Bierseidel und Balkone voller Blumen zu lieben und es vorzuziehen, in der Gruppe zu sein, ein Teil des deutschen Wesens? Und sind der kartesianische Geist, die Lust und der Geschmack an Debatten und gut geführten Gesprächen sowie ein starker Individualismus Ausweis eines echt französischen Verhaltens? Die Vorurteile bestimmen den Geist zu sehr. In der Vergangenheit meinte man, daß wenn der Deutsche ein Philosoph sei, dann sei der Franzose ein Romancier. Behauptet man nicht auch, daß der Deutsche im Guten wie im Schlechten seine Sache zu Ende bringe, während der Franzose vielleicht etwas flexibler sei, aber viel zu schnell aufgebe? Stimmt das heute immer noch?« Aber erlaubt es seine doppelte Herkunft Norbert nicht auch, all das gleichzeitig zu sein? Könnte ihn seine deutsch-französische Abstammung nicht gerade dazu prädestinieren, zu einem Vorkämpfer der europäischen Idee zu werden? Er träumt davon, daß alle alten Zwistigkeiten und Gegensätze, die ewigen Konflikte zwischen den beiden Ufern des Rheins, endlich gelöst werden. »Hätten das nicht bereits vor zweitausend Jahren der Römer Caesar und der Germane Ariovist erreichen müssen? Wäre das nicht eine echte Versöhnung, wenn man den deutschen Tugenden das ›Glücklichsein wie Gott in Frankreich‹ hinzufügen könnte?«

ANNE

Liebe, U-Boote und Spionage ─────────────

Bordeaux im Jahre 1946. Hans Siercks, der deutsche Mann von Anne de la Bachellerie, einer jungen Frau aus der großen Stadt an der Gironde, die sehr harte Zeiten erlebt hat, klopft an ihre Tür. Er ist aus dem Kriegsgefangenenlager in Loudun geflohen. Sie versteckt ihn bei einer Freundin, einer Baronin, die ein Kind von einem deutschen Offizier hat, der im Zivilleben der Direktor eines großen Ruhrgebiets-Unternehmens ist. Aber Hans wird aufgespürt und wieder in sein Lager zurückgebracht. Er wird allerdings die darauffolgende harte Behandlung und den Hunger überleben. Dieser Besuch bleibt aber nicht ohne Folgen. Zuerst einmal, weil sie sich trennen werden, ohne sich scheiden lassen zu müssen, da ihre Ehedokumente verbrannt sind, als die Bomben das Standesamt von Frankfurt trafen. Anne hat bei diesem kurzen Wiedersehen erkannt, daß sie ihren Mann mit seiner krankhaften, abnormalen Eifersucht nicht mehr liebt. Dann aber auch, weil sie widerwillig zum letzten Mal ihre ehelichen Pflichten erfüllt. Bei dieser Begegnung wird eine Tochter gezeugt.

Anne bringt sie im Haus ihres Vaters Gaétan de Bachellerie zur Welt, der sofort nach der Geburt ins Standesamt von Bordeaux eilt, weil er Angst hat, daß die deutsche Familie des Vaters Anspruch auf das Kind erheben könnte. Gleich nach der Entwöhnung nimmt er seine Enkelin zu sich, ohne sich weiter um seine Tochter zu kümmern, die alleine zurechtkommen muß. Der Großvater erzieht das Kind in einem heiligen Zorn gegen Deutschland. Vielleicht fürchtet er, daß ihre deutschen Chromosomen die Oberhand gewännen oder daß ihre deutsche Großmutter sie doch noch holen könnte, oder vielleicht sogar beides. Er gehört zu einer Generation, die die Deutschen haßt und sich weigert, dem rechtsrheinischen Nachbarn die Hand zu reichen. Es wird die Zeit kommen, wo das junge Mädchen sich gegen diese Schwarz-Weiß-Sicht zur Wehr setzen wird.

Christelle erfuhr erst mit achtzehn, daß sie die Tochter eines Deutschen ist. Ihre Mutter war der Ansicht, sie sei jetzt vernünftig genug, obwohl sie noch nicht volljährig war, wofür man damals einundzwanzig Jahre alt sein mußte. Und so ging sie mit ihr und ihrem kleinen Bruder auf den deutschen Friedhof von Berneuil im Département Charente-Maritime, den sie jedes Jahr an Allerheiligen zu besuchen pflegte. Vor diesen unzähligen Gräbern, während außer dem Gesang der Vögel und dem Wehen des Herbstwindes kein Laut zu vernehmen war, in dieser Oase des Friedens eröffnete sie ihnen beiden, daß sie nur Halbgeschwister seien und daß Christelle die Tochter eines deutschen Seemanns sei, den sie während des Zweiten Weltkriegs kennengelernt hatte. Sie tat dies mit der ganzen Feierlichkeit, die dieser Ort erforderte. Was für ein theatralischer Auftritt! Der Ort forderte Erinnerungen geradezu heraus. Anne hatte schon immer Inszenierungen geliebt, und sie wußte, daß ihre Kinder auf einem Friedhof daraus kein Drama machen würden.

In ein paar Sekunden hatte Christelle eine neue Identität bekommen, und dies vor einem Bruder, der immer noch der gleiche war. Und das alles in einer Zeit, als die Franzosen noch von den »Boches« redeten! Und ihr Vater war einer von ihnen! Gewiß war er hier irgendwo beerdigt? Vielleicht in einem Massengrab? Jetzt verstanden sie, warum ihre Mutter sich jedes Jahr nach dem Pflichtbesuch der Familiengruft hierher begab.

Christelle wurde also am 18. Dezember 1946 als Tochter eines Unteroffiziers der Kriegsmarine geboren. »Ich bin ein Kriegskind«, war das erste, was sie mir anvertraute. Während unseres Gesprächs ist der Krieg nur in den auf dem Tisch liegenden Zeitungen gegenwärtig, wenn auch weit weg, im Irak. Sie verdankt ihr Leben einem anderen Krieg, den sie nur vom Hörensagen und aus Büchern kennt. Aber inzwischen ist viel Zeit vergangen, und sie hat sich mit ihrer Herkunft ausgesöhnt.

Vor der Enthüllung ihrer Mutter hatte Christelle nie an ihrer Abstammung gezweifelt. Sie glaubte, vom Aussehen her ihrem französischen Großvater zu ähneln; nie hätte sie sich vorstellen können, Tochter eines Deutschen aus Hamburg zu sein. Ihr Bruder ist allerdings kein Deutschenkind. Er wurde eineinhalb Jahre nach ihr als Sohn eines französischen Vaters geboren, der ihre Mutter nicht geheiratet hatte. Die Mutter Anne hatte aber weiterhin diese unerklärliche Sehnsucht nach einem Deutschland, das sie nur aus der Literatur und von Erzählungen in Kriegszeiten kannte, um danach nur ein Mal wie bei einer Pilgerfahrt dorthin zurückzukehren. Sie hatte niemals etwas anderes als das leidende und unglückliche Deutschland gekannt. Auch diese geradezu deutsche und romantische Haltung sollte sie ihren Kindern mitgeben.

Christelle hatte blonde Haare und blaue Augen. Sie ähnelte ihrem Bruder kaum. Sie hatte ihre ersten Jahre bei ihrem Großvater mütterlicherseits verbracht, weil ihre Mutter, wie man ihr erzählte, nach ihrer Geburt irgendwelche »Schwierigkeiten« gehabt habe. Aber als sie elf wurde, waren alle wieder unter dem Dach der Mutter vereint. Christelle besuchte ein Gymnasium in der Nähe der mütterlichen Wohnung. Ihr Bruder und sie waren also eng miteinander verbunden. Und nun plötzlich waren sie nur noch zur Hälfte verwandt.

Warum hatte die Mutter das Geheimnis ihrer Abstammung nicht früher gelüftet? In ihren Augen hätten ihre Kinder das zuvor noch nicht verstanden. Sie allein hatte das Recht und die Fähigkeit zu denken. Sie war nicht gewalttätig, es hing kein Stock hinter der Tür, aber das Wort »Kompromiß« gab es nicht in ihrem Sprachschatz. Als ihre Tochter ihr einige Zeit später Vorwürfe machte, weil sie ihnen erst so spät die Wahrheit enthüllt hatte, sagte sie nur: »Solange ihr Kinder und Heranwachsende wart, hätte euch das zu sehr belastet und ihr hättet auch meine damalige Situation noch nicht verstehen können.« Ihre Tochter glaubt aber, das Ganze hätte ihr einige Jahre früher weniger weh getan. Der Schock war für sie größer als für ihren Bruder, vor allem da er völlig unerwartet kam.

Christelle fand wenig später zwei Photos ihres deutschen Vaters. Eines brachte sie dann ihrer Mutter mit. Zwischen ihr und ihrem Vater gibt es sicherlich einige Ähnlichkeiten. Dieses Photo steht heute gerahmt auf ihrem Schreibtisch. Da er nun bereits so lange tot ist, ist es für sie ein wenig wie ein Andachtsbild. Sie vertraut ihm ihre kleinen Probleme an, wenn sie allein ist ...

Ihre doppelte Identität erschütterte Christelle schwer. » Es war, als hätte mir jemand den Teppich unter den Füßen weggezogen. Und Gott weiß, daß dieser Teppich bereits vorher recht schmal war.« Sie besuchte zu dieser Zeit die Abschlußklasse des Gymnasiums. Plötzlich hörte sie auf zu arbeiten und schwänzte den Unterricht. » Wozu soll das noch gut sein, wo man mich doch bisher so belogen hat?« sagte sie sich. Dies war ein Beispiel jugendlicher Logik, oder vielmehr Unlogik. Später würde sie dies dann auch bereuen. Heute liest sie sehr viel, sie hat diese Leidenschaft fürs Lesen entdeckt, als ihre Kinder groß waren.

Mit achtzehn dagegen begann sie in den Bars herumzuhängen und die Nächte mit ihren Freunden in den Klubs zu verbringen. Manchmal fuhren zwei oder drei Mädchen zusammen mit einem Freund nach einer durchtanzten und durchzechten Nacht an einen Strand an der Bucht von Arcachon zum Baden. Sie zogen sich aus, es war selbst im Sommer zu dieser frühen Stunde noch recht kühl, aber es war nach diesen heißen Nächten sehr erfrischend, sich nackt in die Wellen zu stürzen. Man lachte, sang, schlief in den Dünen oder im Strandhaus von Eltern, die gerade ausgeflogen waren. All das war etwas gefährlich, aber ein tolles Gefühl. Sie hielten sich an das Motto: » Unkraut vergeht nicht.« Es war, als ob Christelle ihre bisherige Haut völlig abgestreift hätte und ihr deshalb alles egal geworden wäre.

Ihr einziges Problem war, daß es ihrer Mutter und ihrem Großvater schließlich klarwurde, auf welch gefährlichen Abwegen sie war. Man entkommt nun einmal dem eigenen Körper nicht,

aber auch nicht der Familie, und vor allem nicht den Erziehungs-
berechtigten. Beide Eltern, die sich in der Zwischenzeit wieder
versöhnt hatten, beriefen also einen ihrer berühmt-berüchtigten
Familienräte ein. Dieser beschloß, die junge Frau als Aupair-
Mädchen nach England zu schicken, damit sie wenigstens etwas
lerne. Der Aufenthalt war allerdings für sie nicht die reine Freude. Die Gören in ihrer Gastfamilie machten ihr viel zu schaffen.
Abends war sie dann so frustriert, daß sie sich wieder ins Nacht-
leben stürzte. Und so ist es dann eben passiert.

Es war kurz vor der Einführung der Antibabypille. Einfach
Pech! Christelle war plötzlich von einem Schotten schwanger,
von dem sie anscheinend überhaupt nichts wußte, außer daß er
aus Schottland stammte. Laut ihren eigenen Angaben haben sie
nur einige, wenn auch unvergeßliche Stunden miteinander verbracht. Danach wollte sie ihn nicht mehr wiedersehen. Aber diese
Schwangerschaft »kam doch irgendwie zur rechten Zeit«, da ihr
Aufenthalt fast vorüber war und sie kaum noch Geld hatte. Und
so konnte sie also nach Frankreich zurückkehren. Weit davon
entfernt, vor der vorhersehbaren Szene mit ihrer Mutter und
ihrem Großvater Angst zu haben, freute sie sich sogar irgendwie
darauf, sie mit dieser schlechten Nachricht provozieren zu können. Ganz zu schweigen von der Tatsache, daß sie keinerlei Angaben über den Vater ihres Kindes machen konnte, außer »seiner
Zugehörigkeit zum Stamm der Schotten«.

Ihre Angehörigen waren angesichts dieser neue Provokation
fassungslos. All das überstieg vollkommen ihr Verständnis als
brave katholische Bürgersleute. Und wie könnte man diesen
Vater finden? »Das hieße, eine Nadel im Heuhaufen suchen.
Außerdem würde das auch nichts bringen, denn wie wollt ihr
beweisen, daß er der Vater ist? Wollt ihr, daß ich dieses Kind behalte? Also dann zahlt mir eine Rente, mit der ich gut leben kann,
oder sucht mir einen reichen und schönen Mann, der das Baby als
sein eigenes anerkennt«, erklärte ihnen die so gar nicht reuige
Sünderin. Und sie fanden einen Mann für sie, und das sogar
schnell, in Gestalt eines Offiziers der französischen Marine,

noch Junggeselle, da immer auf See gewesen, und mit einem schönen Sold ausgestattet, den auszugeben er kaum Gelegenheit hatte. Es war der Sohn eines alten Kameraden des Großvaters aus der Résistance, der zufrieden war, ein Mädchen »aus gutem Hause« heiraten zu können, wie man es von ihm als Angehörigen des Bürgertums von Bordeaux erwartete. Außerdem gefiel ihm Christelle wirklich. Auf diese Weise wurde sie wie ihre Mutter eine Seemannsfrau. Er gab ihrem Kind seinem Namen, der gar nicht einmal so schlecht war. Und so waren ihr Großvater und ihre Mutter von einer großen, inzwischen sogar doppelten Last befreit.

Nachdem sie lange Zeit diejenigen, die sie großzogen, verabscheut hatte, hat Christelle inzwischen mit ihnen innerlich Frieden geschlossen. »Zuerst einmal ist mein Großvater inzwischen tot, und über Tote soll man ja nichts Schlechtes sagen. Er war sehr sparsam, aber er hat nie gegeizt, wenn es um das Geld für mich und meine Erziehung ging.« Sie hatte alles, worauf ein kleines Mädchen und eine Tochter aus gutem Hause meint Anspruch zu haben, eine spanische Gouvernante, Weihnachten im Schnee, Mathematiknachhilfe und Klavierstunden, Tanzunterricht und ein Pferd. Ihr Großvater vergötterte sie. Er fand, sie ähnele ihm mehr als seine Tochter Anne. Er las ihr jeden Wunsch von den Augen ab. Sie wurde ein richtig verwöhntes Kind ... Er erlaubte ihr, allmählich wieder Kontakt zu ihrer Mutter aufzunehmen. Sie hatte sich ein kleines Landhaus an der Bucht von Arcachon gekauft. Wahrscheinlich hatte Großvater ihr bei diesem Kauf geholfen, damit seine Enkel Urlaub am Meer machen konnten. Um so größer war seine Enttäuschung, als Christelle am Ende ihrer Gymnasialzeit plötzlich auf die schiefe Bahn geriet. Er hatte sehr rigide Prinzipien und Werte, die Religion, das Vaterland, niemals lügen, niemals stehlen, die Arbeit. Aber vielleicht hatte er sie ja nur zu sehr verwöhnt. Dies war tatsächlich ein weiterer Grund für die Krise, die sie zwischen achtzehn und zwanzig Jahren durchmachte.

In diesem Moment, etwa um 1965 herum, hatte sich ihre Mutter vor Verzweiflung an einen Menschen gewandt, von dessen Existenz Christelle gerade erst erfahren hatte: an ihren deutschen Vater. Dieser kam auf ihren Hilferuf hin sofort nach Bordeaux. Nach seiner Trennung von Anne und der Freilassung aus dem Gefangenenlager hatte er in Deutschland wieder geheiratet und als Klinikverwalter ziemlich gutes Geld verdient. Er verwaltete zu dieser Zeit gerade mehrere Einrichtungen in der Schweiz und schlug Anne vor, ihre gemeinsame Tochter in eine dieser Kliniken mitzunehmen, damit sie dort einen medizinischen Beruf wie Krankenschwester oder Krankengymnastin erlernen könne. War das nicht auch vor zwanzig Jahren Annes Beruf gewesen?

Anne hielt das für die beste Lösung. Aber Christelle antwortete darauf mit einem kategorischen »Nein«. Die Mutter hatte Schwierigkeiten, sich nicht anmerken zu lassen, wie sehr sie diese Ablehnung schmerzte. Und doch hatte ihre Tochter diesen rebellischen Charakter von ihr geerbt. In ihren frühen Jahren war Anne genauso eigensinnig und dickköpfig gewesen wie ihre Tochter und hatte schon einmal mit den Füßen aufgestampft, wenn man ihr nicht die Puppe kaufte, die sie unbedingt haben wollte. Christelle neigte zu gewissen Zeiten ihres Lebens zum gleichen Betragen, war aber dabei doch weniger leidenschaftlich und weniger verträumt als ihre Mutter. Auch Anne hatte mit achtzehn die Schule geschwänzt, um sich mit ihrem Seemann zu treffen. Sie hatte sogar eine »Abkürzung« genommen, um schneller als Christelle der gleichen Art Mann zu begegnen.

Nach einer langen Karriere auf See und danach in der Militärverwaltung ist der inzwischen pensionierte Mann Christelles ins Weingeschäft gewechselt und betreibt ein Weingut im Bordelais, das er von seinen Eltern geerbt hat. Ihre deutsche Großmutter väterlicherseits, Else Siercks-Böge, hatte nie aufgehört, Anne jedes Jahr eine nette Neujahrskarte zu schicken, in der sie fragte, was es Neues über »die liebe Kleine« gebe. Aber direkt nach dem Krieg hatten die Deutschen Angst, in Frankreich nicht gut empfangen zu werden, nach all dem Unheil, das sie dort angerichtet hatten. Anne wollte nie mit Christelle nach Eckernförde fahren, weil sie beschlossen hatte, daß ihre Tochter vor ihrer Volljährigkeit nichts von ihrer deutschen Abstammung erfahren sollte. Danach zeigte sie ihr die ganzen Postkarten. Aber es war zu spät, ihre deutsche Großmutter war inzwischen gestorben.

Im Unterschied zu anderen Deutschenkindern brauchte Christelle ihre deutsche Familie nicht zu suchen. Es gab dann aber sogar eine Zeit, in der sie diese Abstammung verleugnete. Dies geschah zweifellos unter dem Einfluß ihres Mannes, der nichts davon hören wollte. Ihre Beziehungen zu ihrer Mutter waren damals nicht sehr eng, und sie mußte ihre Kinder aufziehen. Nachdem ihr Großvater gestorben war, kam sie zu den Beisetzungsfeierlichkeiten und nahm die Beziehungen zu ihrer Mutter wieder auf. Ihr Bruder hat angeblich unter dem Einfluß seiner Frau und einem ihrer Freunde den Kontakt zu seiner Mutter völlig abgebrochen, da diese immer noch das Andenken Marschall Pétains in Ehren hält, so wie andere Karl den Großen oder den Heiligen Ludwig verehren. Allerdings tut sie das ungewöhnlich offen. Vielleicht fürchtete ihr Sohn deshalb um seine Karriere.

Großvater Gaétan, der recht begütert war, hinterließ seinen Enkeln eine ziemlich große Geldsumme und einige Immobilien. Es mag banal klingen, aber gerade dieses Geld sicherte Christelles Unabhängigkeit ab. Damals wandte sie sich auch ihrer deutschen Familie zu und versuchte, sich über die Persönlichkeit ihres Vaters klarzuwerden. Dieser war gutaussehend und ziemlich mutig, ein loyaler und aufrechter Mann. Bei ihren Nachforschungen machte sie die Bekanntschaft ihrer Bremer Cousine Yvonne, der Tochter einer Schwester von Hans. Sie ist Lehrerin und vor kurzem nach Hamburg gezogen, wo ihr Mann als Jurist arbeitet. Diese ganze kleine Welt trifft sich im Sommer im Haus an der Bucht von Arcachon.

Das Ganze war eine anfangs sehr komplizierte Geschichte, sogar mit einigen Tragödien, die aber zuletzt recht gut ausging. Anne nahm ihre Arbeit als Krankenschwester wieder auf, nachdem etwa 1951 das Urteil zur Aberkennung der bürgerlichen Ehrenrechte gegen sie aufgehoben wurde. Christelle leidet nicht mehr unter ihrer seltsamen Herkunft. Sie ist die Tochter einer Kollaborateurin und Enkelin eines Widerstandskämpfers. Das ist nicht immer leicht zu verstehen, aber diese Wörter haben ihren Sinn verloren, und die Verbindung zwischen ihrer Mutter und dem Dritten Reich war eher eine Liebesgeschichte als ein politisches Engagement. Niemand hat sie jemals als »Tochter einer Kollaborateurin« oder »Tochter eines Boche« beschimpft. Sie ist Französin durch und durch. Einmal reiste sie nach Hamburg, um sich anzuschauen, wo ihr Vater aufwuchs. Die Leute sind freundlich und hilfsbereit. In Deutschland zu leben, ist sehr bequem. Aber ihr würden dort die tausend kleinen Dinge fehlen, die man nur in Frankreich findet.

Erstaunlicherweise spricht Anne de la Bachellerie in ihrem Alter und nach so vielen Jahren immer noch ziemlich fließend Deutsch. Sie hat sich nicht geändert, sie wird sich nie mehr ändern und wird auch ihren Irrtümern treu bleiben. Ihre Tochter und ihre Nichte bezeichnen sie als »*Monument Historique*«, als »historisches Denkmal«. Ihr Leben verlief wie ein echter historischer Roman und verdient es, erzählt zu werden.* Kehren wir also in das Bordeaux am Anfang des Krieges zurück.

An einem schönen Abend des Jahres 1941 sitzt eine hinreißende französische Studentin auf einer Bank in einem Park in der Stadtmitte. 1923 in dieser Hafenstadt am Atlantik geboren, ist Anne de la Bachellerie zu dieser Zeit also fast achtzehn Jahre alt. Sie ist sich sicher, daß eines Tages an diesem Platz ihr Märchenprinz erscheinen wird, denn sie ist eine unverbesserliche Romantikerin. Während sie wartet, liest sie die von Pierre Dac herausgegebene humoristische Zeitschrift *L'os à moelle*, eine sehr populäre Lektüre

---

* Anne de la Bachellerie, *La corde de piano. Une jeune Française dans le cyclone de la guerre*, Bistrita/Bukarest: Editions DiversGens 2004. Anne hat in diesem Buch ihre Erinnerungen an die Jahre 1939–1946 niedergeschrieben. Die *corde de piano*, »Klaviersaite«, ist eine Anspielung auf die Art, wie die SS Admiral Canaris erdrosselte.

im Frankreich der damaligen Zeit, und paßt auf ihren Hund auf, der abwechselnd die Statuen Montaignes und Montesquieus anpinkelt. Sie und ihr Vater Gaétan de la Bachellerie sind glühende Anhänger des alten Marschalls Pétain. Gaétan hatte sich 1918 mit achtzehn Jahren als Kriegsfreiwilliger gemeldet. Pétain, der sogenannte »Sieger von Verdun«, mußte sich zwar mit Hitler arrangieren, nachdem Frankreich von der Wehrmacht besetzt worden war, aber Gaétan und seine Tochter sind überzeugt, daß das nicht immer so bleiben wird und daß der Chef des *État français,* des »französischen Staates«, Mittel und Wege finden wird, dem Land die Unabhängigkeit zurückzuerobern, indem er heimlich entweder mit den Franzosen in London oder mit denen in Nordafrika paktiert, um so auf jeden Fall Hitler am Ende zum Narren zu halten.

In der damaligen Zeit mag man in dieser herrlichen Hafenstadt, die manche für die schönste Frankreichs halten, die Briten überhaupt nicht. Diese Antipathie hat eine lange Geschichte. Die Engländer hatten Aquitanien jahrhundertelang besetzt gehalten. Auf den Meeren waren sie die Konkurrenten der stolzen Reeder aus Bordeaux gewesen. Anne hält einen Frieden mit den Deutschen für möglich. Sie verkehrt in den Kreisen der jungen Pétain-Anhänger. Wichtige Persönlichkeiten, die mit den Deutschen kollaborierten, sind mit ihrer Familie verschwägert. Eltern, Freunde und Nachbarn der La Bachelleries sind von der deutschen Macht beeindruckt. Anne glaubt an die vom Marschall proklamierten Werte »Arbeit, Familie, Vaterland«, die auch die Werte ihrer Kreise sind. Sie hat gelernt, die »Roten« zu hassen, und unterstützt Hitlers Krieg gegen den »Bolschewismus«. Kurz, sie hat alle Voraussetzungen für eine »Kollaborateurin«, und noch lange Zeit glaubt sie daran, daß die gutwilligen Menschen in beiden Ländern Hitler umstimmen oder ausschalten könnten und daß man Europa gemeinsam mit diesen »guten Deutschen« aufbauen werde. Politisch naiv, tief gläubig und mit einem Kopf voller Ritterromane weiß sie nicht, daß »man einen langen Löffel braucht, wenn man mit dem Teufel speisen will«: Diese Empfehlung hinterließ ihr ihr Vater, als er Frankreich Richtung Nord-afrika verließ.

Anne war in einer katholischen und konservativen französischen Kleinadelsfamilie großgeworden. Aber mit fünfzehn hatte sie einen psychischen Schock erlitten, als ihr Vater sich von ihrer Mutter scheiden ließ. Mit seiner neuen Gefährtin hatte er damals das Familiendomizil verlassen und prompt seine Stelle als Direktor eines großen Unternehmens in Bordeaux verloren, da dessen Eigentümer in moralischen Fragen kein Pardon kannten. Wie sollte ein »Geschiedener« noch seine Autorität gegenüber den Arbeitern aufrechterhalten? In ihren Augen war das nicht möglich. Als Heranwachsende leidet Anne schwer unter der Scheidung ihrer Eltern. Der Unterstützung ihres Vaters beraubt lebt das junge Mädchen in ärmlichen Verhältnissen mit ihrer Mutter, Sekretärin bei einer Dienststelle der französischen Armee, in einer kleinen Wohnung.

Die Untreue ihres Vaters empfindet Anne als gegen sich selbst gerichtet. Sie ihrerseits glaubt weiterhin an die große Liebe. Eines Tages wird der Auserkorene kommen und sie aus ihrer langweiligen Existenz erretten, und von ihrer Jungfräulichkeit, die schwer auf ihr zu lasten beginnt, die man damals aber nur mit einem Ring am Finger verlieren durfte. Und da erscheint ihr an diesem schönen Sommerabend der Märchenprinz in Gestalt eines jungen Deutschen, der in Zivilkleidung durch den Park spaziert. Noch sechsunddreißig Jahre später erinnert sich Anne: »Er war schön wie ein junger Gott...« Der junge Mann hat die junge Französin bemerkt. Er nähert sich ihr und reißt sie aus ihrer Träumerei. Er entschuldigt sich bei ihr, sich nicht in ihrer Muttersprache mit ihr unterhalten zu können. Dann beginnt er einen langen Monolog auf Deutsch, einer Sprache, die Anne bisher als rauh erschien, die nun aber in ihren Ohren wie eine Melodie von Brahms klingt. Das einzige, was ihr von seinen Worten im Gedächtnis bleiben wird, ist »Auf Wiedersehen«, das er ihr beim Abschied mit einem vielversprechenden Blick zuflüstert. Es ist Liebe auf den ersten Blick.

Sie stellen fest, daß sie sich auf Englisch verständigen können. Hans Siercks,* das ist sein Name, wurde 1918 in Altona, einem bürgerlichen Viertel Hamburgs, geboren. Er war Seekadett bei der Handelsmarine gewesen, um dann die Uniform von Hitlers Kriegsmarine anzuziehen. In der Sprache Shakespeares und Churchills erzählt er seiner neuen Bekannten über seine Seereisen und Landaufenthalte. Hans ist Unteroffiziersschüler auf einem Sperrbrecher (überwiegend umgebaute Handelsschiffe), die die Aufgabe hatten, feindliche Minen, Netzsperren etc. zu räumen ... Bei jeder Mission auf See kann er sein Leben verlieren, was die ganze Angelegenheit für sie noch romantischer werden läßt. Mit der ganzen Leidenschaft, die in ihr brennt, lernt Anne nun Deutsch, was sieben Stunden Arbeit pro Tag bedeutet. Nach einigen Monaten spricht sie die Sprache Goethes und Hitlers fließend.

War Hans Siercks ein Nazi? Wahrscheinlich nicht, aber das ist auch kein Thema zwischen den beiden. Anne wird es niemals erfahren, weil sie nie über Politik reden. Er war ein Seemann, der bereits in seinem Elternhaus das Gefühl fürs Meer und die Pflicht eingeimpft bekommen hatte. Er gehorchte den Befehlen und akzeptierte die Gefahr. Sie war von seiner Statur und seinem Aussehen geblendet und sah Deutschland durch ein wildes Durcheinander von Seejungfrauen, Schimmeln im Nebel, Sagen und Legenden. All das verkörperte für sie dieser Mann, der mehr und mehr zu ihrem persönlichen Ritter wurde.

Der Hafen von Bordeaux ist in der besetzten Zone, und die Deutschen errichten dort eine große befestigte Basis für ihre Kriegsmarine und ihre U-Boote. Von den Vichy-Leuten enttäuscht, arbeitet Annes Vater von nun für die Résistance, aber nicht für General de Gaulle, den er gegenüber seiner Tochter als

_____ * Wir haben in der Wehrmachtsauskunftsstelle in Berlin (WASt, Eichborndamm 179, D-13403 Berlin) die Militärakte von Hans Siercks gefunden, mit seinem Photo in Uniform und Zivil auf seinem Militärpaß. Der Inhalt der Akte stimmt Punkt für Punkt mit Anne de la Bachelleries Bericht überein.

»Deserteur« bezeichnet, sondern für General Giraud, einen anständigen und mutigen Offizier, der 1942 aus dem Kriegsgefangenenlager auf der sächsischen Festung Königstein geflohen war. Ein Jahr später wird er sich diesem mit der Gestapo auf den Fersen in Nordafrika anschließen. Anne trifft ihren Vater von Zeit zu Zeit heimlich in einem Garagenraum, der der Familie gehört. Vom Aussehen her sind sie sehr unterschiedlich. Er ist groß und kräftig, mit blauen Augen, leicht ins blonde gehenden Haaren, einem eher nordischen Körperbau, der vielleicht auf einige Chromosome zurückgeht, die die Angelsachsen hier hinterlassen haben; sie ist klein, mit schwarzen Haaren, braunen Augen, von äußerster Zartheit. Aber sie ähnelt ihm durch ihren eigensinnigen und impulsiven Charakter. Im Grunde vergöttert Anne ihren Vater. Sie wird ihn nicht verraten. Er mißbilligt ihre Schwärmerei für diesen Deutschen, aber letzten Endes wird er ihr nach Ende des Krieges verzeihen.

Aber bis es soweit ist, wird noch viel Wasser unter den Brücken der Garonne hindurchfließen. Es ist nicht leicht, in Kriegszeiten die zukünftigen Schwiegereltern aufzusuchen! Ihre künftige deutsche Schwiegermutter Else Siercks-Böge, die nach dem Tod des Vaters von Hans, der am Ende des Ersten Weltkriegs gefallen war, wieder geheiratet hatte, sorgt dafür, daß Anne im Rahmen des STO, des obligatorischen Arbeitseinsatzes von Franzosen in Deutschland, dienstverpflichtet wird, was es ihr erlaubt, nach Hamburg zu reisen. Bei ihrer Fahrt von Bahnhof zu Bahnhof sieht Anne die durch die Bombenangriffe verursachten schrecklichen Zerstörungen. Sie kennt den Krieg bereits. Als Pfadfinderin hat sie schon Verwundete der Bombenangriffe auf Bordeaux versorgt. Sie hatte sich auch um Flüchtlinge während des großen Exodus von 1940 gekümmert. Aber das hier ist viel schlimmer.

Dieses Schauspiel stärkt sie noch in ihrer Meinung, daß Deutschland so sehr wie die anderen Völker Opfer dieses Krieges sei. Oder sagen wir besser die Deutschen... Später werden ihr ihre Schwiegermutter und deren Mann von den drei Tagen des Hamburger Bombensturms im Juli 1943 erzählen. Und Anne hat bis heute nichts von diesem Bericht vergessen, auf den sie bei unseren Gesprächen immer wieder zurückkommt. Dieser anglo-amerikanische Luftangriff kostete 73 000 Menschen das Leben, erinnert sie sich. Viele Leute waren nicht in die Luftschutzbunker gegangen, als Alarm gegeben wurde, weil sie sich nicht in Gefahr fühlten. Und dann ging ein Stahl- und Phosphorgewitter über der großen Hafenstadt nieder. Der Feuersturm raste wie ein Tornado durch die brennenden Häuserzeilen. Die Überlebenden brannten wie Fackeln, stürzten sich in die Elbe, aber der Phosphor, der sich über sie ergossen hatte, entzündete sich erneut, sobald sie aus dem Wasser herausstiegen. Man mußte einige von ihnen bis zum Hals mit Erde bedecken, um die Flammen zu löschen. Das war alles, was man für diese Leute noch tun konnte.

Die Nazibehörden ließen die Innenstadt absperren, mit der Begründung, dort seien Seuchen ausgebrochen. So hat man es Anne erzählt. Tatsächlich sei das nur ein Vorwand gewesen, um die Innenstadt zu leeren. Die Herren des Dritten Reiches hätten dann dort an Ort und Stelle die Schwerverletzten, denen man nicht mehr helfen konnte, zugrunde gehen lassen können.

Dann fuhren Lastwagen mit SS-Männern durch die Stadt, um die Überlebenden einzuschüchtern. Goebbels verkündete später im Rundfunk, dem Bombenangriff seien 20 000 Menschen zum Opfer gefallen, was eine weitere Lüge war. Diese Ereignisse trugen enorm dazu bei, daß Anne sich den Deutschen nahefühlte. Aber sie führten bei ihr auch zu einem großen Haß sowohl auf die Nazis als auch die Angelsachsen. Bei ihrem ersten Besuch war sie von ihrer Schwiegerfamilie mit offenen Armen empfangen worden, die von der kleinen Französin hingerissen war. Else, die fünfzehn Zentimeter größer war als sie, hob sie in die Höhe und ließ sie dann fast vor Überraschung fallen, als sie merkte, daß dieses junge Ding Deutsch sprach. Ich habe den Wohnsitz der Siercks-Böges in der damaligen Schlageterstraße 17 in Hamburg selbst aufgesucht. Diese Straße, die den Namen eines frühen Nazikämpfers trug, der während der Ruhrbesetzung von 1923 von den französischen Besatzern hingerichtet wurde, nachdem er

Sabotageakte gegen sie ausgeführt hatte, wurde nach dem Krieg umbenannt und heißt heute Stresemannstraße, eine der Hamburger Hauptverkehrsstraßen, nicht weit von der Straßenbahn- und S-Bahnstation »Holstenstraße« entfernt. Unglücklicherweise wurde das Gebäude, in dem Anna während ihres Besuches wohnte, später von Bomben zerstört. Ein vierstöckiges graues und häßliches Haus aus den Fünfzigerjahren steht heute an seiner Stelle. Es hätte nicht viel gefehlt und es wäre stehengeblieben: die Häuserzeile aus den Gründerjahren auf der linken Seiten ist noch intakt, aber ab der Hausnummer 17 ist alles auf Hunderte von Metern im Bombenhagel untergegangen. Nichts erinnert hier noch an die Siercks.

Nach ihrer Rückkehr nach Frankreich heirateten Anne und Hans auf einem deutschen Schiff, das im Flottenstützpunkt von Bordeaux lag. Auf diese Weise ließ sich das Verbot für Wehrmachtsangehörige umgehen, Französinnen zu heiraten, da der Kommandant alleiniger Herr auf seinem Schiff war. Danach ereignete sich das zweite wichtige Ereignis in Annes noch jungem Leben.

In einem Café in Bordeaux lernt sie eine junge Deutsche kennen, der sie hilft, sich der Kellnerin verständlich zu machen. Magdalena Bahr, die nur ein Jahr älter ist als sie, arbeitet, obwohl Zivilistin, als Assistentin des Kommandanten der deutschen U-Boot-Basis.* Anne und sie freunden sich an und Magdalena verschafft ihr eine Stelle auf dem Stützpunkt als dreisprachige Sekretärin. Es ist keine harte Arbeit, sie muß englische und französische Meldungen von Feindsendern sowie deren deutsche Übersetzung abtippen. Die deutsche Wehrmacht bringt ihr offensichtlich vollstes Vertrauen entgegen. Es gibt nicht viele Französinnen, die für ihren Dienst so geeignet sind. Allerdings ist sie damit ernstlich ins

---

* In der Wehrmachtsauskunftsstelle findet sich auch eine Erwähnung Magdalena Bahrs. Als Zivilperson wäre sie normalerweise dort nicht erfaßt, aber die Militärdienststelle, für die sie arbeitete, meldete doch einmal ihre zeitweilige Abwesenheit wegen Krankheit, wodurch sie gleichzeitig ihre Identität bestätigte.

Räderwerk der Kollaboration geraten. Die Basis ist ein strategischer Ort.

Allmählich erfährt sie von Magdalena, daß ihre Begegnung kein reiner Zufall war. »Magda« ist in Wirklichkeit ohne Wissen ihrer Vorgesetzten eine Agentin der deutschen Gegenspionage, die durch ihre Familie Admiral Wilhelm Canaris sehr nahe steht, der die deutsche »Abwehr«, die Spionageabwehrabteilung im Reichskriegsministerium leitet. Darüber hinaus ist sie ein heimliches Mitglied des Kreisauer Kreises, des Kerns des deutschen Widerstands gegen Hitler. Ein Großteil von dessen Mitgliedern werden nach dem Führerattentat vom 20. Juli 1944 hingerichtet. Magda, die als Untermieterin bei Annes Mutter eingezogen ist, weiht ihre französische Freundin nach und nach in all ihre Geheimnisse ein. Sie beauftragt sie sogar damit, die Pläne für eine Geheimwaffe, ein mit Sprengstoff vollgestopftes und von einem Kamikazekämpfer gesteuertes Miniunterseeboot, aus der Basis herauszuschmuggeln und sie Canaris in Bordeaux zu übergeben, den Anne dadurch ganz kurz kennenlernt. Letztendlich wird dieses zweifelhafte Taschen-U-Boot nie zum Einsatz gelangen.

Dank eines Funkgeräts, das sie unter ihrem Bett versteckt hat, steht Magdalena in ständigem Kontakt zu ihren Berliner Freunden. Deshalb erfahren die beiden Freundinnen am 21. Juli 1944 von dem gescheiterten Attentat auf Hitler und kurz darauf von der Verhaftung von Canaris. Von nun an stehen sie ohne Schutz da. Im August 1944 bittet Magdalena, auf die die Gestapo einen Mordanschlag verübt hatte, Anne inständig, doch mit ihr »nach Deutschland« zu fliegen. Anne lehnt ab, da sie ihre Mutter nicht verlassen will. Erst viel später, nach dem Krieg, erfährt sie, daß Magdas Flugzeug nach Großbritannien »umgeleitet« wurde. Ein letzter Coup von Admiral Canaris, der damit eine Freundin rettet, kurz bevor er auf schreckliche Weise mit seinem Leben dafür zahlen muß, daß er sich mit dem Widerstand gegen Hitler eingelassen hatte.

Anne war nun zur »Seemannsfrau« geworden. Hans war meist abwesend, entweder auf See oder auf Ausbildung in Bremen.

Wenn er sich für viele, viele Tage auf See verabschiedete, war Anne fast sicher, ihn nie wiederzusehen. Auf der Basis sah sie jeden Tag die U-Bootfahrer. Viele würden nicht zurückkommen. Im Laufe des Krieges verlor das Reich ungefähr 30 000 Angehörige dieser Waffengattung. Hans allerdings kehrte jedesmal zurück, er hatte Glück, wurde aber gleichzeitig immer jähzorniger und depressiver und war oft mit seinen Nerven am Ende. Nun lernte Anne die Kehrseite des Märchenprinzen kennen. Ihre romantischen Träume verflogen. Da sie charmant und leichtlebig war, konnte Anne zahlreiche Freundschaften auf der Basis knüpfen, vor allem mit einem Stabsarzt, der sie ein paar Mal zu klassischen Konzerten beim deutschen Stadtkommandanten von Bordeaux mitnahm. Der Stützpunktkommandant Kapitän Scholtz empfand eine fast väterliche Zuneigung zu dieser kleinen Französin, die einen Deutschen geheiratet hatte. Und so teilte sich ihr Leben auf zwischen der Basis und der Wohnung ihrer Mutter, ohne große Kontakte darüber hinaus.

Als sich die deutsche Niederlage abzeichnet, ist ihr Mann im Einsatz. Da sie reguläre deutsche Papiere besitzt, flieht sie mit ihren Reichsmark in der Tasche im Auto eines jungen Luftwaffenoffiziers, eines Österreichers, nach Deutschland. Es folgt eine riskante, dramatische Fahrt von Straßburg nach Wien, und von da unter Bomben nach Berlin. Von ihren schrecklichen Erinnerungen an Bombenangriffe geprägt, möchte Anne Hilfe leisten. Auch ihr christlicher Glaube spielt bei dieser Entscheidung eine Rolle. Sie verpflichtet sich in Potsdam beim Roten Kreuz und wird erst einmal zur Ausbildung in den Harz nach Hahnenklee geschickt. Dies erlaubt es ihr auch erst einmal abzutauchen, sollte die Gestapo doch noch von ihren Kontakten zu Canaris' Abwehr Wind bekommen. Aber der Name von deren kleinen französischen Helferin ist Gott sei Dank nirgendwo verzeichnet. Anne besucht ihre Schwiegermutter in Eckernförde, wohin diese sich geflüchtet hat. In Berlin fraternisiert sie dann mit Landsleuten von der »Légion des Volontaires Français« L.V.F., der französischen Freiwilligentruppe, die in deutschen Uniformen gegen die

Russen gekämpft hatte. Diese wissen, daß sie nach der deutschen Niederlage der Tod erwartet, und bringen deshalb ihr gegenüber ihre ganze Bitterkeit zum Ausdruck. Sie teilt ihre Gefühle, aber es wird ihr dennoch warm ums Herz, wenn sie auf deren Uniformärmeln wie auch auf ihrer eigenen Krankenschwesterschürze die französischen Farben erblickt.

Danach wird sie in ein Krankenhaus im norddeutschen Stade versetzt, wo sie sich freiwillig meldet, um in Danzig die Kinder abzuholen, die den Untergang der *Wilhelm Gustloff* überlebt haben, die von einem sowjetischen U-Boot torpediert worden war, was zur größten Schiffskatastrophe aller Zeiten führte. Die Rote Armee ist bereits sehr nahe. Die Rückfahrt nach Stade mit dem Zug verläuft äußerst dramatisch. Danach wacht sie acht Tage und Nächte am Bett eines kleinen Mädchens, das schließlich an Typhus stirbt. Danach schickt man sie in eine Tuberkuloseklinik in Sahlenburg bei Cuxhaven, wo sie selbst beinahe dem Typhus zum Opfer fällt. Erst als sie dreißig Jahre später noch einmal nach Deutschland zurückkehrt, wird sie erfahren, daß in dieser Klinik ein Waffen- und Munitionslager versteckt war und daß sie damals dort auf einem Vulkan gelebt hatte.

Dies ist wohl auch der Grund, warum die Briten, die am 9. Mai 1945 das Hospital besetzen, sie und ihre Mitschwestern wegen »Spionage« und »Kriegsverbrechen« zum Tode verurteilen. Man bietet ihnen aber zuvor eine »Henkersmahlzeit« an. Der Oberst ißt ein paar Bissen mit ihnen und fragt sie nach allem, was sie in Deutschland gesehen haben. Anne und ihren Kameradinnen fehlt verständlicherweise jeder Appetit und sie versuchen das Essen zu verlängern, solange es geht. Beim Nachtisch verkündet ihnen der Offizier, daß sie schließlich doch »zu jung« zum Sterben seien und man »sie nicht erschießen« werde. Vielleicht war das Ganze doch nur ein typisch britischer Scherz, *a good joke,* der sie für ihre Kollaboration mit den Nazis bestrafen sollte …

Anne wird danach in ein Lager für »Displaced Persons« eingewiesen. Sie verbirgt ihre Identität und bringt einen französischen Offizier dazu, ihr einen Passierschein auszustellen, indem sie ihm verspricht, sich ihm in diesem Fall »in Paris« hinzugeben. An der französischen Grenze erlebt sie dann eine »verschärfte« Befragung durch die Résistancekämpfer von den F.T.P., den »Francs Tireurs et Partisans«, der kommunistischen Widerstandstruppe. Zurück in Bordeaux wird sie dann auf Grund einer Denunziation verhaftet, als sie gerade ihren Vater besucht, der in der Uniform eines Majors der kanadischen Armee zurückgekommen war. Ein Sondergericht verurteilt sie dann wegen »nationaler Unwürdigkeit« zu einem lebenslänglichen Verlust ihrer bürgerlichen Ehrenrechte und interniert sie zusammen mit anderen Kollaborateurinnen im Lager von Eysines, wo sie zehn Monate bleiben muß, bis sie ihr Vater dort herausholen kann. Diese Prüfungen haben sie hart gemacht. Sie versichert noch heute, daß sie erst nach der deutschen Niederlage zu einer echten Kollaborateurin geworden sei. Bis dahin war sie eher von den Ereignissen getrieben worden.

MYLÈNE*

Die Entdeckung der eigenen Großfamilie __

Am 15. Dezember 2000 schreibt Mylène Lannegrand aus ihrem Wohnort Saint-Aubin-du-Médoc der WASt einen Brief: »Ich erlaube mir, mich an Sie zu wenden, um die Spur meines Vaters wiederzufinden.« Sie gibt seinen Namen an, Heinz Rosentreter, macht aber deutlich, daß sie nicht wisse, ob das auch die richtige Schreibweise sei. Er sei ein Anwalt aus dem österreichischen Wien gewesen, der während des Krieges in der Wehrmacht gedient habe. Sie fährt fort: »Dieser Vater war im Jahr 1941 achtundzwanzig oder neunundzwanzig Jahre alt. Er hielt sich während der Besatzungszeit von 1940 bis 1941 in Fouras im Département Charente-Maritime auf. Er wohnte in dieser Ziet im *Hotel de la Mer,* das die Deutschen beschlagnahmt hatten. Im Frühjahr 1941 wurde er an die Ostfront abkommandiert, und man hat seitdem nie mehr etwas von ihm gehört... Ich wurde im Dezember 1941 geboren. Mein Vater wußte nicht, daß meine Mutter schwanger war, als er fortging. Ich trage sogar seinen Vornamen Heinz, den meine Mutter Renée an meinen Hauptnamen anhängte, als sie mich im Standesamt anmeldete. Ich wurde im Andenken an diesen Mann aufgezogen. Man erzählte mir immer, er sei tot. Mama dachte, daß er zurückgekommen wäre, wenn er den Krieg überlebt hätte. Er hing sehr an ihr und an ihrer Familie, die das Hotel betrieb. Er liebte auch sehr Fouras, einen Marktflecken an der Atlantikküste. Wie er habe ich einen blassen Teint.«

------
* Alle Personen- und Ortsnamen sind authentisch.

Diese Aussagen hat man bei der WASt schon Dutzende Male gehört: Ein idealer, treuer und gebildeter Vater, der unvergessen geblieben ist und der gewiß zurückgekommen wäre, wenn er noch am Leben wäre. Und doch ging bei keinem der Kriegskinder, denen wir begegnet sind, die Verehrung für den verschwundenen mutmaßlichen Helden so weit wie in diesem Falle. Mylène schreibt: »Ich trage immer eine Kette um den Hals, an der sein Siegelring hängt, den er Mama zurückgelassen hat, als er wegging, sowie einen anderen Ring, den er ihr früher einmal geschenkt hatte. Da er immer auf dem Klavier im Hotel spielte, hat man auch mich das Klavierspielen lernen lassen. Wie er habe ich Jura studiert. 1941 sorgten meine Großeltern dafür, daß meine Mutter Deutschstunden erhielt, damit sie besser mit meinem Vater kommunizieren konnte.«

Weiter unten im Brief erzählt Mylène, daß Renée schließlich einen Franzosen geheiratet habe. »Ich wurde von ihrem Mann adoptiert, aber er konnte mir nie diesen Vater ersetzen, den ich im Herzen trage. Ich bin mit diesem schwerwiegenden Mangel aufgewachsen, den die Abwesenheit eines geliebten Wesens mit sich bringt. Ich lebte immer in der Vorstellung, er sei tot, und es sei dafür zu spät, aber heute wird mein Bedürfnis, doch noch meine Wurzeln aufzuspüren, immer stärker. Ich bin zur Hälfte deutsch, mein Sohn hat deutsches Blut in den Adern, und deshalb möchte ich die Spuren meines Vaters wiederauffinden. Vielleicht ist er doch nicht im Krieg gefallen. Er wäre dann heute achtundachtzig oder neunundachtzig Jahre alt; es wäre also ein Wunder, wenn er noch lebte ... Aber warum eigentlich nicht?«

Da sie keine Hypothese auslassen will, widerspricht sich Mylène dann doch ein wenig, als sie des weiteren noch zu bedenken gibt: »Vielleicht hat er eine Familie gegründet, vielleicht hatte er Kinder ... Wenn diese damit einverstanden sind, würde ich ihnen gern begegnen. Wenn er unglücklicherweise doch im Krieg gefallen sein sollte, würde ich gern sein Grab aufsuchen und die Orte kennenlernen, wo er gelebt hat: wo er geboren wurde, aufgewachsen ist, die Anwaltskanzlei, in der er in Wien arbeitete ... Wenn es keine weiteren Kinder geben sollte, so hatte er auf jeden Fall eine Familie, jüngere Brüder oder Schwestern, die vielleicht noch am Leben sein könnten. Wenn das der Fall ist, würde ich auch sie gern kennenlernen. Ich setze große Hoffnungen auf die Arbeit der WASt. Auch wenn die Nachforschungen schwierig sein sollten, wäre ich Ihnen unendlich dankbar, wenn Sie mir alle Angaben und nützlichen Adressen zukommen lassen würden, die mir weiterhelfen könnten. Ich warte mit viel Ungeduld und Vorfreude auf den Moment, wo ich das Flugzeug besteigen werde, um diese Pilgerreise anzutreten. Ich danke Ihnen schon im voraus für die Mühe, die ich Ihnen bereite, und die Auskünfte, die sie mir hoffentlich bald geben werden.«

Wie all die anderen Deutschenkinder, die wir getroffen haben, ist Mylène an einem Moment ihres Lebens angekommen, wo sie ein immer tieferes Bedürfnis verspürt, die eigenen Ursprünge kennenzulernen und eine große Leere aufzufüllen. »Diese Suche nach meinem Vater ist gegenwärtig die wichtigste Sache in meinem Leben«, schreibt sie.

Die Flaschenpost ist nun gleichsam ins Meer geworfen worden. Zehn Monate später, im Oktober 2001, kann die WASt Mylène endlich mitteilen, daß sie die Spur ihres Vaters Heinz Rosentreter gefunden habe, daß er aber leider, wie sie es bereits befürchtet habe, inzwischen verstorben sei. Allerdings geht aus der Antwort auch hervor, daß er nicht im Krieg gefallen ist. Er hatte in Deutschland auch mehrere Kinder, darunter einen Halbbruder und zwei Halbschwestern, mit denen sie Kontakt aufnehmen könne.

Wie hatte nun das Archiv der WASt seine Nachforschungen durchgeführt? Es gibt dort ein Erkennungsmarkenverzeichnis, in dem die Abkürzungen der Truppenteile und eine laufende Nummer aufgeführt werden, die auf diesen Marken stehen, kleinen Medaillons aus dünnem Metall, die alle Wehrmachtsangehörigen am Halse unter ihrem Hemd tragen mußten, um sie im Falle ihres Todes identifizieren zu können. In diesem Verzeichnis endeckte die WASt auf Seite 12 des Bandes 52 402 den Namen Heinz Rosentreter, geboren den 12. Dezember 1914, der beim 96. Artillerieregiment diente. Diese Liste war im März 1940 erstellt worden. Um das weitere Schicksal dieser Wehrmachtseinheit herauszufinden, schlug der Archivdienst im *Tessin* nach, einem Standardwerk über die Verbände der deutschen Wehrmacht im Zweiten Weltkrieg, das den Namen seines Herausgebers trägt.* Es stellte sich heraus, daß das 96. Artillerieregiment 1940 der 44. Infanteriedivision unterstellt war.

Ein anderes Werk mit dem beeindruckenden Titel *Journal de marche succinct*** (»Kurzes Kriegstagebuch«) erlaubte es dann den Forschern zusätzliche Informationen über die 44. Division zu einzuholen. Es stellte sich heraus, daß sie im Mai und Juni 1940 am »Westfeldzug« teilgenommen hatte. Sie war vor allem in La Rochelle stationiert gewesen, einer Stadt ganz in der Nähe von Fouras, wo sich Mylènes Vater aufhielt. Nachdem diese wichtige Information bekannt war, konnte die WASt das Zentralregister des Archivs konsultieren, das Angaben über mehr als siebzehn Millionen Menschen enthält. »›Das Erkennungsmarkenverzeichnis‹ nennen wir hier ›das Gehirn der WASt‹, aber das Zentralregister ist sein Herz«, erklärt Urs Veit, der Direktor der WASt, als er uns diesen Suchvorgang beschreibt. »Die Karteikarten der Soldaten sind alphabetisch geordnet, nach Namen, Vornamen und Geburtsdatum. Alles, was mit diesen Männern zu tun hat, vom Krieg

---
* Georg Tessin, *Verbände und Truppen der deutschen Wehrmacht und der Waffen-SS im Zweiten Weltkrieg 1939–1945. Bearbeitet auf Grund der Unterlagen des Bundesarchivs-Militärarchivs;* herausgegeben mit Unterstützung des Bundesarchivs und des Arbeitskreises für Wehrforschung. 14 Bände + 3 Registerbände in mehreren Teilen. Osnabrück: Biblio-Verlag 1967–1998.

** Als die WASt unter der Aufsicht der französischen Truppen in Berlin stand, gab es dort ein streng geheimes Büro, das die gesamten Wehrmachtsakten auswertete, um eine Geschichte des Kriegs zu verfassen. Dieses Büro stand ganz gewiß unter der Ägide der Sûreté militaire, des französischen Militärgeheimdienstes. Die WASt besitzt ein Exemplar dieser Untersuchung, das sie für wissenschaftliche Auskünfte nutzt.

174

bis heute, ist auf ihrer Karte vermerkt. Das heißt, das die WASt ›lebt‹, daß wir kein Archiv wie die anderen sind. Jeder Buchstabe des Alphabets ist in unseren Regalen in zwei Kategorien unterteilt, die Lebenden und die Toten. Seit Gründung des Archivs haben wir diese Unterscheidung praktiziert. Die im Felde gefallenen Soldaten werden gesondert, aber immer noch unter dem entsprechenden Buchstaben, aufgeführt. Noch heute gebrauchen wir dieselben Methoden, wenn einer der ehemaligen Soldaten stirbt.«

Und so fand sich in der Kartei 919 Nummer 667 unter dem Buchstaben R die Karteikarte von Heinz Rosentreter. Die Bürokraten in den Kriegsjahren hatten darauf festgehalten, daß er am 1. Oktober 1942 in Rußland leicht verwundet wurde und dabei Ekchymosen und eine Schulterverletzung erlitt. Er wurde dennoch als weiterhin »kriegsverwendungsfähig« eingestuft. Aber weit interessanter war die Tatsache, daß auf der Karte vermerkt war, daß Rosentreter sich 1967 an die WASt gewandt hatte, um eine Wehrdienstbescheinigung für seine Rente zu erhalten. Dabei hatte er als seine Adresse nicht Wien, sondern Köln-Mülheim, Knauffstraße 7, angegeben. Des weiteren wurde erwähnt, er habe eine Tochter, Brigitte Paulsen, geborene Rosentreter, die in derselben Stadt wohnhaft sei. Dank dieser wertvollen Information konnten die Experten der WASt die Halbbrüder und Halbschwestern von Mylène Lannegrand ausfindig machen. Weit davon entfernt, der treue Liebhaber und Vater zu sein, von dem Mylène geträumt hatte, hatte Heinz Rosentreter nacheinander vier Frauen geheiratet, die er dann alle verließ. Er starb 1983. Aus seiner ersten Ehe stammen fünf Kinder, aus seiner zweiten eines, ein weiteres aus der dritten und dazu noch sein Kriegskind Mylène. Erstaunlicherweise kannten sich die deutschen Halbbrüder und Halbschwestern untereinander nicht.

Ausgestattet mit diesen Informationen schrieb die WASt an Mylène Lannegrand in Frankreich und ihre Halbschwester Brigitte Paulsen. Zu einem im Oktober 2002 vom Kulturverein in Berlin organisierten Kongreß, an dem auch wir teilnahmen, wollte Brigitte Paulsen einen persönlichen Beitrag leisten.

Und so erzählte sie tief bewegt vor einer Versammlung von Historikern, Spezialisten auf dem Gebiet der Kriegskinderforschung, ihre Geschichte: »Meine Überraschung war riesengroß, als ich erfuhr, daß eine Französin, Mylène Lannegrand, Nachforschungen nach meinem Vater angestellt habe und angeblich behauptete, seine Tochter zu sein. Da ich auch selbst meine Eltern und meine Wurzeln verloren hatte, konnte ich ihre Gefühle verstehen und schickte ihr weitere Informationen sowie alte Photos meines Vaters. Nachdem Mylènes Mutter auf den Bildern den Soldaten identifizieren konnte, den sie gekannt hatte, begann ein intensiver Briefwechsel zwischen meiner Halbschwester und mir. Danach folgten die ersten Telefongespräche. Wir waren beide ungeheuer neugierig, alles voneinander zu erfahren! Ich stamme aus der dritten Ehe meines Vaters und bin einundvierzig Jahre alt. Mein Halbbruder Heinz-Herbert, mit dem ich zusammen aufwuchs, ging aus der zweiten Ehe hervor. Unser Vater hat uns nie etwas über seine Vergangenheit erzählt. Als ich Anfang 2002 Heinz-Herbert mitteilte, daß wir eine Schwester in Frankreich hätten, überraschte er mich noch mehr, als er mir eröffnete, es gebe da noch einen Halbbruder in Wuppertal, Heinz-Albert. Ich konnte es kaum glauben! Ich habe sofort Kontakt zu ihm aufgenommen, und an Ostern 2002 haben er, seine Frau Monika, mein Mann Hans-Peter und ich uns getroffen. Trotz der Aufregung und der allseitigen Rührung haben wir einen sehr schönen Moment verlebt. Jetzt waren wir also acht Geschwister. Diese Geschichte hatte wirklich einen Schneeballeffekt in Gang gebracht. Ganz spontan hatte Heinz-Albert Mylène eingeladen, die uns zusammen mit ihrem Mann besuchen wollte. Wir holten sie Karfreitag vom Flughafen ab. Als wir Mylène erblickten, mußten wir sie ganz einfach in den Arm nehmen. Das Ganze war ein großartiges Fest, voller Gespräche und tiefer Empfindungen. Vor allem hatten wir den Eindruck, daß wir uns schon seit ewigen Zeiten kennen würden. In den Tagen nach unserem Treffen mußte ich immerzu an all das denken. Ich verstand, daß etwas ganz Wertvolles in meinem Leben passiert war. Im Sommer darauf verbrachten mein Mann und ich zwei Wochen bei Mylène. Dort lernte ich auch ihre Mutter kennen, die uns sehr herzlich aufnahm. Sie hat mich sehr beeindruckt, und ich bin sicher, daß wir uns wiedersehen. Heute haben sich meine Kontakte zu Mylène eher noch verstärkt. Wir sehen uns regelmäßig, wir schreiben uns und rufen uns oft an. Ende August desselben Jahres habe ich zusammen mit Mylène auch drei unserer anderen vier Schwestern kennengelernt. Die eine lebt in den USA, die zweite in Irland und die dritte in Mainz. Wir sind eine wirklich internationale Familie! Ich habe mich allerdings noch nicht ganz an die Vorstellung gewöhnen können, so viele Brüder und Schwestern zu haben, aber ich bin mir sicher, daß das auch noch kommt. Wir haben keine gemeinsame Vergangenheit, aber es liegt vielleicht eine gemeinsame Zukunft vor uns ... «

Danach war die Reihe an Heinz-Albert Rosentreter, seinen Werdegang zu erzählen. » Ich wurde am 4. Februar 1943 in Znaim im Sudetenland geboren, wo mein Vater, ein Soldat, vor dem Zweiten Weltkrieg stationiert war. Von da brach er 1940 nach Frankreich auf. Ich habe drei ältere Schwestern. Die jüngere wurde im Mai 1945 auf einem Bauernhof geboren, als wir auf der Flucht aus der Tschechoslowakei waren. Danach nahm uns unsere Tante in Wuppertal auf. In den folgenden Hungerjahren unternahm meine Mutter immer wieder Hamstertouren ins Sauerland, um uns ernähren zu können. Mein Vater kehrte 1947 nach seiner Entlassung aus der Gefangenschaft nach Wuppertal zurück. Ich habe nur noch wenige Erinnerungen an ihn. Meine Eltern ließen sich 1951 scheiden. Und dann klingelte am 13. März 2002 mein Handy, als ich gerade im ICE in der Nähe von Nürnberg war. Es war der erste Kontakt mit meiner Halbschwester Brigitte. Sie teilte mir mit, daß wir eine Halbschwester in Frankreich hätten [...]. Ich habe Brigitte dann einige Zeit später in einem Restaurant getroffen, und ich muß zugeben, daß es uns tief berührte, als wir die Photos unseres gemeinsamen Vaters austauschten. Dann besuchte uns Mylène, und wir haben auch sie gleich ins Herz geschlossen. Im Mai 2002 verbrachten meine Frau und ich eine

Woche bei ihr in ihrem Haus in Bordeux. Sie hat uns sehr verwöhnt und uns die ganze Gegend gezeigt. Wir haben auch ihre Mutter und ihre Freunde kennengelernt. Wir verstehen uns alle prächtig, und ich weiß, dies ist der Beginn einer langen Freundschaft. Meine Familie und ich sind sehr froh darüber, jetzt noch zwei ›neue Schwestern‹ bekommen zu haben.«

Nach Brigitte und Heinz-Albert ergriff dann Mylène das Wort. Sie erzählte zuerst den Inhalt ihres Schreibens an die WASt, dem sie dann noch hinzufügte, daß ihre Mutter erst siebzehn war, als sie Heinz in diesem kleinen Hotel in Fouras kennenlernte, das ihr Onkel und ihre Tante am Ufer des Atlantiks betrieben. Ihre Mutter habe sich sofort in Heinz verliebt, der so nett und so höflich war, ihr immer Blumen brachte und so gut Klavier spielen konnte. Anfang 1941 wurden die deutschen Soldaten zur Ostfront abkommandiert. Heinz wußte nicht, daß seine Freundin schwanger war. »Ich wurde hauptsächlich von meiner Großtante in tiefer Verehrung für diesen Mann aufgezogen. In der Schule wurde ich manchmal gehänselt, und man bezeichnete mich auch schon mal als ›Deutschenkind‹. Aber ich überging das erhobenen Hauptes voller Stolz auf meinen Vater. Für meine Familie war klar, daß Heinz im Krieg gefallen war, sonst wäre er ja zurückgekommen! Ich habe jetzt eine sehr enge Beziehung zu mehreren meiner Brüder und Schwestern. Brigitte aus Köln und ich sind sogar Herzensfreunde geworden. Mein Leben hat sich vollständig verändert. Zwischen den gegenseitigen Besuchen schreibt man sich und ruft sich an, ich habe keine freie Minute mehr. Aber darüber bin ich sehr froh. Ich habe zwar nicht den Vater meiner Jungmädchenträume gefunden, aber ich bin ihm heute doch unendlich dankbar dafür, daß er mir so viele Brüder und Schwestern geschenkt hat ...« Voller Rührung mußte Mylène an dieser Stelle ihre Rede unterbrechen ... Ganz einfach um ein paar Freudentränen zu vergießen.

JULIE*

Ein Name, der nicht der ihre ist ――――――――

1982 in Périgeux im Département Dordogne geboren, ist Julie
Robin eine charmante Geschichtsstudentin, die bereits der Generation der Enkel deutscher Soldaten angehört, einer Generation
ohne Komplexe, der deutsch oder französisch zu sein keine Probleme mehr bereitet. Ganz im Gegensatz zu ihren Eltern, die als
vom Krieg geprägte Kinder noch ganz in ihr leidvolles Schicksal
verstrickt sind. »Es ist gewiß kein Zufall, daß ich Geschichte stu-
diere«, meint Julie. »Ich habe mich nie für meine Herkunft
geschämt, ich bin sogar eher stolz auf sie. Der Krieg hatte also
doch nicht nur Unheil gebracht. Allerdings ist es für mich dann
doch etwas schwieriger, mit meiner Familie über den Krieg zu
diskutieren. Mein Großvater und mein Urgroßvater waren in
der Résistance, mein Onkel ist sogar Präsident der Résistance-
Gedenkvereinigung des Départements Orne sowie Vorsitzender
des Reserveunteroffiziersverbands seines Départements. Ich meinerseits hoffe, schon sehr bald in Leipzig Deutsch lernen zu können. Aber am meisten bedaure ich, daß ich nie den Familiennamen ›Wagner‹ tragen werde, schließlich war das der Name
meines Großvaters. Ich habe überhaupt Probleme mit meinem
Nachnamen... Ich weiß nicht einmal, wie der ›gesetzliche Vater‹
meines Vaters aussieht! Monsieur Robin, der meinen Vater, den
Sohn seiner Frau und eines Deutschen, adoptierte, lebt bereits
seit fünfzig Jahren am gleichen Ort, ohne daß ich ihn je kennen-

――― * Die Namen der Personen und Orte sind authentisch. Julie
Robin ist der Ansicht, es sei wichtig, mit offenem Visier Zeugnis
abzulegen.

179

gelernt hätte.« Mit Hilfe ihrer deutschen Verwandten konnte Julie mehr über ihren deutschen Großvater erfahren und hat sogar ein Photo von ihm erhalten. »Der Schock war um so größer, da ich ihm wie aus dem Gesicht geschnitten bin.« Dennoch hat Julie wenig mit den anderen Kriegskindern gemein, deren Geschichte so schmerzlich verlief. »Unsere, meines Vaters und meine, Vergangenheit scheint mir kaum mit dem vergleichbar zu sein, was all diese Menschen erdulden mußten. Bei uns gab es keine Beleidigungen, kein Gefühl der Schande, keine Mißhandlungen und auch kein wirkliches Verlassenwerden, da mein deutscher Großvater nie erfuhr, daß er einen Sohn in Frankreich hatte. Schließlich traf hier auch nicht das Klischee von der im Stich gelassenen Frau zu, die aus Verzweiflung ihr Kind schlägt. Es war nur eine ganz einfache Liebesgeschichte zwischen einem Mann und einer Frau. Nicht die Leute haben dann die beiden getrennt, sondern ihre jeweiligen ›Verpflichtungen‹.« Es war eine seltsame und doch ganz banale Geschichte, die sich da vor mehr als sechzig Jahren abspielte.

»Mein Vater wurde im Januar 1945 in Paris geboren. Meine Großmutter lebte in der Bretagne, wo sie als Pflegehelferin in einem deutschen Krankenhaus arbeitete. Dort lernte sie meinen Großvater Rolf kennen, als sie dessen Beinverletzung versorgte. Er diente in der deutschen Kriegsmarine. Das war alles, was meine Großmutter von ihm wußte. Sie sprach etwas Deutsch, aber Rolf sprach überhaupt kein Französisch. Ihre Beziehung dauerte ungefähr ein Jahr. Aber meine Großmutter hatte ihre Familie nicht um sich; sie war weit weg von daheim und machte sich nichts daraus, was die Leute denken könnten. Und für ihn gab es da diesen schrecklichen Krieg. Wenn er nach Jersey oder Guernsey fuhr, durfte sie ihn mit Zustimmung seiner Vorgesetzten begleiten. Sie aß außerdem oft im Kreise seiner Kameraden. Die beiden gingen spazieren oder ins Café, kurz, sie versteckten sich nicht.

Von Juli 1940 bis Mai 1945 hielten die Deutschen tatsächlich die anglonormannischen Kanalinseln besetzt, das einzige britische Territorium, das je unter ihrer Herrschaft stand. Hitler nutzte deshalb diese Inseln in der Nähe der französischen Küste als Waffen seiner psychologischen Kriegsführung. Vor der von ihm geplanten Invasion Großbritanniens, die freilich niemals stattfand, errichtete er auf den Inseln ein »vorbildliches« Besatzungsregime, um zu zeigen, daß der schlechte Ruf der deutschen Streitkräfte zu Unrecht bestehe. Die waren dort »wie im Paradies«, pflegte man zu sagen. Zumindest zu Beginn des Krieges hatte der Führer die Absicht, sich mit den Briten im Kampf gegen den Bolschewismus zu verbünden, und deshalb waren die deutschen Offiziere angehalten, auf diesem britischen Boden einen möglichst günstigen Eindruck zu hinterlassen. Es gab also keine Probleme zwischen Zivilisten und Soldaten, die sich frei unter die Bevölkerung mischen durften. Die Einwohner von Jersey erzählten später, daß einige Soldaten manchmal Trübsal bliesen oder an Heimweh litten, wenn sie an ihre Familien dachten, und deshalb alles dafür taten, von einem Einwohner eine private Einladung zum Tee zu bekommen. Jeden Tag spielten Militärkapellen auf den Straßen und in den Parks. Manche ulkten, die Invasion dieser Inseln habe überhaupt nur stattgefunden, um diesen Musikern Gelegenheit zum Üben zu verschaffen.[*]

Julies Großmutter hat nur wenige Erinnerungen an Guernsey: Sie kam mit ihrem Freund nur in der Freizeit und im Urlaub dorthin. Nach ihrer Erinnerung gab es viele deutsch-französische Paare an der Küste, vor allem im Jahr 1943. Danach begann sich ab Ende 1943, Anfang 1944 der Wind zu drehen, und die Französinnen verließen massenweise ihre deutschen Gefährten. Wenn die deutschen Offiziere diese Beziehungen nicht sogar ermutigten, so standen sie ihnen doch tolerant gegenüber. »Es war für meine Großmutter ganz einfach, meinen Großvater zu treffen, da sie in einem deutschen Hospital arbeitete. Sie sahen sich jeden

—— [*] Roy McLoughlin, *Britische Inseln unterm Hakenkreuz,* Berlin: Ch. Links Verlag 2003, S. 144.

Tag, im allgemeinen in ihrer eigenen Wohnung in Paramé oder im Lazarett, wenn er mal wieder Verwundungen ausheilen mußte, die er von seinen Einsätzen mitgebracht hatte. Sie hat mir immer wieder erzählt, daß Rolf den Krieg nicht gemocht habe.« Er gehörte der 46. Minensuchflotille an. Alle sieben bis acht Tage stach er im Rahmen einer Entminungs-Patrouille in See. Oft wurde er dabei durch Minensplitter an den Beinen verletzt. So mußte er zum Beispiel die Hälfte des Jahres 1944 im Hospital verbringen. Die ganze Zeit hatte er höllische Schmerzen. Wenn es ihm dann wieder besser ging, bekam er oft den Auftrag, ganz bestimmten Offizieren spezielle Unterlagen zu überbringen. Julie weiß allerdings nicht so recht, wie sie die Bemerkung ihrer Großmutter interpretieren soll: »Er war gewiß kein Dummkopf.« Auf alle Fälle hatte er es mit wichtigen, wahrscheinlich sogar vertraulichen Dokumenten zu tun. Oft brachte er diese nach Guernsey und kam dann jedesmal mit etlichen Kilo Tomaten zurück.

So sehr diese »sanfte« Besatzung die Regel sein mochte, allmählich begann sich auch hier das Klima zu ändern. Die Deutschen hatten die Inseln befestigt. 10 000 Zwangsarbeiter, die vor allem aus Osteuropa stammten, bauten an den Stränden riesige Betonfestungen. Ein Angriff der feindlichen Truppen drohte. An einem Juniabend des Jahres 1944 teilte Rolf seiner Rose mit, daß er und seine Kameraden am nächsten Morgen bei Sonnenaufgang auslaufen müßten, um gegen die feindliche Flotte zu kämpfen, und das das Risiko entsprechend hoch sei. Er wirkte angeblich sehr pessimistisch. Julies Großmutter war sich fast sicher, schwanger zu sein, erzählte ihm aber nichts davon, um ihn nicht noch mehr zu belasten. Sie sollte ihn nie mehr wiedersehen.

Für sie, das ist sicher, war er tot, denn sie hat nie mehr etwas von ihm gehört. Trotzdem konnte sie nicht wissen, ob er gefallen oder nur ganz einfach verschwunden war. »Sie war schwanger und von nun an allein. Die Monate gingen ins Land, und sie arbeitete weiterhin in dem Krankenhaus, wo sie auch die Bekanntschaft eines Franzosen machte, der dort behandelt wurde. Er verliebte sich in Rose. Sie eröffnete ihm ihre Situation. Trotzdem machte er ihr einen Heiratsantrag. Sie nahm an, und beide zogen danach nach Paris. Als Papa geboren wurde, gab ihm dieser Herr, der Robin hieß, seinen Namen. Aber nach fünf Jahren Ehe ließen sich meine Großmutter und Monsieur Robin scheiden. Mein Vater blieb allein bei diesem Mann, der nicht sein Vater war. Seine Mutter begann ein neues Leben und bekam einen weiteren Sohn. Monsieur Robin war immer da, wenn Papa ihn brauchte. Auch heute noch hat Papa seine Telefonnummer für den Fall, daß er Kontakt mit ihm aufnehmen möchte. Aber wenn wir zu Hause darüber sprechen, pflegt er immer wieder zu sagen: ›Das ist ja gar nicht mein Vater‹, was wohl heißen soll: ›Ich habe ihm nichts zu sagen.‹ Papa ist ihm böse. So ist er eben. Er ist immer lieber auf die ganze Welt böse, als sich selbst in Frage zu stellen. Monsieur Robin hat sich nichts vorzuwerfen. Im Gegenteil, ich meine, er hat sich um Papa verdient gemacht. Papa war immer sehr unglücklich wegen seiner Mutter, die nie große Gefühle für ihn gezeigt hat. Ihre Mutter, meine Urgroßmutter, starb, als sie erst zehn Tage alt war. Die einzigen Frauen, die sie in ihrer Kindheit kannte, waren das Hauspersonal und ihre Gouvernante. Welchem weiblichen Vorbild hätte sie also folgen sollen? Ich glaube, sie besaß überhaupt keinen Mutterinstinkt.«

So verlief Jean-Claudes Jugend, der nie erfuhr, daß er Sohn eines Deutschen war und den sein Adoptivvater als »sehr schwieriges Kind« beschreibt. »Auch heute noch ist er sehr ängstlich, pessimistisch und labil«, meint Julie. »Als ich klein war, las er nur Bücher über den Zweiten Weltkrieg. Nach einer Zeit beruflichen Erfolgs – nachdem er die berühmte Pariser Hochschule für Druckereiwesen École Estienne absolviert hatte, besaß er zwei Druckereien – zerrann ihm alles zwischen den Händen, ohne daß er hätte etwas dagegen tun können, es war, als ob er sich selbst bestrafen wolle. In seinem Fall könnte man sogar von Selbstzerstörung sprechen. Es ist sicher, daß seine Kindheit etwas damit zu tun hat. Die wenigen Male, daß ich ihn habe weinen sehen, sprach er über seinen Vater. Ja, er ist ein sehr sensibler Mann, introvertiert und hart gegenüber sich selbst, obwohl man ihn gut kennen muß, um dies zu bemerken. Er macht sich oft Feinde unter den Menschen, die ihm begegnen. Wenn heute meine Eltern getrennt sind, dann wegen dieser Melancholie, dieser Angst vor dem Leben. An seiner Seite muß man sehr stark sein, wenn man nicht auch in Düsternis versinken will.«

So sehr sich ihr Vater in sein Schweigen und sein Leiden zurückzieht, so sehr ist Julie ein positiver und unternehmenslustiger Mensch. »Ich habe das Glück, einen völlig entgegengesetzten Charakter geerbt zu haben. Nichts ist mir unmöglich.« Nicht nur haben ihres Vaters Lesegewohnheiten bei ihr die Lust an Geschichte geweckt, sie hat auch sehr früh mit Nachforschungen über ihren eigenen geschichtlichen Hintergrund begonnen. »Bis ins Jahr 2000«, erzählt sie, »mußte ich alles, was ich über meinen echten Großvater wissen wollte, meinem Vater fast ›aus der Nase ziehen‹, was oft sehr schwierig war. Ich habe nie begriffen, warum meine Großmutter und mein Vater so wenig über Rolf wußten.« Julie entschließt sich also, in Deutschland nach ihren Wurzeln zu suchen. Auf Rat der deutschen Botschaft in Paris nimmt sie zur WASt in Berlin Kontakt auf und übermittelt ihr die wenigen Informationen, über die sie verfügt: einen Namen, Rolf Wagner, eine Stadt, Leipzig, und die Anknüpfungspunkte Brest, Guernsey, Saint-Servan und Jersey, wo ihr Großvater während des Krieges stationiert war. Nach einigen Nachforschungen, denen kein Erfolg beschieden war, findet Marie-Cécile Zipperling, die im Militärarchiv arbeitet, Anfang 2001 schließlich Unterlagen über Julies Großvater. Sie kann ihr seine Geburtsurkunde und einige wirklich aufsehenerregende Informationen übermitteln.

Der am 22. Februar 1992 gestorbene Rolf Wagner hatte kurz vor dem Krieg geheiratet, diese Ehe aber seiner französischen Freundin Rose verschwiegen! Madame Zipperling macht Julie auch mit einer von dessen beiden Kindern bekannt, einer Tochter namens Dagmar, die zwei Monate vor Julies Vater geboren worden war. Von den zwiespältigen Gefühlen, die diese Neuigkeiten bei ihr wecken, läßt sich die junge Französin aber nicht entmutigen. Sie schickt Dagmar zahlreiche Photos von sich und ihrem Vater. »Vielleicht etwas zu schnell«, denkt sie heute. Aber Jean-Claudes Halbschwester schickt ihr eine liebenswürdige Antwort. Etwas schockiert, weniger von der Vorstellung, einen Halbbruder zu haben, als von der Untreue ihres verstorbenen Vaters, von der sie erst jetzt erfahren hat, schreibt sie an Julie: »Tatsächlich haben mein Bruder [Jean-Claude] und ich nicht das gleiche Interesse, die Vergangenheit unseres Vaters kennenzulernen. Sie müssen wissen, ich bin im November 1944 auf die Welt gekommen, nur zwei Monate vor Ihrem Vater. Das hat mich jetzt doch sehr berührt […]. Nie im Leben werde ich verstehen, daß ein jungverheirateter Mann, der eine kleine Tochter hat, die er noch nie gesehen hat, nicht versucht, so schnell wie möglich nach Hause zurückzukehren.«

Vielleicht ist es Dagmar nicht klar, daß es ihrem Vater als Soldaten nicht möglich war, nach Belieben herumzureisen. Darüber hinaus riskierte er jeden Tag sein Leben. Dagmar hat dann ihren Vater zum ersten Mal im Alter von sechs Jahren gesehen. »Meine Geschichte wirft sie auf die ihre zurück«, nimmt Julie an und glaubt, »daß sie sich dem für den Moment nicht aussetzen möchte, auch wenn sie das nicht so sagt.« Zweifellos fällt es den direkten Abkömmlingen schwer, sich in die Verhältnisse der damaligen Zeit einzufühlen.

Julie weiß aber in diesem Moment noch nicht, daß ihr Großvater, anstatt sofort nach dem Krieg nach Hause zurückzukehren, noch lange Jahre in Frankreich blieb, ohne allerdings jemals Jean-Claudes Mutter Rose wieder aufzusuchen. Allerdings konnte der arme Mann von sich aus nicht die Initiative ergreifen, da er in diesen ganzen Jahren in einem französischen Kriegsgefangenenlager saß. Seine Frau in Leipzig und sein kleines Töchterchen hätten ihn in diesen schweren Zeiten, die damals in Deutschland herrschten, gut brauchen können. Und so wurden auch ihre Beziehungen nach seiner Rückkehr in den Fünfzigerjahren nie mehr das, was sie einmal waren.

Dagmar gibt Julie in ihrem Brief noch ein paar weitere Aus-

künfte: »Mein Vater wurde am 19. Januar 1921 in Leipzig geboren. Sein Vater war Mechaniker und seine Mutter Hausfrau. Er
selber war Dreher. Meine Eltern haben 1943 geheiratet [...].
Meinen Vater habe ich nie glücklich und zufrieden gesehen.«
Hier entdeckt Julie einen Charakterzug, den er mit ihrem Vater
gemeinsam hat. Es sei sogar der dominanteste Zug ihres Vaters,
wie sie meint, der also anscheinend diese permanente Schwermut
seinerseits geerbt habe. »Ich bedauere es unendlich«, schließt
dann die Leipziger Tante ihr Schreiben, »daß diese Nachforschungen nicht noch zu Lebzeiten meines Vaters stattgefunden
haben, denn er wäre bestimmt daran ganz besonders interessiert
gewesen. Ich hoffe, dieser Brief verschafft Ihnen etwas mehr
Klarheit, und ich grüße Sie sehr herzlich.«

Dieser Brief ist der einzige, den Julie je erhalten wird. Sie wird
also aus dieser Ecke nicht mehr erfahren. Dagmar hatte einige
Photos beigelegt, davon drei ihres Vaters, also des Großvaters
der französischen Studentin. Julie erschrak fast, als sie diese an-
schaute. Diese Ähnlichkeit! Julie schreibt zwei Monate später
zurück, aber ihre Halbtante läßt nichts mehr von sich hören. Sie
entschließt sich also, ihr Zeit zu lassen, diesen Schock zu verdauen. Ihr Vater und sie warten immer noch auf Post von dieser
Seite. Julie weiß nichts über das Leben ihrer Tante außer ihrem
Geburtsdatum, ihrem Familiennamen und dem Vornamen ihres
Sohnes. Julies Onkel Bernd, Rolfs zweites Kind, wurde 1952 geboren, als Deutschland schon nicht mehr völlig am Boden lag. Er
hat seinen Vater von Kind auf gekannt. Julie versuchte über
Marie-Cécile Zipperling mit ihm Kontakt aufzunehmen, aber
vergebens. »Auch wenn ich fast gar nichts von ihm weiß, bin ich
mir doch sicher, ihm eines Tages zu begegnen. Ich glaube ganz
fest an Gott«, fügt sie hinzu, »und spüre meinen Großvater in
jeder Sekunde an meiner Seite. So viele Fragen sind da noch
offen, über seine Herkunft, seinen Charakter, seine Vorlieben,
sein Leben... So vieles, womit wir ihn für einen Augenblick wieder lebendig werden lassen könnten.«

Diese vaterlosen Kinder äußern oft dieselbe Angst: Wie läßt

sich die verlorene Zeit wieder einholen? Wie kann man mit solch einem verschwundenen Vater leben, diesem Vater, der sich einem immer wieder entzieht? Julie beschreibt diese große Verwirrung in dem zweiten Brief, den sie ihrer Tante in Leipzig schickt: »Sie können sich vielleicht denken, daß uns eine Menge Fragen auf der Seele liegen. Sie müssen uns verstehen. Papa weiß seit über fünfundfünfzig Jahren nichts über das Leben seines Vaters. Aber ich glaube, er hat schon in seiner Kindheit akzeptiert, seine Geschichte nicht zu kennen – er hat meine Großmutter nie ausgefragt. Für mich ist das alles viel einfacher, und ich möchte die Wahrheit herausfinden. Heute wissen wir zwar, woher wir kommen, aber da gibt es doch noch so vieles, über das wir überhaupt nichts wissen... Alles, was einen Menschen lebendig werden läßt, den man nicht gekannt hat und den man niemals treffen wird, die kleinen Geschichten, seine Eigenarten, Ängste, Vorlieben... Stellen Sie sich nur einmal vor, wie Sie uns damit helfen könnten. Sie halten den Schlüssel zu unserer Geschichte in den Händen. Natürlich werden wir dann immer noch keine direkten Erinnerungen an Rolf haben. Ich persönlich kann mir nicht vorstellen, wie Papa all die Tage, all die Jahre, leben konnte, ohne etwas zu wissen. Aber ich, die ich *nur* die Enkelin bin, versichere Ihnen, daß kein Tag vergangen ist, ohne daß er an diesen Großvater dort drüben in Deutschland gedacht hat. An diesen Unbekannten, von dem ich abstamme, an dieses ›drüben‹, das auch mein Land ist. Auch wenn Papa mir nie etwas davon erzählt hat, weiß ich doch, daß es ihn schweigend von innen her verzehrt hat. Es ist einfacher, den Tod seines Vaters und Großvaters zu akzeptieren, wenn man nie die Hoffnung hatte, ihm einmal zu begegnen. Aber die Wut auf sich selbst, weil man die Geschichte so akzeptierte, wie sie einem erzählt wurde, wird immer dasein – ich wollte durch diese Anspielung nur ausdrücken, daß wir bisher immer davon ausgegangen waren, daß er 1944 gestorben sei. Und nun ist es schwer, endlich einen Vater und Großvater bekommen zu haben, den einem dann aber der Tod sofort wieder wegnimmt.«

Julie legte Wert darauf, in diesem Buch Zeugnis abzulegen. »Entschuldigen Sie, wenn ich mich ein wenig von meinen Gefühlen mitreißen ließ. Schon meine Mutter meinte immer, ich hätte einen ›leidenschaftlichen‹ Charakter, und der spielt mir oft einen Streich. Ich hoffe, ich habe es nicht an Anstand fehlen lassen. Ich bin sehr froh, daß endlich ein Buch über die Kinder der Wehrmachtssoldaten erscheinen wird. Erst als ich im Internet nach den Zeugnissen solcher Menschen gesucht habe, wurde mir klar, was für ein Tabuthema dies immer noch ist. Es ist unglaublich, daß bei ungefähr 200 000 Betroffenen keine einzige diesbezügliche Aussage zu finden war.« Die Tatsache, daß ihre Geschichte jetzt der Öffentlichkeit bekannt gemacht wird, ruft bei Julie zwiespältige Gefühle hervor: Einerseits ist sie überzeugt, daß es nötig ist, die ganze Wahrheit, und nichts als die Wahrheit zu sagen, andererseits scheint sie ihr eigener Bericht auch irgendwie peinlich zu berühren: »Als mir klar wurde, daß ein Teil meiner Aussagen unter meinem eigenen Namen erscheinen wird, bekam ich wirklich ein bißchen Angst. Ich dachte mir: Jetzt weiß die ganze Welt *Bescheid.* Sicher, die Leute, die das Buch lesen werden, also die, die eine aufgeklärte und offene Sicht dieses Problems haben – ich rede nicht von denen, die uns heute noch als Kinder von › Kollaborateuren‹ bezeichnen – werden verstehen, warum es so schwer ist, darüber zu sprechen. Und doch empfand ich zum ersten Mal ein Gefühl von Scham, als ich die Geschichte meines Vaters erzählte, eine Scham und Schande, die im übrigen für ihn immer noch schrecklich gegenwärtig ist. Mich hat sie allerdings nur ganz flüchtig gestreift ... Warum? Von einem unehelichen Kind abzustammen, also daß weiß ich, wie das ist ... und ich komme damit gut zurecht, da meine Mutter sowie ihre Großmutter mütterlicherseits, Tochter aus einer sehr berühmten bretonischen Adelsfamilie, uneheliche Kinder sind. Aber ich schäme mich, weil man immer noch nicht über ›diese‹ Kinder da, die Kriegskinder, spricht und weil ›deutsch‹ für etliche Menschen immer noch › Nazi‹ bedeutet. Nichts kann mich wütender machen als das. Ich hatte immer das Gefühl, mich rechtfertigen zu müssen, wenn ich jemandem meine Herkunft offenbarte.«

Julie versteht sehr gut die antideutschen Vorurteile einiger Franzosen, die der Krieg auf gewisse Weise rechtfertigt. »Ich glaube, es gibt bei uns immer noch Vorbehalte gegen französisch-deutsche oder deutsche Menschen. Weil man sich wohl immer noch wegen dieses Teils unserer Geschichte schämt. Aber das ist nicht richtig. Schämen sollten sich nur die tatsächlich Schuldigen – und wenn diese Scham empfinden, wäre ihnen schon zur Hälfte verziehen. Aber wir Kinder und Enkel von Deutschen müssen dafür immer noch teuer bezahlen. Sehen Sie, ich bin die Enkelin und Urenkelin eines Widerstandskämpfers, Cousine eines außergewöhnlichen Menschen, des Marquis Jean du Plessis de Grenédan, den man 1943 in einem deutschen Gefängnis verhungern ließ, und ich bin die Enkelin eines deutschen Soldaten... Das ist ganz schön viel, verpflichtet mich aber auch zu Toleranz und Nachdenklichkeit.«

MARCELLE

Eine geheimnisvolle Großmutter _____

»Sie hatte bereits so lange geschwiegen, daß das Geheimnis zu ihrem Lebenszweck geworden war ...« So erklärt sich Elisabeth Arnaud zum Teil das Schweigen ihrer Großmutter Marcelle, der Verlobten dieses Österreichers. Verlobte? Vielleicht. Geliebte? Letzteres ganz sicher. Dabei hätte sie so viel über ihre verbotene Affäre erzählen können! Sie lebten immerhin zwei Jahre lang, von 1942 bis 1944, in Bordeaux in einer »gefährlichen Liebschaft« zusammen, die eigentlich von Seiten der Deutschen verboten und von französischer Seite nicht gern gesehen war.

Ihre Enkelin Elisabeth war vierzehn, also in jenem Abschnitt der Pubertät, in dem man anfängt, Fragen über das Leben, die Familie und die Erwachsenen zu stellen, als sie, vom Schweigen ihrer Großmama genervt, von dieser unbedingt Näheres über diesen Mann wissen wollte. Die alte Dame antwortete ihr darauf nur: »Er war Tiroler. Er ging sehr gern Ski fahren.« Wahrlich eine klassische Ausflucht. Ein Tiroler, der viel Ski fährt, das ist etwa so wie ein Vogel, der fliegt, oder ein Fisch, der schwimmt. »Sie hat mir diese Information einfach hingeworfen, um nicht über das Wesentliche sprechen zu müssen«, meint heute noch die kleine Neugierige. »Und wenn mein Vater ihr mal solche Fragen stellte, blieben ihre Lippen fest verschlossen. Hartnäckig siegten ihre Verletzungen über ihre mütterlichen Gefühle. Mein Vater drang dann aus Respekt oder Verärgerung auch nicht weiter in sie.« Elisabeth gelingt es als einziger, ihrer Großmutter einige Anhaltspunkte zu entlocken ...

»Er hieß Willi, ein Herr Stary«, und »er sprach sieben Sprachen«. Jedenfalls erinnert sich Elisabeth an diesen Namen, den sie nur einmal gehört hat, als sie achtzehn war. Sie ist froh, wenigstens diesen erfahren zu haben. Sie hat ihn phonetisch niedergeschrieben und hinzugefügt, daß »Herr« die deutsche Bezeichnung für »Monsieur« sei. Tatsächlich war er ein »Herr«. Fest steht, daß »Herr Stary« Französisch sprach und daß seine junge Geliebte seine Gewandtheit, seine Erfahrung und sein Wissen bewundert haben muß. Daß er vielsprachig gewesen sei, klingt durchaus glaubhaft in diesem alten, multinationalen Österreich, in dem viele Bürger drei oder vier Sprachen flüssig oder zumindest ziemlich flüssig und drei oder vier andere einigermaßen sprachen. Diese Besonderheit paßt auch gut mit seinem Beruf als Eisenbahner zusammen. Bei derselben Gelegenheit zeigte die Großmutter ihrer Enkelin auch ein Photo, das bewies, daß diese tatsächlich dem Österreicher ähnlich sah.

Aber das war alles, was Großmama je preisgab, die ziemlich schlecht die krankhaft Vergeßliche spielte. Über ihre Vergangenheit bewahrte sie totales Schweigen. Nachdem sie den Namen ihres österreichischen Großvaters erfahren hatte und es ihr auch gelungen war, dessen Photo zu stibitzen, ging Elisabeth noch einmal zum Angriff über. Sie wollte einfach mehr erfahren: »Aber sie hat mir nichts mehr erzählt. Sie regte sich sehr schnell auf und wurde aggressiv, wenn man dann nicht aufhörte. Das war ihre Art, sich hinter ihrem hartnäckigen Schweigen zu verschanzen.« Aber auch Elisabeths Vater hat sie nie etwas Wichtiges über seinen biologischen Vater offenbart, außer vielleicht kleinen Spuren, deren Bedeutung sie nicht erfaßte. Sie wich allen Fragen aus, indem sie so tat, als werde sie wütend. Sie zeigte ihre Krallen, als ob man ihr ihr Hab und Gut entreißen wolle. Erinnerungsarbeit war also nicht gerade ihre Stärke. Gewiß ist es letztlich Privatsache der Betroffenen, ob sie eine intime Beziehung beichten wollen, und diese Großmutter stammte aus einer Zeit, in der man über viele Dinge einfach nicht sprach, die wir heute völlig selbstverständlich auf den Marktplatz tragen. Wir sollten ihr also für ihre Herzensdinge das Recht auf ein gewisses Schamgefühl zugestehen.

Vielleicht ist in der Liebe Schweigen Gold, aber diese Regel gilt nicht mehr, wenn man ein Kind gezeugt hat, wie sie und ihr Willi. Ob nun aus einer ehelichen oder unehelichen Verbindung stammend, möchten Sohn und Tochter wie jedermann über ihre Eltern Bescheid wissen und zumindest eines Tages erfahren, wer ihr Vater ist. Dies ist ihr gutes Recht, auch und gerade wenn sie nicht unter dessen Vormundschaft aufgewachsen sind. Aber auf die von ihrem Sohn und ihrer Enkelin gestellten Fragen wollte Marcelle wie so viele andere Französinnen nicht antworten, die in die Falle einer Liebesbeziehung zwischen den im Krieg befindlichen Nationen geraten waren. Sie war Gefangene einer Katastrophe, über die sie nicht genau im Bilde war, die aber all ihre Hoffnungen zerbrechen ließ. Und deshalb war sie genausowenig wie andere, ähnlich Betroffene, fähig, auf die drängenden Fragen ihrer Angehörigen zu antworten und das Verlangen ihrer Enkelin nach Gewißheit oder den Wissensdurst ihrer Nachkommen in einer Welt zu befriedigen, die sich sehr verändert hat gegenüber der, die sie einst kannte. Aber auch noch als sie bereits Großmutter ist, ihr Auskommen und sogar ein gewisser Wohlstand gesichert sind und sie die nur teilweise verdiente liebevolle Fürsorge ihrer Angehörigen erfährt, hält sie in den entscheidenden Fragen ihr Schweigen aufrecht.

Schauen wir also, was wir unter diesen Umständen über diesen Willi Stary herausfinden können! Wir stoßen hier auf höchst interessante Fragen. Herr Stary bekleidete im besetzten Frankreich einen hohen Posten bei der Deutschen Reichsbahn. Kein Zug verließ oder erreichte Bordeaux ohne seine Genehmigung. Erscheint sein Name und seine Dienststellung einem Leser oder einer Leserin in Tirol im besonderen und in Österreich im allgemeinen irgendwie vertraut? Gibt es jemanden, der ihn vielleicht sogar gekannt hat? Gar jemand aus seiner Familie? Außer einem aus sehr ungünstigem Winkel aufgenommenen Photo hatten wir keine Informationen über irgendwelche hervorstechenden Züge. Vielleicht war er hochgewachsen, denn sein Sohn Gérard, Marcelles Kind, und einer von dessen Söhnen ist über 1 Meter 80 groß.

Willi Starys französische Geliebte Marcelle Arnaud wurde am 10. August 1916 in Pauillac an der Gironde in eine Familie mit sieben Kindern hineingeboren. 1916 war das Jahr, in dem die Schlacht um Verdun Hunderttausende von Opfern auf beiden Seiten forderte. Marcelle wurde vielleicht sogar während eines Fronturlaubs ihres Vaters gezeugt, der im Kampf gegen den »Erbfeind« stand. Also hatte ihr Leben bereits unter dem Zeichen des deutsch-französischen Bruderkriegs begonnen. Und nun, ein Vierteljahrhundert später standen die Deutschen schon wieder im Land. Das wurde ja fast schon zur Gewohnheit! Dies war ein weiterer Grund für Marcelle, sich nicht weiter mit diesen Fragen zu beschäftigen, die ihren Horizont weit überstiegen. Ihr genügte es, eine gute Ausbildung genossen zu haben, eine gute Figur abzugeben und gute Manieren zu besitzen. Ihre Familie war beileibe nicht arm. Einer ihrer Brüder, Grégoire Arnaud, sollte später sogar Bürgermeister von Talet, einer Gemeinde im Département Gironde, werden.

Als sie Willi im August oder September 1942 kennenlernte, stand Marcelle bereits mit beiden Beinen im Leben. Mit sechsundzwanzig hatte sie sich gezwungenermaßen auch schon in Bordeaux eingelebt, wohin sie zum Arbeiten gezogen war. Sie hatte dort gute Bekannte und Freunde, so besonders die Familie Gaspard, Lederwarenhändler, und die Lapasseries, die vermutlich in der Bekleidungsbranche tätig waren. Dies waren die Kreise, in denen sie vor und nach 1940 verkehrte. Irgendwann hatte sie die Brücken zu ihrer Familie abgebrochen. Etwa wegen Willi? Sie hat auch über Pauillac nie etwas erzählt. Keiner ihrer Brüder oder Schwestern oder deren Kinder sind zu ihrer Beerdigung erschienen.

Im Gegensatz zu den heutigen Vorstellungen über diese Zeit verliefen die beiden ersten Besatzungsjahre nach der schmerzhaften französischen Niederlage viel glimpflicher als befürchtet. Schon im Juni 1940 hatte sich die Wehrmacht wie an der ganzen Atlantikküste auch in Bordeaux eingerichtet, während das Innere Südfrankreichs noch eine sogenannte »freie Zone« blieb. In Bordeaux ging das Leben im großen und ganzen trotz einiger Einschränkungen recht erträglich weiter. Wir wollen nun versuchen, aus den uns bekannten Spuren die Ereignisse der Jahre 1942–45 zu rekonstruieren, die Marcelle Arnaud so sehr geprägt haben, und ein Phantombild dieses geliebten Feindes zu zeichnen, dem sie sich auf Gedeih und Verderb ausgeliefert hatte. Diese Hinweise stammen alle von ihrer Enkelin.

Elisabeth Arnaud, die aus einem Grund, den wir später erfahren werden, denselben Nachnamen wie ihre Großmutter trägt, ist heute Lehrerin für Literatur in Pau am Fuße der Pyrenäen. Sie ist eine fröhliche und kultivierte junge Frau mit einer großen Leidenschaft für Philosophie und Musik, eine Frau, die den starken Charakter der verstorbenen alten Dame hat, allerdings mit dem Unterschied, daß sie genauso offen ist, wie ihre Großmama in sich verschlossen war. Diese fühlte sich auch tatsächlich mit ihrer Enkelin besonders verbunden und betonte immer deren Ähnlichkeit mit ihrem verschwundenen Liebhaber. Elisabeth wußte sich ihr gegenüber immer zu behaupten. Auf diese Weise konnte sie ihr doch noch ein paar Brocken des sonst so gut gehüteten Geheimnisses entreißen.

Wie hatte Marcelle Arnaud nun ihren Österreicher kennengelernt? Dies wird man niemals erfahren. Schreiben wir uns unseren eigenen Film und nehmen einfach an, sie wären sich im Sommer 1942 im Zug begegnet und hätten dann ihr Gespräch in einem Bahnhof fortgesetzt. Sie hatte tatsächlich von Zeit zu Zeit den Zug genommen, um ihre Familie zu besuchen, wenn sie nicht sogar auf einer Geschäftsreise war. Schwer zu sagen, ob es nun Liebe auf den ersten Blick war oder eine Beziehung, die sich erst ganz allmählich entwickelte. Auf jeden Fall kann die Vorgeschichte nicht allzulange gedauert haben, höchstens zwei oder drei Monate, wenn man bedenkt, daß Marcelles Liebhaber erst im Laufe des Sommers 1942 nach Bordeaux versetzt worden war und ihr Sohn, etwa im Oktober–November 1942 empfangen, am 10. August 1943 geboren wurde. Vielleicht war es für sie auch eine leidenschaftlichere Affäre als für ihn, einen reifen Mann.

194

Da er als Nicht-Militär die meiste Zeit Zivil trug, konnte er mit ihr spazieren gehen, ohne als Angehöriger der Besatzungsmacht erkannt zu werden. Er nahm sie auch oft auf seine Dienstreisen mit, wodurch sie das Frankreich der Okkupationszeit kennenlernte. Einmal sind sie sogar zusammen nach Spanien gefahren. Ihr Sohn, Elisabeths Vater, erinnert sich an ein Photo, auf dem sie nebeneinander vor einem Schild stehen, das zeigt, daß die Aufnahme in Chartres entstanden ist. Sie ist darauf sehr chic, und er trägt diesmal sogar Uniform. Der Sohn erschrak etwas, als er diese Uniform sah. War sein Vater etwa ein SS-Mann gewesen? Sicher nicht. Unserer Meinung nach handelt es sich dabei um eine marineblaue Reichsbahnuniform und nicht um die schwarze der SS. Interessanterweise war dies Großmamas Lieblingsfarbe, und entsprechend groß war deren Freude, als ihre Enkelin ihr einmal ganz unschuldig eröffnete, sie möge marineblau am liebsten... Die damalige Zeit hatte eine weitverbreitete Schwäche für Uniformen aller Art. Und von einem damaligen Feind abzustammen, hieß noch lange nicht, daß man deswegen mit einer Schuld geboren war...

Marcelle trug gerne Fuchsstolas, taillierte Kostüme, schicke Strümpfe und kleine modische Schuhe. Dies zeigen nur die Photos, die lang vor ihrem Tod aufgenommen wurden, denn bevor sie starb, vernichtete sie alles, was an sie erinnern könnte, offensichtlich versessen darauf, alles auszulöschen und nichts zu hinterlassen als ihre Asche. Wir vermuten, daß sie in Bordeaux in der Modebranche gearbeitet hat, vielleicht hat sie sogar gelegentlich als Mannequin Ensembles, Kleider und Modelle vorgeführt. Auf jeden Fall kleidete sie sich mit Geschmack, spielte gerne die große Dame und warf sich gern in Schale. Es ist wohl nicht verwunderlich, daß ein hoher Beamter des Reichs, gar noch ein Österreicher, also jemand, der empfänglich für alles Schöne und gute Umgangsformen ist, sich von dieser Frau verzaubern ließ. Sie war blond mit blauen Augen, also ganz der arische Typ, der in der damaligen Zeit gefragt war, wenn man zu den vollwertigen Menschen gehören wollte. Dies war auch eine gute Gelegenheit für sie, mit unschuldigster Miene die Rassentheorien des Führers zu widerlegen, nach denen Französinnen und Franzosen keine »Arier«, sondern Bürger einer »vernegerten« Nation seien.

War sie nicht für ihn hier in Frankreich die ideale Gefährtin? Für sie war es das große Leben. Vielleicht allzu naiv hatte sie sich vorgestellt, nach dem Endsieg des Reiches seine Frau zu werden. Als sie schwanger wurde, hat ihr Willi sicherlich auch erklärt, daß dies im Moment unmöglich sei. Es ist zwar nicht sicher, daß das Verbot für Wehrmachtsangehörige, Französinnen zu heiraten, auch systematisch auf Beamte der Reichsbahn angewendet wurde. Aber sicher war es für einen solch hohen Beamten wie Willi Stary schwer, das »schlechte Beispiel« zu geben, einer Französin einen anderen Status zuzubilligen als den der Maitresse. Aber groß und schmerzhaft war wohl Marcelles Enttäuschung, als sie Willi endgültig aufgeben mußte. Und dies nicht etwa deshalb, weil der Mann, den sie wegen seiner Liebenswürdigkeit und seiner hohen gesellschaftlichen Stellung gewählt hatte, sich geweigert hätte, sie zu heiraten, wie das eben manchmal geschieht, sondern weil die, von denen seine Macht abgeleitet war, den Krieg verloren, den sie selbst begonnen hatten, und er in diesen vollständigen Zusammenbruch mit hineingerissen wurde.

Dabei war eigentlich alles so gut eingerichtet gewesen, um auch nach dem Krieg eine Fortsetzung zu finden. Willi hatte sich gegenüber seiner Vergangenheit rehabilitiert, als er den Nazibefehlen nicht mehr gehorchte. Und sie nannte sich bereits nicht mehr Marcelle, sondern Charlotte. Im Standesamtsregister sind für ihren Sohn zwei Vornamen eingetragen, Alain und Gérard. Gerufen wurde er Gérard, und dieser Vorname blieb ihm fürs ganze Leben, auch in seiner heutigen Familie und in allen seinen sozialen Beziehungen. Gérard, auf deutsch Gerhard, ist sicher besser geeignet für ein deutschsprachiges Land. Dagegen taucht der Vorname Charlotte nicht im Standesamtsregister als Erweiterung des Namens Marcelle Arnaud auf, wie ihre Enkelin feststellen konnte. Charlotte war also ihr Kosename. Aber warum überhaupt diese falschen Vornamen? Liebende benennen sich selten gegenseitig mit ihren in der Geburtsurkunde stehenden Namen. Vielleicht aber auch zur Tarnung, vor allem wenn Willi und Marcelle sich schrieben. Von ihren Briefen, falls es sie denn gab, ist allerdings keiner erhalten geblieben.

Aber sicher auch, weil Marcel oder Marcelle ein in Deutschland und Österreich ungebräuchlicher Vorname ist, während Charlotte eben wie Deutschland oder Österreich klingt, an eine preußische Königin erinnert und an Berlin-Charlottenburg, an dem die von Westen kommenden Züge in die Reichshauptstadt mit Volldampf vorbeisausten, wie sie es auch heute noch, wenn auch etwas leiser, auf dem Weg in die Kapitale des wiedervereinigten Deutschland tun. Noch lange nach dem Krieg und ihrer Beziehung mit Willi betrachtete Marcelle sich als diese Charlotte und ließ sich auch mit diesem Vornamen rufen. Charlotte, Willi, Gérard war alles, was ihr aus einer vergangenen Zeit geblieben war. Dies verlieh ihrem Geheimnis Bedeutung. Dies hieß, es immer zu bewahren. Charlotte-Marcelle lebte den Rest ihres Lebens in der verdrängten Erinnerung an diese glorreiche deutsche Besatzungszeit, die zwar für viele ihrer Landsleute ein großes Unglück war, für sie aber eine verzauberte Zeit darstellte, die dann plötzlich und unvermittelt abriß.

Sie hat sich nie richtig von diesem fürchterlichen Trauma erholt. Sie hatte den Mann ihres Lebens verloren, ebenso wie den sozialen Status, den sie an seiner Seite genoß. Sie hat nie wieder geheiratet. Gegenüber ihren Angehörigen spielte sie gern auch weiterhin die Rolle der gut betuchten Dame, die sie einmal, wenn auch leider nur allzukurz, war, eben die »Gattin« des Herrn Eisenbahndirektors. Und Gott weiß, wie viel in Österreich auch heute noch Titel zählen! Sie suchte diesen radikalen Bruch zu kompensieren, indem sie für sich die Behandlung als »gnädige Frau« einforderte. Noch wenn sie als sehr alte Dame ihre Angehörigen besuchte, geruhte sie erst aus dem Wagen zu steigen, wenn man sie als »Herzogin« anredete. Einladungen lehnte sie grundsätzlich solange ab, bis ihre Enkelin bei ihr vorbeikam und sie ausdrücklich um ihr Kommen bat. Sie ließ sich um die geringsten Dinge bitten. Sie schien erst zufrieden, wenn sie ihrer Umgebung reichlich auf die Nerven gefallen war, erinnert sich Elisabeth. Im allgemeinen klappte das trotzdem ganz gut zwischen Großmutter und Enkelin. Mit ihrem starken Charakter gelang es der jungen Frau am Ende immer, herzlich mit ihr zusammen zu lachen. »Humor«, gibt Elisabeth zu bedenken, »ist die Höflichkeit der Verzweifelten. Wir stichelten gegeneinander, aber am Ende versöhnten wir uns wieder. Da ich ihr die Stirn bot, respektierte sie mich, und außerdem dürfen wir nicht vergessen, daß ich viel zu sehr der Liebe ihres Lebens glich, das hätte gar nicht anders sein können. Aber sie war wirklich unausstehlich zu denen, die schwächer waren als sie.« Dies war Teil dieser Illusion, ohne die diese »böse« Großmutter nicht mehr leben konnte. Ihr Verhalten lag irgendwo zwischen Komödie und Mythomanie, der krankhaften Neigung, Lügen zu erzählen.

»Ich muß allerdings zugeben«, sagt ihre Enkelin, »daß sie große Klasse hatte. Bis zum Schluß.« Ihre Photos sind verschwunden, wie wir gesehen haben. Es ist nur noch eine einzige Aufnahme vorhanden, die sie ihrer Enkelin in einem schwachen Moment gegeben hat. Elisabeth ist sich da aber nicht ganz sicher. Ist das wirklich der österreichische Freund auf diesem Bild? Oder hat sie ihr wieder mal einen Streich gespielt, indem sie ihr das Photo eines anderen Gefährten oder einer flüchtigen Bekanntschaft gab? Wollte sie die Enkelin etwa in die Irre führen? Aber Elisabeths Vater, der früher einmal ein Photo des Österreichers sah, hegt da keinerlei Zweifel. Das ist kein anderer als er. Auf diesem Bild erkennt man die beiden, sie jung, fünfundzwanzig bis dreißig Jahre alt, er bedeutend älter, fünfzig oder sogar darüber. Sie schauen sich nicht in die Augen wie Frischverliebte. Der Vogel und die Pflanze im Vordergrund verleihen der ganzen Szene etwas leicht Romantisches, wenn man so möchte. Sie lächeln, ein wenig steif zwar, aber sie scheinen doch glücklich zu sein. Wirklich ein schönes Paar, trotz, oder vielleicht sogar wegen des Altersunterschieds. Wilhelm Starys mutmaßliches Alter erklärt wohl einiges. Er dürfte am Ersten Weltkrieg teilgenommen haben. Vielleicht wurde er dabei wie sein österreichischer Landsmann Hitler mit dem Eisernen Kreuz ausgezeichnet. Dies könnte ausgereicht haben, daß die Nazis ihm vertrauten. Im übrigen gab es noch zwei weitere Gründe, warum Stary keinen Waffendienst leisten mußte. Die Großmutter hatte ihrer Enkelin einmal erzählt, daß er unter einer Herzinsuffizienz litt. Diesen Herzfehler hat er dann seinem französischen Sohn, und dieser wiederum an einen seiner Söhne weitervererbt. Das ist für den Augenblick die einzige nachweisbare Hinterlassenschaft des Österreichers an die Familie Arnaud.

Der zweite Grund für seine Dienstbefreiung war wohl unabhängig von seinem Alter und seiner angeschlagenen Gesundheit die Tatsache, daß er wegen seiner hohen Position bei der Reichsbahn »uk« (»unabkömmlich«) gestellt war. Die Eisenbahnen waren der Lebensnerv der deutschen Armeen, die nach dem Willen ihres Oberbefehlshabers ganz Europa vom Atlantik bis zum Kaspischen Meer und vom Nordkap bis zum Mittelmeer unter ihre Gewalt bringen sollten. Um aber ganz Europa besetzen und Frankreich und Deutschland als Nachschubbasis nutzen zu können, mußte die Wehrmacht Abertausende von Soldaten und enorme Mengen an Waffen, Material und Versorgungsgütern quer durch den Kontinent transportieren. Als Zivilist im Dienste der Wehrmacht war Stary ein großer Transportspezialist, ein unverzichtbares Rad in deren logistischem Getriebe. Die wichtigsten Bahnhöfe für den österreichischen Freund lagen in den beiden nach Paris größten Städten Frankreichs. Er war zuerst Chef des Bahnhofs in Lyon, danach Bahnhofsvorsteher von Bordeaux. Seine Abordnung in diese Hafenstadt am Atlantik, die gerade im Jahr 1942 von vitaler strategischer Bedeutung für das Dritte Reich war, bestätigt das Vertrauen, das ihm von den deutschen Militärs entgegengebracht wurde. Um den Hintergrund dieser Versetzung und die Verantwortlichkeiten, die sie mit sich brachte, besser zu verstehen, müssen wir uns mit den damaligen Zeitumständen näher befassen.

Dieses entscheidende Jahr 1942 sollte einen Wendepunkt der

Geschichte bringen. In Nordafrika erleidet Rommel in der Sandwüste vor El-Alamein eine Niederlage. Bis zum Januar 1943 wird Paulus in Stalingrad an der Wolga Widerstand leisten. In Bordeaux begannen die Deutschen im September 1941 mit dem Bau eines riesigen befestigten Flottenstützpunkts, der Mitte des Jahres 1943 völlig einsatzbereit sein wird. Der gewaltige U-Bootbunker wird zum Heimathafen der 12. U-Bootflotille der deutschen Kriegsmarine, die unter dem Kommando des Korvettenkapitäns Klaus Scholtz steht. Neben dem Stützpunkt entsteht eine Torpedofabrik. Die Sprengstoffabrik von Saint Médard wird zur Sicherung des Nachschubs von der Besatzungsmacht beschlagnahmt. Die in Kriegsgefangenschaft geratenen französischen Pulverwerker werden eilends aus Deutschland in ihre Heimat zurückgeschickt, um den Munitionsnachschub der Kriegsmarine zu sichern. In Erwartung einer alliierten Landungsoperation beginnen die Deutschen den »Atlantikwall« zu bauen. Das Jahr 1942 brachte also auf französischem Boden bedeutende Umwälzungen mit sich.

Die Reichsbahn wird besonders gefordert, als die Deutschen am 11. November 1942 als Antwort auf die alliierte Landung in Nordafrika auch die bisher unbesetzte Südzone Frankreichs besetzen. Es kommt noch hinzu, daß seit Februar-März 1943 Zehntausende junger Franzosen im Rahmen des Arbeitsdienstes Service Travail Obligatoire (S.T.O.) in Zügen nach Deutschland verschickt werden. Schließlich wird eine der wichtigsten Entscheidungen des Dritten Reiches, ein auf seinem Gebiet einzigartiges Verbrechen, die Aufgabe dieser schon bisher stark belasteten Eisenbahnen noch weiter erschweren.

Seit 1942 wird die mit Hilfe der Vichy-Behörden auf die bekannt unmenschliche und absurde Weise durchgeführte Massendeportation der französischen Juden zur Haupttätigkeit der Gestapo und anderer spezieller Naziorganisationen, die in den Strukturen der deutschen Besatzungsregierung immer mehr Macht gewinnen. Je rascher das Dritte Reich seinem Untergang entgegengeht, desto wichtiger wird für seine Führungsclique die

endgültige Vernichtung der Juden, die »Endlösung der Judenfrage«.

Nachdem die Planung dazu am 20. Januar 1942 auf der Wann-
seekonferenz unter der Leitung Reinhard Heydrichs und der Pro-
tokollführung Adolf Eichmanns beschlossen ist, beginnen die
Züge aus allen Teilen Europas in die Vernichtungslager im Osten
zu rollen. Die Reichsbahn und ihr wichtiger »Kunde« Eichmann,
als Leiter des Judenreferats im Reichssicherheitshauptamt der
Hauptorganisator dieser Deportationen, stimmen ab jetzt die
Routen und Fahrpläne miteinander ab. Die Reichsbahn erhält
für jeden Passagier pro Kilometer vier Pfennige für eine einfache
Fahrt »ohne Rückkehr« in der dritten Klasse. In dieser Zeit wird
verfügt, daß auch die französischen Juden im besetzten Teil des
Landes den gelben Stern tragen müssen. Am 16. Juli 1942 verhaften französische Polizisten Juden, um sie danach den Deutschen
zu übergeben, die sie in die Vernichtungslager deportieren. In
Bordeaux zeichnet in der Polizeipräfektur Maurice Papon ohne
Gemütsbewegung die Deportationsbefehle gegen. All dies läßt
darauf schließen, daß die Nazis entschlossen sind, Europa von
einem Großteil der Juden zu »reinigen«, bevor ihr eigenes Regime untergeht. Unter den Juden und ethnischen Minderheiten
wie den Zigeunern zählt man elf Millionen Tote. Dazu kommen
noch die wirklichen oder vermeintlichen politischen Gegner, die
Homosexuellen und andere, wie zum Beispiel die geistig Behinderten, die der »Euthanasie« zum Opfer fallen.

Die Bombenangriffe der Aliierten und die Sabotageakte der
Résistance behindern die unverzichtbaren Eisenbahntransporte
zunehmend. Etliche Male gerät Eichmann mit der Wehrmacht
in Konflikt, da diese zahlreiche Züge für ihre Truppen- und
Materialtransporte in Beschlag nimmt. Beispielsweise bekommt
der Hauptorganisator der Deportationen und Leiter des Umsied-
lungsreferats am 14. Juli 1942 aus Paris eine für ihn sehr traurige
Nachricht: ein Zug nach Auschwitz soll gestrichen werden. Eichmann ruft den zuständigen SS-Mann in der französischen
Hauptstadt, Obersturmbannführer Heinz Röthke, an und brüllt

in den Hörer, daß dies »eine Frage des Prestiges« sei und daß er Frankreich aus den Deportationsplänen streichen werde, wenn sich keine Züge fänden. Röthke nimmt innerlich Haltung an und bittet Eichmann inständig, ihm diese Schande zu ersparen. Er wird einen Zug finden.* Genau in dieser so entscheidenden und wichtigen Zeit kommt der zukünftige Freund Marcelle Arnauds nach Bordeaux. Er muß die Zugtransporte überwachen. Er muß sich von Anfang an klar darüber gewesen sein, daß diese Aufgabe nicht nur technisch schwierig, sondern in ihrer Logistik eminent politisch werden würde, wie das übrigens letztendlich bei allen Dingen in Diktaturen der Fall ist.

Welche Ansichten hatte wohl Willi Stary in dieser Zeit? Er hat sie bestimmt nicht alle seiner französischen Angebeteten anvertraut. Sollte er sich künftig die Hände im Dienste eines Systems schmutzig machen, das sich nach Jahren großartiger Erfolge nun seinem Untergang zu nähern begann? Die leitenden deutschen Wehrmachts- und Beamtenkreise wissen seit dem Fall von Stalingrad Ende Januar 1943, falls sie nicht völlig fanatisiert sind, daß das Dritte Reich in eine Katastrophe hineingeht. Allerdings wußten die Intelligentesten und Bestinformierten unter ihnen bereits im Herbst 1942, daß Hitlers Plan, Europa unter seiner Knute zu vereinen, indem er aus Frankreich, Italien und Spanien seine Vasallen machte, weitgehend gescheitert war und daß jede Hoffnung auf den Endsieg von jetzt an vergeblich sein würde. Der Österreicher Stary war obendrein noch Katholik. Marcelle Arnaud, seine Freundin, blieb ihr ganzes Leben lang katholisch. »Sie war gläubig«, erzählt ihre Enkelin. »Sie ging sonntags in die Messe, und wenn sie zu krank dazu war, schaute sie sich die Messe im Fernsehen an.«

Wenn man annimmt, daß der Katholizismus ein weiteres Band zwischen den beiden war, kann das Marcelles Freunden in Bordeaux nicht entgangen sein. Sie haben schnell begriffen, daß

---

* Siehe Jean-Paul Picaper, *Sur la trace des trésors nazis,* Paris: Ed. Tallandier 1998, S. 111 ff.

Stary kein Anhänger der Nazi-Ideologie ist. Sie konnten den Menschen hinter seiner Funktion erkennen. Bedingt durch seine beruflichen Pflichten, ist er viel unterwegs. Die Zeiten, in denen er da ist, sind ihre Orientierungspunkte, sie, die bis über beide Ohren in ihn verliebt und unsagbar froh ist, wenn er von einer Reise zurückkehrt. Dann lädt sie ihre Freunde zum Abendessen ein, die Gaspards und vielleicht auch die Lapasseries. Ist sie jetzt nicht eine Frau, die etwas gilt, mit all ihrem Schmuck und ihren Pelzen? Sie führt ein gastliches Haus. Und man lädt sie auch seinerseits gerne ein, dieses Pärchen »Charlotte und Willi« – »Nennt uns so, das ist sicherer«, wie sie sagen. Niemand auf französischer Seite hat etwas dagegen, denn Willi Stary geht immer in Zivil aus. Da er gut Französisch spricht, kann er sich auf den Straßen Bordeaux völlig unauffällig bewegen. Wie in Friedenszeiten einfach so Franzosen besuchen zu können, ist für ihn ein großer Glücksfall, der seinen deutschen oder den deutschen gleichgestellten Arbeitskollegen nicht zuteil wird. Sie sind dazu verdammt, im tristen Milieu der Besatzungstruppen zu versauern.

Diesen Geschäftsleuten, denen es nicht an psychologischen Kenntnissen fehlt, gelingt es bald, das Wesen von Marcelles Liebhaber zu ergründen. Er ist ein guter, freigebiger und friedfertiger Mann. Er ist frankophil und frankophon. Er ist mit seiner französischen Freundin durch das Baby verbunden, das sie von ihm erwartet und das sie ganz diskret in der »Berceau Fleuri«-Klinik in Cauderan, einem Vorort von Bordeaux, zur Welt bringen wird. Die Hebamme, eine Freundin von Marcelle, von der man nur noch die Koseform Mado kennt, meldet das Baby im Standesamt an. Auf der Urkunde steht: »Vater unbekannt.« Madame Gaspard wird die Patin des Kleinen, ein Beweis, daß zu dieser Zeit eine enge Beziehung zwischen den Stary-Arnauds und den Gaspards existiert. Einem Kind eine Patin zu geben, ist eine christliche Sitte. Tatsächlich übten genau zu der Zeit, als die Beziehung zwischen Marcelle und Willi im September 1942 begann, die christlichen Kirchen Druck auf die Vichy-Regierung aus, sich nicht länger an den Judendeportationen zu beteiligen.* Himmler und Heydrich werden dies übrigens ohne Proteste akzeptieren. Sie haben zu dieser Zeit ein ganz anderes Problem: die Rekrutierung von französischen Arbeitskräften.

Juden werden tatsächlich von christlichen, protestantischen wie katholischen, Familien in abgelegenen Bauernhäusern, Scheunen oder Höhlen versteckt oder mit falschen Papieren ausgestattet. Ganz vorsichtig enthüllen Marcelles Freunde Herrn Stary, daß sie eine Geheimgruppe gegründet hätten. Allerdings keine Widerstandszelle, nein, von dieser Seite sei nichts zu befürchten. Es sei eine humanitäre Aktion, die mit der katholischen Kirche kooperiere. Ziel sei es, Juden zu retten, nicht alle Juden, man könne nicht die ganze Welt retten, sondern Familien und ihre Kinder, die seit langem Teil der Geschäftswelt Bordeauxs seien und die man gut kenne. Leute wie die Mayers, die Krasinskis, die Dewoitchers ... Diese Namen hat sich Marcelles Sohn Gérard gemerkt. Lange nach dem Krieg wird Marcelle tatsächlich ihrem achtzehnjährigen Sohn eine Stelle in der Bordelaiser Konfektionsbranche verschaffen, wo er von den Gaspards mit offenen Armen empfangen wird. Sie bestätigtem ihm, daß sein Vater Willi Stary sich tatsächlich bereit erklärt hatte, bei diesen Rettungsoperationen mitzuhelfen. Aber Gérard war jung, als er diese Lehre in Bordeaux antrat. Er hatte ganz andere Dinge im Kopf. Deshalb hat er keine Nachforschungen zu diesen vergangenen Ereignissen angestellt.

Was genau hat sein österreichischer Vater damals getan, fragt er sich heute. Hat er Namen aus Deportationslisten gestrichen? Hat er seine Schützlinge aus der Kolonne herausgeholt, wenn sie in die Züge einsteigen sollten? Warnte er seine Schutzbefohlenen vor bevorstehenden Razzien? Nützte er die Reibungen zwischen der Wehrmacht und den Nazischergen aus, um Züge auf dem Weg in die Vernichtungslager umzuleiten? Wie viele Juden

───── * Ahlrich Meyer, *Die deutsche Besatzung in Frankreich 1940−1944, Widerstandsbewegung und Judenverfolgung,* Darmstadt: Wissenschaftliche Buchgesellschaft 2000, S. 150.

konnte er retten? Nicht nur einen oder zwei, aber doch wohl einige. Wenn er Züge mit Deportierten woandershin schickte, konnte er sicher einige von ihnen retten. Vermutlich war Willi Stary einer der wenigen, die genau wußten, wohin diese Züge fuhren. Vielleicht hat er auch selbst Charlottes Freunde darüber informiert, was genau hier vorging. Elisabeth weiß zwar wie ihr Vater, daß diese wenigen Rettungsoperationen im Vergleich zum Ausmaß der Tragödie ein Tropfen auf den heißen Stein waren. Trotzdem ist es für sie ein Trost, daß ihr Großvater durch seine berufliche Funktion tatsächlich einige Menschen zu retten vermochte.

Stary muß gewußt haben, wenn er nicht die Züge mit den Opfern nach Deutschland abfertigte, würde es jemand anders tun, der vielleicht niemand zu retten versuchte. Außerdem ist in Diktaturen wirksamer Widerstand nur an der Spitze möglich. In diesen Regimes mit ihren mafiösen Strukturen kann nur der Komplize des Diktators den Gewaltherrscher töten oder dessen Befehle sabotieren. Stauffenberg hatte direkten Zugang zum Führer, und er konnte die Bombe in dessen Besprechungsraum plazieren, Wilhelm Canaris hielt die Fäden des deutschen Widerstands in den Händen, weil er der Chef der Abwehr war. Es war Chrustschow, der dem Stalinismus den ersten Schlag versetzte, und Gorbatschow beerdigte als Mitglied des sowjetischen Politbüros das von Breschnew geerbte neostalinistische Regime. Wenn also Stary Menschen retten konnte, dann wegen seiner herausgehobenen Position in einem neuralgischen Sektor des Regimes. Daß er die Gaspards und die anderen nicht verriet, ist ein unbestreitbarer Beweis, daß er kein überzeugter Nazi war.

Vielleicht hat Stary unter der Ambiguität seiner Rolle gelitten, vielleicht auch nicht. Nur Marcelle-Charlotte hätte uns das sagen können. Sie wußte sicherlich einigermaßen über die Tätigkeiten ihres Liebhabers zur Rettung von Juden Bescheid. Später einmal hat sie dies einem Familienmitglied gegenüber offenbart, als sie ihm erklärte: »Willi setzte sein Leben aufs Spiel.« Aus Angst, ihn zu verlieren, sah sie es nicht gerade gern, daß er solche Risiken einging, hat einmal eine Tante beiläufig gegenüber Elisabeth erwähnt. Marcelle ging es einzig und allein darum, diesen Mann nicht zu verlieren. Immer wieder pflegte sie ihn deswegen an die konkreten Gefahren zu erinnern. Tatsache ist: Wäre die Gestapo oder der SD seinen »Umtrieben« auf die Spur gekommen und hätten sie seine Kontakte zu dieser französischen Helfergruppe aufgedeckt, wäre er sicherlich erschossen oder gehängt worden. Als General Otto von Stülpnagel am 15. Februar 1942 als Militärbefehlshaber in Frankreich zurückgetreten war und erst im Juni desselben Jahres von seinem Vetter Carl-Heinrich von Stülpnagel ersetzt wurde, hatte Reinhard Heydrich, der Chef des Reichssicherheitshauptamts und damit der gesamten deutschen Polizei, diese Vakanz ausgenutzt, um am 9. März 1942 die polizeilichen Befugnisse im besetzten Frankreich von der Wehrmacht auf die Gestapo und den SD unter der Leitung seines Pariser Vertreters, des »Höheren SS- und Polizeiführers in Frankreich«, SS-Gruppenführer Carl Albrecht Oberg, zu übertragen.

Genau in diesem Jahr 1942 wurde die Jagd auf die Juden, und zwar alle Juden, auf die französischen Widerstandskämpfer und auf die Verräter in den deutschen Reihen ernsthaft eröffnet. Unter Leitung Obergs, der den Titel BdS (Befehlshaber der Sicherheitspolizei und des SD) trägt, wird die Gestapo den Antinazis von nun an fürchterliche Schläge versetzen. Heydrich war am 6. Mai 1942 persönlich nach Paris gekommen, um ihn in seine neuen Funktionen einzusetzen. Drei der wichtigsten Leute, die unter Obergs Befehl standen, waren der Chef der Pariser Sipo-SD Kurt Lischka, der Judenreferent für Frankreich Theo Dannecker, der mit der Vernichtung der französische Juden beauftragt wird, und Herbert Hagen, der Chef der Sipo-SD und des SD in Bordeaux. Eine üble Ironie des Schicksals wollte es so, daß Otto von Stülpnagel gerade deswegen zurückgetreten war, weil er gegen die Geiselerschießungen opponiert hatte und deswegen mit Obergs Vorgänger als Polizeichef, Helmut Knochen, in Konflikt geraten war. Sein Vetter Carl-Heinrich machte es dann zur Bedingung für seine Annahme des Amts als Militärbefehlshaber, daß er keine Erschießungslisten von Franzosen und anderen zu unterzeichnen brauche. Es war dies also eines der genialen Schurkenstücke, die Nazis so geschickt zu inszenieren vermochten: Sie hatten den Widerstand der Militärs dazu genutzt, um diese völlig auszubooten. Am 4. Juni 1942 wird Heydrich in Prag Opfer eines Attentats. Heinrich Himmler und Ernst Kaltenbrunner übernehmen Heydrichs Aufgaben. Es wird also noch schlimmer kommen.

Und so riskiert derjenige, der den Regeln zuwiderhandelt und den Befehlen der deutschen Seite nicht gehorcht, seit dem Sommer des Jahres 1942, gerade als Stary in Bordeaux eintrifft, wie nie zuvor Folter und Todesstrafe. Marcelle zittert also zu Recht um das Leben ihres Geliebten. Jedenfalls hat sich sein Sohn Gérard Arnaud immer für die Rolle interessiert, die sein Vater in diesem historischen Drama spielte. Deshalb besuchte er auch die Ausstellung, die vom 8. Januar bis zum 12. Februar 2004 im Bahnhof Saint-Jean in Bordeaux unter dem Titel »Aus Frankreich deportierte jüdische Kinder« stattfand. Organisiert wurde sie von den Töchtern und Söhnen deportierter französischer Juden. Gérard sah sich die Photographien der Züge und der Verschleppten genau an. Aber eigentlich war es nicht das, was er sehen wollte. Er wollte die Gesichter derer betrachten, die diese Todestransporte organisierten, und fürchtete sich davor, dabei das Gesicht seines Vaters zu entdecken. Ziemlich verlegen wandte er sich an einen der Organisatoren dieser Ausstellung. Dieser entgegnete ihm: »Sie brauchen sich nicht zu schämen. Sie sind nicht der erste, der mir diese Frage stellt. Aber hier werden sie die Antwort darauf nicht bekommen. Dazu müssen Sie sich an das Departementalarchiv wenden.«

Gérard, der nicht mehr in Bordeaux lebt, wollte danach die Gaspards besuchen. Nach seiner Zeit im Waisenhaus hatte ihn diese Familie noch als kleinen Jungen freundlich aufgenommen. Sie hatten ihm damals nur Gutes über seinen Vater erzählt. Aber er mußte jetzt erfahren, daß seine Patin, Madame Gaspard, bereits 2002 verstorben war und daß deren Mann auf Grund seines hohen Alters sehr zurückgezogen lebte. Er wagte es nicht, diesen uralten Herrn mit seinen Fragen zu belästigen. Seine Kinder, die den Familienbetrieb übernommen haben, wissen nichts von der Vergangenheit.

Daß er bei der Eisenbahn zuerst in Lyon, dann in Bordeaux tätig war, daß er Österreicher war und daß er sieben Sprachen sprach, das ist alles, was Marcelle an Informationen über ihren Geliebten hinterlassen hat. Und ein Photo. Fürwahr nur magere Hinweise, um nach jemandem zu suchen, der nach dem Krieg spurlos verschwand und der doch zu den »Gerechten« gehören könnte, aber zugleich vielleicht auch Schuld auf sich geladen hat. Die Beziehung zwischen Marcelle und Willi dauerte von 1942 bis 1944, davon ein Jahr mit einem gemeinsamen Kind. Danach verließen die Angehörigen und Kollaborateure der Besatzungsarmee Bordeaux, sobald und auf welche Art auch immer es in dieser Zeit des »Rette sich, wer kann« Ende August 1944 möglich war. Wir nehmen an, daß sich auch Willi Stary im Laufe des Sommers 1944 davonmachte, nicht ohne zuvor seiner französischen Freundin den Rat zu geben, alle Spuren ihrer Verbindung zu vernichten, wenn sie ihr Leben und das ihres gemeinsamen Kindes retten wolle. Es war bestimmt nicht leicht, all das auszuradieren.

»Zuerst litten wir unter Bombenangriffen«, erzählte Marcelle ihrer Enkelin. Im Mai 1944 waren tatsächlich mehrere französische Städte, unter ihnen Bordeaux, Ziel alliierter Bomben. In Bordeaux wurden während des ganzen Krieges insgesamt 600 Einwohner von angloamerikanischen Bomben getötet. »Jetzt wurde es für Charlotte und Willi richtig brenzlig. Von da an nahm ihre Angst und Unruhe gewiß immer mehr zu«, kann sich Elisabeth vorstellen. Als dann der Liebhaber weggegangen war, ohne seine Freundin mitzunehmen, brach die wirkliche Katastrophe herein. Ende August 1944 übernimmt die Résistance die Macht in der Stadt, in der dann einige Wochen lang die kommunistische F.T.P. ein Terrorregiment errichtet, bis der Résistance-General Jacques Chaban-Delmas die Zügel in die Hand nimmt und General de Gaulle persönlich in die Stadt kommt, um die Autorität der Republik wiederherzustellen. Diese Zeit hat ihre Narben im kollektiven Bewußtsein hinterlassen. In Frankreich wie in Deutschland hat man sie lange unter einem Mantel des Schweigens verborgen. Aber Frankreich öffnet nun allmählich seine Rechnungsbücher. Die Zeitung *La Montagne* berichtete vor kurzem über den Fall einer Familie in Saint-Flour im Cantal, deren eine Tochter eine Affäre mit einem Deutschen hatte. Diese Familie verließ danach fünfunddreißig Jahre lang nicht mehr das Haus. Die Wohlfahrtspflege schob ihr das Essen unter der Türe durch. Danach brachte man sie in der Psychiatrie unter. Gar nicht zu reden von Fällen, wie der » Kollaborateurin « oder angeblichen » Kollaborateurin «, die man an den Füßen aufhängte und solange steinigte, bis eine alte Frau ihrem zerschlagenen Körper mit einem Stock den Gnadenstoß gab, ein schreckliches Schauspiel, das am 31. Mai 2004 im vom Fernsehsender France 3 ausgestrahlten Dokumentarfilm von Patrick Rotman mit dem Titel » Sommer 44 « zu sehen war.

Man beginnt nun also auch über die französischen Greueltaten zu sprechen. Wie soll man da nicht von Angst erfüllt sein, wenn man die Stigmata einer doppelten Schande trägt: ein uneheliches Kind zur Welt gebracht zu haben, das zu allem Überfluß auch noch das Kind eines Feindes ist. Sie waren nicht gerade zartbesaitet, diese Sieger. Die Widerstandskämpfer der letzten Stunde, oft Leute, die zuvor mit den Deutschen dunkle Geschäfte gemacht hatten, wuschen sich auf Kosten von schwächeren Leuten rein, die ihnen gegenüber machtlos waren. Im besetzten Frankreich waren ungefähr 2% der Bevölkerung Mitglieder der Résistance, während bei weitem die meisten Franzosen Marschall Pétain verehrten oder ganz einfach Pazifisten waren oder sich abwartend verhielten. Das sind die Tatsachen. Fast alle ehemaligen deutschen Besatzungssoldaten in Frankreich, mit denen wir sprechen konnten, haben keinen einzigen Widerstandskämpfer gesehen. Aber 1945 gab es nur noch Résistance-Anhänger, die ganz überwiegend auch noch Helden gewesen waren. » Das heißt, daß es zwangsläufig unter diesen Helden ganz schön viele Lumpen gegeben haben muß, die ihre Wut und Grausamkeit an wehrlosen armen Schluckern ausließen, um damit ihr Ansehen bei ihren Mitbürgern wiederherzustellen«, meint Elisabeth.

»Ich bin ohne meinen Schmuck weggegangen«, hat Marcelle Arnaud ihrer Enkelin anvertraut. Es muß also höchste Zeit gewesen sein, sich aus dem Staub zu machen! Eine Frau vergißt nicht ihren Schmuck. »Wenn es nur das wäre!« ruft Elisabeth aus. »Um danach in ein solches Schweigen zu versinken, muß es da noch mehr gegeben haben. Sie muß eine höllische Angst gehabt haben, vor etwas Unmenschlichem, Abgründigem.« Hatte sie mit ansehen müssen, wie Frauen geschoren, geschlagen, nackt durch die Straßen geführt oder ihnen mit Teer Hakenkreuze auf die Haut geschmiert wurden? Zweifellos war sie erst im buchstäblich letzten Moment der Schnelljustiz der Widerstandskämpfer entkommen. Diejenigen, die nicht fliehen konnten oder wollten, wurden oft einfach liquidiert. Man kann annehmen, daß Freunde sie vor der drohenden Verhaftung gewarnt hatten, und sie dann mit ihrem Kind auf dem Arm durch die Tür zum Hof oder einen anderen Hinterausgang geschlüpft ist. Sie brachte das Baby zu Freunden, wahrscheinlich zu Mado, und verließ dann Bordeaux Richtung Lourdes, wo sie sich in den ersten Wochen nach der Befreiung verbarg. Bald danach kam sie heimlich zurück, ohne wieder, nimmt man an, in ihre alte Wohnung zu ziehen, um danach ihr Baby einer anderen, vielleicht weniger exponierten Familie anzuvertrauen. Danach fuhr sie wieder ab, da sie nicht zu lange in der Höhle des Löwen bleiben wollte. Sie kehrte dann wieder zurück, um ihren Sohn in andere Hände zu geben. Dieses Spiel dauerte sieben Jahre lang an, die sieben ersten Jahre in Gérards Leben, in denen er von Familie zu Familie, von Heim zu Heim geschoben wurde.

Marcelle wurde von der katholischen Kirche geschützt. 1950 vertraute sie ihren Sohn einem katholischen Waisenhaus an, das von den Brüdern vom heiligen Franz Xaver in Draguignan geführt wurde. Aber auch hier vernachlässigte die Mutter ihre Pflichten.

Die Brüder nahmen Gérard regelmäßig im Rahmen von Wall-
fahrten nach Lourdes mit. Und dann erschien dort die Mutter
nicht zum vereinbarten Treffen. Zehn Jahre lang hat er seine
Mutter kein einziges Mal gesehen. Sie war bestimmt keine einfache Frau, aber nach allem, was sie durchmachen mußte, ist das
vielleicht nicht allzu verwunderlich. Sie mußte sehen und erleben,
was während der Befreiung geschah, als die Befreier der letzten
Stunde brutal auf die Frauen losgingen, die eine Liebesaffäre mit
einem Deutschen gehabt hatten. Und sie glaubte vielleicht auch
zwanzig, dreißig Jahre später noch nicht, daß diese Verfolgung
endgültig vorbei sei. Es mußte sie wohl auf Dauer prägen, von
einem Tag zum andern zum Paria zu werden, nachdem sie eine
ganze Zeitlang angebetet, hofiert und bewundert worden war.

»Dennoch hätte meine Großmutter nach all diesen Jahren
anders reagieren müssen, zumindest gegenüber denen, die ihr am
nächsten standen«, meint Elisabeth Arnaud. »Es gab da eine Ver-
jährung. Aber ich glaube auch, daß mein Vater sie an das Scheitern der großen Liebe ihres Lebens erinnerte. Sie wollte ihn vielleicht schützen, als sie ihn in dieses katholische Waisenhaus
steckte, und ihm dadurch eine anständige Erziehung ermöglichen,
die sie ihm, mittellos wie sie jetzt war, nie hätte bieten können.
Aber sie wollte ihn sicherlich auch aus ihrer Umgebung verban-
nen, da er sie zu sehr an ihr Unglück oder ihren Fehltritt sowie
an ihre verflossenen Träume erinnerte.« Diese Marcelle Arnaud
reagierte wie mehrere andere Frauen, deren Kinder wir bei den
Recherchen für dieses Buches befragt haben, wie die Mutter von
Anita Sanchez-Duval, Jeanne Duchéné, wie die Mutter von
Gérard Périoux, Raymonde Orvet, und auch die Mutter von
Marie-Rose Berthe, Lucie Dejaegère. Nachdem sie das ihrer
Geschichte gewidmete Kapitel unseres Buches gelesen hatte,
zeigte sich Anita gleichzeitig erstaunt und beruhigt von der Zahl
der Mütter, die es wie ihre eigene Mutter ihrem Kind übelneh-
men, das greifbare Resultat ihres Unglücks zu sein.

Wir sind hier auf reine Vermutungen angewiesen. Hat Marcelle ihr Kind, ein Kind der Schande, vor eventuellen Verfolgun-

gen bewahren wollen? Bereits in ihrer gemeinsamen Zeit lebten sie und Willi in einem merkwürdigen Halbdunkel. Sie war sich einerseits nicht richtig über die Konsequenzen im klaren, konnte aber andererseits doch von Anfang an die Risiken ermessen, denn sie hatte die ganze Zeit Angst davor, diesen Mann zu verlieren, mit dem sie sich unter diesen schwierigen Umständen verbunden hatte. Und als sie danach das Schicksal getrennt hatte, ging es um ihr Leben und das ihres Kindes. Aber rechtfertigten die damaligen Vorsichtsmaßnahmen all diese Heimlichtuereien fünfzig Jahre später? Ganz sicher nicht. Schon gar nicht gegenüber ihren Angehörigen. Nicht ohne eine gewisse Arroganz weigerte sie sich, für ihre Handlungen einzustehen. Von ihr kamen nur ausweichende und bruchstückhafte Antworten, die mehr neue Fragen aufwarfen, als alte zu klären. Wir können also feststellen, daß sie sich ihrer eigenen Verantwortung nicht stellen wollte, diese Marcelle Arnaud, die 1996, kurioserweise an einem 11. November,[*] starb. Sie hatte den Tod ihrer Liebe siebenundvierzig Jahre überlebt, eingeschlossen in ein Geheimnis, das sie mit ins Grab nahm.

Als ihr Sohn herangewachsen war, versuchte Marcelle Arnaud wieder ihre Rechte über ihn auszuüben und ihn in der Bekleidungsbranche in Bordeaux unterzubringen. Aber nach zwei Jahren rebellierte er, obwohl er für den Schneiderberuf sehr begabt zu sein schien, und fing eine landwirtschaftliche Ausbildung an. Er sollte seine Berufslaufbahn als Milchleistungsprüfer beenden. Sie wollte ihn mit einer reichen Erbin aus Bordeaux verheiraten. Als dann ihr Sohn eine andere heiratete, gab sie sich geschlagen und versuchte nicht mehr, in sein Leben einzugreifen. Sie wollte ihn auch dazu bewegen, Deutsch zu lernen, aber er weigerte sich. Das ist übrigens die einzige seiner drei Rebellionen, die er heute bedauert. Als ihre Enkel, insgesamt vier an der Zahl, zur Welt kamen, nahm sie wieder einigermaßen regelmäßige Kontakte zu ihrem Sohn und ihrer Schwiegertochter auf, der sie bisher die kalte Schulter gezeigt hatte, aber die Gesprächsthemen gingen nicht über das Wetter und den

----

[*] Jahrestag des Waffenstillstands von 1918.

Alltagstratsch hinaus. Von seinem Vater erzählte sie ihm nie etwas, außer daß er tot sei. »Das bereitete jeder Diskussion ein abruptes Ende. Aber eine entscheidende Frage bleibt: Was hat Marcelle und Willi gehindert, sich nach dem Krieg wiederzusehen?« wundert sich Elisabeth. Später begann Marcelles Sohn, nach seinem österreichischen Vater zu suchen. Aber wo sollte er anfangen? An wen sollte er sich wenden? Im Jahre 2004, wenige Monate, bevor wir mit Elisabeth Verbindung aufnahmen, hat Gérard seine Nachforschungen aufgegeben.

Willi Stary, der schon während des Krieges etwas älter war, ist seit langem tot. Sein Sohn gab seinen Kindern das, was ihm selbst am meisten gefehlt hatte: die Liebe und die Nähe eines Vaters. »Wir wurden von Eltern aufgezogen, die oft der Pädagogin Françoise Dolto im Radio zuhörten«, erzählt Elisabeth. »Unser Vater legte Wert darauf, uns Kindern immer sehr nahe zu sein. Als Milchleistungsprüfer, der in Bordeaux stationiert war, tat er alles, um in unserer Nähe zu bleiben und möglichst wenig herumzureisen zu müssen. Schließlich nahm er eine ortsgebundenere Stelle als Genossenschaftsangestellter an.«

»In seinem Waisenhaus war mein Vater gut aufgehoben und wurde im Unterschied zu anderen Deutschenkindern nicht mißhandelt. Aber er litt unter der Abwesenheit seiner Eltern«, fährt Elisabeth fort. »Die katholischen Brüder gaben ihm eine gute Erziehung vor allem auf musikalischem Gebiet. Er spielt sehr gut Orgel und spielt immer noch bei Hochzeiten auf. Außerdem spielt er noch Horn und Tuba. Er hat diese Leidenschaft für die Musik auf seine Kinder übertragen. Wir haben alle ein Instrument gelernt. Einer meiner Brüder ist Solist in einem spanischen Symphonieorchester.« Der Musikliebhaber Gérard hat seiner Tochter Elisabeth aus Verehrung für die Schutzheilige der Musiker den zweiten Vornamen Cécile gegeben.

»Es gibt schon erstaunliche Übereinstimmungen«, wundert sich Elisabeth am Ende unseres Gesprächs. »So wurde mein Vater zum Beispiel an einem 10. August des Jahres 1943 geboren.

Auch seine Mutter Marcelle wurde an einem 10. August geboren.« Und sie fügt noch hinzu: »Ich habe ihr lange ihr Schweigen übelgenommen, und erst jetzt, vor ein paar Wochen konnte ich diese Vorbehalte ihr gegenüber überwinden. Ich habe ihr verziehen. Und dann haben Sie Verbindung zu mir aufgenommen. Vielleicht ist das ein kleines Lächeln des Schicksals?«

Warum sollte man nicht doch die Spur dieses verschwundenen Großvaters wiederauffinden? »Das Verzeihen«, sagt Elisabeth, »läßt die Fragen nicht verschwinden, die ich mir seit dem Alter von vierzehn Jahren stelle. Ich würde so gerne wissen, wer er war.«[*]

—— * Recherchen haben ergeben, daß im »Verzeichnis der oberen Reichsbahnbeamten« (Verkehrswissenschaftliche Lehrmittelgesellschaft Leipzig, 1943) ein Willibald Stary in der Reichsbahndirektion Hannover genannt wird. Er war am 8. 2. 1889 geboren worden, ein Alter, das dem Bild entspricht, das wir noch von ihm besitzen, und am 30. 7. 1932, also noch vor Hitlers Machtantritt, auf seinen Posten berufen worden. Es wird noch erwähnt, daß er »abgeordnet« wurde. Aus einer Liste des »Bundeseisenbahnvermögens« geht klar hervor, daß dieser Willibald Stary, geb. 1889, nach Bordeaux versetzt wurde. Er ist jedenfalls der einzige »Stary« bei der Deutschen Reichsbahn. In der Wehrmacht gab es ein gutes Dutzend »Stary«, darunter zwei Männer, von denen einer aus St. Ulrich in Tirol, nahe Kitzbühel, und ein weiterer aus Graz kamen.
Stary konnte ich mit der Unterstützung von Hans Peter Wollny und M.-C. Zipperling identifizieren. Ludwig Norz hat seinerseits im Bundesarchiv (PK L 409/Stary Willibald) die Unterlagen von Stary in den Akten der NSDAP entdeckt. Daraus geht insbesondere hervor, daß Stary am 24. 4. 1933 in Uschla (Österreich) Mitglied Nr. 1 606 475 der NSDAP geworden war, daß es jedoch nicht mehr klar war, ob er während seines anschließenden Aufenthaltes in Kufstein, Südtirolerplatz 6, Mitte der dreißiger Jahre Parteigenosse geblieben war. Während des späteren Verbots der NSDAP in Österreich scheint er sich nicht für »die Sache« eingesetzt zu haben, obwohl der Chef des Presse- und Propagandaamtes der Partei in Berlin (Kronprinzenstr. 18), Dr. Lapper, am 13. Dezember 1937 »glaubte, sich erinnern zu können, daß er gesinnungsgemäß Nationalsozialist war«. Später, am 16. Mai 1944, steht es laut eines Vermerks des Abschnittleiters Brunnbauer dann fest, daß Stary in der Reichskartei mit dem

Vermerk »am 30. 9. 1935 ausgetreten« erwähnt wird: »... nachdem der Genannte nach seiner Umsiedlung nach Leoben die Beitragsleistungen ohne zwingende Gründe eingestellt und sich für die Bewegung nicht mehr betätigt hat – im übrigen ergaben sich in der Mitgliedschaftsangelegenheit des Stary bereits vor dem Verbot der NSDAP in Österreich Unklarheiten«. Da er auch »seit dem Jahre 1938«, d. h. nach dem Anschluß Österreichs an das Reich, »keine Mitarbeit für die Bewegung aufzuweisen hatte«, wurde »entsprechend der Verfügung des Führers vom 14. Juli 1942 (V 7/42) ... seine Wiedereingliederung bzw. Wiederaufnahme abgelehnt«. Aus einem anderen Brief aus Leoben, wo Stary 1943 gewohnt hatte, bevor er nach Wien umsiedelte (Adresse: Venedigerau 6), geht hervor, daß er als Grund für die Nichtzahlung des Mitgliedsbeitrages einen »Mangel an Fühlungsvermögen« angegeben hatte. »Da in Leoben eine sehr gut ausgebaute illegale Organisation bestand und gerade auf dem Bahnhof Leoben der größte Teil der Beamten illegale Mitarbeiter der NSDAP gewesen sind, wäre es ihm bei gutem Willen sicher möglich gewesen, Fühlung zu bekommen«, stellt der Bereichsleiter der NSDAP Leoben, Christandl, fest. An all diesen Orten, wo er gewohnt hatte, war Stary, zuerst als Reichsbahnamtmann, dann als Reichsbahninspektor, der Bahnhofsvorstand gewesen. Aus dem Antrag aus seiner Hand geht hervor, daß er in Bregenz geboren wurde, daß er im Gymnasium insbesondere Sprachen gelernt hatte, daß er seine Wehrpflicht 1910 in Wien im Infanterieregiment 4 absolviert hatte und daß er schon in Leoben verheiratet war und ein Kind hatte. Er scheint der NSDAP aus opportunistischen Gründen beigetreten zu sein, folgte dann einer anderen Tiroler konservativen Gruppe, die gegen die NSDAP agitierte, was ihm die Parteigenossen übelnahmen. Seinen Aufnahmeantrag aus dem Jahre 1943 muß er als Lebensversicherung betrachtet haben, und daß er abgelehnt wurde, hat seine Lage als Bahnhofsvorsteher von Bordeaux gewiß nicht sicherer gemacht.

MICHELLE

Das große Geheimnis _____

Im Jahre 1960 absolvierte die junge Französin Michelle Colin*
einen Sprachaufenthalt in Olite im spanischen Navarra. Im Fest-
saal des kleinen Fleckens näherte sich ihr mit breitem Lächeln ein
Mann: »*Alemana?*« fragte er sie. »*No.*« Sein Lächeln wurde schwächer: »*Americana?*« »*No.*« Sein Lächeln erstarb fast völlig. »*Fran-
cesa?*« »*Sí*«. Das Lächeln war nun endgültig verschwunden. Die
Fragen, die ihr dieser Spanier gestellt hatte, wären für jedes andere Mädchen ihres Alters ganz banal gewesen, nicht aber für
Michelle. Der Unbekannte wühlte, ohne es zu wissen, mit dem
Messer in ihrer Wunde. Michelle, die Unbekannte, das Findel-
kind, hat diese kurze Begegnung nie vergessen: »Diese Szene hat
sich mir ins Gedächtnis eingegraben. Ich erinnere mich vor allem
daran, daß ich für eine Deutsche gehalten wurde. Diese ›Her-
stellungsbezeichnung‹ hat mich mein ganzes Leben verfolgt.«
Heute würde sie vielleicht sogar antworten: »*Sí, Alemana.*« Nicht
nur weil die Spanier anscheinend die Deutschen den Franzosen
vorziehen – die ungute Erinnerung, die Napoleon I. in diesem
Land hinterlassen hat, hält sich hartnäckig bis heute –, sondern

—— * Michelles Mädchenname. Alle Vornamen, Namen und Orte in
diesem Bericht sind authentisch. Wir haben ihren Vornamen so
geschrieben, wie er im Personenstandsregister steht, um ein
eventuelles Wiedererkennen zu erleichtern. Die Schreibweise
mit zwei »l« ist sonst ungebräuchlich, aber genauso wurde ihr
Vorname im Standesamt von Verdun eingetragen, wahrscheinlich von einer Nonne des Hospizes, in dem ihre Mutter nieder-
gekommen war. Es ist also nicht sicher, ob es sich hier um einen
Schreibfehler oder einen Wunsch ihrer Mutter handelt.

weil Michelle gute Gründe hätte, so zu antworten: Sie ist im Ungewissen, ob sie eine hundertprozentige Französin ist oder nicht. »Man sollte das nicht verbergen. Man muß dazu stehen«, sagt sie. »Das« bedeutet, ein Kriegskind und Kind der Schande zu sein. Sie möchte nicht länger Opfer sein, diejenige, auf die man mit Fingern zeigt, und ihre Botschaft richtet sich an die, die wie sie lange Zeit für ihre unklare Herkunft schämen mußten.

Michelle Colin steht zu ihrer deutschen Abstammung, für die sie jedoch kaum materielle Beweise besitzt. Sie weiß nur, daß man sie in ihrer ganzen Kindheit als »Boche-Tochter« bezeichnet hat. Man ließ sie sehr teuer für etwas bezahlen, wofür sie nichts konnte, nämlich geboren worden zu sein. Diese Worte verfolgen sie noch heute. Sie hat sie so oft hören müssen, daß diese Niedertracht nicht ganz grundlos gewesen sein kann. Wieviele aller verlassenen Kinder, die zwischen 1940 und 1946 geboren wurden, hatten wohl einen deutschen Soldaten als Vater? Weil es darauf keine Antwort gibt, wird Michelle eine »Deutsche aus übler Nachrede« oder »eingebildete Deutsche« bleiben. Wäre sie dann nur eine »Französin durch Adoption«? Eine solche Tatsache ist heute nicht mehr von großer Bedeutung, aber im Nachkriegsfrankreich war es für die Generationen, die die beiden Weltkriege erlebt hatten, eine schlimme Sache, um nicht zu sagen ein unauslöschlicher Makel, deutsches Blut in den Adern zu haben.

In der Zwischenzeit hat Michelle bewiesen, daß sie eine echte Europäerin ist, indem sie ein Buch über den europäischsten aller Monarchen, den Habsburgerkaiser Karl V., schrieb. Als Spanisch-Professorin an der Universität Paris X in Nanterre, zuvor in Caen, ist sie heute eine gestandene Hochschullehrerin von zweiundsechzig Jahren. Ihr Auftreten und ihre Art haben etwas zugleich Einfaches und Stolzes. Mit ihrem rundem Kopf, ihrer strengen Frisur, der unaufdringlichen Kleidung, dem offenen Blick, den graublauen Augen und den Haaren, die einmal blond gewesen sein müssen, ist Michelle in jeder Beziehung eine Ausnahmepersönlichkeit ganz ungeachtet ihrer äußeren Erscheinung.

Wenn sie spricht, geht eine große Faszination von ihr aus. Das Geheimnis ihrer Geburt hat sie traumatisiert, aber in keinster Weise ihre geistige Entwicklung behindert. Im Gegenteil, ihre »Unterschiedlichkeit«, ihr »in ihrer Identität begründetes Anderssein« scheinen ihre Phantasie und ihre Intuition beträchtlich gesteigert zu haben. Und doch lebt da in ihr auch etwas Unbekanntes. Eine Schattenzone umgibt sie. Die dunkle Seite ihrer Persönlichkeit zeigt sich im Gespräch. Ein eigentümliches Geschick – gar ein Fluch? – verfolgt sie seit ihrer Kindheit. Eine Kette von Wechselfällen zog sich durch ihr Leben. Sie war das Ziel von Verleumdungen, Aggressionen, so als ob einige, von einer Art kollektiver Hysterie besessen, durch sie hindurch auf etwas ganz anderes gezielt hätten. Und so erkennt sie sich in gewisser Weise in der Figur des Kaspar Hauser wieder, diesem traurigen Opfer einer dunklen Verschwörung. »Seine Geschichte hat mich tief erschüttert, als ich sie vor einigen Jahren durch einen Dokumentarfilm des Senders Arte kennenlernte.«

Mutmaßlich die Tochter eines deutschen Besatzungssoldaten, der im Zweiten Weltkrieg in Frankreich stationiert war, und einer Französin, besitzt Michelle keinerlei Hinweise auf ihre biologische Herkunft. Sie kennt weder den Namen ihrer Mutter noch den ihres Vaters. Sie sind Unbekannte geblieben... Sie selbst wird am 20. Oktober 1941 um 12 Uhr 15 im Hospiz Sainte-Catherine in der Rue Saint-Sauveur in Verdun geboren, das später in ein allgemeines Krankenhaus umgewandelt wird und heute als geriatrisches Zentrum dient. Die Stadt ist damals von den Deutschen besetzt. Mit dem Vermerk »Eltern unbekannt« wird Michelle dort von ihrer Mutter abgegeben und den Nonnen anvertraut, die diese Einrichtung betreiben. In einer kurzen historischen Chronik dieses Krankenhauses, die am 26. Juni 1988 in der Zeitung *L'Est républicain* erscheint, wird erwähnt, daß das ursprüngliche Saint-Sauveur-Krankenhaus, das im 14. Jahrhundert unter das Patronat der heiligen Katharina gestellt und mit einer Kapelle versehen wird, bis auf das 6. Jahrhundert zurückgehen soll! In diese einmalige, bis heute bestehende medizinische Einrichtung wurden seit 1940 alle kranken Zivilisten der Stadt eingeliefert, da das Zentralkrankenhaus Saint-Nicolas in Verdun von den Deutschen beschlagnahmt worden war. Das Krankenhaus der heiligen Katharina wurde von aufopferungsvollen katholischen Nonnen, den Schwestern des heiligen Karl von Nancy, den sogenannten Borromäerinnen, betrieben. Während des Krieges richtete man dort auch eine Geburtsstation und eine Kinderkrippe ein. In den Tagen nach ihrer Taufe wurde Michelle nach Bar-le-Duc gebracht, wo sich das Heim der staatlichen Sozialfürsorge befand. Ihre erste Reise über siebenundfünfzig Kilometer legte sie auf einer Straße zurück, die von der Hölle des Kriegs geprägt war: der zu trauriger Berühmtheit gelangten »Voie sacrée«, dem »Heiligen Weg«, der buchstäblich mit dem Schweiß und Blut der Soldaten des Ersten Weltkriegs getränkt ist, der einzigen französischen Überlandstraße, die, wie das Tourismusbüro betont, keine Nummer, sondern einen Namen trägt.

Im Alter von drei Monaten wurde sie von einem gewissen Herrn Colin aus Reims adoptiert. Aber diese erste Ruhepause war nur von kurzer Dauer. Die Adoption verläuft nicht sehr gut, und man gibt sie in sehr einfachen Verhältnissen in Pflege. Ihre Kindheit verlief nach ihren eigenen Worten »katastrophal«. Und dann hielt das Unglück dieses kleine, vom Schicksal gebeutelte Mädchen in seinen Klauen. Von jetzt an nannte man sie meist nur noch »Boche-Kopf«. Mit einem Bleistiftstummel, den sie in ihrer Kinderfaust festhielt, mußte sie mit nicht einmal vier Jahren auf Geheiß ihrer Pflegemutter in Schönschrift in ein Schulheft schreiben: »Ich bin die Tochter eines Boche.« Woher wußte diese Frau das? Sie lebt leider nicht mehr. »Als sich mein Adoptivvater mit seiner Mutter wieder versöhnte und mich in ihre Obhut gab – ich war damals sechseinhalb – «, erzählt Michelle, »fand die alte Dame unter den paar abgetragenen Klamotten, die ich in einem kleinen Koffer mitgebracht hatte, dieses Heft, in das ich immer wieder den gleichen Satz, Zeile für Zeile, Seite für Seite, hatte eintragen müssen. Das hat sie ganz schön geschockt.«

Michelle erinnert sich wieder an das Entsetzen dieser Frau, die ihre »Großmutter« werden sollte. Sie beeilte sich, diese schrecklichen Aufschriebe zu vernichten. Und so besitzt Michelle nicht einmal mehr dieses kleine geschriebene Beweisstück für ihre »schändliche« Abstammung. Ist sie vielleicht sogar nur eine »eingebildete« Deutsche? Hatte man ihr diesen Beinamen etwa nur wegen ihres Aussehens gegeben? »Eines ist sicher, nämlich daß ich ein Kriegskind bin. Aber die blonden Haare meiner Kinderzeit sind kein absoluter Beweis. In Lothringen gibt es relativ viele Blonde.« Dieser quälende Refrain »Boche-Kopf«, »Boche-Kopf«, klingt ihr noch heute, fünfzig Jahre danach, in den Ohren. »Ich weiß nicht, wie ich mich definieren soll. Ich bin ein Sonderfall, ein Außenseiter, nicht nur gegenüber den Franzosen, die eine festgefügte Identität haben, sondern auch im Vergleich zu den anderen Deutschenkindern, die ihren Ursprüngen auf die Spur kommen konnten.« Und doch gelang es ihr, eine Universitätskarriere zu machen. Sie hat einen spanischen Arzt geheiratet. Sie bekamen zwei Söhne. Sie wartet auf ihre Pensionierung in einigen Monaten, um danach eingehende Nachforschungen über ihre Ursprünge anzustellen. »Ich glaube«, sagt sie, »daß es dafür eigentlich jetzt ein bißchen spät ist, es sei denn, jemand liest Ihr Buch, und wer weiß? Vielleicht geschieht ein Wunder, aber das wage ich nicht zu hoffen ...«

»Das Ganze klingt wie ein schlechter Roman«, sagt sie selber. »Aber ich bin keine Person aus Victor Hugos *Die Elenden* oder Hector Malots *Heimatlos.*« Monsieur Roger Colin, der sie adoptiert hatte, war ein Arbeiter aus Reims. Mit seiner Frau France Véry hatte er zwei kleine Mädchen. Die eine, Denise, starb mit sechzehn Monaten an Leukämie, die andere, Ginette, mit zehn Jahren an einer »fiebrigen Erkältung«. Sie wurde in ihrem Kommunionskleid beerdigt.

Bevor sie starb, nahm Ginette mit einer außergewöhnlichen Geistesreife ihren Eltern das Versprechen ab, sie »durch ein anderes kleines Mädchen zu ersetzen«. Ein Kind zu adoptieren, war für das Ehepaar Colin keine einfache Sache: Damals mußte man dafür mindestens vierzig Jahre alt sein. Durch eine Verwandte, die eine Krankenschwester in Bar-le-Duc kannte, bekamen sie Nachricht von einem Kind, das von der Wohlfahrtsbehörde zur Adoption freigegeben worden sei. Und um das Versprechen zu erfüllen, das sie ihrer kleinen Ginette gegeben hatten, entschlossen sie sich, dieses Mädchen zu adoptieren. Im Januar 1942 brachte Michelle eine Frau von der Wohlfahrtsbehörde von Bar-le-Duc nach Reims, das damals in der freien Zone lag. Es herrschte ein fürchterlich strenger Winter, und deshalb packte sie an diesem bitterkalten Tag das Baby wie einen kleinen Hund in einen Schutzkarton. Sein Adoptivvater holte das Kind auf dem Bahnhof ab. Die Dame reichte ihm den Karton durch das Zugfenster und rief: »Vorsicht, das ist Ihre Tochter!« Und so begann Michelles Familienleben. In einer Pappschachtel!

Sie besitzt noch ein Photo von sich als Baby, das beim Photographen an der Ecke aufgenommen wurde und von Ende 1942 stammen muß. Dieses Jahr war für sie eine kurze Zeit der »Normalität« und Ruhe, die aber nicht sehr lange währen sollte. Im Januar 1943, ein Jahr nach Michelles Ankunft bei diesen braven Leuten, starb ihre Adoptivmutter France, eine ganz kleine, zarte und zerbrechliche Person, an akuter Tuberkulose, der berüchtigten »galoppierenden Schwindsucht«, wie man damals sagte. Michelle hatte sich aber nicht angesteckt. »Ich schlief im Zimmer dieser Schwerkranken und wurde dadurch gegen den Koch-Bazillus immun. Ich bin nie geimpft worden. Ich war damals ein großes, pausbäckiges und ziemlich kräftiges Baby.« Als einfacher Arbeiter, mittellos und ohne Hilfe, aber drangsaliert von einer trunksüchtigen Schwiegermutter, einer völlig herzlosen Megäre, die unter ihrem Dach keine kleine »Ausländerin« von zweifelhafter Herkunft dulden wollte, befand sich Roger Colin in einer fatalen Situation. »Du hast dir diese Ausländerin, diese Tochter eines Boche aufgehalst«, hielt ihm die Schwiegermutter immer wieder vor. »Aber die Rationierungsmarken, die sie für mich bekam, die interessierten sie trotzdem. Sie haßte mich so, daß sie mich mit Sicherheitsnadeln stach, wenn sie an mir vorbeiging.

Mein Adoptivvater Roger bekam das alles mit, denn er hat mir das später erzählt. Ich war noch zu klein, um mich daran zu erinnern. Aber er konnte nichts ändern. Er war ein Mann fast ohne jede Bildung, aber sehr gutartig«, kennzeichnet ihn Michelle. Auch wenn er der Kleinen seinen Namen gegeben hatte, so konnte Roger Colin kaum tiefere Gefühle für sie entwickeln und sich ohne Frau und ohne Mittel schon gar nicht um sie kümmern.

Einige Jahre später heiratete Roger eine alleinerziehende Mutter, Georgette Valentin, deren Kind er annimmt. Michelle, damals kanpp über vier Jahre alt, wurde nun lästig. Man gab sie abermals in Pflege bei einer gewissen Madame Leroux, die sie ständig mißhandeln sollte. Dann gab es eine erneute Änderung. Als ihr Vater nach geltendem Recht nahm Roger Colin sie eine Zeitlang wieder bei sich auf. Michelle weiß nicht mehr genau, wie lange sie bei ihm und seiner neuen Frau in Soissons oder Umgebung blieb. Michelle erinnert sich an eine Art Bauernhaus, das von Feldern und Gärten umgeben war, an einen alten Mann, der Bohnen enthülste, und einen großgewachsenen, etwa zwanzig Jahre alten Burschen. Die Mutter Georgette war während des Tages auf Arbeit. Michelle erinnert sich zwar nur lückenhaft, aber doch sehr deutlich an sehr unschöne Vorkommnisse in der Familie und an eine kleine Hölle für sie selbst: Der Junge, der wohl geistig behindert war, nutzte die Abwesenheit der Erwachsenen aus, um sie zu quälen. Er war zwar nur ein großer Junge, aber für ein kleines Kind wie Michelle war er ein schreckeneinflößender Erwachsener. Manchmal zog er eine Gasmaske auf und machte ihr damit Angst. Dieses »Ding« mit seinen beiden großen runden Augen und seinem langen Rüssel löst bei Michelle auch heute noch ein Gefühl der Panik aus. Er versuchte, ihr lebendige Schnecken in den Mund zu stopfen. Eines Tages fing ihr Peiniger an, ihr den Kopf zu rasieren. Außer sich vor Angst flüchtete sie sich aufs Feld und versteckte sich kauernd im tiefen Gras. Am Abend holte sie eine Person, vielleicht ihr Adoptivvater zurück ins Haus, wobei er sie nicht schlug und sogar ein gewisses Mitgefühl zeigte. Und so wurde auch aus Michelle eine »geschorene

Frau«, wenn auch sehr zarten Alters, also quasi ein »geschorenes Kleinkind«. Da der Täter nicht zurechnungsfähig war, hatte diese Geste, die blonden Haare eines kleinen Mädchens mit dem »Kopf eines Boche« abzurasieren, keine besondere Bedeutung, aber in dem Kontext, in dem das Ganze geschah, bekam diese Brutalität doch ihre ganz eigene Wertigkeit. So sagt Michelle noch heute: »Aus dieser Zeit ist mir ein Gefühl des Schreckens, der Scham und der Hoffnungslosigkeit geblieben. Wenn dieses Unglück überhaupt zu etwas gut war, dann vielleicht dazu, mir die Fähigkeit zu geben, diese Gefühle auch bei anderen zu verstehen.«

Michelle erinnert sich auch, daß sie eine Puppe hatte und sie sich einen Spaß daraus machte, diese unter der Fußmatte zu verstecken, offensichtlich, um wenigstens ihr die Gewaltausbrüche ihrer Adoptiveltern zu ersparen. Ihr Vater wurde oft von seiner zweiten Frau körperlich angegriffen. Am Ende flieht er mit Michelle und verläßt Soissons und die gemeinsame Wohnung für immer. Sie sieht ihn noch heute vor sich, wie er sich mit der einen Hand das Gesicht mit einem blutgetränkten Taschentuch abwischt und mit seiner anderen ihre eigene Hand hält. Monsieur Colin war ein sehr gutmütiger, um nicht zu sagen schwacher Mann. Die Frauen machten mit ihm, was sie wollten. Allerdings wußte er sich bei diesen gewalttätigen Auseinandersetzungen dann doch zu verteidigen.

Michelle besitzt nur sehr wenige Photos von sich aus dieser Zeit. Zwei gingen verloren, weil sie den Fehler beging, sie ihrem spanischen Verlobten zu schicken, bei dem dieser Brief dann nie ankam, ein für sie sehr schmerzlicher Verlust, da sie großen Wert auf noch die geringste der wenigen Spuren ihrer Kindheit legt. Roger Colin erzählte ihr eines Tages, eine ganze Zeit nach dem Krieg, daß er deutsche Touristen aus einem Bus habe aussteigen sehen und daß unter ihnen ein Paar mit einem kleinen Mädchen auf dem Arm gewesen sei, das ihr erstaunlich geähnelt habe. Ihre runde, »nordische« Kopfform scheint tatsächlich das Vorurteil zu bestätigen, dessen Opfer sie so lange war und dessen Ursprung ihr nie jemand enthüllen konnte. Ihr Fall erinnert ein wenig an den

Helden in William Faulkners Roman *Licht im August*, einen Wei-ßen, den man für schwarz erklärt hatte und der dann für ein Ver-brechen bestraft wurde, das er nie begangen hatte.

Nach der Flucht aus seiner Ehe brachte Monsieur Colin Mi-chelle wieder zu Madame Leroux nach Reims. Sobald deren Mann, ein recht netter Kerl, zur Arbeit ging, blieb Michelle allein den ganzen Tag einer Frau von teuflischer Bosheit ausgeliefert. »Das war von neuem der reine Terror«, erinnert sie sich. »Madame Leroux ließ mich in ein Schulheft wieder und wieder den berüchtigten Satz ›Ich bin ein Boche-Kopf‹ schreiben. Diese Schönschreibübungen ganz besonderer Art waren unweigerlich von Schlägen begleitet. Glücklicherweise hat all das mir nicht den Umgang mit Papier und Bleistift vergällt. Als Erwachsene habe ich mir einmal ihr Haus wiederangesehen, in dem ich damals untergebracht war. Es steht immer noch, eine verlassene elende Bruchbude am Ende der Rue du Mont-d'Arène. Dort blieb ich bis zum Alter von sechseinhalb.«

Zu diesem Zeitpunkt entschied sich ihr Vater Roger, mit ihr nach Montereau im Département Seine-et-Marne zu fahren und dort seinem Stiefvater Gaëtan Colin, dem zweiten Mann sei-ner Mutter Nathalie, einen Besuch abzustatten. Er hatte den glei-chen Nachnamen wie Roger, da die Wechselfälle des Lebens Na-thalie dazu gebracht hatten, nacheinander einen Onkel und dann dessen Neffen zu heiraten. Roger hatte sich einst mit seiner Mut-ter überworfen. Nach einem Streit mit seiner Mutter hatten er, seine Frau France und ihre Tochter Ginette eine Nacht im Bahn-hofswartesaal verbracht, in dem es bitter kalt war. Ohne Zweifel hat das Mädchen dort ihre fiebrige Erkältung bekommen, an der sie kurz danach starb.

»Ich war der Vorwand für eine erneute Kontaktaufnahme. Mein Vater kreuzte eines Tages bei ihnen in einer Pariser Vor-stadt auf. Theoretisch sollte ich dort nur meine Ferien verbringen. Und so bin ich von der Hölle ins Fegefeuer geraten. Ich sage Fegefeuer, da es auch nicht gerade ein trautes Heim war. Nathalie hatte mit bescheidensten Mitteln ihre fünf eigenen Kinder sowie

Gefangene französische Soldaten paradieren vor einer Ehrenformation
der Wehrmacht in Lille.

DANIEL ROUXEL

Daniel und seine Mutter,
Léa Rouxel, Ende 1943.

Die Kirche und der Friedhof von
Megrit, Daniels Lieblingsspielplatz.

Daniel im Alter von vier Jahren.   Daniels Vater, Otto Ammon.

Das Grab von Otto Ammon auf dem Soldatenfriedhof
von Bad Bertrich, 20. Juni 1944.

Jeanines Mutter, Léontine Sevestre (rechts), im Alter von 17 Jahren mit ihrer Schwester Françoise.

Léontine im Jahre 1942 vor dem Entbindungsheim von Canteleu, in dem sie vor Jeanines Geburt arbeitete.

Jeanine vor dem Haus ihrer geliebten Amme Georget mit einem Jungen aus der Nachbarschaft.

Jeanine im Alter von neun Jahren am Ausgang des Waisenhauses von Luc-sur-Mer. Sie wog nur mehr 18 kg.

Frank, Jeanines ältester Sohn, der
seinem deutschen Großvater Werner
wie aus dem Gesicht geschnitten ist.

Das Schloß von Cambes-en-Plaine, Sitz der deutschen Kommandantur.

ANITA AUS DER PROVENCE

Anitas Mutter im Alter von 18 Jahren.

Anita als kleines Mädchen.

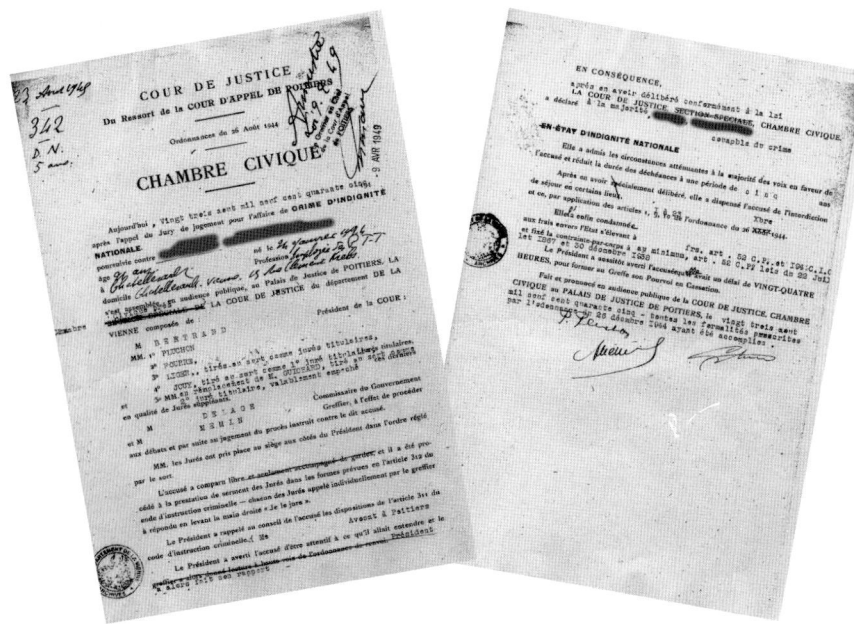

Auszug aus der Anklageschrift
gegen Anitas Mutter.

NORBERT LEROY

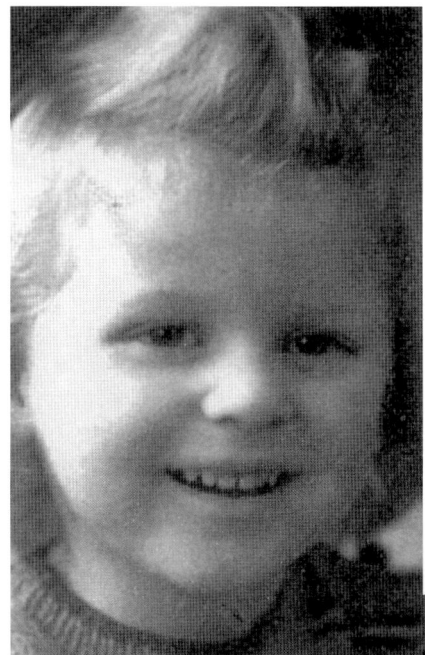

Günther Leybold,
Norberts Vater.

Norbert Leroy im Alter
von zwei Jahren.

THÉRÈSE und MARIE-JOSÉ

Marie-José im April 1946.

Marie-José und ihre Mutter Thérèse im Oktober 1947.

Marie-José im Mai 1950.

Marie-José (Mitte) mit ihrer Mutter und ihrer Schwester bei der Ankunft in Paris Ende 1950.

Marie-José in der Kabylie,
Sommer 1963.

Marie-José als junge Mutter in
Algerien, August 1965.

Das Grab von Josef Lahme, dem Vater Marie-Josés.
Deutschland, April 2003.

MICHELLE COLIN

Das Waisenhaus Sainte-Catherine in Verdun, in dem Michelle geboren wurde.

Michelle, gerade ein Jahr alt.

Michelle im Alter von sieben Jahren, das einzige Foto von ihr aus der Zeit. Sie lebte fortan bei ihren Adoptiv-Groß-eltern Gaëtan und Nathalie Colin.

Michelle als Studentin auf dem Boulevard Saint Michel in Paris.

Michelle, im Alter von
26 Jahren, in ihrem ersten Berufsjahr
am Lycée d'Amiens.

GÉRARD PÉRIOUX

Gérard Périonx.

Raymonde,
Gérards Mutter.

LA TROISIÈME GÉNÉRATION : JULIE ROBIN

Rose Vallet, Julies Großmutter. Saint-Servan-sur-Mer, 1943.

Rolf Wagner, Julies deutscher Groß-vater. Leipzig (ohne Jahr).

Jean-Louis Robin, Julies Vater und Sohn von Rose und Rolf.

Julie im Alter von 19 Jahren.

ANNE DE LA BACHELLERIE

Annes deutscher Ehemann, Hans
Siercks, als Matrose. Das Fotos
entstammt Siercks' Soldbuch im
Wehrmachtsarchiv.

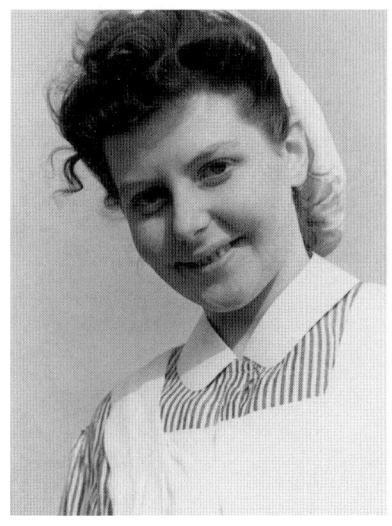

Anne als Krankenschwester in Deutschland 1944/45.

Der »U-Bootbunker« in Bordeaux, 2004.

Marcelle Arnaud und ihr Freund Willibald, 1944.

Gérard Arnaud, französischer Sohn
des Deutschen.

Elisabeth Arnaud.

Offiziere der Wehrmacht in einem Pariser Straßencafé
am französischen Nationalfeiertag, 14. Juli 1940.

Gaëtans fünf oder sechs Brüder und Schwestern aufgezogen. Aber als ich am Ende dieses Sommers begriff, daß ich nach Reims zurückkehren sollte, krallte ich mich am Spülbecken fest und bat und bettelte, doch bleiben zu dürfen. Man hätte mir die Hände abhacken müssen, um mich dort wegzubringen. Ich wollte auf keinen Fall von hier fort. Die Erwachsenen warteten, daß Großvater aus der Fabrik kam und eine Entscheidung fällte. Er willigte ein, mich zu behalten.« Michelle war damals sechseinhalb Jahre alt. Sie blieb bei Großvater Gaëtan, bis sie vierzehn war.

»Gaëtan Colin war ein gestandener Arbeiter, fleißig und gewissenhaft, dem das Leben nichts erspart hatte. Er hatte keine eigenen Kinder, aber er zog die seiner Frau und seiner eigenen Brüder und Schwestern auf. Er war der einzige, der dem kleinen verlorenen Etwas, das ich damals war und zu sein glaubte, wirkliche Zuneigung entgegenbrachte. Ich schulde ihm ungeheuer viel, denn er war in hohem Maße das Vorbild, das jedes Kind braucht, um sich an ihm auszurichten. Mögen all die aus dieser Familie, mit der mein Schicksal verbunden war, in Frieden ruhen! Ginette, France, Roger, Natalie und Gaëtan … Tatsächlich glaube ich mit dem Abstand von ein paar Jahrzehnten, daß sie, die mir nichts schuldeten, angesichts dieser schwierigen Verhältnisse, in denen sie lebten, taten, was sie konnten. Ich habe ihnen alles zu verdanken. Die Colins hat es allerdings nie interessiert, wer meine Eltern waren. Dies war ein Milieu, in dem man nicht nach der Vaterschaft oder Mutterschaft eines Kindes forschte. Man sprach nicht einmal darüber. Mein Adoptivvater Roger mußte in der Fabrik hart arbeiten und bekam Tuberkulose. Sein Leben war in keinster Weise rosig. Ich sah ihn nur ganz selten. Als ich in Pflege war, hatte er mich nie besucht. Ich hatte allerdings schon als ganz kleines Mädchen sehr an ihm gehangen, und als ich älter wurde, sogar zu ihm gesagt, ich wolle ihn heiraten, wie dies oft kleine Töchter zu ihrem Papa sagen. Sein Tod vor jetzt etwa zehn Jahren ist mir sehr nahe gegangen, und ich sagte damals jemandem bei dieser Gelegenheit, daß ich das bittere Gefühl hätte, zwischen ihm und mir habe es eine tragische Liebesgeschichte gegeben. So veröffentlichte ich auch meine Habilitationsschrift unter einem Doppelnamen, um seinen Namen zu ehren. Zweifellos war es ›Großvater‹ Gaëtan, der mir den Vater ersetzte.«

Und so war das Leben in Montereau nicht gerade lustig, da ihre Großeltern sehr betagt und verbraucht waren. Aber sie war für sie auch nicht nur das »Kind von der Fürsorge«: Die Zeit als »Boche-Kopf« war vorbei. Trotzdem hat diese Phase ihrer Entwicklung ihr ganzes weiteres Leben geprägt. »Ich hatte diese schimpfliche Bezeichnung vollkommen verinnerlicht. Sie war eine der bestimmenden Punkte meines Innenlebens und meiner inneren Zerrissenheit. War ich nun das Kind eines Henkers oder eines Opfers? Es ist sehr hart, sich solch eine Frage stellen zu müssen, wenn man jung ist. Ich erinnere mich auch daran, daß ich einen krankhaften, ununterdrückbaren und unverständlichen Stolz entwickelte. Noch vor einigen Jahren gab ich einer Kollegin zur Antwort, die mein etwas zu martialischer Schritt störte, die allerdings auch meine Vergangenheit nicht kannte: »Ich weiß, ich wurde eben programmiert, im Marschtritt zu gehen.«

Wußten die Nonnen, die geholfen hatten, Michelle auf die Welt zu bringen, ob ihre Mutter mit einem deutschen Besatzer einen »Fehltritt« begangen hatte? Oder ob deren Familie sie zwang, sich des Babys nach seiner Geburt zu entledigen? Welche Mutter würde dies aus freien Stücken tun? Auch Töchter aus bürgerlichen und adligen Familien konnten in dieser Einrichtung niederkommen. Die Nonnen wahrten das Geheimnis. Ihr Adoptivvater vertraute Michelle eines Tages an: »Die Person, die uns das kleine Mädchen überbracht hat, das du einmal warst, sagte zu uns: ›Seien Sie versichert, das ist eine Tochter aus gutem Hause.‹« Eine der Nonnen in diesem Hospiz sprach ihr gegenüber einmal von einer Dame aus dem lothringischen Adel, die sich mit Leib und Seele der Aufgabe widmete, diesen Kindern auf die Welt zu helfen, fast mit den Fähigkeiten einer erfahrenen Hebamme und dieser bewundernswerten Opferbereitschaft und Hingabe ausgestattet, die der Krieg manchmal hervorbringt. Wer war sie? Wenn Michelle diese Frau und ihre Familie identifizieren könnte, wäre schon viel gewonnen. Vielleicht war sie es sogar, die Michelle zur Welt brachte.

»Ich bin erst recht spät in meinem Leben, im August 1992, gemeinsam mit meinem Mann nach Verdun gefahren«, erzählt sie. »Ich hätte vielleicht allein dorthin zurückkehren sollen. Stellen Sie sich vor: Als wir vor dem Hotel ankamen, in dem wir die Nacht verbringen sollten, fiel mein Blick auf ein Gebäude auf dem anderen Ufer der Maas, einem schönen roten und weißen Bau. Ohne Grund fing mein Herz plötzlich an bis zum Hals zu schlagen, wie es mir nur selten im Leben passiert ist. Da ich mich ein bißchen lächerlich fühlte und das Ganze auf die Gefühle schob, die diese ›Pilgerfahrt‹ in meinem Innern erzeugte, ließ ich mir nach außen hin nichts anmerken. Wenn ich allein gewesen wäre, wäre ich sofort auf die andere Seite des Flusses geeilt. Im übrigen schien die Fahne an der Fassade des Gebäudes darauf hinzudeuten, das es sich dabei um das Rathaus handelte, wohin ich mich am nächsten Tag auf jeden Fall begeben wollte. Aber als ich dieses Gebäude sah, hatte ich ein echtes Déjà-vu-Erlebnis, als sei das Ganze eine atavistische Erinnerung. Als ich mich am nächsten Tag dorthin begab, erkannte ich meinen Irrtum. Es war nicht das Rathaus, sondern die Offiziersmesse, wie auf einem Schild am Eingang zu lesen war, das man vom anderen Flußufer aus nicht sehen konnte. Im Tourismusbüro konnte ich feststellen, daß dieses Haus auf allen Tourismusbroschüren prangte. Es war 1900 für die Armee errichtet worden. Wahrscheinlich haben es auch die Deutschen während des Krieges genutzt. Ich konnte das nicht nachprüfen, aber alles spricht dafür.«

Michelle räumt diesen Bildern einen gewissen Nutzen für sich selber ein; aber sie läßt es dabei bewenden und erzählt nur sehr selten darüber, aus Angst belächelt oder sogar ausgelacht zu werden. Auch wenn sie sich vor dem Irrationalen zu hüten versucht, dessen Gefahren sie sehr wohl kennt, kann sie sich doch nicht gegen ein bestimmtes eigentümliches Gefühl wehren, wenn sie ihre Träume erzählt.

» Mit fünfzehn Jahren, als ich Internatsschülerin im Hélène-Boucher-Gymnasium in Paris war, hatte ich einen Traum, der mich tief aufwühlte. Es ist Nacht, auf einem einsamen und regennassen Bahnsteig ist kaum etwas zu sehen. Vor mir wartet mit dem Rücken zu mir eine Frau, die, wie damals üblich, einen an der Taille zusammengebundenen Gabardinemantel trägt. Sie ist ziemlich groß, mager und brünett. Sie gleicht mir in keiner Weise. Und ich, ich stehe hinter ihr, unsichtbar und wie angewurzelt. Ich weiß, das ist meine Mutter, und das Herz schlägt mir bis zum Hals. Eine Stimme aus dem Off – oder war es sogar meine eigene? – ruft gleichzeitig erstickt und laut: › Anna, Anna ‹, indem sie dabei das Anfangs-A stark aspiriert, so daß es wie › Hanna ‹ klingt. Dieser Traum, aus dem ich aufwachte wie ein vom Wirbelsturm gefällter Baum, hat sich für immer in meinem Innern eingegraben und mich seit dieser Zeit ständig verfolgt. Seitdem sind viele Jahre vergangen; der Traum ist zwar etwas verblaßt, aber immer noch gegenwärtig: Ich habe meine Mutter *gesehen*. Nur die seltsame Aussprache und den lateinischen Vornamen konnte ich nicht verstehen.

Als ich dreißig Jahre später meine Habilitationsschrift fertigstellte, deren Thema die Verfolgung der spanischen Juden durch die Inquisition im 17. Jahrhundert war, begann ich aus Liebe zu diesem Volk, zu seiner Geschichte und seiner Kultur Hebräisch zu lernen. Erst in diesem Moment entdeckte ich verblüfft, daß das aus der Ferne erklingende › Hanna ‹ in meinem Traum die Originalform des Vornamens › Anne ‹ war. Diese Namensform war mir in meiner ganzen Kindheit und Jugend nie begegnet. Ich hatte gerade einmal das Wort › Jude ‹ gehört, ohne allerdings dessen Bedeutung zu kennen. Das kulturferne Milieu, in dem ich aufgewachsen war, lag Lichtjahre entfernt von diesen Realitäten, Konzepten und Problemen. Ich ziehe gewiß keinerlei Schlüsse aus dieser Traumvision, aber sie hat vielleicht doch einige meiner späteren Lebensentscheidungen beeinflußt, vor allem was meine universitäre Forschung angeht. Und ich verstehe jetzt, warum in Zeiten vor der Psychoanalyse die Alten den Träumen so große

Bedeutung beimaßen. Zweifellos habe ich deshalb auch einem meiner beiden Söhne den schönen Namen Daniel gegeben, also jenes Propheten, der unter Gefahr seines Lebens die Träume der Könige deutete, und zu dessen Füßen, wie die Legende erzählt, die sonst so wilden Löwen friedlich schlummerten.«

Auf türkisch bedeutet *anna* Mama: Anna, oder Hanna, war vielleicht die Magna Mater, die große Mutter, die die Menschen der Jungsteinzeit verehrten. Und so hatte Michelle das Wort *Mama* ausgesprochen, ohne es zu wissen. »Ich konnte zu keiner Frau je Mama sagen, und ich habe es auch meine eigenen Kinder nicht gelehrt, die meinen Mann und mich immer mit unseren Vornamen riefen, was übrigens manchmal die Leute schockierte, auch wenn diese Gewohnheit Eltern und Kinder nie daran gehindert hat, füreinander die stärksten Gefühle zu entwickeln.« Hätte es Michelle vielleicht nicht ertragen, wenn ihre Kinder ein Wort gebraucht hätten, das bei ihr jedesmal eine schlecht vernarbte Wunde wieder aufgerissen hätte? Ihre Adoptivmutter France Colin-Véry, die einzige Frau, zu der sie hätte *Mama* sagen können, starb, als sie noch keine zwei Jahre alt war. »Sie hatte sich mir tatsächlich entzogen, als sie von ihrem Leiden hinweggerafft wurde. Ich empfinde immer noch dieses Gefühl, an eine undurchdringliche Mauer zu stoßen, die mir allein die Wahrheit und das Glück verbirgt, die jedem anderen Kind zustehen.«

Kehren wir nach Verdun zurück, wo Michelle gewisse Schwierigkeiten hatte, ihre Personenstandsunterlagen einsehen zu dürfen. Hinter der Angabe »Eltern« war hier nur ein Strich gezogen. Auf ihrem Taufschein steht hingegen »uneheliches Kind«. Sie ist unter den beiden Vornamen »Michelle« und »Claude« eingetragen. Diese Angaben weichen von denen auf ihrem Taufschein ab, in dem nur »Michelle« steht. Könnte das eine Spur sein? Da »Michelle« mit zwei »ll« ziemlich selten ist, hat ihre Mutter vielleicht bei der Taufe Einfluß auf die Namensgebung genommen. Unter der Rubrik »Name« findet sich kein Eintrag. Es gibt auch nicht den geringsten Hinweis darauf, daß ihr Vater Deutscher war. »Aber alle Männer der Stadt im fortpflanzungsfähigen Alter waren entweder Kriegsgefangene, Zwangsarbeiter oder hatten sich in die südliche, freie Zone geflüchtet. Also gab es praktisch nur noch deutsche Männer. Und so ist die Wahrscheinlichkeit groß, daß mein Vater einer von ihnen war«, schätzt Michelle. Sie wurde eineinhalb Jahre nach dem Einmarsch der Deutschen in Verdun geboren. Sie war wohl kaum die Frucht einer Vergewaltigung, denn solche Verbrechen wurden von der Wehrmacht sehr hart bestraft. Auf der Seite des Personenstandsregisters, auf der sich ihr Name befindet, sind noch zwei weitere Geburten eingetragen, aber der Beamte hatte ihr nicht erlaubt, sie zu lesen. Er deckte sogar mit zwei Löschpapieren die Eintragungen unter und über dem sie betreffenden Paragraphen ab. Vielleicht hätten diese Angaben doch einen gewissen Hinweis geben können. Auch das offizielle Datum ihrer Adoption wird dort aufgeführt: der 5. März 1943.

Nach ihrem Besuch auf dem Rathaus, begab sich Michelle zum Hospiz Sainte-Catherine. »Meine Hand zitterte, als ich den Türknopf ergriff, den meine Mutter fünfzig Jahre früher angefaßt haben muß, als sie mit einem dicken Bauch ankam, um dort heimlich ihr Kind zur Welt zu bringen. Das war ganz bestimmt derselbe Türgriff. Innen wohnten sogar in einem besonderen Bereich immer noch einige Nonnen des Ordens vom heiligen Karl von Nancy, eines lokalen Hilfsordens, die bereits dort tätig waren, als das Hospiz noch als Geburtsklinik und Kinderkrippe diente. Aber meine Hoffung, von ihnen etwas zu erfahren, wurde enttäuscht.« Leider waren nämlich alle erst nach Michelles Geburt ins Hospiz gekommen, außer einer; aber unglücklicherweise hielt sich diese in Michelles Geburtsjahr gerade in Nancy auf. Sie konnte also überhaupt nichts über die Umstände ihrer Geburt sagen, außer ihr noch einmal zu bestätigen, daß sie tatsächlich in dieser Umgebung das Licht der Welt erblickt hatte. Eine Nonne, Schwester Geneviève, führte Michelle in einen Saal voller alter Menschen, der früher die Kinderkrippe des Hospizes beherbergte, wie ihr die Nonne erzählte. »Meine Mutter ist vielleicht unter ihnen«, mußte Michelle denken. »Und in diesem Saal habe ich die ersten Tage meines Lebens verbracht.« Michelle verließ das Hospiz mit leeren Händen, ohne den geringsten Hinweis auf ihre Herkunft gefunden zu haben. Es muß dort allerdings irgendwo noch ein Register mit den Namen aller Frauen geben, die in diesem Hospiz ihr Kind zur Welt gebracht haben, aber diese Unterlagen sind zur Zeit unauffindbar. Andererseits konnte sie ihren Taufschein bekommen. Pierre Chaunu, der Universitätslehrer, dem sie sich einst anvertraut hatte, wies sie darauf hin, daß die Wohlfahrtsbehörde die Kinder in ihrer Obhut nicht taufen ließ, da sie eine staatliche und damit laizistische Einrichtung war. Da sie aber bereits getauft war, als man sie ihren Adoptiveltern übergab, muß sie bereits kurz nach ihrer Geburt die Taufe empfangen haben. Diese fand in der Katharinenkirche statt, der historischen Kapelle des Hospizes, die noch heute existiert, und nicht, wie sie zuerst gedacht hatte, in der Kirche des Saint-Nicolas-Krankenhauses. Ihre Mutter lag also zu dieser Zeit noch im anschließenden Krankenhausgebäude; vielleicht hat sie sogar dafür gesorgt, daß ihre Tochter dieses Sakrament empfing. Eine letzte christliche Geste vor der endgültigen Trennung...

»Es mag vielleicht überspannt erscheinen«, gibt Michelle zu, »aber im Winter nach meinem Besuch in Verdun ließ ich diese Kapelle immer wieder mit vielen Blumen schmücken.« Schwester Geneviève hatte Michelles Taufschein gefunden und ihn ihr zugeschickt: »Heben Sie ihn sorgfältig auf«, hatte sie ihr geschrieben. Es ist das älteste Dokument, das Michelle über ihr Leben besitzt. Es trägt das Datum vom 26. Oktober 1941, sechs Tage nach ihrer Geburt. Es eröffnet ihr aber keine neue Spur auf der Suche nach ihrer Herkunft, denn im Taufschein wird sie nur als »uneheliche Tochter von ?« bezeichnet. Michelle besitzt also als Vater wie als Mutter nur dieses Fragezeichen... Eine andere Hand hat dann später, noch im Hospiz, das offizielle Datum ihrer Adoption durch Roger Colin, den 5. März 1943, eingetragen, die durch das »Zivilgericht von Reims gebilligt« und vom »Départements-Direktor für Bevölkerungsfragen in Bar-le-Duc« beglau-

bigt wurde. Geraume Zeit davor war sie aber bereits von einer
Angestellten der Fürsorgebehörde ihren Adoptiveltern übergeben worden! Zu diesem Datum war France Véry-Colin sogar
bereits tot!

Der Taufschein trägt auch den Namen und die Unterschrift
einer Taufpatin, einer gewissen Marie-Louise Piedfer. Eine
Weißnäherin namens Marie Piedfer, geboren 1885 und gestorben
1967, hat tatsächlich in Verdun gelebt. Michelle erinnert sich
auch, in ihrer Jugend den Namen des Pfarrers Albert Boulhant,
Krankenhausgeistlicher ihrer Geburtspfarrei, gehört zu haben.
Sie hat lange geglaubt, er sei ihr Pate. Aber sein Name steht nicht
auf ihrem Taufschein. Als sie 1992 in ihrer Geburtsgegend Nachforschungen anstellte, erfuhr sie, daß Albert Boulhaut zur Zeit
ihrer Geburt Gemeindepfarrer der Pfarrei Saint-Sauveur war. Er
war damals achtundfünfzig Jahre alt und wohnte in der Rue des
Tanneries 10. Er soll ein »aktiver Magistrat seiner Heimatstadt«
und ein Gelehrter gewesen sein, der historische Studien über Verdun verfaßte. Der Geistliche, der sie getauft hatte, hieß laut Taufschein Pierre Lefort.

Wer hat nun eigentlich dafür gesorgt, daß Michelle getauft
wurde? Vielleicht eine der Nonnen des Hospizes. »Wer immer
diese Person war, ich bin ihr für diese erste Weichenstellung meines Lebens zutiefst dankbar. In meiner Adoptivfamilie habe ich
keinerlei religiöse Erziehung genossen, auch wenn man mich zur
Erstkommunion gehen ließ, wie viele Kinder es damals taten, einfach weil es Brauch war. Aber diese Taufe hat für sich ganz allein
und sicher ohne meine bewußte Einsicht eine entscheidende
Rolle für meine Selbstfindung gespielt, denn ich habe einen tiefen
Sinn für alles Heilige und Erhabene.«

Und so hat Michelle ihre ganze Energie in ihre Ausbildung
gesteckt: Für diese fleißige Schülerin war die Schule der Rettungsanker. »Ich verdanke meinen Lehrerinnen ungeheuer viel«,
unterstreicht sie voller Rührung und Überzeugung. »Dank ihnen
konnte ich mit einem Stipendium aufs Gymnasium gehen und
danach studieren. Normalerweise hätte auf mich die Rolle einer

Magd auf einem Bauernhof gewartet. Ich habe eine Frau aus meiner Generation aus der Normandie kennengelernt, die wie ich der Sozialfürsorge übergeben worden war: Sie ist Magd geworden. Aber ich habe es auch meinem Adoptivvater und seiner kleinen Tochter Ginette, die so früh sterben mußte, zu verdanken, daß mir dieses Schicksal erspart blieb, das sicher auch mir geblüht hätte, wenn die Colins mich nicht adoptiert hätten. In aller Objektivität kann ich dieser Familie nur dankbar sein. Allerdings bin ich, so bitter das ist, innerlich in zwei sich widersprechende Gefühlswelten gespalten, ein Zustand, der durch Gewissensbisse noch erschwert wird: auf der einen Seite eine immense Dankbarkeit, auf der anderen eine geheime, tiefsitzende Verbitterung. Meinem Adoptivvater, diesem Mann, dem das Leben selbst so übel mitgespielt hat, gebührt mein Dank, weil er mich aus dem Fürsorgeheim herausgeholt, mir einen Namen und eine Chance gegeben und mich ernährt hat. Gleichzeitig kann ich auch nicht anders, als ihm böse zu sein: Für die Leiden meiner traurigen Kindheit und für das Fehlen jeder Zuneigung und Wärme, die ein kleines Mädchen, dessen Leben dem Krieg geschuldet war, so dringend gebraucht hätte.«

Mit achtzehn Jahren beginnt Michelle an der Universität von Caen ein Spanisch-Studium. Dort begegnet sie dem Historiker Pierre Chaunu, auch er Lothringer und wie sie in Verdun geboren, der bei den Hispanisten eine Vorlesung über das koloniale Amerika hält. Er und seine Familie öffnen der jungen Studentin ihr Herz und ihr Haus. Unter seiner Anleitung macht sie ihren Magister, danach schreibt sie eine Dissertation über die Inquisition, ein Thema, für das sie wie vorbestimmt scheint nach all den Vorurteilen und Befragungen ohne Antworten, die sie hat erdulden müssen. Hatte nicht auch die Inquisition ihren Opfern Geständnisse abgepreßt für Taten, die sie gar nicht begangen hatten? »Ich fühle mich eher als Historikerin denn als Hispanistin«, meint Michelle heute. »Vielleicht liegt das an den Fragen, die ich mir über meine Herkunft stelle. Aber ich verdanke das auch Pierre Chaunu, diesem großen Historiker des 20. Jahrhunderts, der mich sehr beeinflußt hat. Ich schulde ihm den Großteil meiner intellektuellen Bildung.«

Sie hatte sich nicht aufs Geratewohl dem Spanischen zugewandt, oder gar um ein Gegengewicht zu ihrem Ruf als Deutschenkind zu schaffen. »Wenn ich die Wahl gehabt hätte, hätte ich mich für Deutsch entschieden. Ich mußte in Paris in der dritten Klasse Gymnasium Spanisch als zweite Fremdsprache nehmen. Die dritte Frau meines Vaters, eine Analphabetin, die mich verabscheute, hatte dies mit folgenden Worten entschieden: › Die Sprache der Boche, auf keinen Fall, und auch nicht die der Rital, der Itaker. ‹ Da blieb nur noch Spanisch übrig. Ich habe es allerdings nie bedauert. Spanisch ist eine schöne Sprache mit einer reichen Kultur und auch einer großen Geschichte. Für die Anstrengung, diese Sprache zu lernen, bekam ich vor allem am Anfang viel zurück. Ich verdanke ihr einen spannenden Beruf und noch vieles mehr. Aber wenn ich hätte frei entscheiden können, hätte ich Deutsch gewählt. Je älter ich werde, desto größer wird meine Faszination für diese Sprache und Kultur. Obwohl ich keine Deutsche bin, bin ich davon überzeugt, daß ich eine größere natürliche Begabung für diese Sprache habe als für irgendeine andere. Im Jahr 1966 machte der Oberschulrat, der mein Refendariatsjahr als Lehrer beurteilen mußte, mir gegenüber eine Bemerkung, die ich niemals vergessen werde: » Mademoiselle, Sie haben so einen schneidenden Ton! Der ist ganz offensichtlich angeboren, aber, bitte, tun Sie was dagegen!« Dieser scharfe, etwas abgehackte Ton, den ich damals hatte, paßt sehr schlecht zur spanischen Sprache, das gebe ich zu. Er hat sich mit der Zeit etwas abgemildert, kommt aber beim geringsten Streß zurück.«

Michelle schafft es nicht, den Menschen, die sie verlassen haben, wirklich böse zu sein. » Ich bewundere diese ledigen Mütter, die ein Kind von einem Deutschen bekamen und es behielten, selbst wenn sie es später der Großmutter anvertrauten. Bereit zu sein, ein Kind der Schande in die Welt zu setzen, und dies unter schwierigsten Bedingungen und der Aussicht auf schwere Entbehrungen und große Mühen aufzuziehen, war schon etwas ausgesprochen Lobenswertes. Meine ›biologischen‹ Eltern habe ich abwechselnd gehaßt, heiß geliebt und idealisiert. Wenn ich ihnen, meiner Mutter, und vielleicht sogar meinem Vater hier und heute in dieser schnöden Welt begegnen würde, würde ich, der sie gleichzeitig geliebt und gehaßt hat, ganz einfach folgendes sagen: Daß sie in meinem Innern immer präsent waren und daß sie mir bis zu meinem Tod schrecklich fehlen werden. Seien sie nun tot oder lebendig, möge Gott sie segnen. Ich habe an jedem einzelnen Tag meines Lebens an sie gedacht. Ich habe ihnen bereits seit langem wirklich und aufrichtig verziehen. Wer waren sie? Wie waren sie? Ich komme jetzt in ein Alter, wo ich zwangsläufig oft daran denken muß, daß ich ihnen bald in einer anderen Welt begegnen werde und dann endlich die Wahrheit erfahren werde. Eine absurde Vorstellung, ich weiß, aber trotzdem tröstlich…«

Obwohl Michelle ein solch wohlgeordnetes und reiches Leben geführt hat, ist sie doch nie über ihre traurige Kindheit und Jugend hinweggekommen. »Was in den ersten Monaten und Jahren des Lebens geschieht, ist äußerst wichtig. Ein Kind, das als unerwünscht verstoßen und verlassen wurde, ist nicht für dieses Leben gerüstet. Selbst wenn einen das Leben danach verwöhnt, bleibt doch immer etwas zurück. Alles wurde bereits an der Quelle vergiftet. Das eigene Verhalten ist gestört, man fügt sich nicht in das gewöhnliche Leben der andern ein, man wird durch einen riesigen Minderwertigkeitskomplex und mangelndes Selbstbewußtsein belastet. Wenn man von seinen Eltern verstoßen wird, wird man es auch von allen anderen. Das Ganze endet im Selbsthaß und einer unbewußten Herabwürdigung der eigenen Person, die schließlich eine gelinde Form der Selbstzerstörung annehmen kann. Alle, die sich einmal in derselben Lage wie ich befunden haben, mußten ein Leben führen, das von Anfang an durch ein mehr oder weniger schweres, aber niemals endendes Leid belastet war. Was mich betrifft, hat es sich in meinem Hang zur Verschlossenheit, zum Hochmut und dessen Gegensätzen, Demut und Unterwürfigkeit gezeigt. Dazu kommt noch die

Mauer aus Glas, die Schwierigkeit, ganz normal mit den andern zu kommunizieren, und eine innere Überempfindlichkeit, die einen lähmt und peinigt. Das Schlimmste ist, daß die Zeit hier keine Wunden heilt, im Gegenteil.«

In ihrer frühen Kindheit hatte Michelle nicht nur jede menschliche Wärme gefehlt: Man hatte sie auch als Paria behandelt, weil ihr Vater angeblich ein Deutscher war. Und so hat sie dieses Attribut »Boche« so sehr verinnerlicht, daß es zu einem Teil ihrer selbst geworden ist, obwohl es vielleicht nicht einmal ihrer tatsächlichen Abstammung entspricht. »Ich habe es sogar in den tiefsten Tiefen meiner Seele begraben, verborgen und verscharrt. Ich war zum Schweigen verdammt, während es für mich vor allem in meiner Jugend so wichtig gewesen wäre, wieder und wieder darüber sprechen zu können, es immer wieder mit lauter Stimme zu wiederholen, um es schließlich bannen zu können. Aber dazu hätte es in meiner Nähe ein Ohr geben müssen, das fähig war, mir zuzuhören, das geschwisterliche Ohr eines Menschen, der eine vergleichbare Erfahrung gemacht hatte, also jemand, der wie ich während des Kriegs, im Rahmen des Kriegs und durch den Krieg geboren worden war. Bei einem unserer Gespräche machte ich einmal einen schlechten Witz, der in Wirklichkeit nicht einmal einer war: Ich habe mich voller Sarkasmus mit dem ›unbekannten Soldaten‹ verglichen! Tatsächlich glaube ich sagen zu können, selbst auf die Gefahr hin, den einen oder anderen zu schockieren, daß die Wiege des unbekannten Kriegskindes, das ›in Schande‹ geboren wurde, kaum komfortabler ist als das Grab des auf dem Felde der Ehre gefallenen Soldaten. Und angesichts all der Menschen, die in diesem Buch ihre Geschichte erzählt haben, fühle ich mich sogar noch als ein gewisser Außenseiter, da sie wenigstens über einige, wenn auch unangenehme, aber sichere Erkenntnisse über ihre Herkunft verfügen. Aber diese ›Erben‹ betrachte ich doch trotz allem irgendwie als verwandte Seelen.«

Jene, die ihre Abstammung genau kennen, erregen Michelles Neid. Außerdem nimmt sie ihnen ein bißchen übel, daß sie sich gar nicht klar sind, welch großes Glück sie haben. »Wenn man

236

von seinen Wurzeln abgeschnitten ist und sich dessen bewußt wird, wird die Kommunikation mit den anderen sehr schwierig. Man wird unfähig zum Glück. Und selbst heute noch übertüncht man in Frankreich dieses Leiden, indem man dort diese anonym geborenen Kinder als »unter dem Zeichen X Geborene« in den Akten führt. Das klingt ja ganz nett, aber wir sollten nie vergessen, daß es im Klartext ganz einfach »verlassenes, verstoßenes Kind« bedeutet.

Michelle relativiert allerdings auch das Unglück, dessen Opfer sie durch den Krieg wurde. »Es gab Schlimmeres. Wenn ich an das Martyrium des jüdischen Volkes denke, schäme ich mich fast, über meine Probleme zu sprechen. Und all das ist natürlich vollständig lächerlich im Vergleich zu den schrecklichen Leiden, die so viele Kinder überall auf dieser Welt erdulden mußten und noch immer erdulden. Ich, ich habe überlebt und konnte das, was mich behinderte teilweise überwinden, dank einiger wunderbarer Menschen, die die Vorsehung im rechten Moment meinen Weg kreuzen ließ. Ich bin ihnen unendlich und auf ewig dankbar, ebenso wie meinem Heimatland Frankreich, dessen öffentliches Schulsystem es mir erlaubte, auf die höhere Schule zu gehen und danach zu studieren. Aber das Leiden tief in meinem Innern ist immer noch da. Es ist schwer zu ertragen, ja sogar zerstörerisch, wenn die eigene Herkunft und Identität ein Problem ist. Man kann es nicht oft genug sagen: Für meine unmittelbar betroffene Generation wird dieses Leiden niemals aufhören. Erst die dritte Generation wird vielleicht mehr Abstand zu diesen Dingen gewinnen, denn selbst unsere Kinder, unsere eigenen Kinder, können das alles nicht verstehen.«

In all diesen Jahren hat Michelle wider alle Vernunft, mit einem Gefühl der Verwirrung, ja sogar Scham, das immer noch in ihr gegenwärtig ist, auf einen Brief aus Deutschland gewartet. »Darin wäre zu lesen gewesen, daß man von meiner Existenz erfahren habe – durch welches Wunder, wäre nicht weiter wichtig gewesen – und daß mein Vater oder seine Familie mich suchten und mich kennenlernen wollten. Seltsamerweise hatte ich dieses

Gefühl nie gegenüber meiner Mutter, obwohl das doch viel wahrscheinlicher gewesen wäre. In meinen ganzen Jugendtagen habe ich sehr oft, zu manchen Zeiten jeden Tag, den Briefkasten mit einem unkontrollierbaren und unerträglichen Herzklopfen geöffnet. Das ist mir sogar noch einmal im letzten Jahr passiert. Wie kann man nur so albern sein! Das sollte man eigentlich für sich behalten. Das würde man ja nicht einmal seinem Beichtvater erzählen ...«

Aber in Michelles Leben gab es nicht nur Negatives und Enttäuschendes. »All dieses Erlebte macht einen zwar zum Leben irgendwie untauglich, schenkt einem aber auch die ganz besondere Fähigkeit und Sensibilität, die anderen zu verstehen. Dies ist die andere Seite der Medaille. Man hat bei mir, vor allem in meinen eigenen wissenschaftlichen Arbeiten, oft eine gewisse Begabung zur Empathie gegenüber den von mir untersuchten Persönlichkeiten festgestellt. Im übrigen wurde ich mit einem zweiten Vornamen anstatt eines Nachnamens geboren, und ich war da nicht die einzige. Ich hatte immer das Gefühl, daß diese beiden Vornamen, meine einzige Identität und das einzige waren, was mir wirklich gehörte. Ich hatte nur diese eine Wurzel. Ein Satz von Gilbert Cesbron vom Ende des Prologs seines 1952 erschienenen Buches *Die Heiligen gehen in die Hölle* hat mich einst sehr berührt: ›Auch von den Heiligen kennt man nur die Vornamen.‹ Kann man sich als Kriegskind eine bessere Gesellschaft erträumen?«

ROSEMARIE

Sie mußte Marie-Rose heißen. _____

»Ich war elf Jahre alt, als ich zum ersten Mal ein Bild meines deutschen Vaters sah, erzählt Marie-Rose Berthe. Als meine Mutter einmal außer Haus war, habe ich in einer Blechdose, in der sie Fotos und Dokumente aufbewahrte, gewühlt und eine Postkarte gefunden, worauf ein Schauspieler abgebildet war. › Das ist Dein Vater. Er war Deutscher ‹, erklärte mir meine Mutter barsch, als sie zurückkam. Sie können sich den Schock vorstellen. Plötzlich war ich nicht mehr die Tochter meines italienischen Vaters, der nun mein Stiefvater war. Ich konnte mich dunkel an die Unterschrift unter dem Text auf der Postkarte erinnern, der auf deutsch verfaßt war. Ich hatte gelesen: › Artur Kiowsky-Gukkerle ‹, und habe den Namen falsch behalten: › Kiowski-Kukerlan ‹. Sechsundvierzig weitere Jahre mußte ich warten, um etwas mehr zu erfahren. Als meine Mutter im Jahr 2000 starb, habe ich leider in ihren Unterlagen diese Postkarte nicht mehr gefunden.«

Marie-Rose wurde am 24. Juni 1944 in Lille als Tochter eines Deutschen und einer Französin geboren. Der Vater zählte zu den Zivilisten, die für die Wehrmacht arbeiteten, um die Soldaten bei Laune zu halten. Er spielte in Lille für die Soldaten Theater, übrigens Theater mit Niveau, denn die Wehrmacht sorgte intensiv für die Moral ihrer Truppen. Neben Theaterstücken führte man Operetten auf, so z. B. »La Traviata«, »Die lustige Witwe«, »Carmen«. Sie konnten die letzten deutschen Filme aus jener Zeit mit beliebten Schauspielerinnen wie Zarah Leander und Marika Rökk sehen. Im Sommer 1941 wurde vor der Truppe ein »Groß-Variété« mit 43 Künstlern aufgeführt, während der Film

» Im Tirol « mit Marthe Harell, Johannes Heesters, Theo Lingen und Hans Moser im Kino lief. Marie-Roses Vater war also Schauspieler von Beruf.

»Ich habe das Elternhaus mit fünfzehn Jahren verlassen, berichtet sie. Ich vertrug mich nicht mehr mit meiner Mutter und habe sie dann sechzehn Jahre lang gar nicht und danach nur selten gesehen. Zu Recht oder Unrecht hat sie gedacht, daß der Deutsche, ihre große Liebe, von ihr nichts mehr wissen wollte, und hat ihren Frust auf mich abgeladen. Sie mochte mich nicht, weil ich sie an diese Enttäuschung erinnerte. Eines Tages, als sie besonders nett zu mir war, sagte sie mir auf ihre übliche, reizende Art: › Ich hätte Dich Deinem Vater geben sollen. Er wollte Dich nach Deutschland mitnehmen, Du wärest unter den Bomben umgekommen.‹ Ich muß damals zwölf oder dreizehn gewesen sein. Drei Monate vor ihrem Ableben, im November 2000, als sie spürte, daß es mit ihr zu Ende ging, bekam sie wohl Gewissensbisse. Sie ließ mich zu sich rufen. Ich war damals 56. Sie war nur noch ein Schatten. Ich empfand keine Angst mehr vor ihr, nur noch Mitleid.«

Marie-Rose fährt fort: »Als ich ihr Zimmer betrat, fragte ich sie geradeheraus: › Jetzt wirst Du mir von meinem Vater erzählen.‹ Sie war sehr überrascht. Aber sie sprach, soweit wie noch möglich. Sie erzählte von dem Moment, als er im September 1944 Lille verlassen mußte, weil die Alliierten näherrückten. › Wir saßen alle drei zusammen auf der Terrasse des Cafés gegenüber dem Theater, und wir weinten. Er und ich weinten, weil wir uns trennen würden, und Du weintest, weil Du Hunger hattest.‹ «

Zum Kriegsende erhielt die Mutter Post vom Vater. Sie erfuhr, daß er mit einer Kopfverletzung in einem Krankenhaus in Bayern lag. Dann kam kein Lebenszeichen mehr. Der Verdacht liegt nahe, daß er seiner Verwundung erlegen ist: In einem Vermerk des Krankenbuchlagers Berlin, wo sich die medizinischen Archive beider Weltkriege befinden, war verzeichnet worden, daß der »Spielleiter« Guckerle Artur vom 11. Februar bis zum 28. März

1945 in einem Krankenhaus in Bayreuth gelegen hat. Vielleicht auch noch später, aber dafür gibt es in den Kriegsarchiven keine Anhaltspunkte mehr. Von der Post, die die Mutter aus Deutschland erhalten haben soll, war kein Brief mehr vorhanden, als sie starb. »Friede ihrer Seele«, sagt Marie-Rose. Sie war einundachtzig Jahre alt geworden und hatte zehn Kinder geboren, jedes von ihnen von einem anderen Vater. Das erste Kind war Marie-Rose, das zweite Kind hatte auch einen deutschen Vater ...

Marie-Rose erinnerte sich selbstverständlich nicht an ihren leiblichen Vater, mit dem sie nur die ersten zwei Monate ihres Lebens zusammen verbracht hatte. Hätte sie damals als heranwachsendes Kind die Postkarte nicht zu Gesicht bekommen, so hätte sie vielleicht nie von ihm gehört. Aber an den Vater ihres ersten Kindes erinnerte sich die Mutter etwas deutlicher. Er war eine Ausnahmeerscheinung gewesen. Wie ihn eine spätere Kollegin beschrieb, war er für die damalige Zeit groß, über 1 Meter 80, schlank, mit grau-blauen Augen, einer hohen Stirn, Nase und Kinn waren kräftig und seine Hände schön und stark. Er sprach mehrere Sprachen, darunter Französisch. Er sprach perfektes Hochdeutsch, berichtete eine deutsche Kollegin, und fuhr sich alle zwei, drei Sätze mit der Hand durch das lichte Haar. Er achtete darauf, fit zu bleiben, und wusch sich drei- bis viermal am Tage mit eiskaltem Wasser.

Von der Mutter erfuhr Marie-Rose, daß er am Großen Theater in Lille, genannt »L'Opéra«, wichtige Rollen aus der deutschen Literatur gespielt hatte, ein großer Künstler, der Fotos mit seinem Autogramm verteilte, äußerte sie in einem Anflug von Sehnsucht nach dieser schönsten Zeit ihres Lebens. Nie wieder war ihr ein solcher Mann begegnet, der eigentlich weit über ihrem Niveau war. Er war damals wesentlich älter als sie, vermutlich um die vierzig. Leider gibt es keine Fotos aus diesen wunderbaren Jahren. Die Mutter muß eine schöne Frau gewesen sein. »Ich war damals niedlich. Ich habe ihm gefallen«, sagte sie ihrer Tochter, die ihr sehr ähnelt.

241

Marie-Rose hat nur kurz mit ihrer Mutter zusammen gewohnt. Als sie knapp zwei Jahre alt war, wurde die Mutter Opfer eines schweren Unfalls und verbrachte viele Monate in einem Krankenhaus. »Sie holte Kohlenreste von einem Lagerplatz, um zu heizen, und wurde von einem schweren Laster umgeworfen. Eines ihrer Beine wurde bei dem Unfall zerquetscht. Sie erholte sich ohne schwere Behinderung, aber ihr Bein war später vernarbt und hatte sogar Löcher. Dieser Unfall muß in Lille um die Jahreswende 1946 – 47 stattgefunden haben, denn meine Halbschwester wurde 1946 geboren.«

»Ihre Halbschwester, die ebenfalls einen deutschen Vater hatte?« fragte ich sie.

»Ich habe keinen Beweis dafür, nur vom Hörensagen weiß ich's. Sie kann jedenfalls kein Kind von Kiowsky sein, da dieser schon fast zwei Jahre davor abgezogen war. Davon sprach man nicht in der Familie. Das Thema war tabu. Was mich betraf, wußte die ganze Familie mütterlicherseits, daß ich ein »deutsches Kind« war, aber alle hielten dicht. Zu Hause nannten mich aber alle Rosemarie, nach dem Taufnamen, den mir wahrscheinlich mein Vater gegeben hatte. Als mein Großvater mich beim Standesamt nach meiner Geburt anmeldete, sagte ihm der Beamte: ›Nennen Sie sie doch lieber Marie-Rose, Rosemarie ist ein deutscher Vorname.‹ So wurde ich nicht als ›Deutschenbastard‹ beschimpft, weil es außerhalb der Familie nicht bekannt war, aber was geschah war ebensoschlimm…«

»Wurde Ihre Mutter nach der Befreiung von Lille 1944 bestraft?«

»Ob sie damit Probleme hatte, weiß ich nicht. Sie hat sich nicht dazu äußern wollen. ›Ihr‹ Deutscher trug immer zivil. Er sprach sie immer mit ihrem zweiten Vornamen an: Gabrielle. ›Das war mein Kriegsname‹, hat sie gesagt. Mag sein, daß es eine Tarnung war. Richtig hieß sie Lucie Dejaegère. Mag sein, daß sie nicht aufgefallen war. Sie hatten drei Jahre lang in seiner Wohnung in der Rue de Lens in Lille zusammen gewohnt. Er war ein wichtiger Mann, und die Wehrmacht stellte ihm eine Dienstmagd zur Verfügung. Das war meine Mutter. Sie machte für ihn sauber, sie half ihm beim Schminken und Ankleiden, bevor er Abend für Abend unter Applaus die Bühne betrat. Was geschehen mußte, geschah: Sie verliebten sich eineinander.«

»Nach dem Unfall mußte Ihre Mutter Sie in Obhut geben?«

»Ja, sie übergab mich meinen Großeltern, die in Roubaix wohnten. Sie besaßen ein sehr großes Haus, ein ehemaliges Wirtshaus und Lebensmittelgeschäft, das meine Großmutter von ihren Eltern geerbt hatte, die Geschäftsleute waren. Die ganze Familie mütterlicherseits stammte aus Belgien. Mein Großvater war Flame aus Courtrai, meine Großmutter war Wallonin. Meine Mutter war in Frankreich, in Tourcoing, geboren worden. Wegen der Wohnungsnot in der Nachkriegszeit wurde die ganze Sippe in diesem Haus untergebracht: meine Großeltern im Erdgeschoß mit einem Schlafzimmer im ersten Stock, Onkel und Tanten im ersten Stock und wir im Obergeschoß. Es war ein Turm von Babel, wir waren arm, aber für ein Kind war es wirklich schön. Ich blieb meist bei meinen Großeltern. Der Opa, Frank Dejaegère, war Arbeiter. Er litt an Asthma und starb schon früh. Die Großmutter ist 1992 mit neunundneunzig Jahren gestorben.«

»Sah Ihre Mutter germanisch aus?«

»Eigentlich nicht. Ihre Größe, 1 Meter 60, war zu jener Zeit normal. Kastanienbraunes Haar, braune Augen. Ich habe ihre Haarfarbe geerbt, aber ich habe grau-grüne Augen.«

»Was ist Ihnen denn Schlimmes widerfahren?«

»Im August 1947 heiratete meine Mutter einen Italiener. Er hieß Pacioni und hat mir seinen Namen gegeben. Er war ein echter Italiener, der die französische Staatsangehörigkeit in der Fremdenlegion erhalten hatte. Er war mir ein guter Vater, er hat mich immer gut behandelt. Aber nach dem Krieg waren die Italiener, die »Italos«*, fast ebenso unbeliebt wie die Deutschen. Ich wurde in der Schule und auf der Straße als »Macaroni« beschimpft, zumal mein Stiefvater mich 1948 zu seiner Familie in Castel Villardo bei Ancona brachte. Diese Leute liebten mich abgöttisch. Ich habe mich dort sehr wohl gefühlt und blieb bis

Dezember 1949. Als ich zurückkam sprach ich fließend Italie-
nisch und kaum noch Französisch. So entstand ein Mißverständ-
nis, ich war ein › Italiener-Bastard ‹ und kein › Deutschen-Bastard ‹.
Sogar ich selbst war davon überzeugt, ich sei Italienerin.«

»Bis zu Ihrem elften Lebensjahr ...«

»Ja. Das habe ich Ihnen gerade erzählt. Es ist das Alter, wo
man anfängt, Fragen zu stellen.

Ich kam 1949 in das Haus meiner Großeltern zurück. Das
eigentliche Problem war die Armut. Mein Stiefvater fand keine
Arbeit in seinem Beruf als Schreiner, er wurde Industriearbeiter.
Meine Mutter bekam immer wieder Kinder von verschiedenen
Männern, die bei uns ein- und ausgingen. Wissen Sie, wie es ist,
wenn man sich nur Dampfkartoffeln teilen kann? Wir hatten
nichts anderes. Am Schlimmsten war es im strengen Winter
1954. Da hatten wir keine Kohlen, um die Kartoffeln zu kochen.
Meine Mutter hatte alte Schallplatten gefunden und zerschnitt
sie in Stücke, um damit Feuer zu machen. Wir erhielten 1955
eine Sozialwohnung für Notleidende, die der berühmte Pfarrer
Pierre der Regierung abgetrotzt hatte.«

»War Ihre Mutter mitschuldig an diesen Lebensumständen?«

»Sie hatte kategorisch verfügt, daß sie nie arbeiten würde. Ihre
Kinder sollten das für sie tun. Wir lebten eigentlich vom Betteln.
Die Caritas hat mich gekleidet. Die Volkshilfe schickte mich ins
Ferienlager. Die guten Damen von der Diakonie streichelten

* Im französischen Slang »les Ritals«. Am 10. Juni 1940 hatte Italien den Franzosen den Krieg erklärt. Allerdings verhielt sich die
italienische Armee auf Weisung des Duce, Mussolini, völlig
defensiv. Erst als sich abzeichnete, daß die Deutschen schnell
siegreich sein würden, befahl er eine Offensive an der Alpen-
front, die nur ganz geringe Geländegewinne brachte. Ganz anders waren seine Forderungen während der Waffenstillstands-
verhandlungen. Er mußte aber einen Großteil dieser
Forderungen fallen lassen, die unrealistisch waren (aus Karl-
Volker Neugebauer, *Die deutsche Militärkontrolle im unbesetzten
Frankreich und in Französisch-Nordwestafrika 1940–1942*, Boppard:
Harald Boldt Verlag 1980, S. 9, 35, 41 ff.).

meine Wangen. Wenn ich das meinen Kindern erzähle, sagen sie mir: › Es reicht, Cosette.‹* Man kann das nicht nachvollziehen. Bald wurde Pacioni krank. Er hatte Krebs. Sein Nachfolger wohnte schon bei uns, als er mit dreiundfünfzig Jahren starb. Der neue Hausherr meinte, daß ein Mädchen von fünfzehn Jahren appetitlicher als eine Frau von vierzig Jahren war. Zum Glück habe ich starke Nerven und habe mich immer verteidigen können. Das hatte ich ja gelernt. Er war nicht der einzige bei uns gewesen. Aber schließlich mußte ich aus diesem Zuhause flüchten.«

Marie-Rose arbeitete schon mit vierzehn Jahren in der Weberei. Mit fünfzehn rief sie ihren Stiefonkel und ihre Stieftante in Paris, Verwandte von Pacioni, zu Hilfe. Die Mutter gab sie an dieses Ehepaar unter der Bedingung ab, daß sie ihr jeden Monat ihren Lohn schicken würde. »Meine Beziehungen zu meiner Mutter waren immer finanzieller Art«, sagt sie. Diese guten Italiener fanden Arbeit für sie: »Vormittags machte ich bei alten Damen sauber. Am Nachmittag sortierte ich die Post in einem Büro. Samstags half ich in einem Lebensmittelladen, um mir die Abendkurse fürs Maschinenschreiben zu verdienen. Ich stieg allmählich in der Hierarchie auf und arbeitete dann viele Jahre als Bibliothekarin in einem Amt für Wasserschutz.«

Marie-Rose hat wie viele andere Kinder der Deutschen unter dem »Syndrom der herzlosen Mutter« gelitten. Sie hat diese Selbstdiagnose nach der Sendung zu den »Enfants de Boches« im Februar 2003 auf dem Kanal TF1 formuliert: »Diese Reportage war sehr gut«, stellte sie fest. »Ich habe mich in allen Personen wiedererkannt. Was mich betrifft: die Leere, das Manko, das Wissen darüber, vor allem die Ablehnung durch die eigene Mutter.« Sie und ihr Mann, von Beruf Metzger, haben hart gearbeitet, um ihre Kinder zu erziehen. Sie hat ihnen die Liebe und Zuwendung gegeben, die ihr gefehlt hatten.

――― * Cosette, ein Mädchen aus dem Roman von Victor Hugo »Les Miserables«, das von den Pflegeeltern ausgebeutet und mißhandelt wird und im tiefsten Elend lebt.

»Ich hatte vier Kinder und habe elf Enkel, wir sprechen mit ihnen natürlich über ihren Stammbaum, aber meinerseits ist der Baum auf einer Seite abgeschnitten. Ich habe diese Recherchen auf keinen Fall wegen des Geldes oder sonstiger Gründe unternommen«, sagte mir Marie-Rose. »Ich wollte nur wissen, woher ich komme, weil ich mich als Kind, sobald ich etwas größer geworden war, in meiner Umgebung und später in meinem Leben auch nie ganz wohl gefühlt habe.«

Marie-Rose ist trotz ihrer sechzig Jahre eine sehr muntere, aktive und dynamische Frau geblieben. Ihre Stimme ist jung, und als Zeichen ihres Traums von einer Karriere als Künstlerin hat sie ein sehr langes Haar behalten – bis unter die Taille. »Es mag hochnäsig klingen«, sagt sie, »aber ich hatte immer das Gefühl, daß ich anders war als diejenigen, mit denen ich zusammenlebte. Ich spürte in meiner Kindheit, wie das Mitleid um mich herum lauerte und sagte mir: › Das nie wieder.‹ Eines Tages, als meine Mutter mich kritisieren wollte, machte sie mir das größte Kompliment, das ich je von ihr bekam: › Du siehst immer aus wie eine Puppe aus dem Schaufenster.‹ Ich kann auch seitdem nicht ertragen, daß man mich außerhalb des engeren Familienkreises duzt. In dem Milieu, woher ich komme, haben sich immer alle geduzt.«

Daß sie mit achtundfünfzig Jahren zuerst auf eigene Initiative und dann mit der Unterstützung der WASt in Berlin die Identität ihres leiblichen Vaters klären konnte, grenzt an ein Wunder. Sie hatte von ihrer Mutter die falsche Information bekommen, daß ihr Vater Tscheche war. Eines Tages sah sie eine Sendung im Fernsehen, in welcher die Rede von einem bekannten Theater in Prag war. So schrieb sie nach Prag an das Große Theater. Die Antwort kam nicht aus der tschechischen Hauptstadt, sondern aus Gablonz an der Neiße (Jablonec). Es war ein Theaterplakat aus einer damaligen Zeitung, worauf der Name ihres Vaters zu lesen war: »Artur Kiowsky, Charakterdarsteller«. Er stand auf der Liste der Spielzeit 1939–1940 als Teilnehmer an einer Aufführung der »Fledermaus«. In derselben Zeitung rief der Bürgermeister, ein Herr Wondrak, im Jargon jener Zeit »alle deutsche Volksgenossen mit der Bitte auf, sich in die Reihe der ständigen Theaterbesucher einzugliedern«. Er gab zu, daß die Stadtverwaltung seit Jahren »ungeheure Mittel« aufwenden mußte, um das Theater am Leben zu halten.

Wie Artur Kiowsky zum gutsituierten und erfolgreichen Wehrmachtsschauspieler wurde, wird man nie erfahren. Er hatte jedenfalls schon vor dem Krieg seinen Namen geändert, da sich »Artur Guckerle« in der Tat für diesen Beruf wenig eignete. Die Theaterleute in Gablonz empfahlen Marie-Rose, sich an das Theatermuseum in München und an die Berliner Akademie der Künste zu wenden. Das tat sie. Sie erhielt von dort keine Antwort. So wandte sie sich an die deutsche Botschaft in Paris. Der Militärattaché, Brigadegeneral Jens Zimmermann, teilte ihr die Anschrift der WASt in Berlin mit. Sie schrieb dorthin am 5. Juni 2002 über die französische Botschaft in Berlin einen Brief, in welchem sie ihre außergewöhnliche Herkunft schilderte. Sie erklärte, daß ihre Eltern zwei Jahre in Lille zusammengelebt hatten, und schloß: »Es war damals fatal, Bastard eines Deutschen zu sein. Aber seien Sie beruhigt, ich hege keine Feindseligkeit, ganz im Gegenteil. Ich liebe diesen Vater, den ich nicht kenne. Ich weiß nicht einmal, wie er aussah. Doch hatte ich immer in meinem Herzen einen Platz für diesen unbekannten Vater. Ich habe immer einen Mangel, eine große Leere empfunden. Es ist schrecklich, nicht zu wissen, woher man kommt, wer man ist, und ich hatte zu viel Respekt vor meiner Mutter, um sie zu befragen. Gleich nach ihrem Tod habe ich Nachforschungen beim Großen Theater in Prag unternommen. Ich schicke Ihnen für alle Fälle das Material zu, das ich besitze. Mein Vater muß sehr alt oder (leider) verstorben sein, aber wenn ich Informationen über sein Leben, seine Familie und vor allem sein Photo bekommen könnte, wäre ich sehr glücklich.«

»Zum Glück«, berichtet Marie-Cécile Zipperling, die Expertin der WASt für Frankreich, »fanden wir in unserer zentralen Kartei eine Karte mit dem Namen ›Kiowsky, Artur, geb. am

30. März 1901 in Ziegenhals (Schlesien), Truppenteil: Wehrmachtstheater Lille, Dienstgrad: Schauspieler‹.« Später hatte die WASt seinen richtigen Namen, Guckerle, herausbekommen und hineingetippt, als das Versorgungsamt der Stadt Krefeld sich im Jahre 1951 bei der WASt nach seinen Kriegsverletzungen erkundigt hatte. Kiowsky, der Bühnenname, stand in der Militärkartei der WASt, obwohl der Mann, der ihn trug, Zivilist gewesen war, weil er zweimal während des Krieges, 1941 und 1943, verwundet worden war. Die Wehrmacht trug sorgsam in ihr Militärarchiv alle Verletzungen und Erkrankungen, natürlich auch die Todesfälle, nicht nur der Militärangehörigen, sondern auch ihrer Zivilangestellten ein. Ohne diese Verletzungen, die sicherlich nichtmilitärische Ursachen hatten, hätte man die Spur des Vaters von Marie-Rose nie gefunden. Darüber hinaus gab das Versorgungsamt Krefeld an, daß er in Krefeld wohnte.

Es war für Marie-Rose Berthe eine große Erleichterung, aus offizieller Quelle zu erfahren, wer einst der Geliebte ihrer Mutter gewesen war und daß die Angaben der Mutter einigermaßen stimmten. Davon ausgehend war sie überzeugt, daß Kiowsky-Guckerle ihr leiblicher Vater war. Marie-Rose hatte jetzt den richtigen Namen und das Geburtsdatum ihres Vaters. Frau Zipperling schrieb anschließend an das Versorgungsamt Krefeld und erkundigte sich nach Kiowsky-Guckerles damaliger Anschrift. Leider erfuhr sie, daß die Dokumente durch den Reißwolf gelaufen waren. Sie verfaßte Briefe, die sie an verschiedene Ämter in Krefeld schickte. Alles vergeblich. Weder sein Künstler- noch sein Familienname waren irgendwo verzeichnet.

Daß er in »Ziegenhals Kreis Neiße« nicht auffindbar war, bleibt verwunderlich. Aber die WASt-Mitarbeiterin ließ nicht locker. Sie schrieb noch mal nach Polen und erhielt die Nachricht, daß sie eine Kopie der Geburtsurkunde gegen eine Gebühr von 9,09 Euro erhalten könnte. Marie-Rose bezahlte die Gebühr. Dort war Artur Guckerle als Sohn des »Lampisten« Franz Gukkerle, katholisch, und seiner Ehefrau Bertha Guckerle, geb. Meier, registriert worden. Daß sein Name in Krefeld nicht zu finden war, bleibt aufgrund der Meldepflicht in Deutschland jedoch seltsam, falls er wirklich dort gewohnt haben sollte.

Marie-Cécile schrieb doch noch an das Theatermuseum in München. Im Unterschied zu Marie-Rose erhielt sie von dort wohl deshalb eine Antwort, weil die WASt eine offizielle Stelle ist. Vom Theatermuseum erfuhr sie also, was Artur Kiowsky zwischen 1941 und 1949 getan hatte. 1940 war er noch Spielleiter des Schauspiels in Gablonz a.d. Neiße; 1941 war er Schauspieler unter der »Gastspieldirektion VI, Henry Pless« in Berlin; 1942–1944, wie gesagt, am Großen Theater in Lille; 1945 wurde er als Spielleiter in Bayreuth engagiert; und in der Spielzeit 1948–1949 hatte er als Schauspieler in Darmstadt gearbeitet und wohnte dort am Röhnring 33. So schrieb sie an das Landestheater Darmstadt. Das Theater leitete den Brief an das Staatsarchiv weiter. Vom dortigen Verantwortlichen Dr. Klaus-Dieter Rack bekam Frau Zipperling die Nachricht, daß Kiowsky nach Ausweis der Lohnlisten ab August 1948 zum Theaterensemble gehörte und bis Februar 1949 dort nachweisbar war. Er besaß von ihm keine Personalakte, aber er konnte Frau Berthe zwei Photos von Kiowsky schicken.

Auf dem einen war der Schauspieler in der Uniform eines Generals, auf der anderen als Komiker zu sehen. Es waren Theaterfotos. Das Stadtarchiv war so freundlich, Marie-Rose Berthe die Negative der Photos zu schicken. So war sie jetzt im Besitz von sehr schönen Photos ihres Vaters, eine Seltenheit unter all den Fällen, die die WASt zu bearbeiten hatte. Der Vater von Marie-Rose Berthe war eine Persönlichkeit des öffentlichen Lebens gewesen. Aus der Geburtsurkunde ergab sich, daß er nicht verheiratet gewesen war. Es war jedoch keine Notiz dabei, daß er gestorben sei.

Das Bild als »Teufelsgeneral« von Carl Zuckmayer, eine Rolle, die auch Curd Jürgens gespielt hat, störte sie ein bißchen. »Mein Vater war nie Wehrmachtoffizier«, sagte sie mir. Aber ich spürte, daß sie auf ihn stolz war. Hat sie selbst nicht davon geträumt, Schauspielerin zu werden? Sie hat in ihren jungen Jahren für die Kostüm- und Bühnenbildner eines Theaters genäht, weil sie das gut konnte, oft in Nachtarbeit. »Ich habe nie selbst Theater gespielt«, schreibt sie an Marie-Cécile. »Es war hinreißend, ich habe eine Menge Künstler in ihren Anfängen erlebt, die inzwischen berühmt geworden sind und denen ich manchmal mit meiner Nadel bei der Anprobe in die Hinterbacken gepiekt habe. Meine größte Belohnung war, wenn ich den Premieren – aber in der Kulisse – beiwohnen durfte. Es war doch etwas von mir auf der Bühne.«

Aus Spaß hat sie sich in Theaterkleidern einmal fotografieren lassen. Sie wollte so gerne Schauspielerin werden! Oder Sängerin, da sie eine sehr schöne Stimme besaß. »Künstlerische Berufe haben mich immer gelockt, sagt sie. Ich habe die Aufnahmeprüfung zum Musikkonservatorium bestanden, aber das Studium kostete Geld. In der Schule konnte ich in meiner Klasse am besten zeichnen. Aber die Akademie für bildende Künste war auch teuer. Aus alledem wurde nichts. Ich mußte malochen gehen.« Rückblickend fragt sie sich heute, ob sie nicht diese Neigung von ihrem Vater geerbt hat. Neulich gab der französische Sänger Gérard Lenorman, der das Kind eines unbekannten deutschen Soldaten ist, ein Interview. Dieser bekannte Künstler meinte, er könne möglicherweise die Musikbegabung von seinem deutschen Vater geerbt haben.

Aus den Dokumenten der Hessischen Landes- und Hochschulbibliothek Darmstadt ging hervor, daß Artur Kiowsky große Rollen gespielt hatte, der Reihe nach: Hans v. Selbitz in »Götz von Berlichingen« (Goethe), Motes in »Der Biberpelz« (Gerhard Hauptmann), den Zauberer in »Der goldene Schlüssel« (Marie Luise Kendzia), den Patriarchen von Jerusalem in »Nathan der Weise« (Lessing), den Obersten in »Bis der Schnee schmilzt« (Hermann Mostar), den Bankier in »Die Zeit wird kommen« (Romain Rolland), Schmock in »Ein Sommernachstraum« von Shakespeare und den Dr. Schmidt-Lausitz in »Des Teufels General« (Carl Zuckmayer). Keine einfachen Rollen...

Die erhaltenen Photos stammten von den Rollen als Schmock und als Dr. Schmidt-Lausitz. Es gab auch drei Szenenbilder aus

Zuckmayers Stück. So weit, so gut, aber Marie-Rose wußte immer noch nicht, was aus dem Vater nach 1949 geworden war. Laut Meldung des Versorgungsamtes Krefeld an die WASt wohnte er in dieser Stadt. Weder Antje Fricke, Leiterin des Krefelder Theaterarchivs, noch Paul-Günter Schulte, Chef des Stadtarchivs von Krefeld, konnten helfen. »Offenbar war der Mann nicht beim Einwohnermeldeamt erfaßt«, sagte Schulte. Antje Fricke konnte nur feststellen: »Unsere Unterlagen reichen so weit nicht zurück.« Marie-Cécile Zipperling wußte keinen Rat mehr. Sie wollte im Sommer 2003 während ihres Frankreichurlaubs Marie-Rose an ihrem Wohnort besuchen, aber die extreme Hitze hinderte sie daran. Ausdauernd und einfallsreich wie sie nun einmal ist, suchte sie nach einer innovativen Lösung.

Es fiel ihr ein, sich an die Medien zu wenden, ein Vorgehen, das die Behörden in der Regel vermeiden. So schickte sie am 28. Mai 2003 Informationen über diesen Fall und die dazugehörenden Photos an die Tageszeitung »Die Welt«. Sie erhielt von dieser Redaktion keine Antwort. Die Photos wurden ihr nicht zurückgeschickt. Sie richtete dieselbe Bitte an die »Frankfurter Allgemeine Zeitung«. »Wir drucken solche persönlichen und privaten Suchartikel grundsätzlich nicht ab. Wir müssen uns schon aus Platzgründen auf öffentliche Vorgänge und Ereignisse beschränken«, antwortete am 21. November 2003 das Redaktionsmitglied Dr. Gerhard Stadelmaier. Sie suchte dann im Internet nach dem Titel einer Krefelder Lokalzeitung und schrieb der »Westdeutschen Zeitung« (WZ) in der Rheinstraße 76 in Krefeld:

»Marie-Rose B. ist auf der Suche nach ihrer wahren Identität, wie viele Franzosen und Französinnen, die während der Besatzungszeit von einem deutschen Vater gezeugt wurden und die sich meist erst nach dem Tod ihrer Mutter auf die Suche nach ihrem leiblichen Vater machen«, schrieb sie an die Redaktion. »Es wird offiziell geschätzt, daß es in Frankreich circa 200 000 solche ›Kinder‹ betrifft. Sie weiß natürlich, daß er längst verstorben sein müßte. Sie wünscht lediglich zu erfahren, wie er sein Leben verbrachte, wo er starb und wo er begraben wurde. Erst dann könnte sie den inneren Frieden finden.«

Bei der »Westdeutschen Zeitung« fand sie offene Ohren. Sofort rief sie »ein netter Redakteur«, Jens Höhner, an und teilte ihr mit, das Thema interessiere seine Redaktion sehr. Er bat um Zusatzinformationen. Marie-Cécile schilderte ihm das schwere Schicksal der französischen Frauen nach dem Krieg, die sich mit einem deutschen Soldaten eingelassen hatten. »Kam ein Kind zur Welt, wurde der Vater verschwiegen«, fügte sie noch hinzu.

Am Tage nach dem Erscheinen des Artikels, dem 13. Januar 2004, erhielt sie einen ersten und am zweiten Tag danach einen weiteren Anruf von ehemaligen Bekannten von Kiowsky. »Dank Ihnen ist Artur Kiowsky kein ›Gespenst‹ mehr... Ich danke Ihnen noch herzlich, auch im Namen von Frau Marie-Rose Berthe, die über Ihre prompte Entscheidung und das für sie überwältigende Ergebnis sehr gerührt ist!«, meldete sie der »WZ«.

Einer der Anrufe stammte von einer Marianne Rux, die Artur Kiowsky ein Dachzimmer in der Krefelder Prinz-Ferdinand-Straße vermietet hatte. »Jenen Blick in die WZ wird Marianne Rux wohl nie vergessen: ›Plötzlich waren alle Erinnerungen wieder da‹, sagt die 76jährige Krefelderin und denkt dabei an die Jahre zwischen 1950 und 1956«, schrieb Jens Höhner. »Artur war ein Mann, der immer genau wußte, was er wollte, sagte Frau Rux. Dabei war er sehr friedliebend – wir alle kamen prima mit ihm aus.« Sie erinnerte sich, daß er ein Zimmertheater eröffnet hatte, und entsann sich sogar einer Inszenierung des »Zerbrochenen Krugs«. Guckerle hatte immer von seiner Zeit in Lille erzählt »und davon geschwärmt«. Nach dem Auszug von Marianne Rux und ihrer Tochter Monika blieb er in dem Haus. »Er muß etwa 1972 gestorben sein«, meinte die Vermieterin. Sie sei bei der Beerdigung dabeigewesen.

Der andere Anruf kam von einer Dame namens Margocza Dürr (74), die mit Artur Kiowsky Theater gespielt hatte, als sie noch sehr jung war. Sie war Inhaberin des Theaters »Ma-Cla-

Di« an der Münkerstraße in Krefeld, spielte noch Theater und hatte Guckerle im dortigen Variété »Seidenfaden« kennengelernt, wo er sein Zimmertheater betrieb. Sie hatte ihn sehr gut gekannt und seine finanzielle Notlage geteilt. Sie führten ein Bohemeleben: »Wir hatten wenig, aber wir teilten dieses wenige unter uns allen auf. Wir hatten in diesen schwierigen Jahren nichts, aber das Leben war wundervoll.« Sie hat Artur Kiowsky als einen sehr großzügigen, sehr sensiblen, aber auch sehr zurückhaltenden Mann beschrieben. Er sprach nie von seiner Vergangenheit. Nur die Zeit, die er in Lille verbracht hatte, stellte er als eine sehr glückliche Zeit dar. Er war »immer auf der Seite des Schwächeren« gewesen und war »ein sehr komplizierter, aber sehr, sehr netter Mann«. Sie hatte später den Kontakt mit ihm gänzlich verloren. Und da öffnet sie eines schönen Tages die Zeitung, die sie jeden Tag liest, und findet sein Bild!

Frau Dürr kannte eine Frau, die mit Artur Kiowsky zusammengelebt hatte. Ulla (Ursula) Naujoks (67), verehelichte Neumann, jetzt wohnhaft in Moers, war mehrere Jahre lang seine Lebensgefährtin gewesen. Marie-Cécile Zipperling ließ fragen, ob sie dort anrufen dürfe. Frau Neumann berichtete ihr, daß Kiowsky in Krefeld, der letzten Station seines unsteten Lebens, geblieben war, wo er versucht hatte, sein kleines Zimmertheater zu gründen, aber ihm hatte Kapital gefehlt. Er war auch mit seinem Lebenstraum gescheitert, ein eigenes Freilichttheater zu führen. Er überlebte eine Weile, indem er Theaterunterricht gab. Ulla war seine Schülerin gewesen. Sie bezeichnete ihn als ihren geistigen Vater. »Er bereitete mich in den sechziger Jahren auf die Aufnahmeprüfung an der Essener Folkwang-Schule vor. Ich habe sie bestanden.« Später hat er auf internationalen Messen Industrieunternehmen wie die Haushaltsgerätefirma Braun vertreten, weil seine Einkünfte als Schauspieler zum Leben nicht mehr ausreichten. Er war das geworden, was man eine gescheiterte Existenz nennt.

Margocza Dürr schickte Marie-Rose drei Heiligenmedaillen, die Artur ihr geschenkt hatte. Darüber freute sich Marie-Rose riesig. Margocza schrieb, daß sie ihn im März 1952 in Krefeld in dessen Zimmertheater kennengelernt hatte, wo ihr Freund und künftiger Ehemann Fred Spürkel als Ausstatter und Schauspieler arbeitete. Es gab noch einen Dritten im Bunde, den Operettensänger Heinz Schewitz. Später kam Ulla Naujoks dazu. Das Leben dieser Bohemiens spielte sich ab in den Dachbuden von Kiowsky in der Prinz-Ferdinand-Straße und von Spürkel in der Peterstraße. Sie hockten dort stundenlang, redeten, sangen oder spielten irgendwelche Rollen. »Ich glaube, wir kannten alle den ›Faust‹ auswendig, und selbst nachdem wir die Pfefferminzteebeutel viermal in der Tasse hatten ziehen lassen, verloren wir nie unsere gute Laune.«

Vermögend waren sie gewiß nicht. Artur, oder »Kio«, wie sie ihn auch nannten, besaß einen Kochtopf, den er nur auf der Außenfläche sauber machte, damit kein Restfett aus dem Inneren verlorenging. Darin kochte er seine Suppe und allerlei Gemüse und Fleisch. Konnte er sich ein Hühnchen leisten, war das ein Fest! Der Topf war aber so klein, daß immer ein Bein des Huhns herausragte.

Wenn einer von ihnen eine Flasche Wein spendieren konnte, »war das fabelhaft«. »Artur spielte die Rolle des Mephisto, er vergaß seinen Text und improvisierte zwanzig Minuten lang. Er war ein begnadeter Schauspieler und ein wunderbarer Freund. Wir liebten ihn alle und bewunderten ihn sehr. Obwohl er wesentlich älter war als wir, wir waren alle um die zwanzig, betrachtete er uns als seinesgleichen. Apropos Alter: Keiner von uns wußte, wie alt er war. Er machte daraus ein großes Geheimnis, dasselbe galt für seine Herkunft und für sein früheres Leben. Aber er sprach unablässig von all den Rollen, die er verkörpert hatte, und von der schönen Zeit, die er in Lille erlebt hatte.«

Einige Zeit, erzählt Margocza weiter, haben die drei Männer in Jugendhäusern gespielt, aber der Direktor, der sie eingestellt hatte, entpuppte sich als Schwindler. Artur versuchte, ein Freilichttheater zu gründen, scheiterte an den Sicherheitsbestimmungen und am Geld. Margocza heiratete 1955 Fred Spürkel, wurde aber schwer krank und verbrachte neun schreckliche Monate im Krankenhaus. Als sie entlassen wurde, hatte sich alles verändert. Artur arbeitete für die Haushaltsgerätefirma Braun und war kaum noch anwesend, da er auf großen Messen arbeitete. Er hatte die Bretter, die ihm die Welt bedeuteten, verlassen müssen. Heinz Schewitz war Angestellter in einem Supermarkt, und Fred Spürkel war Maler geworden und lebte vom Verkauf seiner Bilder. Aber die Freundschaft zwischen Artur und Fred hielt bis zu Arturs Tod 1972, was Margocza erst später erfuhr. Heinz Schewitz verstarb 1976 oder 1977. Fred Spürkel starb 2001 in seinem Joga-Zentrum auf Marbella. Nur einmal noch, 1968, hatte sie Artur Kiowsky bei Ulla Naujoks getroffen, die mit ihm ein freundschaftliches Verhältnis aufrechterhalten hatte.

»Wenn ich an Artur noch mal denke«, schreibt sie, »sehe ich nicht nur einen großen Schauspieler und Regisseur, sondern auch einen Mann, der einen Zornausbruch bekommen konnte, wenn er sah, daß jemandem eine Ungerechtigkeit widerfuhr, und der einem mehr Trost mit seinem Händedruck als mit großen Worten spendete. Ein Erlebnis ist mir genau in Erinnerung geblieben. Ich erzählte Artur ein Märchen, das ich geschrieben hatte, und seine Augen füllten sich mit Tränen. Es tut mir heute noch weh beim Gedanken, daß ein Mann, der so viel Mitgefühl für andere empfand, selbst immer so verschlossen geblieben ist.«

Leider besaßen diese Frauen keine Bilder von »Kio«, ja keine Bilder aus diesen fröhlichen Tagen. Sie waren zu arm gewesen, um Photos zu machen.

Am 16. Januar 2004 hatte Frau Zipperling in einem Brief an Marie-Rose Berthe den Erfolg ihrer Bemühungen gemeldet. Sofort antwortete die Französin, daß »bei der Lektüre ihres Briefes die Emotion sehr groß war, um so mehr, als ich jetzt wirklich dachte, wir würden nicht mehr weiterkommen. Ihre Beharrlichkeit hat mich aber eines Besseren belehrt. Ich werde Ihnen nie genug danken können für all das, was Sie für mich getan haben.

Ich bin sehr glücklich zu erfahren, daß mein Vater ein guter Mensch war, der von seinen Kollegen geschätzt wurde. Es macht mich aber traurig, daß er auf diese Art verstorben ist, ganz allein, ohne zu ahnen, daß es mich gab und daß er damals bereits zweifacher Großvater war. Ich werde der Dame, die seine Lebensgefährtin war und Französisch spricht, einen Brief schreiben, um soviel wie möglich über meinen Vater zu erfahren. Ich werde auch bald versuchen, nach Krefeld zu fahren.« Leider konnte Marie-Rose noch nicht nach Krefeld fahren, weil ihr Mann erkrankte. Die Eheleute leben als Rentner im Zweihundert-Seelen-Dorf Etricourt-Manancourt im Département Haute-Somme (Nordfrankreich) in der Nähe der Stadt Peronne.

Die Story ist vielleicht noch nicht abgeschlossen. Eines Tages erlebten Kiowskys Freunde eine Überraschung. Ein junger Mann kam vorbei, »mein Sohn«, gestand der Schauspieler. Mehr erfuhren sie nicht. Keine von den Damen kann Informationen über die Personalien dieses Sohnes geben, außer, daß er möglicherweise Schauspieler in Bayern sein könnte. Da Kiowsky nie verheiratet war, trägt dieser Sohn wahrscheinlich nicht seinen Namen. Natürlich wäre Marie-Rose sehr daran interessiert, diesem deutschen Halbbruder zu begegnen. Vielleicht verschafft ihr unser Buch dazu Gelegenheit, falls er es lesen sollte.

Margocza Dürr konnte berichten, daß Artur Kiowsky-Gukkerle 1972 an einem Schlaganfall gestorben ist. »Freunde fanden ihn zu Hause, sitzend am Tisch.« Ulla Neumann gab später preis, daß er an seinem Sterbeplatz »von Flaschen« umgeben war. Er war wohl dem Alkohol verfallen: »Er lebte in ärmlichen Verhältnissen, hatte mit Familienangehörigen überhaupt keinen Kontakt und wollte das auch nicht.«

Beide Frauen bestätigten, daß er an der Kopfverletzung immer noch litt. Diese war mit großer Wahrscheinlichkeit die Folge einer Kriegsverletzung, die er beim deutschen Rückzug oder bei einem Bombenangriff erlitten hatte. Seine zwei ersten Verletzungen mögen Unfälle gewesen sein, Knochenbrüche, die sich ein so großgewachsener Mann beim Stürzen zuziehen konnte, wenn er

ein wenig angetrunken war*. Es geht aber aus dem Krankenbuch-
lager von Berlin hervor, daß er in den letzten Kriegsmonaten, als
das Dritte Reich die Reserve, ob alt oder jung, zum Endkampf
mobilisierte, die Uniform trug. Da war kein Platz mehr für
Wehrmachtstheater. Dort steht verzeichnet, daß er mit der Sol-
daten-Erkennungsmarke -1235-3./II. Lds.-Schtz.A.Btl. 3 »Schüt-
ze« war.

Daraufhin klärte sich das Rätsel der Abwesenheit seines
Namens im Einwohnermelderegister von Krefeld. 1980 war die
sogenannte handschriftliche Hauskartei auf die elektronische
Datenverarbeitung umgestellt worden, und dabei waren manche
Bewohner der Seidenstadt an der Ruhr einfach durch das Raster
gefallen. Auf der Stelle eines neuen Wohnblocks an der Kempe-
ner Allee war noch der Name Guckerle eingetragen, fand Paul
Günter Schulte heraus, der Leiter des Stadtarchivs. Dort war
Artur Guckerle am 11. Juli 1972 verstorben. Sein Grab, Feld 19,
Reihe 8, Grab 2 auf dem Hauptfriedhof wurde nach zwanzig Jah-
ren eingeebnet.

------

* Es waren wohl ernste Verletzungen gewesen. In seiner Datei in
der WASt stand, daß er am 1.08.1941 im Militärkrankenhaus
3/617 Lille/Calmette mit einer Verletzung am dritten Wirbel
eingeliefert worden war und von dort am 21.08.1941 in das Chi-
rurgiekrankenhaus »Oberkommando des Heeres« nach Brüssel
abtransportiert wurde. Am 13.09.1941 wurde er aus dem Krankenhaus entlassen und ging wieder nach Lille arbeiten. Am
1.03.1942 wurde er wiederum ins Militärhospital 3/617 Lille/
Calmette wegen eines Bruchs des Schlüsselbeins eingeliefert.

ZWEITER TEIL

KAPITEL 1

Sie trugen ihre großen, grünen Mäntel. ___

Die Chronologie des Zweiten Weltkriegs läßt sich zwar in jedem Lexikon nachlesen, aber es ist sicher ganz nützlich, hier an ein paar Geschehnisse auf französischem Boden zu erinnern, die das Alltagsleben aller Franzosen betrafen und auf einen Schlag oder ganz allmählich umgestalteten. Diese Ereignisse prägten eine Periode, die sich vom Sommer 1940 mit der Unterzeichnung des Waffenstillstands am 22. Juni bis zum Herbst 1944 erstreckte, als sich die deutschen Armeen Richtung Rhein zurückziehen mußten.

Am 14. Juni 1940 war die Wehrmacht morgens um 5 Uhr 30 durch die Porte de la Villette in Paris eingerückt. Um 9 Uhr 45 wehte eine Hakenkreuzflagge auf dem Triumphbogen. Sofort wurde die deutsche Zeit eingeführt, die der französischen sechzig Minuten voraus war, und am 11. Juli wurde allen Geschäftsleuten befohlen, auch das Geld der Sieger, die Reichsmark, neben dem französischen Franc als Zahlungsmittel zu akzeptieren. Anfänglich gab es zahlreiche Verbote. So durfte niemand mehr in der Pariser Stadtmitte mit dem Auto fahren. Die Regierungs- und Parlamentsgebäude wurden von den Besatzern beschlagnahmt, und bald schon standen auf den wichtigen Kreuzungen und Plätzen Wegweiser aus Holz, die die Hauptrouten von Bayonne bis Berlin anzeigten. Nach der Befreiung sollten die Pariser mit diesen Verkehrszeichen Freudenfeuer entzünden. Auch draußen in der Provinz waren die Franzosen beeindruckt: »Ich habe gesehen, wie sie auf ihren Motorrädern mit Seitenwagen in La Janie ankamen«, erzählt uns einen alte Dame von der Insel Ré. »Sie trugen ihre großen, grünen Mäntel, Brillen und Helme. Das war sehr beeindruckend. Wir lugten verstohlen hinter unseren hölzernen Fensterläden hervor.«

Dieser erste Blick auf den Feind, dieser erste Kontakt, den sich noch vor ein paar Wochen niemand hatte vorstellen können, weil sich das ganze Land durch die beste Armee der Welt geschützt fühlte, muß durch den Filter einer Zeit gesehen werden, die von der Erinnerung an den Ersten Weltkrieg geprägt war. Man kann die Erleichterung nicht verstehen, die die Zivilisten wegen des anfänglichen guten Betragens der Besatzungstruppen empfanden, ohne sich mit der Vorstellungswelt zu befassen, die in den Köpfen der Franzosen seit dem Krieg von 1870, den die Allerältesten noch erlebt hatten, und noch mehr seit dem Krieg von 1914 bis 1918 vorherrschte.

Ob als preußischer Ulan oder bayerischer Infanterist, jeder Deutsche, der zu den Waffen griff, wurde in ihren Augen zu einem blutdürstigen Monster. Nach den angeblichen »Tatsachenberichten« aus den von den deutschen Armeen im Jahre 1914 besetzten Gebieten hatte der deutsche Soldat gegen alle »Gesetze des Krieges« verstoßen. Er hatte Kindern die Hände abgeschnitten, Frauen unter Bedrohung durch das Bajonett kollektiv vergewaltigt, Häuser geplündert und in Brand gesetzt... Die wilde Flucht der Bevölkerung vor den vorrückenden deutschen Truppen erklärt sich auch durch diese aus den Tiefen des Unbewußten emporgestiegene Angst, eine Angst, die fünfundzwanzig Jahre zuvor durch eine Kriegspropaganda ganz bewußt genährt worden war, die dem Gegner jede Menschlichkeit absprach. Doch nun registrierte man in diesem Monat Juni des Jahres 1940 nur sehr wenige oder gar keine nennenswerten Übergriffe nach dem Ende der Kampfhandlungen. Wider alle Erwartungen benahm sich die Wehrmacht »korrekt«, ein Wort, das in der folgenden Zeit eine große Karriere machen sollte. Die Vorschriften für die deutschen Soldaten waren sehr rigide, wie wir noch sehen werden, und wurden auch weitgehend respektiert, mehr jedenfalls als es bei den französischen Truppen der Fall war, die 1923 das Rheinland und 1945 den Schwarzwald besetzten. Die deutschen Offiziere hatten ihre Leute gut unter Kontrolle, und diese waren immer noch von ihrem so schnell errungenen Triumph dermaßen perplex, daß sie wohl kaum das Bedürfnis hatten, sich abzureagieren.

Von Juni bis zum Ende des Jahres 1940 waren die Beziehungen zwischen Besatzern und Besetzten mit einem Wort: »korrekt«. Mit seiner oft bewiesenen Begabung für eine perfekte Inszenierung und Propaganda hatte das Dritte Reich seine Ankunft in Frankreich in jeder Beziehung erfolgreich gestaltet. Es war nötig, von Anfang an einerseits seinen Willen durchzusetzen, dann aber auch zu gefallen. Goebbels lobt in seinem Tagebuch das tadellose Verhalten der Soldaten. »Sie sind unsere besten Propagandisten.« Auch wenn die Besatzungstruppen den Einheimischen etliche Zwänge auferlegten, etwa die Verpflichtung, einige von ihnen zu beherbergen oder ihnen Lebensmittel zu verkaufen, immer wiederkehrende Kontrollen oder eine Ausgangssperre, blieb doch alles immer gut geregelt und in einem zivilisierten Rahmen. Viele Wehrmachtssoldaten seien echte »Gentlemen« gewesen, erzählen heute noch manche Franzosen. Ganz nach den Vorgaben aus Berlin versuchte die Wehrmacht, sich beliebt zu machen. Nach dem ersten Schock und den bisher ungebräuchlichen Reglementierungen des öffentlichen Lebens nahm das Alltagsleben der Franzosen ab Anfang Herbst 1940 allmählich wieder seinen fast normalen Lauf. Die deutsche Besatzung war lästig, aber erträglich. Man versuchte sogar, die Sympathien der Franzosen zu gewinnen. Die Konzerte deutscher Militärkapellen, die jeden Mittag in den öffentlichen Parks und auf den Champs-Élysées in Paris stattfanden, veranlaßten manchen Einheimische zu einem Grinsen, aber sie zeugten doch zumindest von den guten Absichten der Besatzer. Deutsche Offiziere flanierten in Uniform auf den Pariser Boulevards und mischten sich in den Kaufhäusern, Cafés und Theatern unter die Menge. Die Soldaten waren im allgemeinen höflich und zurückhaltend, zahlten alles, was sie kauften, sofort bar auf den Tisch, wobei sie freilich von einem günstigen Wechselkurs profitierten, doch sie betranken sich nicht, und sie belästigten die Einheimischen nicht. Wie sollte man sich als Franzose ihnen gegenüber nun verhalten? Sollte man ihren Gruß erwidern, wenn sie einen in ihrem gutturalen Französisch grüßten? Sollten die jungen Mädchen den deutschen Soldaten antworten, die sie ansprachen, wenn sie zur gleichen Zeit wie sie ein Eis kauften? Sollte ein Geschäftsmann die Hand eines deutschen Militärs schütteln, der ihm für seine Lieferung danken wollte? Die einfachsten Gesten des zwischenmenschlichen Umgangs führten so zu Konflikten wie in einer klassischen Tragödie.

Mit der Zeit bildete sich ein Lebensmiteinander heraus, wobei vor allem die Franzosen versuchten, aus diesen netten Siegern Vorteile zu ziehen, indem sie ihnen sichtbare Sympathiebeweise zukommen ließen. So nahm zum Beispiel die Hausfrau, die vom schwarzen Markt kam und den Kontrollposten am Bahnhof Montparnasse passieren mußte, sehr gern die Dienste eines Kavaliers in Graugrün in Anspruch, der ihr auf galante Weise angeboten hatte, ihre Einkaufstasche zu tragen. Wenn sie dann dank der Uniform ihres ritterlichen Helfers den Kontrollposten ohne Schwierigkeiten passiert hatte, lehnte sie doch im allgemeinen das Rendezvous ab, um das er sie bat.[*] Aber kann man sich wirklich sicher sein, daß ein solches Treffen immer abgelehnt wurde? In Paris verlief alles dermaßen glatt, daß die ursprünglich auf 21 Uhr festgesetzte Ausgangssperre bereits am 7. Juli 1940 auf 23 Uhr und im November dieses Jahres auf Mitternacht verschoben wurde, »um die friedliche und verständnisvolle Haltung der Pariser Bevölkerung zu belohnen«. Arbeit und Sport gingen weiter wie zuvor, die Cafés und Restaurants waren ebenso gutbesucht wie vor dem Krieg, nur daß ungefähr zwei Millionen französische

---

[*] Hervé de Boterf, *La vie parisienne sous l'occupation. Paris le Jour 1940–1944*. Paris: Ed. France-Empire, Presses Pocket 1974, S. 23. Siehe auch Gérard Walter, *La Vie à Paris sous l'Occupation: 1940–1944*, Paris: Ed. Armand Colin 1960.

Männer gegen ihren Willen überwiegend jenseits des Rheins festgehalten wurden.

Als der Winter 1940 anbrach, bekam diese »drôle d'occupation«, diese »lustige Besatzungszeit«, die den »drôle de guerre«, den lustigen »Sitzkrieg«, wie ihn die Deutschen genannt hatten, abgelöst hatte, allmählich doch einen bitteren Beigeschmack. Die guten Manieren der Besatzer reichten nicht mehr aus, um die Knechtschaft zu überdecken, in die das Land gefallen war. Am 27. September 1940 wurde die erste einer Reihe von »Verordnungen über Maßnahmen gegen Juden« vom Chef der Militärverwaltung erlassen, mit denen die Judenverfolgung im besetzten Frankreich schrittweise dem Stand im Reichsgebiet angepaßt wurde. Dies bekümmerte aber anscheinend nicht viele Franzosen. Ebenso war es mit dem »Judenstatut«, das der Ministerrat der Vichy-Regierung am 3. Oktober dieses Jahres verabschiedete. Am 30. dieses Monats ermahnte dann Marschall Pétain seine »lieben Landsleute«, ihm auf den »Weg der Kollaboration« zu folgen. Der Mythos vom »doppelten Spiel« nahm in den Köpfen jener Gestalt an, die immer noch glaubten, von diesem Kriegshelden, den man den »Sieger von Verdun« nannte, vertreten und gut regiert zu werden. Dieses angebliche »Spiel«, sich mit Hitler zu arrangieren, aber gleichzeitig auf die Gaullisten Rücksicht zu nehmen, sollte Frankreich – mit Ausnahme der drei östlichen Départements, die direkt zwei Gauleitern unterstellt wurden – eine vollständige Knechtschaft ersparen, ohne eine bessere Zukunft aufs Spiel zu setzen. Dieser Kasuismus verstärkte die allgemeine Konfusion zusätzlich, doch er wurde nicht von allen akzeptiert.

Am 11. November 1940 trotzten die Schüler und Studenten von Paris den Verboten der Präfektur und demonstrierten massenhaft vor dem Grabmal des unbekannten Soldaten. Es kam zu Zusammenstößen mit der Besatzungsmacht. Eine Gedenktafel erinnert heute auf der Avenue des Champs-Elysées in der Nähe des Triumphbogens an dieses Ereignis. Es war der Beginn des Widerstands, der »Résistance«. Sehr junge Leute wurden dabei verprügelt und verhaftet. Am Ende wurde die Demonstration durch Schüsse aus deutschen Maschinenpistolen aufgelöst. Zur selben Zeit wurden die Rationierungskarten eingeführt, und die ersten Nahrungsmittelknappheiten traten auf. Der Schwarzmarkt begann im Verborgenen zu blühen. Trotz der flammenden Presseartikel entwickelte sich der Schwarzmarkt rasch und teilte die Bevölkerung in Profiteure und Düpierte. Bei der französischen Polizei oder der deutschen Kommandantur gingen die ersten Denunziationen ein, von denen nicht alle auf üble Schwarzhändler, sondern viele auf den Nachbarn oder auf Menschen, mit denen man im Streit lag, zielten. Man bekommt durchaus den Eindruck, daß es in diesen Jahren in Frankreich mehr Denunzianten gab als Widerstandskämpfer.

Von dieser Zeit an begann der Stern der Besatzer, die man bisher wegen ihrer guten Manieren geschätzt hatte, zu sinken. Die Deutschen plünderten zwar nicht, aber sie beschlagnahmten die französischen Nahrungsmittelreserven weitgehend. Allmählich machte die Mehrzahl der Bevölkerung die Deutschen für die Kälte, den Hunger, die Verbote und Repressalien verantwortlich. Nach dem Beginn des Rußlandfeldzugs am 22. Juli 1942 nahmen die Spannungen weiter zu, so daß sich sogar Pétain bemüßigt fühlte, am 12. August eine Rede gegen den »üblen Wind« zu halten, der im ganzen Lande wehe. Nach dem tödlichen Attentat des späteren Résistance-Obersten Fabien auf den deutschen Fähnrich zur See Moser in einer Pariser Metro-Station schrieb die kollaborationsfreundliche Zeitung *La Gerbe* am 29. August 1941: »Der Alptraum beginnt.« Diesem Präzedenzfall werden eine ganze Reihe von Anschlägen auf Wehrmachtssoldaten folgen, die natürlich härteste Repressionsmaßnahmen von deutscher Seite nach sich ziehen. Die Militärbehörden gaben dann auch bekannt, daß jeder Franzose, der »durch oder im Auftrag« der deutschen Sicherheitskräfte verhaftet werde, als Geisel angesehen werde, die im Morgengrauen desselben oder eines der folgenden Tage erschossen werden könne, falls in der Nacht davor ein Deutscher einem Attentat zum Opfer gefallen sei. Von diesem Moment an wurde es sehr gefährlich, sich nach Beginn der Ausgangssperre von der französischen oder deutschen Polizei auf der Straße erwischen zu lassen. Während man bisher nur eine ganz kurze Zeit festgesetzt worden war, konnte man nun einer Geiselgruppe zugewiesen werden, die am nächsten Morgen oder den nächsten Tagen erschossen werden würde, wenn in dieser Nacht oder in den Tagen davor ein Deutscher zu Schaden gekommen sein sollte.

Im September 1941 entschied Hitler höchstpersönlich, daß für den Tod jedes deutschen Soldaten hundert oder hunderfünfzig Geiseln zu exekutieren seien. Man stellte ein Regelwerk für diese »Vorbeugungs- und Sühnemaßnahmen« auf, in denen die Kriterien für die Auswahl der Geiseln genau festgelegt wurden. Diese zentrale Frage wird zum entscheidenden Bruch zwischen Besatzern und Besetzten führen. Selbst die entschiedensten Befürworter der Kollaboration innerhalb der Vichy-Regierung wie zum Beispiel der Innenminister Pierre Puchau werden die verheerenden Auswirkungen dieser Maßnahmen auf die öffentliche Meinung kritisieren.

Nachdem in der ersten Kriegsphase zwischen 1940 und 1942 noch gewisse Formen respektiert worden waren, begann nun eine neue, viel härtere Zeit, die auch die Grundlagen der Besatzungsherrschaft in Frankreich völlig verändern sollte. Die Geiselerschießungen häuften sich, man begann auch in Frankreich mit der Verfolgung und Vernichtung der Juden, und die Deportationen und die Zwangsrequisitionen von Arbeitskräften nahmen immer mehr zu. Zur Verschärfung der Lage trug zusätzlich bei, daß die Royal Air Force im Jahre 1942 begann, das Land zu bombardieren. Besonders mörderisch war der Luftangriff vom 4. März 1942 auf Boulogne-Billancourt, wo die Hauptwerke von Renault lagen. Gleichzeitig wurde die Segregation der Juden verstärkt, die gezwungen wurden, in der besetzten Zone den gelben Stern zu tragen. Am 24. März 1942 ging der erste Transport nach Auschwitz. Jetzt zeigten die Nazis ihr wahres Gesicht, vor allem nach der schlimmen »Razzia vom Vel' d'Hiv'« vom 16. Juli 1942, bei der die französische Polizei über 13 000 Pariser Juden verhaftete, sie alle im »Velodrom d'Hiver«, der Pariser Radsporthalle, zusammenfaßte und sie dann den Deutschen zur Deportation überstellte. Eine wahrlich nicht gerade glorreiche Stunde der französischen Geschichte! Wäre es nicht doch möglich gewesen, so etwas abzulehnen, wie es Horthy in Ungarn und Mussolini in Italien taten? Um gar nicht erst vom so verteufelten Franco zu sprechen, der jüdische Vorfahren in der Ahnenreihe hatte. Nicht alle europäischen Faschisten teilten den Hitlerschen Rassenwahn. Allerdings leistete die Vichy-Regierung doch Widerstand, indem sie vor allem die ausländischen Juden auslieferte, so daß 90 Prozent der französischen Juden gerettet wurden. Auch gegen das Tragen des gelben Sterns in der noch nicht besetzten Südzone widersetzte sie sich. Es gab freilich in der Umgebung der Vichy-Regierung antisemitische Bünde, aber sie waren weder in der Politik noch in der öffentlichen Meinung vorherrschend. Darüber hinaus wußte selbst ein Pierre Laval, der Regierungschef war, nichts von den Vernichtungslagern. Der deutsche Polizeichef Helmut Knochen hatte ihm erzählt, daß sie in einem Judenstaat im Osten angesiedelt würden. Am 22. April 1942 kündigte Pierre Laval im Radio die sogenannte »Relève«-Aktion an (Relève bedeutet hier »Ablösung«, »Schichtwechsel«, mit der Assoziation von »Befreiung«). In diesem Rahmen sollten zwar die Kriegsgefangenen zurückkehren dürfen, im Austausch dafür aber französische Arbeitskräfte nach Deutschland geschickt werden, und zwar drei Arbeiter für jeden Gefangenen. Dies war das Vorspiel für die Einrichtung des sogenannten Service Travail Obligatoire (S.T.O.), eines zweijährigen Zwangsarbeitsdienstes in Deutschland für alle jungen Männer der Jahrgänge 1920, 1921 und 1922, den die Vichy-Regierung am 16. Februar 1943 per Gesetz beschloß. Diese Maßnahmen vergifteten die Atmosphäre nun endgültig.

Aber es sollte noch schlimmer kommen: Am 28. Juli 1942 fiel der deutsche General Schaumburg einem Attentat der kommunistischen FTP-Widerstandskämpfer zum Opfer. Vorgänge wie diese nutzten die SS und der SD unter der Leitung von General

Oberg, um die Kompetenzen innerhalb der deutschen Besatzungs-organe zu ihren Gunsten zu ändern. So ging bereits am 1. Juni 1942 die Verantwortung für die Verfolgung der Résistance von der »Abwehr«, also der Gegenspionage-Abteilung der Wehrmacht, in die Hände der Nazi-Sicherheitspolizei, der von Carl-Albrecht Oberg kommandierten Sipo über. Der ideologische Fanatismus ergreift nun die Zügel eines scheuenden Gespanns und stürzt es in die tiefsten Tiefen der Unmenschlichkeit.

Hinter dieser Kursverschärfung steckte Obergs Chef, der be-rüchtigte Reinhard Heydrich. Dieser hatte bereits den Militär-befehlshaber Otto von Stülpnagel ausmanövriert. Von Stülpnagel hatte sich immer wieder gegen die Massenerschießungen von Gei-seln ausgesprochen. Auch bei der Judenverfolgung setzte man sich zunehmend über Stülpnagels Kompetenzen hinweg. Heydrichs Leute vom SD Knochen und Dannecker hatten bereits am 3. Oktober 1941 mit Unterstützung der antisemitischen französi-schen Gruppe Deloncle eine Reihe von Anschlägen gegen jüdische Synagogen nach der Art der »Kristallnacht« in Deutschland im Jahre 1938 organisiert.

Nachdem feststand, daß der SD hinter diesen Anschlägen steckte, forderte Otto von Stülpnagel von Heydrich die sofortige Absetzung Knochens. Heydrich lehnte ab und übernahm zynisch die Verantwortung für den Vorgang. Am 15. Februar 1942 legte Otto von Stülpnagel schließlich sein Amt nieder, was eine Zäsur in der Geschichte der deutschen Besatzung in Frankreich zur Folge hatte. Zwar wurde schon zwei Tage später sein Vetter Carl-Heinrich von Stülpnagel zu seinem Nachfolger ernannt, aber dessen Amtsübernahme verzögerte sich bis Juni 1942 und Heydrich nutzte diesen Zeitraum mit der Unterstützung Hitlers dazu aus, die Befehlsgewalt in Frankreich an sich zu reißen.

Als erstes wurden schon am 9. März 1942 dem Reichssicher-heitshauptamt und der SS alle Polizeibefugnisse übertragen, und zwar unter der Verantwortung des von Heydrich eingesetzten BdS (Befehlshaber der Sicherheitspolizei und des SD). Zu dessen Aufgaben gehörte in Zukunft zusätzlich der Bereich der »Sühnemaßnahmen gegen Verbrecher, Juden und Kommunisten«. Der Militärbefehlshaber verlor damit jede Verantwortung auf diesem Gebiet. Heydrich kam am 6. Mai nach Paris zur Amtseinführung seines Vertrauten Karl Oberg, der dieses Amt übernahm. Oberg hatte zusammen mit Best im Juni 1934 die Mordaktionen gegen die SA in München geleitet. Er war ein prominenter SS-Mann und sollte nunmehr entscheidenden Einfluß auf die Besatzungspolitik in Frankreich bekommen. Allerdings folgte Heydrich auf der Sitzung in Paris, welcher alle wichtigen Chargen der deutschen Behörden beiwohnten, der abwiegelnden Meinung der Militärverwaltung in Sachen »Sühnemaßnahmen« gegen französische Geiseln. Es ist schwer zu sagen, was ihn dazu bewegte. Er äußerte sich dahingehend, daß »man in Frankreich eine andere Politik als im Osten treiben müsse; insbesondere sei er der Auffassung, daß das System der Geiselerschießungen in Frankreich fehl am Platze sei.« War das ernst gemeint oder reine Heuchelei? Man muß vielleicht berücksichtigen, daß das Reich sich zu diesem Zeitpunkt anschickte, Tausende von jungen Franzosen nach Deutschland zum Arbeitsdienst zu deportieren, und daß dieses vorrangige Unterfangen nicht gestört werden durfte. Bis zum Jahresende 1942 verlief die erste große »Sauckel-Aktion«, bei der mehr als 200 000 französische Arbeiter nach Deutschland verschleppt wurden. Um so radikaler war das Vorgehen gegen die Juden. Heydrich informierte über die Wannsee-Konferenz, die gerade im Januar stattgefunden hatte und sagte: »Wie über die russischen Juden in Kiew, ist auch über die Gesamtheit der europäischen Juden das Todesurteil gesprochen. Auch über die französischen Juden, deren Deportation in diesen Wochen beginnt.«

Am 4. Juni 1942 starb Heydrich an den Folgen seiner Verletzungen nach einem Attentat in Prag. Himmler ernannte Kaltenbrunner zu dessen Nachfolger und riß das Sicherheitshauptamt an sich.* In dieser Zeit zwangen die französische Öffentlichkeit

—— * Ulrich Herbert Best, *Biographische Studien über Radikalismus, Weltanschauung und Vernunft. 1903–1989,* Berlin: Dietz-Verlag 1996, S. 314, 320 ff.

und die Kirchen das Vichy-Regime erstmals, im September 1942 bei weiteren Deportationen französischer Juden seine Mitwirkung zu verweigern. Das wurde merkwürdigerweise von Oberg und Knochen mit Rückendeckung Himmlers widerspruchslos hingenommen. Im September und Oktober 1942 wurden die Deutschen mit einem Anstieg bewaffneter Anschläge konfrontiert. Am 14. Oktober ordnete Oberg unter Einbeziehung von Stülpnagels die »Erschießungen in der doppelten Anzahl der Toten und Verwundeten« an. Aber die Besetzung der Südzone verschärfte im November 1942 die Deutschfeindlichkeit in Frankreich, und die Behörden mußten erkennen, daß die Massenexekutionen die Anschläge nicht eindämmten, sondern eher noch verstärkten.*

Seit November 1942 war das ganze Land von den Deutschen besetzt. Am 27. dieses Monats war die deutsche Wehrmacht als Reaktion auf die amerikanische Landung in Nordafrika in die bisherige »freie Zone« eingerückt und hatte die französische sogenannte »Waffenstillstandsarmee« entwaffnet und aufgelöst. Am gleichen Tag versenkte sich die französische Flotte im Hafen von Toulon selbst. Alle Illusionen, die man bisher vielleicht noch in Frankreich gehegt hatte, waren nun endgültig verflogen. Die Spirale des Terrors leitete weiteres Wasser auf die Mühlen einiger Kommunisten, unter ihnen ehemalige Kämpfer der spanischen Internationalen Brigaden, die als Teil der Résistance-Bewegung unter dem Zeichen FTP (*Franc-Tireurs et Partisans*) mit ihren blutigen Attentaten zur Eskalation der Gewalt beitrugen.

Im ganzen Jahr 1943 wurde die Lage zusehends schlechter. Obst und Gemüse wurden rationiert. Ende des Sommers gab es fast einen ganzen Monat in Paris kein Fleisch mehr. Immer öfter wurde der Strom abgeschaltet. Seit dem 31. März durften keine Radioapparate mehr verkauft werden. Dies hinderte aber nie-

—— * Ahlrich Meyer, *Die deutsche Besatzung in Frankreich 1940–1944. Widerstandsbewegung und Judenverfolgung.* Darmstadt: Wissenschaftliche Buchgesellschaft 2000, S. 111f., 150.

mand daran, jeden Abend um 21 Uhr 15 trotz aller Verbote und Störgeräusche das französische Programm der BBC »Les Français parlent aux Français« (»Franzosen sprechen zu Franzosen«) zu hören. Der Einfluß dieser Sendungen war enorm. Sie wurden bis zur Befreiung von mehr und mehr Leuten gehört. Selbst die Kollaborateure verfolgten sie, um verläßlichere Informationen zu bekommen. Es war der erste Radiokrieg der Geschichte. Bereits am 1. Januar 1941 hatte Radio London ein Experiment veranstaltet: In seiner Sendung hatte es seine Hörer aufgefordert, an diesem Tag um 15 Uhr daheim zu bleiben. Tatsächlich hatten sich die belebtesten Straßen der Hauptstadt einige Minuten lang geleert. Ein unmißverständliches Warnsignal für die Besatzungsmacht und Vichy!

Das von der Vichy-Regierung und der deutschen Besatzung kontrollierte Radio Paris spielte eine durchsichtige Doppelrolle, indem es so tat, als ob es Pierre Laval kritisierte, dabei aber immer für die »deutsch-französische« Fraternisierung warb. Allerdings hatte damals der Begriff »deutsch-französisch«, der heute so hoch im Kurs steht, bereits eine abwertende Bedeutung. In dieser Zeit nahmen die »alliierten« Bombenangriffe immer mehr zu. Diese und die Nahrungsmittelknappheit zwangen die Familien, Tausende ihrer Kinder aus den großen Städten aufs Land zu verschicken. Die Résistance hatte inzwischen ihre endgültige Organisationsform gefunden und wurde logistisch durch Fallschirmabwürfe von außen unterstützt und von London aus koordiniert. Sie vervielfachte daraufhin ihre Attentate (in zwei Oktoberwochen des Jahres 1943 allein 17!). Die Deutschen reagierten schnell. Sie übernahmen die Kontrolle über das Internierungslager von Drancy und richteten allein in Paris unter ihrer Direktive oder der der Vichy-Miliz dreizehn Verhörzentren ein, von denen das Gestapo-Hauptquartier in der Rue Lauriston durch seine barbarischen Folterungen traurige Berühmtheit erlangte. Auch in der Provinz gab es solche Folterkeller. Die Gestapo und der SD wurden allmächtig. Diese Folterkammern bekamen bei jeder Razzia Nachschub, bei denen auf den Straßen, in den Cafés, in der

Metro, in den Kinos und auf den Pferderennbahnen ganz gezielt nach » Herumtreibern« gesucht wurde. Viele von ihnen, vor allem junge Männer, wurden im Rahmen des S.T.O.-Programms zur Zwangsarbeit nach Deutschland geschickt.

Diese drohende Deportation nach Deutschland brachten manchen eher dazu, sich den Résistancegruppen anzuschließen als ein patriotischer Aufruf zum bewaffneten Kampf gegen die »Nazi-Unterdrücker«. Überall wurden Sperren und Kontrollpunkte errichtet, und in den Städten breitete sich zunehmend Angst aus. Im Winter 1943–1944 erreichten die allgemeine Niedergeschlagenheit und Verwirrung ihren Höhepunkt, übrigens auch in den Reihen der Résistance, die vom deutschen Repressionsapparat hart getroffen wurde. Erst die Invasion der angloamerikanischen Truppen am 6. Juni 1944 bewirken hier eine Änderung. Zwar nehmen danach die Spannungen zwischen Deutschen und Franzosen weiter zu, aber von nun kann es kaum noch einen Zweifel geben, wer letztendlich der Sieger sein wird. Die Deutschen beginnen sich langsam zurückzuziehen. Aber trotzdem bleibt die Besatzungsmacht stark und wohlorganisiert. Die freundlichen Soldaten in feldgrauer Uniform aus dem Jahr 1940, von denen viele inzwischen an der Ostfront oder sonstwo gefallen sind, wurden inzwischen von Reservisten oder kaum dem Kindesalter entwachsenen Rekruten abgelöst. Bei einigen steht nicht einmal die genaue Nationalität fest, andere Einheiten zeichnen sich besonders durch ihren extremen Fanatismus aus. Ihre Offiziere sind nicht mehr die im Geiste des preußischen Ehrenkodex erzogenen Führungskader, sondern junge Leute, die ganz gezielt vom Nazi-Regime geformt worden waren, was teilweise ihren Mangel an moralischer Haltung zu erklären vermag.

Auf Befehl der Deutschen unternimmt Pétain im Mai 1944 eine Tour durch die gesamte Nordzone. Es ist die letzte Rundreise dieses unglücklichen Greises, der bis zum Schluß dazu verdammt ist, einem Volk Gehorsam und Opferbereitschaft zu predigen, das von den Entbehrungen der letzten Jahre gezeichnet ist und nur noch ungeduldig darauf wartet, deren Ende zu erleben.

In Paris allerdings wird der alte Marschall begeistert empfangen. Ganz unabhängig von seinem Vichy-Regime gilt er doch immer noch als Symbol des Stolzes und des Fortbestands der französischen Nation. Man ahnt noch nicht, daß de Gaulle ihn nach dem Sieg vernichten wird. Die schon zehnmal angekündigte Landung der Alliierten läßt weiterhin auf sich warten. Aber dann beginnt im Morgengrauen des 6. Juni die »Operation Overlord«. Sofort führt die Résistance von den Alliierten geplante Sabotageakte und bewaffnete Überfälle aus, die das deutsche Verkehrs- und Kommunikationsnetz empfindlich stören. Trotzdem ist das Besatzungsregime noch nicht am Ende und verstärkt sogar noch einmal seinen Terror. Am 9. Juni werden in Tulle im Département Corrèze 99 Geiseln gehenkt. Am 10. bringen 120 Angehörige der 3. Kompanie des 1. Bataillons des 4. Regiments der 2. SS-Panzerdivision »Das Reich« die 642 Einwohner des Dorfes Oradour-sur-Glane im Limousin um. Nun sind es die Sieger von gestern, die von Panik und Wut ergriffen werden, während sie sich unter schwierigsten Verhältnissen und in einem Zweifrontenkrieg zurückziehen müssen. Der Krieg der Partisanen und der Krieg der Armeen vereinigen sich immer mehr und das kommende Ende entfesselt den Todestrieb.

Paris hält den Atem an. Die Ermordung Philippe Henriots am 28. Juni 1944, des ehemaligen Parlamentsabgeordneten der extremen Rechten und ehemaligen Milizionärs, der am Schluß auf deutschen Befehl Informations- und Propagandaminister der Vichy-Regierung war, die Meutereien im Santé-Gefängnis, der Streik der Eisenbahner und Polizisten und der heimliche Abzug deutscher Dienststellen sind Vorzeichen eines bevorstehenden Aufstands. Selbst auf dem Schwarzmarkt fehlt es nun an Lebensmitteln. Gas gibt es täglich nur noch eine Stunde, und die Elektrizität, die 22 von 24 Stunden abgestellt ist, macht wieder der Kerze und der Petroleumlampe Platz. Wegen des Strommangels sind die Hälfte des Metrostationen geschlossen, und die Kinos schränken ihre Vorstellungen immer mehr ein, um dann ganz zu schließen.

Dieser Sommer 1944 nach der Landung der Alliierten, die die

Deutschen heute noch »Invasion« nennen, ist in ganz Frankreich wirklich heiß und schön. Aber abends kann man nicht die frische Luft genießen, denn man muß um 21 Uhr daheim sein, sonst droht einem die Todesstrafe. Der begabte Schriftsteller Robert Brasillach, der später als Kollaborateur erschossen werden wird, schreibt in dieser Zeit: »Man spürte, daß bald alles zu Ende sein würde. Man ahnte bei jedem Schritt die Katastrophe, und doch war der Himmel wunderbar blau, waren die Frauen hinreißend, und man hielt manchmal vor einer dieser magischen Landschaften inne, an der Seine, vor dem Louvre, Notre-Dame, und fragte sich, was wohl aus alldem werden würde ...«

»All das« wird gerettet durch die Weigerung des deutschen Wehrmachts-Befehlshabers von Groß-Paris, General Dietrich von Choltitz, Hitlers Befehl zur Zerstörung der französischen Hauptstadt auszuführen. Am 15. August tritt die Pariser Polizei in Streik, am 18. folgen alle anderen Gewerkschaften nach. Am Tag davor stellte die Kollaborationspresse ihre Publikationen ein. Am 18. August 1944 fallen die ersten Schüsse in den Vororten von Paris. Der Kampf um die Befreiung der Hauptstadt dauert mehrere Tage und fordert noch zahlreiche Opfer auf französischer wie auch auf deutscher Seite. Heute erinnern Gedenktafeln im gesamten Pariser Stadtgebiet an diesen Aufstand. Auch in der Provinz ergreifen die Deutschen in ganzen Konvois, immer wieder von Résistancekämpfern beschossen, die Flucht. Alle Partisanen, derer die Deutschen habhaft werden können, werden sofort gehenkt oder erschossen, aber die meisten lassen sich nicht erwischen. Die deutsche Antwort besteht dann aus unbarmherzigen und unverhältnismäßigen Repressalien, unter denen die unschuldige Zivilbevölkerung zu leiden hat.

Am 22. August 1944 rückt die 2. französische Panzerdivision unter General Leclerc in Paris ein. Sie mußte harte Kämpfe bestehen, um vor den angloamerikanischen Truppen die Hauptstadt zu erreichen. Allerdings besteht sie beileibe nicht nur aus ritterlichen Helden. Aufgefüllt mit Résistancekämpfern, Kolonialregimentern und einigen verdächtigen Individuen säumen zahlreiche deutsche Leichen ihren Weg. Im Widerspruch zu den Bestimmungen der Genfer Konvention werden zahlreiche deutsche Gefangene – die genauen Zahlen stehen nicht fest – erschossen, so zum Beispiel in Andelot im Département Haute Marne. Auch den Partisanenkämpfern der Résistance juckt hier und da der Finger am Abzug, und nicht wenige arme junge Deutsche, die alles dafür getan hätten, nicht in diesen Krieg ziehen zu müssen, werden in diesen Tagen noch an die Wand gestellt. Der immer mörderischer werdende Krieg endet erst am 8. Mai 1945, aber mit der Befreiung von Paris hat das letzte Stündlein der deutschen Besetzung Frankreichs geschlagen.

KAPITEL 2

»Boche« in Frankreich _____

Die Deutschen, die im Juni 1940 die nördliche Zone besetzten, konnten ihre Freude nicht verhehlen. Viele waren ganz einfach erleichtert, daß sie die Kämpfe überlebt hatten. Wer das Glück hatte, in Gegenden stationiert zu werden, deren Versorgungslage noch gut war, konnte sich glücklich schätzen. Für viele dieser jungen Männer war der Krieg – zumindest bis zu diesem Zeitpunkt – wie ein Reisepaß ins richtige Leben gewesen. Er hatte sie zwar aus ihrer familiären Umgebung herausgerissen, aber die war oft von Enge, Engstirnigkeit und kleinbürgerlichen Zwängen geprägt gewesen. Selbst wenn sie Heimweh nach ihrer Heimat und ihrer Familie hatten und sich gleichsam entwurzelt fühlten, war es doch, als ob sie nicht weit von Paris oder in irgendeinem friedlichen Landstädtchen in den großen Ferien wären. Ein alter deutscher Herr, der seinen Urlaub nach dem Krieg regelmäßig an den Orten zu verbringen pflegte, wo er als Besatzungssoldat stationiert gewesen war, hatte sich an diese Zeit eine so gute Erinnerungen bewahrt, daß er uns einmal sagte, er habe »nie wieder solch interessante Plätze besucht wie mit dem Reisebüro Hitler...« Diese Aussage mag die Deportierten schockieren, die man mit anderen Zügen in die andere Richtung und in andere Lager beförderte, aber sie drückt doch eine Meinung aus, die unter ehemaligen deutschen Soldaten weit verbreitet ist, die Frankreich während des Krieges kennenlernten.

Bis kurz vor der alliierten Landung in der Normandie wird dieses Land für sie ein Paradies bleiben im Vergleich zu den russischen Sümpfen, aber auch zu den Verhältnissen, die daheim im

»Vaterland« mit Lebensmittelrationierung und Bombenangriffen herrschen.

Das gute Essen, die Zerstreuungen und die Gastfreundschaft der Einheimischen – zwar erzwungen, aber oft sehr liebenswürdig – können allein nicht die Anziehungskraft erklären, die Frankreich auf die Deutschen der damaligen Zeit ausübte. Man muß hier noch eine weitere, die Phantasie anregende Dimension berücksichtigen, die in der menschlichen Natur angelegt ist: die amouröse Eroberung. Hier konnten die deutschen Soldaten an den Soldaten Napoleons Vergeltung üben, ohne zu den Waffen greifen zu müssen. So gibt es ja noch heute in der deutschen Umgangssprache den Ausdruck »Fisimatenten machen«, der aus dem Französischen »*Visitez ma tente*«, »Besuchen Sie mein Zelt«, abgeleitet ist.*
Mit diesem Spruch forderten die Soldaten der napoleonischen Armee höflich, aber bestimmt die jungen Damen jenseits des Rheins auf, nicht allzuviele Umstände zu machen. Dieses Mal waren die jungen Germanen an der Reihe, ihre Zelte den örtlichen Schönen zu öffnen. Ein kleiner köstlicher Roman, der acht Jahre zuvor von dem Schriftsteller Ernst von Salomon verfaßt worden war, hätte ihnen dabei einen gewissen Erfolg bei dieser Art von Unternehmung voraussagen können. Leider erschien er erst im Jahre 1950 im Druck, aber wir führen ihn doch an dieser Stelle an, weil er auf einmalige Weise die Verbindung von germanischer und gallischer Seele beschreibt.
Dieses in Frankreich trotz seines Titels *Boche in Frankreich*** wenig bekannte Buch ist ein kleiner Schelmenroman, der die Lie-

---

* Es ist uns bekannt, daß nach anderen Interpretationen, insb. nach dem etymologischen Wörterbuch von Kluge, dieser Ausdruck nichts mit »visitez ma tente« zu tun haben soll, sondern mit »Visae patentes (litterae)« (ordnungsgemäß ausgestelltes schriftliches Patent), verquickt mit dem alten Wort »visament« (Zierat).

** Ernst von Salomon, *Boche in Frankreich,* Berlin: Rowohlt 1950; als erweiterte Neuausgabe: *Glück in Frankreich,* Hamburg: Rowohlt 1966.

besgeschichte zwischen einem Deutschen und einer jungen Französin aus dem Baskenland erzählt. Der 1902 geborene Autor, ein ehemaliger Zögling der preußischen Kadettenanstalt Berlin-Lichterfelde, diente allerdings nie in der Besatzungsarmee. Nach seiner Teilnahme am Ersten Weltkrieg schloß er sich 1919 den Freikorpskämpfern im Baltikum und in Schlesien an. Als militanter Ultranationalist war er 1922 in die Ermordung des Außenministers der Weimarer Republik Walter Rathenau verwickelt und wurde zu fünf Jahren Zuchthaus verurteilt. Während des Dritten Reiches enthielt sich von Salomon allerdings jeder politischen Äußerung und lehnte jeden Posten ab, den er von den ihn anfangs sehr schätzenden Nationalsozialisten angeboten bekam, ja er wurde sogar mehrmals kurzzeitig verhaftet.

Von Salomons kleiner Roman legte ein für alle Mal die Art von Beziehung fest, die ein Deutscher der Zwischenkriegszeit mit einem französischen Mädchen haben konnte. Geschrieben von einem deutschen Nationalisten, der über jeden Verdacht erhaben war, sein eigenes Land gering zu achten, war dieses Buch doch gleichzeitig auch eine Liebeserklärung an Frankreich. Wie von Salomon vor ihnen, wußten die Offiziere der Wehrmacht, daß viele ihrer Männer den Reizen der örtlichen Schönen erliegen würden und wie der Autor dieses Romans durch alle Phasen einer solchen Geschichte gehen würden: Zuerst das Pflücken der verbotenen Frucht, ein Flirt, der in eine ernstere Beziehung übergeht, danach die Vorstellung bei ihrer Familie, der Traum von einem gemeinsamen Kind und Hochzeitspläne, und zum Schluß der Zwang, sich mit dem geringstmöglichen Schaden aus dieser Affäre herauswinden zu müssen, um dem eigenen Vaterland weiterhin, aber an anderem Orte, dienen zu können. Der Rahmen des Buches ist die kurzzeitige Flucht eines Deutschen vor der »politique maudite« (der »verdammten Politik«, im Buch wird der französische Ausdruck verwendet). Dazu reist dieser in ein Land der ewigen Ferien, des Weins und des guten Essens, der gern gewährten und zwanglosen Liebe, ein Land, in dem der Kommissar und der Schmuggler unter einer Decke stecken, eine Nation,

in der ein naiver, gutartiger Patriotismus herrscht. Zwar ist dort
der Einfluß eines verstaubten Katholizismus zu spüren, aber doch
ist alles fröhlich und herzlich, ganz anders als in diesem ernsten und
schwerfälligen Deutschland. Die Wehrmachts-Verantwortlichen
wußten sehr wohl, vor welchen Versuchungen sie ihre Untergebenen warnen mußten. Es bestand die Gefahr, daß sie ihre Pflichten als Krieger vergaßen und sich durch dieses Schlaraffenland
namens »Frankreich« korrumpieren ließen, so wie einst die Soldaten Hannibals durch »Capuas Freuden«.

Aber ihrem so schwer auf ihnen lastenden Heimatland entkommen die Deutschen doch nur, wenn sie in Urlaub gehen
oder in den Krieg ziehen. Dies ist ihr Schicksal. In dieser so lebhaften wie geistreichen Erzählung Ernst von Salomons bringt die
französische Geliebte zum Schluß ein solch großes Verständnis
für ihren Liebhaber auf, den sie zärtlich »mon petit chou« (»mein
kleiner Liebling«) nennt, daß sie ihn gehen läßt, weil sein Schicksal dies so bestimmt. Als sie beide auf dem Bahnsteig auf den Zug
warten, findet er, der weiß, daß er sie nie wiedersehen wird, dafür
Worte von großartiger Einfachheit: »Sie stand dicht vor mir und
sah mich an, und ich sah sie an. Wenn ich abfuhr, so würde ich
sie nie wiedersehen, nie mehr, und sie mußte es wissen.« Vorher
hatte sie so getan, als habe sie einen anderen Verlobten, diesmal
aus ihrer Heimatgegend, gefunden, um ihrem geliebten Deutschen einen Abschied ohne Gewissensbisse zu ermöglichen.
Aber drei Wochen später schreibt sie ihm einen flammenden
Brief, in dem sie ihn bittet, ihr ganz schnell »einen Brief mit den
gleichen zärtlichen Worten« zu schicken, »wie Du sie mir so oft
gesagt hast«.

Diesen Wunsch kann er ihr nicht erfüllen. »Ach, ich habe
Majie nie geantwortet. Es durfte nicht sein.« Aber zuletzt feiert
der Autor diese Sehnsucht nach einer unmöglichen Liebe: »Aber
wenn ich an Majie denke, so denke ich an Frankreich, und wenn
ich an Frankreich denke, so denke ich an Majie. O süße Majie,
o heiliges Frankreich! Ihr habt mir den Traum meines Lebens
geschenkt, *les grandes vacances de ma vie!* Und ich schwöre, nie wieder,

nie wieder will ich den Boden Frankreichs unter meinen Nagelstiefeln knirschen hören, nie wieder, sollte ich jemals wiederkehren.« Majies Brief trägt das Datum des 29. November 1932. Zwei Monate später wird Hitler Reichskanzler. Sieben Jahre danach wird der Boden Frankreichs erneut unter den deutschen Nagelstiefeln knirschen. Die »maudite politique« ...

Hitler, der viel, aber ohne jede Ordnung gelesen hatte, kannte solche Texte garantiert nicht. Aber die Behandlung, die er anfänglich dem besetzten Frankreich angedeihen ließ, war ziemlich überraschend und verleitete manchen zu großen Illusionen. Diese relativ milde Vorgehensweise gegenüber dem gerade besiegten Land hatte bei einem Diktator, der nie etwas ohne Hintergedanken tat, gewiß keine sentimentalen Motive. Als Anhänger der Meinung, daß nur die Macht zähle, war es die einzige Absicht dieses Autokraten, aus einer geschlagenen Nation einen gefügigen Vasallen zu machen. Dazu wollte er ihm, wie einigen anderen Ländern unter seinem Joch, sein Gesellschaftsmodell aufzwängen. Die sogenannte »Kollaboration« würde es dem Reich bald erlauben, die Ressourcen und Arbeitskräfte Frankreichs zur Beförderung der Kriegsziele seines »Führers« einzusetzen: der Eroberung von »Lebensraum im Osten« und der Vernichtung oder Versklavung der in seinen Augen minderwertigen Rassen. Frankreich war so lange nützlich, wie es ruhig blieb. Deshalb hatte Hitler der Wehrmacht befohlen, sich in der besetzten Zone vorbildlich zu benehmen.

Wenn Adolf Hitler nur ganz zu Beginn der Besatzung gekommen war, um sich auf dem Trocadéro in Pose zu setzen, zögerten die anderen Nazigrößen nicht, in den besten Lokalen zu schmausen. So spielen auch am 19. Oktober 1940 zwei Brüder im Geiste in der französischen Hauptstadt die fröhlichen Touristen. Es handelt sich dabei um keinen Geringeren als den Propagandaminister Joseph Goebbels und den Luftwaffen-Chef Hermann Göring, dem die Engländer in diesem Herbst die Bombenangriffe vor allem auf London, den berühmten Blitz, verdanken. Goebbels schreibt in sein Tagebuch: »Paris. Der alte Zauber dieser wunderbaren Stadt, in die das pulsierende große Leben wieder zurückgekehrt ist. Viel Militär. Ich bummle mit Göring durch die Straßen. Eine Riesensensation. Dann mache ich ein paar Einkäufe. Abends ins Casino de Paris. Ein Varieté. Nicht so gut wie die Berliner, aber viele schöne Frauen und eine entwaffnende Nacktheit. Das könnten wir in Berlin niemals zeigen. Im Maxim gegessen. Mit Göring, der sehr nett zu mir ist. Ein tolles Leben. Hier merkt man gar nichts mehr vom Krieg. Die Flieger sitzen und trinken. Sie haben es zuerst verdient. Das Heer meckert zwar darüber, aber es sollte schön still schweigen. Göring ist fabelhaft. Er ist doch ein lieber Kerl. Spät abends dann todmüde ins Bett gefallen.«[*]

Und der Organisator der »Kristallnacht«, der Mann, dem das Nazi-Regime sein System der Massenmanipulation verdankt, der gescheiterte Schriftsteller, aber hochintelligente Politiker, der sich durch einen Arbeitseifer auszeichnet, der Göring völlig abgeht, schläft nun in einem Pariser Bett den Schlaf des Gerechten. Und dieses Mal sogar alleine...

Offensichtlich führte die Mäßigung, die man den Heerestruppen abverlangte, zu einem gewissen Neid gegenüber den Fliegern, die damals mitten in der Schlacht um England standen, die der erwogenen Invasion der Insel vorausgehen sollte, und deshalb eine gewisse Narrenfreiheit genossen. Ihre besondere Wertigkeit bekommt diese Nachsicht gegenüber dem lockeren Betragen der Luftwaffenangehörigen, wenn man weiß, welchen Befehl der Führer höchstselbst am 7. Juli 1940, also zwei Wochen nach dem Waffenstillstand mit Frankreich, erlassen hatte: »Nach siegreichem Abschluß des Feldzuges in Frankreich erwarte ich von der Wehrmacht, daß sie in gleichem untadeligem Geist ihre Aufgabe als Besatzung erfüllt. Ich befehle allen Wehrmachtsangehörigen,

---

[*] Joseph Goebbels, *Tagebücher, Band 4, 1940–1942*, Hg. von Ralf Georg Reuth, München: Piper, S. 1488.

im Umgang mit der Bevölkerung der besetzten Feindgebiete Zurückhaltung zu wahren, wie es einem deutschen Soldaten geziemt. Übermäßiger Alkoholgenuß ist eines Soldaten unwürdig und nicht selten die Ursache grober Ausschreitungen oder von Gewalttaten. Selbstverschuldete Trunkenheit ist kein Strafmilderungsgrund. Ich erwarte, daß Wehrmachtsangehörige, welche sich infolge Alkoholmißbrauchs zu strafbaren Handlungen – auch der Bevölkerung gegenüber – hinreißen lassen, unnachsichtlich (sic!) zur Verantwortung gezogen werden. In schweren Fällen steht ein schimpflicher Tod nach dem Gesetz bevor. Ich mache es allen Vorgesetzten zur dienstlichen Pflicht, durch Beispiel und Belehrung den hohen Stand deutscher Manneszucht zu bewahren.«*

Die Soldaten und Offiziere hatten einen Eid auf Hitler abgelegt und waren deshalb gehalten, seinen Willen strikt zu respektieren. Nur eine Woche später, am 29. Juni 1940, hatte das Oberkommando des Heeres den Soldaten aller Einheiten noch einmal eingeschärft:

»In allen Einheiten sind Unteroffiziere und Mannschaften darüber zu belehren, daß Betrügereien gegenüber Geschäftsleuten des besetzten Gebietes im Westen strafbare Handlungen sind, die das Ansehen der deutschen Wehrmacht in schwerster Weise schädigen und sie mit einem lange nachwirkenden Makel belasten können.«** Aber noch weit härtere Sanktionen erwarteten den, der sich zu Plünderungen hinreißen ließ, ohne und gerade, wenn es sich um auf den ersten Blick herrenloses Gut handelte. Ohne sich explizit auf das französische Besatzungsgebiet zu beziehen, aber später auch dort gültig, hatte der »Ministerrat für die Reichsverteidigung« im Paragraphen 1 seiner »Verordnung gegen Volksschädlinge« vom 5. September 1939 »mit Gesetzeskraft« bestimmt: »(1) Wer im frei gemachten Gebiet oder in freiwillig geräumten Gebäuden oder Räumen plündert, wird mit dem Tode

---

* Quelle: Der Führer und Oberste Befehlshaber der Wehrmacht – 14 g/w O.K.W./WFA/Abt. L (II c) – 2313/40. Führerhauptquartier, den 7. Juli 1940. HM. 1940 Nr. 846.
* Quelle: HVBl. 1940 (C), Nr. 718 (OKH 29.6.40).

bestraft. (2) Die Aburteilung erfolgt, soweit nicht die Feldkriegs-
gerichte zuständig sind, durch die Sondergerichte. (3) Die Todesstrafe kann durch Erhängen vollzogen werden.«*

In dem Soldbuch jedes Wehrmachtsangehörigen waren die
»Zehn Gebote für die Kriegsführung des deutschen Soldaten«
eingetragen, die ihm als allgemeine Verhaltensregen dienen sollten. Sie lauteten:

»1. Der deutsche Soldat kämpft ritterlich für den Sieg seines Volkes. Grausamkeiten sind seiner unwürdig.

2. Der Kämpfer muß uniformiert oder mit einem besonders ein-
geführten, weithin sichtbaren Abzeichen versehen sein. Kämpfen in Zivilkleidung ohne ein solches Abzeichen ist verboten.

3. Es darf kein Gegner getötet werden, der sich ergibt, auch nicht
der Freischärler und der Spion. Diese erhalten ihre gerechte
Strafe durch die Gerichte.

4. Kriegsgefangene dürfen nicht mißhandelt oder beleidigt werden. Waffen, Pläne und Aufzeichnungen sind abzunehmen.
Von ihrer Habe darf sonst nichts weggenommen werden.

5. Dum-Dum-Geschosse sind verboten. Geschosse dürfen auch
nicht in solche umgestaltet werden.

6. Das Rote Kreuz ist unverletzlich. Verwundete Gegner sind
menschlich zu behandeln. Sanitätspersonal und Feldgeistliche
dürfen in ihrer ärztlichen bzw. seelsorgerischen Tätigkeit nicht
gehindert werden.

7. Die Zivilbevölkerung ist unverletzlich. Der Soldat darf nicht
plündern oder mutwillig zerstören. Geschichtliche Denkmäler
und Gebäude, die dem Gottesdienst, der Kunst, Wissenschaft
oder der Wohltätigkeit dienen, sind besonders zu achten. Na-
tural- und Dienstleistungen von der Bevölkerung dürfen nur
auf Befehl von Vorgesetzten gegen Entschädigung beansprucht
werden.

---

* Quelle: Verordnung gegen Volksschädlinge vom 5. September
1939 (RGBl. I, S. 1679).

8. Neutrales Gebiet darf weder durch Betreten oder Überfliegen noch durch Beschießen in die Kriegshandlung einbezogen werden.

9. Gerät ein deutscher Soldat in Gefangenschaft, so muß er auf Befragen seinen Namen und Dienstgrad angeben. Unter keinen Umständen darf er über die Zugehörigkeit zu seinem Truppenteil und über militärische, politische und wirtschaftliche Verhältnisse auf der deutschen Seite aussagen. Weder durch Versprechungen noch durch Drohungen darf er sich dazu verleiten lassen.

10. Zuwiderhandlung gegen die vorstehenden Befehle in Dienstsachen sind strafbar. Verstöße des Feindes gegen die unter 1–8 angeführten Grundsätze sind zu melden. Vergeltungsmaßregeln sind nur auf Befehl der höheren Truppenführung zulässig.«

Allerdings war die Wehrmachtsführung realistisch und wußte, daß selbst die striktesten Befehle oft nicht eingehalten werden. In Deutschland selbst konnte Plünderung mit dem Tode bestraft werden. »Wer plündert, ist unverzüglich zu erschießen«, heißt es in einem Befehl Himmlers vom 14. Februar 1945, der zu diesem Zeitpunkt auch Oberbefehlshaber des Ersatzheeres war.* Der Reichsführer SS führt dafür als Begründung an: »Aus der Bevölkerung kommen im steigenden Maße Klagen, daß Häuser, die von ihren Bewohnern verlassen wurden (wahrscheinlich nach Bombenangriffen oder der Flucht der Zivilbevölkerung; d.A.), durch deutsche Soldaten geplündert und das Hab und Gut der armen Menschen gestohlen oder zerstört wurde. Alle Kommandeure jeden Dienstgrades sind mir dafür verantwortlich, daß derartige beschämende Vorfälle mit aller Kraft unterbunden werden und restlos Disziplin und Ordnung aufrechterhalten bleiben.« Aber in den besetzten Gebieten konnte und wollte man die Mannschaftsstärke der kämpfenden Truppe nicht unbedingt vermindern, indem man Soldaten erschoß oder aufhängte. Der prak-

---
* Quelle: Oberbefehlshaber des Ersatzheeres, Stab I a Nr. 647/45.

tische Verstand der verantwortlichen Heeresoffiziere hatte natürlich vorausgesehen, daß trotz allem immer wieder gegen solche Bestimmungen verstoßen werden würde. Sie hatten deshalb eine recht pragmatische Lösung gefunden. Schon während des Frankreichfeldzugs im Mai 1940 hatte die Armeeführung damit experimentiert, die entsprechenden Delikte nicht mehr durch die dafür vorgesehenen Strafen zu ahnden, sondern dadurch, daß man die Schuldigen an die vorderste Front schickte. Von den 2762 daraufhin an die Front geschickten Soldaten wurden nur 177 rückfällig und danach gemäß dem Militärstrafgesetzbuch abgeurteilt, was also einer Erfolgsquote von 93,6 Prozent entspricht. Man könnte daraus folgern, daß die Wehrmachtsführung durch diese Maßnahmen Hitler aus einem selbstverursachten Dilemma geholfen hätte, weil so die überharten Nazigesetze die Moral der Truppe nicht unterminierten oder durch zu viele Exekutionen die Mannschaftsstärke geschwächt wurde. Tatsächlich reagierte der Führer: Am 21. Dezember 1940 erließ er einen Befehl, der bestimmte, daß bereits verhängte Todesurteile ausgesetzt werden könnten, wenn der Verurteilte sich unter feindlichem Feuer »bewährte«. Da nicht alle betroffenen Soldaten zu Kampfeinheiten gehörten, schuf man extra für solche Fälle das berüchtigte Strafbataillon 500.

Nach dem Beginn des Rußlandfeldzugs führte jedes von einem deutschen Soldaten in Frankreich begangene Delikt dazu, daß dieser an die Ostfront geschickt wurde, was meist den Tod bedeutete. Wie wir aus den Erzählungen ehemaliger Wehrmachtssoldaten wissen, besaßen die Offiziere in diesen Fragen einen ziemlichen Ermessensspielraum, den sie mißbrauchen, den sie aber auch mit einem gewissen Bedacht nutzen konnten, wie das in einigen Fällen geschah, über die man uns berichtete, wo Soldaten vors Kriegsgericht mußten, aber danach von einem Vorgesetzten vor der Erschießung gerettet wurden. Letztendlich bedeutete dies aber auch, daß die Mannschafts- und Unteroffiziersdienstgrade einer strikten Überwachung durch die Offiziere unterlagen, eine durchaus zweischneidige Situation. Einerseits war so ein korrektes Verhalten gegenüber der Zivilbevölkerung gewährleistet, andererseits konnte man aber auch bestraft werden, wenn man zum Beispiel mit einer Frau aus einem besetzten Land intime Beziehungen unterhielt. Allerdings hatte das freundliche Verhalten der Besatzer am Anfang durchaus pragmatische Beweggründe. Zweifellos entsprach aber diese Freundlichkeit auch einem alten Selbstverständnis der deutschen Streitkräfte, ein Ehrenkodex, der den Nazis allerdings fremd war und den sie als überholt abschaffen wollten.

Einer der Nazigrößen war sogar einmal Opfer dieses Kodex geworden: Reinhard Heydrich, der Gründer und erste Leiter des SD, einer der gebildetsten und grausamsten Männer seiner Zeit. Vor Hitlers Machtergreifung war Heydrich »wegen ehrenwidrigen Verhaltens« aus der Reichsmarine ausgeschlossen worden, weil er das Eheversprechen gegenüber seiner Verlobten nicht eingehalten hatte. Zur Kontrolle dieses Ehrenkodex gab es eine eigene Offiziers-Ehrengerichtsbarkeit, die »Verstöße gegen die Pflichten der weltanschaulichen Einstellung, der Tapferkeit, der Treue, der Wahrheit und Offenheit, der Pflichterfüllung, der sittlichen Untadeligkeit, der Achtung vor Frauenehre und Reinerhaltung der Ehe sowie der Verteidigung der Ehre« ahndete. »Ehrenverfahren wegen Ehebruch sind erforderlich, wenn über den Kreis der Beteiligten hinaus die Öffentlichkeit so berührt ist, daß die Verfolgung der Angelegenheit im Interesse des Offizierkorps dringend geboten erscheint.« So steht es im Paragraphen VII der Bestimmungen des OKH über die Ehrenverfahren in Zeiten des Krieges vom 22. Mai 1942.*

Am 20. September 1942 wurde dieser Ehrenkodex von Göring in der Luftwaffe abgeschafft. Der Oberbefehlshaber der Luftwaffe dekretierte: »Mit sofortiger Wirksamkeit setze ich in der Luftwaffe die bestehende Offiziers-Ehrengerichtsbarkeit für die

——— * Quelle: HVBl. 1938 (C) Nr. 432: Wahrung der Ehre. Neufassung des OKH vom 22. Mai 1942 PA 2 (Ch/Ia) Az. 14 e Nr. 6150/42.

Dauer des Krieges aus.«* Drei Wochen später dehnte Hitler diese Maßnahme auch auf die Wehrmacht aus. Ein Führerbefehl vom 15. Oktober 1942 stellte fest: »Die zur Wahrung der Ehre vorgeschriebenen Maßnahmen und Formen stehen, insbesondere für die Front, im Widerspruch zu der notwendigen Konzentration aller Willensäußerungen auf den Sieg im entscheidenden Endkampf unseres Volkes.« Er fügt dann noch hinzu: »Bei schweren Fällen ist die Entlassung aus dem aktiven Wehrdienst [...] zu beantragen«.** Man könnte sich vorstellen, daß die Nazis die moralischen Zwänge senken wollten, die auf den Offizieren in diesem immer härter werdenden Krieg lasteten, aber es erscheint wahrscheinlicher, daß man ihnen das Abweichen von der bisherigen militärischen Ehrennorm erlauben wollte, um von ihnen dann Taten zu fordern, die dem bisher in der preußischen Armee herrschenden Moralkodex widersprachen. Dieser Führerbefehl erlaubte auch eine Säuberung des Offizierskorps von Männern, die sich weiterhin den alten militärischen Traditionen verpflichtet fühlten. Man wollte dieses Milieu zerschlagen, das dem Führer und der ganzen Naziclique nicht gerade gewogen war. Hatte man nicht in den Generalstabskreisen zum ersten Mal von Hitler als dem »Grofaz«*** gesprochen?

Bis zum Schluß wahrte die Wehrmacht in ihren Beziehungen zur französischen Bevölkerung im großen und ganzen die Form, ganz im Gegensatz zur völlig von der Nazipartei abhängigen Zivilverwaltung. Sogar bis nach Elsaß-Lothringen war dieser Gegensatz spürbar. Aber am Ende waren sich dann auch die Führer der Wehrmacht nicht mehr einig, wie man mit den Franzosen umge-

─── * Quelle: LVBl. 1942 Nr. 2420, Hauptquartier des Ob. d. L., 20. 9. 1942.
   ** Quelle: HM. 1942 Nr. 919. Der Führer und Oberbefehlshaber des Heeres. Heerespersonalamt. Führerhauptquartier, den 15. 10. 42.
   *** Aus der offiziellen Abkürzung der Nazi-Propaganda »Gröfaz« = »Größter Feldherr aller Zeiten« hatten diese Leute »Grofaz« = »Großer Fatzke« gemacht.

hen sollte. Ihre Entscheidungen versuchten nun die Mehrheit der Meinungsströmungen zu berücksichtigen und waren somit zwangsläufig Kompromisse. Als Beispiel hierfür kann die Debatte dienen, die dem Ausbau des »Atlantikwalls«, der Küstenbefestigung am Ärmelkanal, vorausging. Im Jahre 1943 war entschieden worden, eine zweite Befestigungslinie, eine »zweite Stellung«, zu errichten. Aber wer sollte dieses große Vorhaben ausführen? Der Oberbefehlshaber der 15. Armee, Generaloberst von Salmuth, stellte diese Frage auf seine ganz eigene Art: »Womit sollen wir die von Oberbefehlshaber West auf unser vieles Drängen befohlene zweite Stellung ausbauen? Mit unseren Säuglingsvereinen, die erst mal zu Soldaten ausgebildet werden müssen??? Diese können und dürfen nur das Gerippe zur Arbeit geben.«[*] Der Oberbefehlshaber West meinte dagegen, »Schanzen« sei Bestandteil der Ausbildung, deshalb sollten alle Einheiten am Bau beteiligt werden. Um die Truppe zu entlasten, schlug von Salmuth danach den Einsatz der Zivilbevölkerung vor: »Arbeitskräfte gibt es meines Erachtens hier im Lande genug. Die Leute lungern ja auf den Straßen herum. Die Miltärbefehlshaber wagen aber nicht, die Herren Belgier und Franzosen anzufassen!! Was nützt es uns, daß die Franzosen und Belgier mit Handschuhen angefaßt werden, und unsere Soldaten müssen im Kampf gegen die Anglo-Amerikaner, denen sich womöglich die jetzt so Verhätschelten vergnüglich beigesellen, darunter entscheidend leiden?? Lieber sollen die Franzosen und Belgier mit Recht fest auf uns schimpfen, dafür sollen sie aber wenigstens zur Stärkung unserer Abwehrkraft beigetragen haben.«[**]

Das Oberkommando der Wehrmacht (OKW) genehmigte die Heranziehung der Zivilbevölkerung zu diesen Bauarbeiten und stellte gleichzeitig 31 000 französische »Arbeitsdienstmänner« zur Verfügung. Am 2. November 1943 gab der Militärbefehlshaber in Frankreich eine Verfügung heraus, die diesen Arbeitseinsatz der

---

[*] Quelle: Ob. der 15. Armee, I a, Nr. 0176/43, geh. Kdos. Chefs., 26. 10. 1943, S. 3 – AOK 15 59 363/1.

[**] Ebenda.

männlichen Zivilbevölkerung regelte. Ihre Arbeitszeit durfte sechs Stunden täglich nicht überschreiten und war »angemessen« zu bezahlen, allerdings nicht von den Deutschen, sondern von den örtlichen »Bürgermeisterämtern, welchen auch die namentliche Kontrolle der Arbeitskräfte und der geleisteten Arbeit obliegt. Die überwachende Truppe bestätigt lediglich die Anzahl und die Arbeitszeit der täglich eingesetzten Arbeitskräfte.«* Eine gewiß ziemlich »humane« Vorgehensweise. Es ist Aufgabe der Historiker, nachzuprüfen, inwieweit diese Direktiven tatsächlich eingehalten wurden. Die französischen Frauen, die für die Wehrmacht hauptsächlich in der Krankenpflege, der Gebäudereinigung und der Essensversorgung arbeiteten, scheinen auf jeden Fall ziemlich gut behandelt und korrekt entlohnt worden zu sein.

Frauen arbeiteten in großer Zahl im Gesundheitsdienst. Nach den von Fabrice Virgili ermittelten Zahlen gab es die meisten geschorenen Frauen nach der Befreiung im Gesundheitswesen und Dienstleistungssektor. In diesen Bereichen wie – wenn auch in geringerem Maße – in der Verwaltung und den geistigen Berufen war ihr Prozentsatz sehr hoch im Vergleich zur Gesamtheit der jeweiligen weiblichen Arbeitskräfte: Ungefähr 12% der abhängig beschäftigten französischen Frauen arbeiteten im Gesundheits- und Dienstleistungssektor, aus denen aber über 30% der geschorenen Frauen stammten. Im Verwaltungsbereich und den geistigen Berufen war dieses Verhältnis entsprechend 19% Anteil an der Gesamtzahl der geschorenen Frauen im Vergleich zu 15% Anteil an der gesamten weiblichen Arbeitnehmerschaft. Wenn man dann noch die leitenden weiblichen Angestellten und Führungskräfte in diesen Sektoren auswertet, wird dieses Mißverhältnis noch eklatanter. Dies läßt den Schluß zu, daß in diesen Berufen verhältnismäßig viele Frauen intime Beziehungen zu deutschen Soldaten unterhielten. Im Gegensatz dazu gab es in

---

* AOK 7, O.Qu., Qu. 1, Nr. 4707/43, geh., 13. 11. 1943, S. 2 – AOK 7 41703/33.

der Landwirtschaft, im Transportwesen und in der Industrie prozentual weniger »Übeltäterinnen« im Verhältnis zur Gesamtzahl der weiblichen Arbeitnehmer.[*]

Daß die Zahl der Eheschließungen im damaligen Frankreich deutlich zurückging, lag zweifellos an der Abwesenheit von zwei Millionen französischen Männern, die in Kriegsgefangenschaft waren oder als Freiwillige oder Zwangsarbeiter in Deutschland arbeiteten oder im Krieg gefallen waren. So zählte man zum Beispiel in Paris von 1941 bis 1944 jährlich zwischen 14 000 und 15 000 Eheschließungen im Vergleich zu 30 000 im Jahr 1939. Die Vichy-Regierung forderte ihr Volk auf, zu heiraten und sich fortzupflanzen, stieß bei den Menschen jedoch auf taube Ohren. Sie bleiben unbeeindruckt von der Aufforderung des Präfekten Magny, der im Frühjahr 1942 den zwanzig Bürgermeistern der Pariser Arrondissements die Anweisung gab, bei Eheschließungen in Amtskleidung zu erscheinen.

Außerdem besaßen die Franzosen nicht genug Mittel, um einen Hausstand zu gründen, während es den Deutschen verboten war, Französinnen zu heiraten. Natürlich läßt sich nicht herausfinden, ob die vielen unehelichen Kinder, deren Zahl gegenüber der Vorkriegszeit zugenommen hatte, von den einen oder den anderen stammten,[**] aber eines ist sicher: Die Deutschen sind besser ernährt und besser in Form als die Franzosen. Die Schwäche seiner Landsmänner inspirierte den Dramatiker und Diplomaten Paul Claudel sogar zu einem Sprüchlein von zweifelhafter Qualität, das man aus seiner Feder kaum erwarten würde: »Wenn die Stimme eures Marschalls euch keine Erektionen verschafft, seid ihr selber daran schuld.«

Viele Frauen trösteten sich also in deutschen Armen. Die Sektoren, in denen zahlreiche Frauen arbeiteten, standen in direktem Kontakt mit den Besatzern, die ihrerseits versuchten, ihrer Isola-

---

[*] Fabrice Virgili, *La France »virile«. Des femmes tondues à la Libération*, Paris: Payot & Rivages 2000, S. 228.

[**] Siehe dazu die von Jacques Dupaquier erstellte Tabelle im Kapitel 13.

tion zu entrinnen und so oft wie möglich die militärischen Zwänge hinter sich zu lassen. Sie wollten einen kleinen Anschein von Zivilleben retten. Darüber hinaus arbeiteten viele Franzosen direkt für die Deutschen, die zu einem der größten Arbeitgeber des Landes geworden waren. Dabei kam es automatisch zu Begegnungen, Gesprächen, kleinen Aufmerksamkeiten, zu einem Augenzwinkern oder Lächeln. Wie Ebba Drolshagen in ihrem Buch über die Norwegerinnen bemerkt, wissen Frauen sehr gut, wie man einen Verehrer mit fast unmerklichen Zeichen ermutigt, und man braucht durchaus nicht zu glauben, daß die Soldaten immer zudringlich werden mußten, um das Einverständnis der Schönen zu erhalten.

In der menschlichen Stammesgeschichte ist der Patriotismus sicherlich eine vergleichsweise junge und weit weniger verankerte Errungenschaft als die Erotik... Unter diesen Umständen war trotz aller Gefahren jeder Kuß einer Französin, jede Selbstvergessenheit, die einem die Liebe gewährte, für den deutschen Soldaten oder Offizier ein Glück, das er dem drohenden Tode abgetrotzt hatte. Auch wenn zahlreiche Frauen, die Beziehungen zu deutschen Militärangehörigen unterhielten, materielle Interessen hatten oder von deren Prestige angezogen wurden, wuchs doch die Zahl derjenigen Französinnen, die, als sich das deutsche Waffenglück zu wenden begann, die Ängste ihrer Liebhaber teilten und ihnen noch einige Augenblicke des Glücks schenken wollten, ohne etwas für sich selber zu verlangen. Das Dritte Reich und seine Armeen erlitten auf den Schlachtfeldern immer mehr Niederlagen. Und so machten sich diese Frauen keine Illusionen mehr. Ihre Gefühle schwankten zwischen Mitleid und Kummer. Viele von ihnen erzählten ihren Liebhabern nicht einmal mehr, daß sie schwanger waren, um diese nicht zu demoralisieren, wenn sie in ihre letzte Schlacht zogen.

KAPITEL 3

Die »Bastarde des Verbrechens« _____

Waren die Kinder der Feinde ebenfalls Feinde? Waren sie unrein geboren und sollten sie als Verdammte sterben? Die Schande, die auf ihnen lastete, war nicht Folge des Zweiten, sondern bereits des Ersten Weltkriegs, sie datiert genaugenommen von dessen Anfang. Die aggressive Kriegsprogaganda hatte damals dekretiert, daß die Kinder deutscher Soldaten und französischer Frauen eine potentielle Gefahr für die Nation darstellten und daß ihre Gegenwart in Frankreich unerwünscht sei. Aber was sollte mit ihnen geschehen? Einige vorgeschlagene Lösungen waren ausgesprochen radikal. Außerdem erschien klar, daß die Deutschen den heiligen Boden des Vaterlands »vergewaltigt« hatten, als sie in Frankreich eingefallen waren. Mithin war der deutsche Soldat grundsätzlich ein »Vergewaltiger«. Damit konnte es sich bei diesen Kindern nur um das Produkt von Vergewaltigungen handeln, denn eine französische Frau würde sich ja niemals mit einem solchen Unhold einlassen. Man hatte sich deshalb damals in weiten Kreisen darauf geeinigt, daß diese Kinder absolut unerwünscht seien. In den Monaten, als sich Franzosen und Deutsche an der Somme und im Argonnerwald in mörderischen Schlachten töteten, hielten einige Journalisten, Politiker und Juristen diese Kinder sogar für Träger schädlicher Erbanlagen, vor denen es das Land zu bewahren gelte. Maurice Barrès schlug in einem Zeitungsartikel sogar Abtreibung und Kindstötung als geeignete Maßnahmen vor. Barrès, Vertreter eines antisemitischen und fremdenfeindlichen Nationalismus, betätigte sich damals in einer Artikelfolge für die Zeitung *L'Echo de Paris* als Chronist des »Großen Krieges«. Er schreibt im Februar 1915, daß die öffentliche Meinung in Lothringen von der Regierung verlange, daß sie »der französischen Bevölkerung die Gegenwart aufgezwungenen deutschen Bluts erspare«. Die verantwortlichen Behörden sollten sich also dafür entscheiden, dieses »Blut« zu eliminieren, ohne daß sich die betroffenen Frauen selbst damit befassen müßten. Aber dieser brillante Essayist der französischen Rechten, dessen geistige Laufbahn sich nicht auf diese Schmähschriften gegen die »Boches« reduzieren läßt und der sich, nachdem sein Traum von einer Revanche erfüllt ist, einem universalistischen Idealismus zuwenden wird, findet mit derlei radikalen Lösungen wenig Anklang. Daher schlägt er ein Gesetz vor, daß es den Bürgermeistern erlauben würde, diese »Kinder aus einer Vergewaltigung« unter dem Vermerk »Vater und Mutter unbekannt« in das Standesamtsregister einzutragen. So könne man sie anschließend der Wohlfahrtspflege übergeben, damit »die Spuren dieser Besudelung beseitigt werden könnten, soweit das menschenmöglich ist«. Zur Finanzierung ihrer Ausbildung macht Barrès, der auch Parlamentsabgeordneter in Paris ist, den Vorschlag, nach dem Krieg einen »Fonds für Bastarde des Verbrechens« zu gründen, dessen Kapital aus den Vermögen besiegter deutscher Offiziere gespeist werden sollte.[*]

So erklärt sich auch, daß eine der Personen, deren Geschichte wir in diesem Buche erzählen, Michelle Colin, die in Lothringen anonym geboren und dann der Wohlfahrt übergeben wurde, von Anfang an, schon zu Beginn des Zweiten Weltkriegs für das »Kind eines Boche«, also unausgesprochen für das Produkt einer Vergewaltigung gehalten wurde. Dazu kam noch, daß sie, wie es für solche Fälle typisch war, nach der Taufe in die Obhut der Sozialfürsorge kam. Und so bekam sie schon in allerfrühester Kindheit von etlichen ihrer Vormünder zu spüren, daß sie absolut

---

* Stéphane Audouin-Rouzeau, *L'enfant de l'ennemi, 1914–1918,* Paris: Ed. Aubier 1995, S. 101.

unerwünscht war. Dabei gab es nicht den geringsten Beweis dafür, daß dieses Opfer einer gewissen Propaganda tatsächlich wider den Willen der Mutter gezeugt worden war. Die Nonnen, die bei ihrer Geburt dabeigewesen waren, hatten absolut nichts über ihre Herkunft verlauten lassen. Aber im Lichte der seit den Jahren 1914 und 1915 tief im Bewußtsein dieser Region verankerten Überzeugungen erschienen die Verhältnisse völlig klar.

Michelle Colin schrieb mir im Oktober 2003: »Der Verlag ›Librairie P.U.F.‹ hat die Angewohnheit, am Beginn jedes Studienjahrs auf einem Tisch alle Bücher auszulegen, die zur Vorbereitung des Staatsexamens in Zeitgeschichte bestimmt sind. In diesem Jahr war eines der Themen im Verlagsprogramm ›Der Erste Weltkrieg‹. Dabei erregte ein Buch von Stéphane Audouin-Rouzeau mit dem Titel *L'enfant de l'ennemi, 1914–1918* (»Das Kind des Feindes«) meine Aufmerksamkeit. Beim Durchblättern schien es mir sehr interessant, einmal wegen seines erschreckenden Inhalts, dann aber auch wegen des Unterschieds der Mentalitäten zwischen den Jahren 1914–1918 und 1940–1945: Welch ein Gegensatz zwischen den Frauen, die, gegen ihren Willen Mutter geworden, oft keinen anderen Ausweg mehr sahen als die Tötung ihres eigenen Kindes, wofür sie oft sogar von einer verständnisvollen Justiz freigesprochen wurden, und den Frauen, die dreißig Jahre später aus Liebe ein ›Feindeskind‹ bekamen! Welch unterschiedliche Schicksale auch für diese unglücklichen Kriegskinder …«

Sicher eine gute Unterscheidung, bis auf die Schlußfeststellung, die uns nicht überzeugt hat. Am Anfang des Zweiten Weltkriegs und selbst noch an seinem Ende hatte sich in zahlreichen Gegenden Frankreichs, vor allem im bäuerlichen Milieu, Mentalität und Einstellung gegenüber dem vorherigen Krieg kaum verändert. Die fünfundzwanzig bis dreißig Jahre früher gesäten Ideen hatten an vielen Orten unbeschadet überlebt, um so mehr, als die Situation, die sie hervorgebracht hatte, zahlreiche Übereinstimmungen mit den späteren Ereignissen aufwies, allem voran die Tatsache, daß sowohl 1914 als auch 1940 die Deutschen ins Land eingedrungen waren und es jahrelang ganz oder teilweise besetzt hielten. Negative Klischees können sich über mehrere Generationen halten, während neue Denkgewohnheiten nur langsam in die Seelen der Massen eindringen. So stammt der Ausdruck »Kind eines Boche«, der nach dem Zweiten Weltkrieg wiederaufgenommen wurde, bereits aus dem Ersten Weltkrieg. Im Laufe des Zweiten Weltkriegs hatte das Wort »Chleuh«, »Schlö«, das Wort »Boche« als Schimpfwort für die Deutschen zunehmend ersetzt. Trotzdem sprach man 1944–45 immer noch vom »Sohn eines Boche« und nicht vom »Sohn eines Chleuh«*.

Im Jahr 1981 erinnert sich Jean-Marie Loret, im Ersten Weltkrieg als Sohn eines Deutschen geboren, daß eine Haupttatsache immer sein Leben bestimmt hat: »Ich war der Sohn eines Boche – im nächsten Krieg wurde ich dann zum Sohn eines Schlö.« Dies stimmt aber nicht, er ist immer »Kind eines Boche« geblieben! In den zwanziger Jahren war die Behandlung, die man in den Familien und Schulen den Nachkommen von Deutschen angedeihen ließ, keinen Deut besser als in den fünfziger Jahren nach dem Zweiten Weltkrieg. So wurde schon Jean-Marie Loret, geborener Lobjoie, nach dem Namen seiner Mutter, von seinem Großvater

---

* Das Wort »Chleuh«, in deutscher Schreibweise »Schlö«, war ursprünglich der Name eines Berberstamms in Marokko. 1939 hatte es Pierre Dac, mit bürgerlichem Namen André Isaac (1893–1975), als Spitzname für die Deutschen geprägt, der für eine ganze Generation alle anderen Spottbezeichnungen für den Nachbarn jenseits des Rheins ablösen sollte. Während einer Tournee zu den Soldaten an der Maginot-Linie im Jahre 1939 hatte der berühmte Chansonnier dieses Wort als Refrain in einem seiner Gassenhauer benutzt (»Je vais me faire chleuh.«). Die Öffentlichkeit griff es sofort als Synonym für den bisherigen »Boche« auf. Als die Deutschen nach der Besetzung Frankreichs diesen Spottausdruck kennenlernten, begannen sie sich sofort für dessen Urheber zu interessieren. Unter dramatischen Umständen konnte der Sänger jedoch über die Pyrenäen flüchten, um dann über Algier London zu erreichen. Von Oktober 1943 an war Pierre Dac neun Monate lang auf Radio London einer der »Franzosen, die zu den Franzosen sprechen« (Français qui parlent aux Français).

in Seboncourt im Département Aisne gerufen, wenn er ihn verprügeln wollte: »›Sohn eines Boche, komm her!‹ − ›Nein‹, sagte
ich. − ›Du kommst jetzt her, Sohn eines Boche.‹ Ich gab keine
Antwort mehr, versuchte davonzulaufen und wartete mit Ungeduld auf einen Moment der Unachtsamkeit von seiner Seite
und daß er endlich aufhörte, mich zu beschimpfen ... daß meine
Mutter eine ›Deutschenschlampe‹ sei, die besser verreckt wäre,
und solche Sachen.« Als dieser gewalttätige Großvater stirbt,
kann der Kleine seine Freude nicht verbergen. »Ich stieß einen
Schrei der Freude und Erleichterung aus, der keinem entgehen
konnte. Und schon wurde mein Verhalten wieder als Skandal
empfunden: − ›Ich hab's Ihnen ja immer gesagt‹, meinte da die
eine. − ›Glauben Sie mir, ich wußte es‹, antwortete darauf die
andere. − ›Von einer solchen Rasse kann man ja nichts anderes
erwarten.‹ Und schon wieder diente ich als Zielscheibe, auf die
man sein ganzes Gift verspritzen konnte; und durch die man sich
für sein ganzes elendes Leben rächen konnte«, nimmt Loret seine
Lebenserzählung wieder auf. Endlich ist das Wort »Rasse« gefallen. Diese Gehässigkeit gegenüber Deutschen und den Kindern
von Deutschen hatte durchaus einen rassistischen Charakter. Als
der junge Loret später in die katholische Bildungsanstalt »Saint-
Jean« in Saint-Quentin kommt, erfahren seine Mitschüler, daß
sein Vater ein Deutscher war. Alle diese Bürgersöhnchen warten
daraufhin vor Schulbeginn auf ihn, um ihm einen grausamen Empfang zu bereiten:

    » ... Ich wurde von den Schülern erwartet. Ein ganzes Emp-
fangskomitee war da zusammengetreten. Sie waren sehr zahlreich.
Ein Großer trat auf mich zu, und nachdem er mir freundschaftlich die Hand geschüttelt hatte, führte er mich zur Gruppe. Um
mich bildete sich ein Kreis.
    − ›Wo wohnst du, Loret?‹ fragten sie mich.
    − ›In Saint-Quentin‹, gab ich natürlich zur Antwort.
    − ›Ach so, und wo da?‹
    − ›Rue Anatole de la Forge 7.‹
    − ›Gut, das ist also dein Zuhause?‹

– ›Ja doch.‹

– ›Also du heißt Loret!‹

– ›Ja, das wißt ihr doch.‹

– ›Und wie heißt dann dein Vater?‹

– ›Mein Vater heißt…‹

Hier stoppte ich. Was sollte ich jetzt sagen? Wenn ich Loret sage, dann wohnte ich nicht bei meinem Vater. Und wenn ich Frizon antwortete, war das nicht mein richtiger Name. Wie sollte ich das erklären? [...]

– ›Los, red schon, sag, Loret? Wie heißt dein Vater? Wenn du nicht antwortest, werden wir es für dich tun.‹

– ›Hm, was soll das, Jungs?‹

– ›Los, auf geht's, alle zusammen im Chor, eins, zwei, drei, Sohn eines Boche, Sohn eines Boche…und noch mal…‹

Man hielt mich fest, ich teilte Fußtritte aus und bekam sie reichlich zurück. Ich biß ihnen in die Finger und erhielt dann eine gehörige Tracht Prügel, die mir aber erst eine ganze Zeit später weh tat. Erst als die Lehrer in ihren Soutanen herbeieilten, weil sie mein Geschrei gehört hatten, hörte man auf, auf mich einzuprügeln. Die Meute hatte sich zerstreut, in wenigen Sekunden war der Hof leer. Ich wurde mit zerzausten Haaren, voller blauer Flecken und Platzwunden, kurz, in einem wahrhaft jammervollen Zustand zur Sanitätsstation gebracht.«[*]

Um die Situation der im Ersten Weltkrieg geborenen »Deutschenkinder« besser verstehen zu können, ist es unerläßlich, den geschichtlichen Kontext zu betrachten. Dank des Sieges in der Marneschlacht im September 1914 entging das Land im Gegensatz zu 1870 und dem Jahr 1940 der Besetzung. Aber es war nicht völlig befreit worden, da zehn französische Départements im Osten und Norden völlig oder teilweise in deutscher Hand blieben. Der erste,

———— * J.-M. Loret, R. Mathot, *Ton père s'appelait Hitler,* Paris: Ed. Les dossiers de l'Histoire. Éditions de l'Université de l'Ecrit moderne. S. 26, 45 f., 54, Jean-Marie Loret war angeblich der Sohn Adolf Hitlers und einer Französin, Charlotte Lobjoie.

von der deutschen Offensive im August 1914 ausgelöste Schock hatte die Moral der französischen Armeen nicht gebrochen. Das Land verschanzte sich hinter einer Frontlinie, die sich mehrere Jahre kaum verschieben sollte. Die Geister taten genau dasselbe und wappneten sich gegen die Herausforderungen des Grabenkriegs. Nichts als unüberwindliche Gräben, die den Zugang zu einem ganzen Land blockieren sollten! Einem Land einen neuen Antrieb zu geben, das von der Macht des Feindes noch ganz benommen ist, bedingt eine »Kriegskultur«, um einen Ausdruck zu verwenden, den Stéphane Audouin-Rouzeau in seiner Analyse der antideutschen Klischees in diesem Krieg geprägt hat, eine Kultur, zu der eine abstoßende Karikatur des Erbfeindes gehört. Dieser ist dabei notwendigerweise unmenschlich und bestialisch, und seine Taten sind von schändlichster Unmoral geprägt.

Wahrscheinlich gab es von seiten der deutschen Eindringlinge tatsächlich zahlreiche brutale Übergriffe, und zweifellos kamen auch Vergewaltigungen vor, wie dies in der ersten Zeit nach dem siegreichen Vorstoß einer Armee immer der Fall ist, wenn die Armeeführung solche Verbrechen nicht mit strengen Strafen belegt.* Aber bereits auf der rein militärischen Ebene war dieser Krieg ein unvergleichliches Blutbad, bei dem nur selten Pardon gegeben wurde. Es kam zu ungeheuerlichen Greueltaten**, und die strategischen und taktischen Irrtümer der Befehlshaber auf beiden Seiten kosteten unzählige Menschen das Leben. Dagegen

---

* John Horne und Alan Kramer, *Deutsche Kriegsgreuel 1914 – Die umstrittene Wahrheit,* Hamburg: Hamburger Edition 2004. Die Untersuchung dieser beiden Autoren zeigt, daß es tatsächlich nicht wenige Übergriffe gab, vor allem in Belgien. Die deutschen Armeen hatten erwartet, durch Belgien einfach durchmarschieren zu können, ohne auf Widerstand zu treffen. Als es dann doch zu Kampfhandlungen kam, provozierte das Repressalien von deutscher Seite, die aber bei weitem nicht das Ausmaß erreichten, wie es in der französischen Propaganda behauptet wurde.

** So zum Beispiel, wenn frisch eroberte Grabenstellungen mit dem Dolch vom Feinde »gesäubert« wurden.

sieht es nicht so aus, als ob Vergewaltigungen, Mißhandlungen oder Morde zu dieser Zeit beachtenswerte Ausmaße angenommen hätten. Ein krimineller Terror von der Art, wie er im Schlepptau der Wehrmacht in den Jahren 1940–41 von den Nazi-»Einsatzgruppen« in Osteuropa oder 1945 von den Sowjets beim Einmarsch in Ostdeutschland und die Reichshauptstadt ausgeübt wurde, oder der erst vor kurzem im serbisch-bosnischen Krieg die »ethnischen Säuberungen« begleitete, findet keine Entsprechung im Jahre 1914. Dagegen spielte das Sexualdelikt oder, um genauer zu sein, der Akt der Vergewaltigung, in der Massenpsychologie deswegen eine solch bedeutende Rolle, weil er als reale Verkörperung des allegorischen Bildes vom germanischen Adler angesehen werden konnte, der sich auf seine unschuldige Beute stürzt. Auch ließ sich hier sehr gut die Eroberung der heiligen Heimaterde durch den Feind mit der Eroberung der Frau des eigenen Volkes durch den feindlichen Mann gleichsetzen. Vergewaltigung ist so verstanden ein »Eroberungsakt«. Dazu kam noch, daß die Soldaten, die mit der Blume im Gewehrlauf »nach Berlin« aufgebrochen waren, stattdessen die monströse Maschinerie des industriellen Kriegs kennenlernen mußten. Das Schlachtfeld wurde zum ersten Mal in diesem Ausmaß zu einem mörderischen Experimentierfeld mit seiner schweren Artillerie, seinen Maschinengewehren und vor allem seinem Giftgas. Die Soldaten mußten sich wie unfreiwillige Versuchskaninchen vorkommen. Um so wichtiger war es, daß die »Heimatfront steht«, also das »Hinterland«, die »Etappe« keine Aufweichungstendenzen zeigte. Um dies zu gewährleisten, mußte man die Zivilbevölkerung gegen jeden Anflug von Defätismus immunisieren. Die Informationskontrolle durch die Zensur und das gezielte In-die-Welt-Setzen von Gerüchten, die den Haß auf den Feind nährten, sollten all die anderen Empfindungen von Angst, Mutlosigkeit und Niedergeschlagenheit auslöschen, vor allem das Verständnis für die armen deutschen Frontsoldaten, die letztendlich genausotief im Dreck steckten und auf die gleiche Weise über die Befehle ihrer Vorgesetzten murrten.

Harold Laswell, Politikprofessor an der Universität Chicago in den zwanziger Jahren, schreibt in einem der ersten Bücher, die über das Problem der Kriegspropaganda geschrieben wurden: »Diese Geschichten [über Vergewaltigungen] führen zu einer großen Empörung über die dämonischen Täter und befriedigen einige verborgene, aber sehr starke Triebe. Eine vom Feind vergewaltigte junge Frau führt bei vielen Personen zu einer heimlichen Befriedigung, die ihren eigenen Vergewaltigungstraum dadurch vermittels eines Mannes aus dem anderen Lager erfüllt sehen. Daher rührt vielleicht auch die Popularität und das häufige Auftreten solcher Erzählungen.« Dieses Thema war ja nur deswegen von der Propaganda so aufgebauscht worden, weil es so populär war. Es regte die Phantasie an.

Vor allem 1914 und Anfang 1915 nahmen Berichte über Vergewaltigungen, versuchte Vergewaltigungen und andere sexuelle Übergriffe des Feindes einen großen Raum in den Tageszeitungen ein, um danach jedoch etwas nachzulassen. Aber immer noch gab es bei dem Phänomen »Vergewaltigungen« die größten Übertreibungen, wie Stéphane Audouin-Rouzeau in seiner gründlichen Studie gezeigt hat. Der Ausdruck *viol* (»Vergewaltigung«) ist nur bis Anfang 1915 gebräuchlich, vor allem in offiziellen Berichten, während ihn die Medien damals schon kaum noch verwenden. Stattdessen benutzt man allgemeinere Ausdrücke wie »Verbrechen«, »Gewalttat«, »Angriff«, und später »unerwünschte Umarmungen«, »Brutalitäten«, »Schandtat«, »Kränkung«, »Martyrium«, »bestialische Manifestationen«, »Sadismus« oder »Infamie«. Aus *violer* (»vergewaltigen«) wird *posséder* (»besitzen«).*
Allerdings hatte man ganz offensichtlich keine Beweise, daß die deutschen Soldaten des Ersten Weltkriegs zu dieser Zeit in größerem Maßstab das »Irreparable« begingen. Diese ganzen Begriffe beruhten nicht mehr auf präzisen Anschuldigungen, sondern waren gezielte Verunglimpfungen des Feindes.

---
* Stéphane Audouin-Rouzeau, a. a. O., S. 85.

Einige spektakuläre Prozesse, die damals in Frankreich gegen Mütter geführt wurden, die ihre Kinder getötet hatten, die aber von der Justiz mit Mitgefühl und Milde behandelt wurden, hatten diese Gerüchte weiter angeheizt.

Ein Schulbeispiel dafür ist der Prozeß gegen Joséphine Barthélemy im Januar 1917. Die junge Frau, eine gebürtige Lothringerin aus dem Département Meurthe-et-Moselle, behauptete, von zwei oder vier deutschen Soldaten in der Sakristei der Kirche vergewaltigt worden zu sein, die von den Deutschen zu einem Lazarett umgewandelt worden war, in dem sie als Dienstmädchen gearbeitet hatte. Danach war sie von den deutschen Behörden zusammen mit fünfzig anderen Personen in die Schweiz evakuiert worden, von da heimlich wieder nach Frankreich zurückgekehrt, um schließlich eine Anstellung in Gennevilliers zu finden. Dort tötete sie ihr Baby, nachdem sie es unter ärmlichsten Verhältnissen zur Welt gebracht hatte. Man fand den kleinen Leichnam in der Latrine, und die Kindesmutter wurde angeklagt. Ihre einzige Verteidigung vor ihren Richtern lautete: »Ich wollte kein Kind von einem Boche.« Dieser hier zum ersten Mal geprägte Ausdruck sollte dann die Jahrzehnte bis in die vierziger- und fünfziger Jahre hinein überdauern. Es lohnt sich, in Audouin-Rouzeaus Buch das Plädoyer von Joséphines Anwalt nachzulesen. Die Argumente, die er darin gegenüber den Richtern vorbrachte, scheinen die Einstellung vorwegzunehmen, die nicht wenige Franzosen nach dem Zweiten Weltkrieg den »Deutschenkindern« entgegenbrachten. Und so schleuderte Maître Loewel den Richtern entgegen: »Wollen Sie wirklich, daß unglückliche Frauen wie diese eine solche Schmach erdulden und heimlich in unser geschwächtes Land Boche-Kinder einführen, deren Gesicht unsere Sozialfürsorge in ihrer Barmherzigkeit dann unter einer französischen Maske verborgen hätte? Würden Sie es tatsächlich hinnehmen, daß Sie diese dann später ohne Ihr Wissen in Ihre Geschäfte oder gar in Ihr Haus einführen, sie womöglich Ihren Söhnen zum Freunde, Ihren Töchtern zum Gatten geben?«

Dies war nichts anderes als ein Aufruf zur Abtreibung oder

Kindstötung. Alle Zeitungen gaben die Erklärung dieses Anwalts ausführlich wieder, die den Mord, den die Angeklagte an ihrem Kinde begangen hatte, mit einer soldatischen Tat gleichsetzte! Aber so war das Klima eben in diesem Jahr 1917, in dem Tausende von Soldaten vor Verdun starben, in dem bald weitere Tausende auf französischer Seite sich eine Zeitlang weigerten, weiterzukämpfen, um gegen das sinnlose Schlachten zu protestieren, und in dem eben diese Joséphine Barthélemy freigesprochen wurde ... Maître Loewel widerfuhr die Ehre, daß sein Plädoyer in diesem traurigen kleinen Fall in voller Länge in der renommierten Zeitschrift *Revue des grands procès contemporains* (Zeitschrift über die großen zeitgenössischen Prozesse) abgedruckt wurde. Wie Audouin-Rouzeau richtig bemerkt, war dies wirklich ein »großer Prozeß«, und zwar in dem Sinne, als sich in ihm die Mentalität einer ganz bestimmten Zeit herauskristallisierte: »Sein Schlußplädoyer verdankte nichts dem Zufall, sondern bezog sich auf ein doppeltes Trauma der damaligen französischen öffentlichen Meinung, das seine Ursache in den ersten Monaten des Krieges, aber ebenso in seinem ständigen Gebrauch in der ›Propaganda‹ hatte: das Trauma der vom Feind in den besetzten Gebieten begangenen Vergewaltigungen; und das Trauma der zweifelhaften Geburten, die deren Folgen waren.« Man kann durchaus daran zweifeln, daß die von Joséphine Barthélemy beschriebene Gewalttat tatsächlich so stattgefunden hat. In der Anklageschrift war im übrigen noch nicht von zwei oder vier Vergewaltigern die Rede gewesen, sondern nur von einem einzigen ...

In seinem im Jahre 1935 entstandenen Roman über die deutsche Besetzung Flanderns *Invasion 14,* der auf genaue und lebendige Weise das Verhalten der feindlichen Soldaten im besetzten Gebiet Frankreichs beschreibt, erwähnt der Autor Maxence van der Meersch kaum jemals Vergewaltigungen. Junge Frauen aus der Gegend erliegen dort einfach manchmal der männlichen Anziehungskraft der Besatzer ... Dagegen beschreibt der Schriftsteller in aller Ausführlichkeit die tadellose Organisation der deutschen Besatzung während des Ersten Weltkriegs. Die Bevölkerung mußte über alles Rechenschaft ablegen, was sie besaß und produzierte, die Bauern erhielten lange Fragebögen, in die sie ihre Ernteerträge und ihren Viehbestand bis ins kleinste Detail eintragen mußten, sie bekamen andererseits Dünger, Saatgut und noch weitere Listen, die sie wiederum der Kommandantur vorlegen mußten. Die deutschen Offiziere führten auch immer wieder Inspektionen durch. »Anfangs lachten wir noch darüber. Aber Geldbußen, Hausdurchsuchungen und Beschlagnahmungen erschöpften schnell jeden Widerstandsgeist. Man mußte sich fügen, sich beugen, trotz der Wut, die man empfand, die aber nicht frei von Bewunderung war. Sie waren stark, das war sicher«, schreibt van der Meersch.* Schikanen, übertriebener Papierkrieg, eine pedantische Überwachung der Zivilbevölkerung, aber nichts über anarchische Verhältnisse, die mit Plünderungen und Vergewaltigungen einhergegangen wären.

Wenn diese sexuellen Übergriffe tatsächlich einmal stattfanden, stellte sich bald die Frage, wie man mit den »Kindern der Vergewaltigung« umgehen und welche Erziehung man ihnen angedeihen lassen sollte. Der Höhepunkt der von der französischen Kriegspropaganda verbreiteten Berichte über von deutschen Soldaten begangene Vergewaltigungen war bereits 1914 erreicht, aber in den ersten drei Monaten des Jahres 1915 kam nun die Frage hinzu: Was sollte man mit den Kindern anfangen, die aus diesen Vergewaltigungen hervorgegangen waren? Das Thema der »Deutschenkinder« ließ sich publizistisch leicht mit dem der Vergewaltigungen verbinden und wurde entsprechend ausführlich bearbeitet. Diesen »Kindern der Boches«, sofern es sie 1914–1915 tatsächlich in größerer Zahl gegeben haben sollte, warf man vor, daß »unreines Blut« in ihnen fließe, was sie zur Zielscheibe eines ganz bestimmten Rassismus werden ließ. Für Audouin-Rouzeau »wurden die entscheidenden Fragen nur ver-

---

* Maxence von der Meersch, *Invasion 14,* Paris: Éditions Albin Michel 1935, S. 20.

deckt behandelt«. Er fährt fort: »Hinter den vorgeblichen Befürchtungen lauerten ganz andere Bedenken. Am häufigsten gab man vor, sich um das Schicksal der vergewaltigten Frauen zu sorgen, um die Schmach, die diese ihr ganzes Leben zu tragen hätten, und um das moralische Leid, was es bedeutete, ein unerwünschtes, von einem verabscheuten Feinde stammendes Kind aufziehen zu müssen.« Aber so viel liebevolle Fürsorge gegenüber Frauen sollte eigentlich nur gewisse Hintergedanken verbergen. Man könnte hier die Belastung erwähnen, die diese illegitimen Nachkommen für den eigentlichen Familienvater und die anderen Kinder einer Familie bedeuteten, oder von der delikaten Frage nach der Erbberechtigung und den Vorurteilen sprechen, denen die legitimen Kinder eventuell ausgesetzt sein könnten, ganz zu schweigen von dem traurigen Leben eines Parias, das die verstoßenen Kinder aus diesen Vergewaltigungen erwartete.

»Was konnte man von den Nachkommen solcher Krimineller, kriminell gewordener Deutscher, Krimineller, *weil* sie Deutsche waren, erwarten, die mit schlimmster Gewaltanwendung und oft unter Einfluß von Alkohol gezeugt worden waren? Konnte man da nicht nur wieder Kriminelle erwarten, bei denen die väterlichen Instinkte früher oder später durchbrechen würden? Was sollte man dann darüber hinaus mit deren späteren Nachkommen aus legitimen Ehen mit Franzosen tun? Zu Jahrhundertbeginn waren tatsächlich nicht wenige Ärzte Anhänger der sogenannten ›Telegonie‹, auch ›Imprägnation‹ oder ›Fernzeugung‹ genannt.« Dies war eine obskure Vererbungstheorie, die behauptete, in der Natur sei festgelegt, daß ein reinblütiges Weibchen, das mit einem männlichen Bastard gekreuzt wurde, für immer besudelt und dazu verurteilt sei, stets unreine Jungen zu werfen, die so unrein wären, wie das erste Männchen es war.

Im Jahre 1915 brachte ein Senator der Radikalen Partei aus dem Département Var, Louis Martin, Jurist und in Paris zugelassener Anwalt, einen Gesetzesvorschlag ein, der die Abschaffung des Abtreibungsverbots für diese Art von Schwangerschaften vorsah. In seiner Begründung dieses Antrags phantasierte er von

Frauen, die sich angesichts dieser »wahnsinnigen Orgien von Vergewaltigungen und Verbrechen« dieser »feindlichen Horden« das Leben nehmen würden, eine Entscheidung, die er in Anbetracht ihrer »außergewöhnlichen und auf eine schreckliche Art tragischen« Situation als »energisch, heroisch und außergewöhnlich« bezeichnete. Auch so lange die katholische und die protestantische Kirche den Respekt vor dem Leben predigten, scheint eine Mehrheit der Mediziner, Politiker und Journalisten eher für eine Abtreibung in solchen Fällen gewesen zu sein. Ihre Begründungen dafür konnte man auch noch nach dem Zweiten Weltkrieg hören, nämlich daß diese Kinder erblich belastet seien und sie deshalb über kurz oder lang eine Gefahr für Frankreich darstellen würden. Selbst in der Ärztezeitschrift *La Chronique médicale* führte dieser eigentümliche »Patriotismus der Bäuche« dazu, daß man im Jahre 1914 dort ein Gedicht (!) lesen konnte, das die Abtreibung feierte: »Geh, und reiß' aus deinem Schoß diesen entsetzlichen Keim.«

Nicht nur diese Kinder, sondern alle Nachkommen dieser ersten schlimmen Frucht stellten also eine soziale und biologische Gefahr dar, die um so schlimmer war, da sie sich im Laufe der Generationen nur noch vergrößern würde. Und dann stellte sich noch eine andere Frage: Wie würden sich diese Kinder und ihre Nachkommen im nächsten Krieg gegen Deutschland verhalten, der ja unweigerlich kommen würde? Nährte Frankreich etwa Schlangen in Form künftiger Verräter an seinem Busen?

Denn wenn von 1914 bis 1918 viele französische Soldaten in den »letzten der letzten« Kriege gezogen waren, um »dem Krieg den Krieg zu machen«, mußten sie in den Jahren nach dem Sieg diese Hoffnung weitgehend revidieren. Das Spiel war noch nicht vorbei. Seit 1870, und zuvor schon seit dem Aufstieg des Königreichs Preußen nach dem Niedergang der Habsburger, war der deutsch-französische Gegensatz eine geschichtliche Konstante. Es sei uns hier erlaubt, eine Anekdote anzuführen, die bezeichnend ist für die Geisteshaltung, die noch in den frühen sechziger Jahren bei den älteren Franzosen vorherrschte. Während damals

Präsident de Gaulle und Bundeskanzler Adenauer den Elysée-Vertrag unterzeichneten, der die deutsch-französische Versöhnung besiegelte, fragte die Tante eines unserer französischen Freunde, der eine junge Deutsche heiraten wollte, in aller Unbefangenheit die Mutter des Bräutigams: »Aber was machen die denn dann im nächsten Krieg?« Diese Bäuerin aus einem südfranzösischen Dorf hatte im Ersten Weltkrieg einen Bruder verloren, während ein anderer, dem ein Granatsplitter in den Kopf gedrungen war, trepaniert nach Hause gekommen war.

Glücklicherweise hatte diese antideutsche Propagandaoffensive nicht die ganze französische Gesellschaft vergiftet. In diesem Klima kollektiver Kriegshysterie blieben die christlichen Kirchen standhaft. Zwar entschuldigte der Theologieprofessor und protestantische Pfarrer Wilfred Monod eine Mutter, die »das Produkt der blinden Gesetze des Lebens und des biologischen Determinismus«[*] verließ, äußerte aber trotzdem die Hoffnung, daß »zwischen den Augen der Mutter und den Augen des Neugeborenen ein elektrischer Funke überspringen möge, der diese beiden Wesen für immer vereint«. Die katholische Zeitung *La Croix* bezog zweimal, Ende Januar und Anfang Februar 1915, Stellung zum Thema der »in gewissen, durch den Krieg verursachten Umständen« geborenen Kinder. Als Antwort auf Anfragen ihrer Leser wollte sie in einer »notwendigen Klarstellung« an drei Wahrheiten erinnern: einmal, daß eine in Belgien gehaltene Predigt, die die Abtreibung von unter solchen Umständen empfangenen Embryonen anriet, im Irrtum sei; daß die Kindstötung in den Zehn Geboten verboten worden sei; und daß auch das übergreifende Prinzip der Zehn Gebote: »Du sollst nicht töten« hier vollkommen zur Anwendung komme. *La Croix* gestattete die Übergabe dieser Kinder an die Sozialfürsorge, wie sie Barrès empfohlen hatte, allerdings erst »nach vorheriger Taufe«, blieb aber standhaft, was das Lebensrecht dieser Kinder anging. Der Juraprofessor im *Institut catholique* Paul Bureau brandmarkte die Forderung

---

[*] Stéphane Audouin-Rouzeau, a. a. O., S. 106.

nach Abtreibung dieser »Kinder der Boches«, indem er »die moralische und intellektuelle Orientierungslosigkeit der Geister in unserer Zeit« geißelte. Kurz, für die Kirchen blieben die Abtreibung und noch viel mehr die Kindstötung eindeutig Verbrechen. Die kirchlichen Autoritäten bekamen unerwartete Unterstützung aus der Frauenbewegung, die sich jeder, selbst der provisorischen, Legalisierung der Abtreibung im Falle der »Vergewaltigung durch einen Boche« entgegenstellte. Die 1906 gegründete Zeitung *La Française,* die von Jane Misme geleitet wurde, befaßte sich am 16. Januar 1916 mit diesem Thema. Man bezweifelte zwar die brutale Männergewalt des Feindes nicht, stellte sie aber in den breiteren Zusammenhang der »jahrhundertealten Zustimmung der zivilisierten Völker zur männlichen Ausschweifung auf Kosten und unter Mißachtung der Frau«. Misme äußerte den Wunsch, daß die »Soldaten Frankreichs« keine vergleichbaren Untaten begehen sollten, was allerdings auf einen impliziten Verdacht hindeutete, daß diese gar nicht so sehr von den Männern des gegnerischen Lagers verschieden seien. Für sie waren Vergewaltigungen also keine speziell deutsche Eigenart, sondern sie resultierten aus dem Krieg selbst. Danach richtete sie sich an die eigene Gemeinde und warf den Frauen vor, teilweise selbst dafür verantwortlich zu sein, sich bisher den Zwängen und den gewaltätigen Handlungen der Männer unterworfen zu haben. Aber sie sprach sich deutlich gegen die Abtreibung aus, indem sie es als »schändlich« bezeichnete, »wenn eine Mutter ihr Kleines umbringt«. Zwar sei wahr, fügte sie dann noch hinzu, daß »alle möglichen Lösungen abscheulich seien: entweder das Kind eines abwesenden Vaters, das aber auch euer Kind ist, zur Welt zu bringen und aufzuziehen; oder selbst kriminell zu werden«. Am 13. Februar dieses Jahres schrieb Jane Misme dann: »Wie auch immer die Umstände sein mögen, das Kind als schutzloses und unmündiges Wesen ist heilig. Eine Mutter muß ihrem Kinde gegenüber ihre Mutterpflichten erfüllen.« Um diesen Müttern bei der Erziehung zu helfen, befürwortete sie eine staatliche Hilfe in Form einer »Kriegsrente« und forderte die Ehegatten der weiblichen Opfer auf, diese Kinder wie ihre eigenen aufzuziehen. »Mit der ganzen Kraft meines Mutterinstinkts habe ich mich geäußert und werde mich weiterhin äußern, um die Mütter und Kinder zu verteidigen, die man für so verachtenswert hält. Wenn ich auf diese Weise ein Kind oder einen Enkel bekommen hätte, [...] dann wäre es mein Kind, mein Enkel.«*

Man brauchte gewiß ein gerüttelt Maß an Charakterstärke, um in dieser Zeit solche Worte drucken zu lassen. Eine »Gruppe von Poilus«, also französischen Frontkämpfern, schrieb ihr, daß ihre Frauen und Schwestern den Tod des Kindes vorgezogen hätten, wenn sie zu den Vergewaltigungsopfern gehört hätten. Ein Leser hielt ihr entgegen, daß »die französische Rasse edle Empfindungen hat und nicht zur Schwäche, zur Dummheit und zu den Deutschen herabsteigen kann«. Er bezeichnete sie als »d'Allemande«, »Deutschenfreundin«, das schlimmste Schimpfwort, mit dem man damals einen Franzosen belegen konnte, und garnierte sein Schreiben mit einigen Obszönitäten. Aber die Journalistin ließ nicht locker und forderte im April 1915 die Franzosen auf, sich nicht »auf das Niveau des Feindes« hinabzubegeben, sonst »müßte man auch über französische Greueltaten reden«, wo sich doch die französischen Soldaten »für die ewige und großartige Verteidigung des Prinzips des Lebens gegen das Prinzip der zerstörerischen Kräfte« töten ließen. Nur sehr wenige wagten zu dieser Zeit, weniger als ein Jahr nach der Ermordung von Jaurès, zu sagen, was sie von diesem Kriege dachten. Man war damals schnell bei der Hand, sie zu Drückebergern, Feiglingen und Defätisten zu erklären, ja sie sogar als Agenten des Feindes anzuklagen. Man sieht, daß Jane Misme sich des Risikos bewußt war. Sie kleidete ihre Anspielung auf »französische Greueltaten« in ein martialisches Lob der französischen Soldaten.

Die extreme Linke, die dem wohl beipflichtete, ging furchtlos noch einen Schritt weiter. So konnte man am 19. Januar 1915 in der Gewerkschaftszeitung *La Bataille syndicaliste* aus der Feder von

——— * Stéphane Audouin-Rouzeau, a. a. O., S. 110 f.

Louis Aumont lesen: »Soll man sie töten?« – »Uns interessiert die Frage, was aus diesen unglücklichen Wesen werden soll, wenn sie auf die Welt kommen. [...] Die Frage ist schwer, man muß sie lösen.« Marcelle Capy, eine militante Revolutionärin und Feministin, die ein Jahr vor dem Krieg durch eine Jaurès-Rede zur Pazifistin bekehrt wurde, als sie Studentin an der philosophischen Fakultät in Toulouse war, schrieb einmal, daß diese »Opfer von brutalen Kerlen« in neun von zehn Fällen arme Frauen, Bäuerinnen und Arbeiterinnen gewesen seien, die daheim geblieben seien, weil sie fälschlicherweise geglaubt hätten, daß »die Eindringlinge die unbewaffnete Schwäche respektieren würden«. Sie veröffentlichte eine Reihe von Leserbriefen unter dem Titel »Behalten wir Sie!« und wies darauf hin, daß das wichtigste Problem, das sich diesen Müttern stelle, »die unerbittliche Notwendigkeit des Brotes« sei. »Ich bin der Ansicht«, schrieb ihr ein sozialistischer Arzt, »daß auch das Kind des Barbaren ein Recht auf Leben hat und daß auch diese Mutter ihr Kind lieben wird.«* Ein christlicher Berufskollege schreibt: »Meiner Meinung nach darf es hier kein Zögern geben. Ein Kind, selbst wenn es einem Verbrechen entstammt, kann dafür nicht verantwortlich gemacht werden: Es muß leben.« Wirklich mutige Worte in einer Atmosphäre höchster Opferbereitschaft und tiefster Trauer, die damals in Frankreich herrschte.

Im Jahr 1914, als es den Vormarsch des Feindes zu stoppen galt, und nicht wie man allgemein annimmt, in den Jahren darauf, gab es tatsächlich die höchsten Verluste auf französischer Seite. Die Männer waren nicht darauf vorbereitet, sich vor den neuen Waffen zu schützen, deren Wirksamkeit man unterschätzt hatte. Erst in der folgenden Zeit lernten sie, sich mehr oder weniger zu schützen, außer bei den von übereifrigen oder unfähigen Offizieren befohlenen, militärisch aberwitzigen Angriffen, bei denen sie direkt in das deutsche Maschinengewehrfeuer geschickt wurden. Dazu kam noch, daß die deutsche Armee weit auf französisches

---

* Stéphane Audouin-Rouzeau, a. a. O., S. 115.

310

Territorium vorgerückt war, daß der Feind somit einen Teil des Landes besetzt hielt und daß 1871 Elsaß-Lothringen, das sich nicht so ganz französisch fühlte wie die Ile-de-France oder die Touraine, das aber noch viel weniger preußisch sein wollte, der Nation entrissen worden war. Die Wunden werden noch lange nach dem Krieg zu spüren sein, da sie von den Überlebenden dieses Massensterbens gepflegt werden, das ohne Beispiel in der französischen Geschichte war und die Dörfer, Provinzen, Werkstätten und Universitäten dieses Landes leerte. Etwa 1,4 Millionen Franzosen waren im Kampf gefallen. Zwar war im Zweiten Weltkrieg ab Ende 1942 ganz Frankreich besetzt, aber die Opferzahlen waren im Gegensatz zu Deutschland weit geringer (etwa 200 000 Tote durch unmittelbare Kriegseinwirkung). Außerdem gingen einige dieser Verluste nicht auf die Deutschen, sondern auf angloamerikanische Bombenangriffe zurück (im ganzen Krieg gab es in Frankreich 67 000 Bombenopfer). Auch wenn letzteres in der Euphorie nach der Befreiung nicht weiter thematisiert wurde, so dürfte es zumindest im kollektiven Gedächtnis der bombardierten Gebiete den Deutschen mildernde Umstände eingebracht haben. Normalerweise hätte dies zu einer allgemeinen Meinungsänderung führen müssen.

Aber diese zum Teil willkürlichen Zerstörungen in einem Land, das immerhin nicht das Land der Zerstörer war, gehören zu den unaufgearbeiteten Ereignissen des letzten Kriegs. Ebenso gilt das für das Schicksal der zahlreichen »Boche-Kinder«. Nach dem Ersten Weltkrieg hielten viele Kunstwerke den Kriegsgeist noch einige Zeit aufrecht, so unter anderem der 1917 begonnene, aber erst 1919 uraufgeführte Film von Abel Gance *J'accuse,* in dessen Zentrum die Vergewaltigung der Heldin durch einen Deutschen steht, oder auch das im selben Jahr erschienene Buch *Nach Paris* von Louis Dumur, ein Roman mit einer starken antideutschen Tendenz. Erst Bücher wie *Das Feuer* von Henri Barbusse oder *Im Westen nichts Neues* von Erich Maria Remarque, ein ergreifendes Zeugnis des Lebens im Schützengraben auf deutscher Seite, beschreiben das Martyrium der einfachen Soldaten auf beiden

Seiten und brachten eine Strömung hervor, die sich für eine Revision der antideutschen Vorurteile aussprach. Freilich blieb diese Strömung noch eine ganze Zeitlang eher im Verborgenen, da sie sich mit pazifistischen, aber auch internationalistischen Ideen oder ganz im Gegenteil mit dem Faschismus ähnlichen Vorstellungen der verschiedensten politischen Richtungen vermischte.

Auch Stéphane Audouin-Rouzeau stellt fest, daß erst seit 1930 das Propagandathema der deutschen Massenvergewaltigungen »seine denunziatorische Wirkung allmählich verliert, wenn nicht in den Regionen Nordfrankreichs, die besetzt gewesen waren, so doch zumindest im Rest des Landes«. Aber dieser Autor, Professor an der Universität der Picardie, geht dann doch mit seiner Interpretation vielleicht zu weit, wenn er hier eine Umkehrung feststellt, »die für die kulturelle Wende charakteristisch ist, die zu dieser Zeit in der Erinnerung an den Krieg stattfindet«, was dazu geführt habe, »daß diese aus den Vergewaltigungen des Ersten Weltkriegs hervorgegangenen Kinder sich äußerstenfalls sogar in Elemente der deutsch-französischen Versöhnung verwandelten«. Er führt hier den 1931 erschienenen Trivialroman *On apprend à aimer* von Pierre Chanlain an, in dem ein ehemaliger Frontsoldat, der bei seiner Rückkehr aus dem Krieg ein Kind vorgefunden hatte, das aus der Vergewaltigung durch einen Deutschen entstanden war, später darauf verzichtet, den Urheber dieser Schandtat zu töten, der von Gewissensbissen gemartert inzwischen erblindet ist. Allerdings gibt Audouin-Rouzeau am Schluß noch zu bedenken, daß zur selben Zeit »in Deutschland im Gegensatz dazu der Leidensweg der Kinder, die von afrikanischen Soldaten während der Rheinlandbesetzung von 1919 oder der Ruhrbesetzung von 1923 gezeugt wurden, gerade erst begonnen hatte«.

Allerdings gab es im Ersten Weltkrieg in Frankreich sehr viel weniger »Deutschenkinder« als im Zweiten. Die Mehrzahl der uns bekannten Fälle waren aber auch in diesem ersten Krieg keine Vergewaltigungen, sondern das Ergebnis einer aus freien Stücken eingegangenen Liebesbeziehung. So erzählt die französische Journalistin Anne-Catherine Fouillet: »In unserer Familie geschah es bestimmt aus freiem Willen. Mein Großvater war ziemlich sicher ein Deutscher. Mein Vater hat das mal gegenüber meiner Mutter angedeutet und es dann auch seiner dritten Frau ganz offiziell gesagt, die aus dem Elsaß stammte und deutsche Eltern hatte. Mein Vater war viermal verheiratet. Er starb im Jahr 2000, ohne mir je die Wahrheit sagen zu wollen. Er hat nur verlegen gegrinst, das war alles.« Nach dem Ersten Weltkrieg hatte ein deutscher Kriegsgefangener bei ihren Großeltern gearbeitet. Es gefiel ihm dort so gut, daß er freiwillig bis 1930 blieb. In diesem Jahr wurde ihr Vater geboren. Ihre Großmutter väterlicherseits hatte 1920 ihren Großvater im Alter von siebenundzwanzig Jahren geheiratet. Sie wollte unbedingt ein Kind haben. Das Kind blieb dann zehn Jahre lang aus, und als schließlich ein Kind geboren wurde, war nicht ihr Mann, sondern der Deutsche sein Vater. Anne-Catherine, die Enkelin dieses »Boche« erinnert sich: »In der Schule sagte mir eines Tages ein Klassenkamerad, seine Eltern hätten ihm erzählt, daß meine Großmutter › schon vor langer Zeit hätte geschoren werden müssen ‹. Ich war etwa acht bis zehn Jahre alt und habe diesen eigentümlichen Ausspruch überhaupt nicht verstanden. Einige Zeit später hörte ich dasselbe von einer verrückten Alten, die in einer riesigen Villa mit ihren mehr als vierzig Katzen zusammenlebte. Sie schaute nur andeutungsvoll, als ich sie fragte: › Warum? ‹ Sie gab mir keine Antwort. In meinem kindlichen Gemüt schloß ich, das Ganze sei eine Rache an meiner Großmutter väterlicherseits, weil diese so viel Schafswolle verbrauchte, um damit Pullover zu stricken ...«

Sehr viel später, im Jahre 1999, als ihr Vater, das »Deutschenkind«, bereits krank war, erzählte dessen dritte Frau Catherine etwas über diesen deutschen Großvater. Catherine berichtet: »Der Vater dieser Frau hatte 1914–1918 auf deutscher Seite und dann im Zweiten Weltkrieg auf französischer Seite gekämpft, da er sich zwischen den beiden Kriegen in Frankreich hatte einbürgern lassen. Auch seine Mutter war eine Deutsche. Allerdings war es verboten, dies zu erwähnen. Sie sprachen immer Französisch und sagten, sie seien Elsässer. Während der Massenflucht 1940 hatten sie große Angst. Angst, daß sie die Franzosen als Boches und die Deutschen als Verräter behandeln könnten.«

Und so hat die »Enkelin« des Deutschen doch noch alles erfahren. »Meine Mutter hatte mir vorher überhaupt nichts darüber erzählt. Das Thema war geheim und tabu, denn sie wollte meine Großmutter, ihre Schwiegermutter, nicht kompromittieren. Großvater Fouillet, der bereits zwei Söhne aus zwei früheren Ehen hatte, liebte weder meinen Vater noch mich, die Tochter dieses ungeliebten Sohns. Er schaute mich kaum an und gab mir nie einen Begrüßungskuß. Als ich mich mal darüber beklagte, tröstete mich meine Großmutter und meinte, das sei nicht so schlimm. Sie drückte mich an sich und und sagte zu mir: ›Du, du bist meine echte Enkelin, aber dein Großvater mag deine Cousine lieber, denn das ist *seine* Enkelin.‹ Ich mußte verstehen, daß ich mich mit dieser Geste der Zärtlichkeit begnügen mußte, die von ihrer Seite ganz ungewöhnlich war. Ich wuchs in einer strengen Familie auf, wo man nicht zweimal einen Erwachsenen nach etwas fragte. Mein Großvater verhielt sich tatsächlich weniger distanziert gegenüber meinen Cousins und Cousinen als gegenüber meinem Vater und mir. Er mußte etwas wissen. Oder er hatte es verstanden.«

Anne-Catherine kennt den Namen ihres deutschen Großvaters nicht. Alle Verwandte, die ihn hätten wissen können, sind inzwischen gestorben. Sie gibt also diese, ihre Frage an die Allgemeinheit weiter: »Wer war dieser deutsche Kriegsgefangene, der nach dem Ersten Weltkrieg zwölf Jahre in Frankreich blieb, und zwar bei der Familie Fouillet in Poissy, dem Geburtsort des Heiligen Ludwig, in der Nähe von Versailles, in Département Yvelines, damals Département Seine-et-Oise?«

Als 1933 in Berlin ein politisches Regime an die Macht kam, das geschworen hatte, für den Versailler Vertrag Revanche zu üben, war dies das Ende für alle Ansätze einer deutsch-französischen Annäherung. Frankreich wurde pazifistisch, während Deutschland mehr und mehr aufrüstete. Während der deutschen Besatzungszeit und nach der Befreiung bereute man zweifellos diese Appeasement-Politik gegenüber Hitler. Und man wollte das wettmachen, indem man sich zur Unzeit wieder auf einen strikten Antigermanismus verlegte. Erst als eine realistischere Analyse der internationalen Lage und der deutschen Anstrengungen, sich zu demokratisieren, angestellt wurde, verbesserte sich auf der politischen Führungsebene ganz allmählich das deutsch-französische Verhältnis, wobei die Zwänge des Kalten Krieges seit 1947, vor allem aber seit 1950 eine entscheidende Rolle spielten. Aber es brauchte weitere zehn bis zwanzig Jahre, bis die Vorurteile und der Argwohn in den Köpfen der Leute zu verblassen begannen. Und auch heute noch ist nicht alles von allen vergessen!

Wie nach dem Ersten Weltkrieg brauchte es auch nach dem Zweiten etwa fünfzehn Jahre, bis eine zaghafte Mentalitätsänderung einsetzte, als ob diese Zeitspanne von zehn bis zwanzig Jahren unerläßlich wäre, bis das Pendel jeweils zurückschwingt. Alle diese Jahre waren, vor allem auf französischer Seite, nötig, bis die Fortschritte der deutsch-französischen Verständigung und des vereinten Europas der EU wirklich Früchte zu tragen begannen. Daher war der Meinungsumschwung auf französischer Seite radikaler als auf der deutschen, wo er bereits viel früher unter dem Druck der Kollektivvorwürfe begonnen hatte. Doch dies kann nur ein bitterer Trost für die Deutschenkinder sein, die während ihrer ganzen Kindheit unter diesen antideutschen Vorurteilen leiden mußten und sich erst als Erwachsene endgültig entlastet und reingewaschen sehen! Einige sind sogar daran gestorben. So der Sohn Joseph Schreibers, eines deutschen Soldaten, der im bretonischen Carhaix im Département Finistère blieb, nachdem er aus der Wehrmacht desertiert war und sich den Résistancekämpfern angeschlossen hatte. Und doch brachte sich dessen französischer Sohn mit siebzehn Jahren um, weil er die Hänseleien seiner Kameraden nicht mehr ertrug. Diese Unglücklichen lassen sich mit den Ostdeutschen vergleichen, die ihr ganzes Arbeitsleben unter dem Zwangsregime der DDR verbringen mußten und zum ersten Mal in Freiheit leben konnten, nachdem die Mauer gefallen und ihr Land wiedervereinigt war, als sie bereits das Rentenalter erreicht hatten.

Kein Gesetzestext, kein Rechtsprinzip rechtfertigte es, daß nach dem Zweiten Weltkrieg die Schande, die auf den Müttern lastete, die angeblich »Kollaborateurinnen« waren, auch deren Kindern aufgebürdet wurde. Die Vorurteile, deren Opfer sie wurden, hatten eine gewisse gesellschaftliche Mentalität als Ursache, eine latente Geistesströmung. Es kam sogar vor, daß unter dem sozialen Druck der Nachkriegszeit Mütter sich an ihren unerwünschten Kleinen rächten, deren Existenz ihnen in ihrem familiären Umfeld niemals verziehen wurde. Zum Stigma einer unehelichen Geburt kam nun noch der sexistische und schon in der Formulierung zutiefst grausame Vorwurf der »horizontalen Kollaboration« hinzu. Oft noch ganz jung, mit dem damals ehrenrührigen Etikett einer »ledigen Mutter« behaftet, ohne richtigen Beruf und mittellos, enttäuscht vom Scheitern ihrer Liebesgeschichte und dem Verschwinden ihres deutschen Geliebten, der nolens volens seine Verantwortung nicht übernehmen konnte, betrachteten diese Frauen das Kind aus dieser Beziehung als lästige Bürde und Hindernis für ihr materielles Wohlergehen. Einige Vormünder und Pflegefamilien bereiteten dann diesen Kindern, die man ihnen anvertraut hatte, ein wahres Martyrium.

Die Mehrheit der Mütter, die ihre Kinder bei sich behielten, bewiesen aber Rechtschaffenheit und großen Mut. Sie kämpften unter den unglücklichsten Verhältnissen, um ihren Kindern eine Existenz und eine anständige Erziehung bieten zu können. Die Männer, die sie heirateten, haben in den meisten Fällen die Verantwortung an Vaters Statt übernommen. Zu diesem Akt der Großmut kam oft noch eine echte Sorge um das Kind hinzu, das man seine Andersartigkeit nicht fühlen ließ, so daß einige erst sehr spät das Geheimnis ihrer Herkunft erfuhren, ohne vorher darunter leiden zu müssen. Die meisten der in beiden Kriegen »in Schande Geborenen« haben die Torheit ihrer Mitmenschen überlebt. Wie es ihnen dabei ergangen ist, haben sie in diesem Buch erzählt.

KAPITEL 4

Langeweile auf dem Lande _____

Will man verstehen, wie Französinnen und Franzosen so eng mit den Besatzern zusammenleben konnten, darf man die Erklärung dafür nicht in Paris, Bordeaux, Marseille oder Lyon suchen. Man muß vor allem das soziologische Umfeld dieser Zeit berücksichtigen. In den dreißiger Jahren lebten die meisten Franzosen in einem weitgehend dörflich geprägten Land, in dem selbst in den Städten durch die erste Generation der Zuwanderer die ländlichen Sitten und Gebräuche noch eine große Rolle spielten. Eine Mehrheit erlebte daher den Einmarsch der Deutschen in ihrem Dorf oder ihrer kleinen Landgemeinde. Und gerade dort halten sich ja die alten Klischees bekanntlich besonders gut. Dort hatte es einst die größten Ausbrüche kollektiver Hysterie gegeben, die Hexenverfolgungen, die »Große Angst« während der Revolutionszeit und die Paniken vor den »Geißeln der Menschheit«. In diesem Milieu entstanden Legenden und Ängste, die vielleicht sogar auf vor Generationen tatsächlich stattgefundenen Ereignissen beruhten, die seitdem aber zu rein psychischen Kristallisationspunkten geworden waren.

Und dann geschah überhaupt nichts Erschreckendes. Die Deutschen ähnelten so gar nicht diesen Marsmenschen, deren sich Orson Welles 1939 bedient hatte, um in den Vereinigten Staaten eine große Panik auszulösen, als er in einer Radiosendung behauptete, die Marsianer seien auf der Erde gelandet. Diese Deutschen flößten keine Angst ein, aber sie überraschten dennoch all diese Französinnen und Franzosen. Die lebten teilweise ja noch im Frankreich des Marcel Pagnol oder des Giono-

Romans *Ernte,* ohne fließendes Wasser, ohne Telefon und manchmal sogar ohne Elektrizität. Man badete die Kinder in Zinkwannen oder Holzbottichen. Die Erwachsenen wuschen sich am Waschbecken in der Küche, ohne dabei ihre Unterwäsche auszuziehen. Sie wechselten ihre Wäsche höchstens einmal in der Woche. Auf dem Feld arbeiteten sie selbst bei größter Hitze im Unterhemd oder einem ärmellosen Leibchen und nicht mit nacktem Oberkörper. Die meisten Franzosen konnten nicht schwimmen. Die »Fortschrittlichsten« fuhren mit dem Fahrrad und trugen dabei Knickerbocker.

Es kommt noch hinzu, daß das französische Leben in den Kleinstädten und auf dem Land in den dreißiger Jahren außerhalb der Arbeitszeiten von tiefster Langeweile geprägt war. Es gab noch kein Fernsehen, und man hörte kaum Radio, im Gegensatz zu Deutschland, wo das Radio damals schon seinen Siegeszug angetreten hatte. Das Frankreich zwischen 1930 und 1945 war zwar noch ländlich geprägt, aber die Welt der gemeinsamen geselligen Abende und der Erntedankfeste war bereits versunken. In der schönen Jahreszeit stellten die Leute abends ihren Stuhl vor die Haustür und beobachteten ein bißchen das Leben auf der Straße. Danach ging man »mit den Hühnern zu Bett«, also kurz nach Einbruch der Dunkelheit. An den Sonntagen gab es nichts zu tun, es waren düstere Tage ohne jede Abwechslung. Wie konnten nun aber die jungen Männer und Mädchen diesem täglichen Einerlei entgehen? Die Klügeren und Gebildeteren lasen, man hatte Aufgaben im Haushalt zu erledigen, aber dann gab es auch immer wieder die kleinen Fluchten, die man besonders schätzte, weil sie vom Ruch des Verbotenen umgeben waren. Die Mädchen gingen mit einer Freundin aus, und die wagemutigsten suchten nach einem kleinen Abenteuer. Was gibt es aber nun Verboteneres und Exotischeres als einen Besatzungssoldaten? Und was gab es besseres, um die Langeweile zu vertreiben als Erotik und Liebe? Wie Schmetterlinge, die sich an der Lampe verbrennen. Man weiß dies seit Alberto Moravia... *Frankreichs Uhren gehen anders* war der Titel eines Buches des Schweizer Historikers Herbert Lüthy noch im Jahre 1954.

Die glorreiche Zeit des französischen Wirtschaftswunders in den Jahren zwischen 1970 und 1990 hat dann fast alles geändert. Zwischen dem Alltagsleben der Deutschen und der Franzosen gibt es heutzutage keine grundsätzlichen Unterschiede mehr. Der Lebensstandard und das Ausstattungsniveau ist in unseren beiden Ländern ungefähr gleich. Aber in den dreißiger und vierziger Jahren waren die Unterschiede noch sehr viel größer. Frankreich war damals ein ziemlich rückständiges Land. So hatte erst im Jahre 1936 die Volksfront den bezahlten Urlaub eingeführt. Längere Ausfahrten mit dem Fahrrad und Ferienaufenthalte begannen immer beliebter zu werden, aber die meisten Franzosen hatten immer noch nicht schwimmen gelernt.

Gewiß fing Frankreich an, sich zu ändern. In der Zwischenkriegszeit ließen die Fortschritte der Industrialisierung, aber auch die zunehmende Mechanisierung der Landwirtschaft bereits die Anfänge des Zerfalls der dörflichen Familien- und Gesellschaftsstrukturen erkennen. Viele Historiker sind sogar der Ansicht, daß auf gewisse Weise die Schützengräben von Verdun den »Tod des klassischen Bauern« herbeigeführt hätten. Erhalten blieben erst einmal das gewohnte Umfeld, die Sitten, die örtlichen Besonderheiten und die Seßhaftigkeit der Bevölkerung, deren Existenz sich oft in den Grenzen eines einzigen *Canton,* eines einzigen Landkreises, abspielte. Aber gleichzeitig gingen die wirtschaftlichen, demographischen und symbolischen Grundlagen dieses Lebens allmählich verloren, das man so lange für völlig unveränderlich gehalten hatte. Die Erde, die die Pétain-Anhänger des Jahres 1940 so sehr feierten, diese »Erde, die nicht lügt«, hatte schon vor langer Zeit aufgehört, eine funktionsfähige Zivilisationsform hervorzubringen. Die Moderne begann sich auch innerhalb der französischen Gesellschaft auszubreiten, hatte sich aber noch nicht endgültig durchgesetzt. Nun kamen jedoch die Erschwernisse der Besatzungszeit hinzu: Viele Männer waren in Deutschland in Gefangenschaft, es herrschte ein allgemeines

Klima des Mißtrauens, und tagtäglich mußte man mit dem Mangel auf vielen Gebieten fertigwerden. Alle diese Erscheinungen trugen nicht wenig dazu bei, die Melancholie in der Provinz, ob abgelegen oder nicht, zu verstärken.

Das Dritte Reich dagegen hatte ganz offen auf Modernisierung gesetzt. Seine Führer waren jung und dynamisch, um nicht zu sagen fanatisch, und propagierten gleichzeitig eine verstärkte Industrialisierung wie auch das Leben an der frischen Luft, wo sie in die Fußstapfen der »Wandervögel« traten. Sie gingen noch einen Schritt weiter und begründeten mit der »Kraft durch Freude«-Organisation eine Art Staatstourismus, der durchaus als Vorläufer der heutigen »Neckermann-Reisen« und des Pauschalurlaubs auf Mallorca betrachtet werden kann. 1938 entstand die Idee des »Volkswagens«, der aber bald in ein Militärfahrzeug umgewandelt wurde, um dann doch noch seinen Siegeszug auf den deutschen Straßen anzutreten. Die Deutschen zelteten in Gruppen, unternahmen Ausflüge in die Natur, fuhren zum Skifahren oder Klettern in die Berge und sangen abends am Feuer oder auf den Wanderungen ihre Lieder. Seit Friedrich dem Großen lernten die Deutschen, vor allem die Preußen, schwimmen, und Turnvater Jahn begründete ihre Freude am Gruppenturnen unter freiem Himmel. Der Kontakt von Körper und Natur war in Deutschland sehr viel ausgeprägter als in Frankreich. Das alles begann natürlich schon lange vor dem Dritten Reich, wurde aber von diesem übernommen und weiterentwickelt. Der Nationalsozialismus fügte dem dann noch seinen eigenen Körperkult hinzu, einen durchaus fehlgeleiteten Kult, der von vielen schon in dieser Zeit als heidnisch empfunden wurde und der nicht zuletzt der Vorbereitung auf den Krieg dienen sollte.

Mit mehr Einwohnern als Frankreich, wenn auch auf einem Gebiet, das viel größer war als die heutige Bundesrepublik, war das Deutsche Reich auch dichter bevölkert. Die Industrie hatte in ihrer Bedeutung die Landwirtschaft weitgehend abgelöst. Die deutschen Soldaten, die nach Frankreich kamen, waren also in ihrer Mehrheit Stadtmenschen, deren Umgangsformen viel weniger ländlich waren als die der meisten Franzosen. Ein aus dem Elsaß stammender Freund erzählte uns einmal, daß sein Onkel, der der Hitlerjugend beitreten mußte, dabei Nazibroschüren für die Jugend in die Hand gedrückt bekam, die Anstands- und Höflichkeitsregeln enthielten, die man besonders gegenüber den besetzten Völkern in Westeuropa zu beachten hatte. Die Geschichte vom deutschen Offizier, der einer Dame die Ladentür aufhält oder einer alten Französin die Einkaufstasche trägt, ist beileibe keine Legende. Natürlich waren solche Gesten nicht immer spontan. Sie entstammten einer deutschen Höflichkeitskultur, die lange vor dem Dritten Reich entstanden war und die leider im heutigen Deutschland weitgehend verlorengegangen ist.

Es kommt noch hinzu, daß Deutschland Frankreich auf einem Gebiet weit voraus war, das wir heute »Lebensqualität« nennen würden. Deutschland stellte quasi das Amerika der damaligen Zeit dar! Der Analphabetismus war weitgehend besiegt. Alle Haushalte in diesem Land besaßen ein Radio und viele hatten eine Zeitung abonniert, ein Umstand, den der Nationalsozialismus für seine Propaganda ausnutzte, indem er die Presse auf Linie brachte und die einfachen, aber soliden »Volksempfänger« förderte. Vor allem in katholischen Gebieten gab es aber auch weiterhin andere Informationsmittel und Informationskanäle. Die von den Nazis gleichgeschalteten Gewerkschaften hatten vor 1933 viele Mitglieder gehabt. Viele Deutsche sangen in einem Chor oder spielten in einem Laienorchester, und es gab die unterschiedlichsten Vereine, in denen man auch seine Freizeit gestalten konnte. Trotz Inflation und Wirtschaftskrise hatte ihr materieller Komfort auch in den zwanziger Jahren und am Beginn der dreißiger Jahre weiterhin zugenommen. Die sanitären Verhältnisse waren in den deutschen Familien im Vergleich zu den französischen weit besser. Die deutschen Mittelschichten hatten im allgemeinen eine Dusche in der Wohnung, während in Frankreich noch Kanne und Waschschüssel vorherrschten.

Es fällt heute schwer, sich vorzustellen, wie rückständig damals die französische Provinz war. Die Verbindungswege zwischen den Dörfern waren noch wenig ausgebaut. Die meisten Haushalte hatten keinen Telefonanschluß. In weiten Bevölkerungskreisen hatte die Motorisierung noch nicht begonnen, da die Kosten dafür viel zu hoch waren. Der Ochsenkarren war immer noch das gebräuchliche bäuerliche Transportmittel. Über dieses ländliche Frankreich kamen die Deutschen wie ein Wirbelsturm. So hatte man sie sich nicht vorgestellt. Man empfand die Überlegenheit der Wehrmachtssoldaten wie einen Schock. Alle hatten noch die französischen Landser mit ihren ungesunden Wickelgamaschen vor Augen, die Kanonen, die oft noch von Pferden gezogen wurden, und die weiten französischen Soldatenmäntel, deren im Winde flatternde Schöße den feindlichen Schützen die Zielerfassung erleichterten. Dagegen saßen die deutschen Uniformen gut und paßten sich der Gestalt und den Bewegungen ihrer Träger an. Ihre Stiefel und ihr Uniformstoff waren nicht aus Filz oder Baumrinde wie man es behauptet hatte. Die deutsche Armee war hochmechanisiert, die Kraftstoffversorgung war gut organisiert und ihr Gerät blitzte nur so. Die Soldaten waren jung, sportlich und braungebrannt. Diese Blüte der deutschen Jugend, die noch nicht an der Ostfront oder Afrika verblutet war, kam mit dem Motorrad, dem Kübelwagen, mit Lastwagen oder mit dem Panzer. Es war Juni. Sie hatten weite Strecken zurückgelegt und wuschen sich mit nacktem Oberkörper am Stadtbrunnen oder an der Dorftränke, ganz nach den Vorstellungen von Hygiene und Sauberkeit, die man ihnen bereits beim organisierten Sport beigebracht hatte.

Ein Pfarrer, der im Jahre 1940 junger Seminarist in La Roche-sur-Yon war, hat seine damaligen Eindrücke notiert: »Am Place Napoléon stiegen die deutschen Soldaten von ihren Motorrädern ab. Mit nacktem Oberkörper wuschen sie sich im Brunnen. Uns, die wir einmal in der Woche duschten, und das im Slip, zeigte das Schauspiel dieser jungen Männer mit ihrem der nordischen Tradition entsprechenden freien Körpergefühl, welche Welt uns von ihnen trennte. Wir waren das Gestern, und sie repräsentierten das Morgen.« Für die eher unerschrockeneren jungen Mädchen war es diese neue Zerstreuung durchaus auch einmal wert, ein bißchen später nach Hause zu kommen... Aber irgendwie hatte das Ganze für sie auch etwas Verwirrendes. Marguerite Duras hat es gut beschrieben: »Wenn sich das Abenteuer auf den Patriotismus beschränken muß, muß das andere Abenteuer erstickt werden. Aber man schaut doch hin, einen Blick muß man einfach werfen!« Im Vergleich zur französischen Antiquiertheit konnte diese deutsche Modernität durchaus auf die jungen französischen Frauen anziehend wirken, die von autoritären oder tyrannischen Vätern an der kurzen Leine gehalten wurden oder die in ihren kleinkarierten Familien emotional verkümmerten.

Dies waren wichtige Gründe, die eine ganze Reihe junger Französinnen dazu bringen konnten, sich dem Unbekannten zuzuwenden, diesen Menschen, wie man sie so in diesen kleinen, sehr abgeschnittenen Gemeinden bisher nie zuvor gesehen hatte. Gewiß brauchte es eine gewisse Kühnheit oder die Unbedachtheit der Liebe, um dann den letzten Schritt zu tun. Aber die Anziehungskraft, die zwei junge Menschen zueinander führte, war etwas ganz Natürliches, auch wenn sie die doppelte Schranke der Nazi-Ideologie und der Tabus der französischen Provinz überwinden mußte in diesem »tiefen« Frankreich, das zu dieser Zeit immer noch eine bäuerliche Welt war, in der es nicht gern gesehen wurde, wenn jemand sich einen Verlobten in einem zu weit entfernten Dorf suchte. Aber dieser Schranke gelang es nicht mehr, den Liebenden diesen so ganz menschlichen Weg der Neugierde aufeinander zu versperren, den der Liebe innewohnenden Drang zum Neuen und Unbekannten, zum Verbotenen, zur Lust an der Grenzüberschreitung, die den Heranwachsenden eigen ist, und zum Bedürfnis, von der verbotenen Frucht der Liebe zu kosten, gerade weil sie verboten ist.

Man sagt zwar: »Gleich und gleich gesellt sich gern«, aber diese Grenzüberschreitung entspricht wohl eher dem Sprichwort: »Gegensätze ziehen sich an.« Eine solch übermächtige Empfindung wie der Geschlechtstrieb veranlaßt Menschen genau zu dieser Suche nach dem »ganz anderen«, das sich zuerst im anderen

Geschlecht, dann aber auch in der anderen Rasse oder Kultur verkörpert. Und die Deutschen waren in dieser Zeit noch das »ganz andere«. Mit dem Ersten und Zweiten Weltkrieg hatte sich die bisher bereits beträchtliche Distanz zwischen Deutschen und Franzosen noch weiter vergrößert. Ein Graben tat sich zwischen ihnen auf, der tiefer war als der zwischen Europäern und Asiaten, Europäern und Arabern, Türken oder Afrikanern. Allerdings darf man auch nicht vergessen, daß die jungen Französinnen nicht wie ihre Brüder oder Vettern zu den Partisanen der Résistance flüchten mußten, um der Zwangsarbeit S.T.O. in Deutschland zu entgehen. Man verlangte von ihnen nicht, nach Deutschland zum Arbeiten zu gehen.

Um die Entwicklung der Mentalitäten zu verstehen, muß man sich die damalige historische Situation vergegenwärtigen. Auf französischer Seite waren viele Intellektuelle nach dem schrecklichen Blutbad des »letzten der letzten« Krieges von der Absurdität eines jeden Krieges überzeugt. Im ganzen Land war immer noch etwas vom Pazifismus der Vorkriegszeit zu spüren. Die linken Kreise und die Rationalisten waren von der Idee der Solidarität zwischen den Völkern beseelt, während die nationalsozialistische Ideologie im Gegensatz dazu die Unterschiede betonte. Dies verursachte in der Anfangszeit der Besatzung einige Mißverständnisse. Im übrigen hatten manche den »drôle de guerre«, den anfänglichen »Sitzkrieg«, für eine Möglichkeit gehalten, den Krieg ganz zu vermeiden. Die Schnelligkeit des darauffolgenden deutschen »Blitzkriegs« hatte dann ein großes Blutvergießen und Massensterben verhindert und den Deutschen damit das Bild eines blutdürstigen und grausamen Feindes erspart. Außerdem wußte man, daß Marschall Pétain, der Sieger von Verdun, über den Kompromiß mit der Besatzungsmacht wachte. 1940–1941 und auch noch später war die große Mehrheit der Franzosen Pétainisten, und noch nach dem Krieg waren viele der Ansicht, daß der Marschall, dessen tatsächliche Regierungstätigkeit und Einflußmöglichkeiten eher überschätzt wurden, Frankreich das Schlimmste erspart hätte. Einige auf der Rechten dachten sogar, daß der wahre Feind

Sowjetrußland sei. Churchill hatte nach dem Krieg wohl dieselbe Ahnung, als er einmal äußerte, man habe wohl mit Hitler »das falsche Schwein geschlachtet«.

In dieser Situation entwickelte sich vor dem Hintergrund dieser deutsch-französischen Spaltung zwischen den »Erbfeinden« etwas, das ich »das Paradox des Jahres 40« nennen möchte. Ein Paradox dörflichen Humors, das an Filme wie die Kriegskomödie von Maurice Tourneur *Gaietés de l'escadron* von 1932 oder gar an die *Ferien des Monsieur Hulot* erinnert, das aber bald unter dem Damoklesschwert der Repressalien, Erschießungen und Deportationen stehen wird, die dem Abenteuer manchmal sogar noch eine gewisse Würze verleihen. Es erstaunt nicht, daß die meisten Romane oder Filme, die die Besatzungszeit behandeln, im dörflichen Umfeld spielen. Dies gilt noch für den erst kürzlich nach einem Roman von Michel Quint gedrehten Film Jean Beckers *Effroyables Jardins,* in der deutschen Fassung *Schreckliche Gärten,* der die Geschichte von zwei liebenswerten Phantasten erzählt, die sich dem Krieg möglichst fernzuhalten suchen, bis zu dem Tag, an dem sie sich als Widerstandskämpfer betätigen, um Louise zu beeindrucken, in die sie beide vernarrt sind, und ein Eisenbahnstellwerk in die Luft jagen. Zwar verletzen sie dabei niemanden außer dem Bahnhofsvorsteher, doch sie lösen Vergeltungsmaßnahmen der Deutschen aus, die sie zusammen mit anderen als Geisel nehmen. Sie wären auch erschossen worden, wenn sie nicht die Großherzigkeit eines deutschen Soldaten vor dem Erschießungskommando gerettet hätte. Sechzig Jahre nach dem Krieg findet sich also dieses Mal ein netter Deutscher, der Franzosen rettet. Aber der tiefere Sinn der Geschichte, das sind die »schrecklichen« Familiengeheimnisse, die unter den heute so ruhigen »Gärten« schlummern.

Jean-Louis Bory schrieb am Ende des Krieges einen Roman mit dem bezeichnenden Titel *Mon village à l'heure allemande**

---

* Jean-Louis Bory, *Mon village à l'heure allemande,* Paris: Flammarion 1945. Prix Goncourt 1945.

(»Mein Dorf unter den Deutschen«), der im Jahre 1945 den Prix Goncourt erhielt. In diesem Dorf geschehen viele kleine Dinge, Streitigkeiten von bestürzender Banalität, die ungeheuer aufgebauscht werden, weil die Leute nichts Besseres zu tun haben, als sich immer das Schlimmste vorzustellen – aber wenn dies dann tatsächlich eintritt, bleibt es ihren lauernden Blicken verborgen. In diesem Dorf ist man weit weg vom Krieg, von den Lagern, von allem. Die Deutschen, die es dort gibt, benehmen sich wie die Elefanten im Porzellanladen, wenn sie im Gleichschritt durch den Ort marschieren: »Ernst, er, ja er roch nach Lavendelwasser, hier, das stinkt nach Leder, grobem Militärtuch und Wollfett; ich wandle im kräftigen Geruch dieser Patrouille«, erklärt das ledige Fräulein, als sie von den »Chleuhs« zur polizeilichen Untersuchung mitgenommen wird, da man einen ohnmächtigen Franzosen vor ihrer Tür gefunden hat. Natürlich können nicht alle so sein wie Ernst … Und überall verspürt man diese ständige Angst, unter dem Joch dieser Männer zu stehen, die das Recht haben, über Leben und Tod zu entscheiden, aber auch diesen Wunsch am Rande der Besatzung ein heimliches Leben zu führen. Dann fragt sie sich: »Was wird man mit mir machen? Dieser Dummkopf (von Unteroffizier) bringt mich aufs Schloß. Erschießungen finden immer in Burggräben statt wie in Vincennes.« Nach einem ziemlich verrückten Verhör wird das Fräulein wieder entlassen und kommt mit dem Schrekken davon, aber die Messe hat sie versäumt. Und jetzt fängt das üble Dorfgerede erst richtig an: »Denken Sie sich nur, sie hat die Nacht im Schloß verbracht, im Saal der Wachen, ja, doch, Monsieur Pluret, wie ich es Ihnen sage, mitten unter den Soldaten. […] Ja, die ganze Nacht im Saal der Wachen, da ging es hoch her, das kann man sich denken …«

Es brauchte nicht mehr als das, um in einem Dorf, wo jeder alles sieht und weiß, Verdächtigungen und Verleumdungen in Umlauf zu bringen. Aber dieses Buch enthält eben eine gehörige Portion von diesem Humor, mit dem die französische Vorstellungswelt später oft diese Periode behandelt hat. Man erinnerte sich noch an diesen »komischen Waffenstillstand«, der dem »komischen Krieg« gefolgt war. »Die Deutschen waren Barbaren, aber sie waren wenigstens gut erzogen«, ruft Jean-Marc Thibault einmal in der Filmkomödie *Le corbillard de Jules* aus, in der die Amerikaner im Gegensatz dazu überhaupt nicht rücksichtsvoll auftreten. Diese trotz aller Spannungen doch recht friedliche Periode der deutsch-französischen Beziehungen hat zahlreiche Filmsatiren angeregt, in denen die Deutschen gewiß keine tollen Rollen spielen dürfen, aber in denen sie sich doch in einem recht menschlichen Licht zeigen, »mehr dumm als böse«, was dann den gewitzten Franzosen die Gelegenheit bietet, ihren eigenen Vorteil daraus zu ziehen. Fest steht, daß in dieser Zeit Besatzer und Besetzte in einer Art Symbiose lebten.

Einige Buchpassagen aus dieser Zeit vermitteln aber auch eine Vorstellung von dem Klima der Unsicherheit, das damals herrschte. Es gab ja ganz unterschiedliche Deutsche. Und jedermann betrachtete sie als Gäste auf der Durchreise, die man fürchten mußte, aber gegen die man sich auch ein wenig aufsässig zeigen konnte. Der tägliche Kontakt mit den Besatzern umfaßte alle Lebensbereiche, vom düstersten bis zum lächerlichsten. Nicht einmal die Farce war dabei ausgeschlossen. Es mag einen im übrigen auch ein wenig verwirren, daß – im Gegensatz zu den überkommenen Darstellungen anderer Konflikte – die deutsche Besatzung im Frankreich der Wirtschaftswunderzeit ein komisches, ja sogar bis zur Clownerie reichendes Genre angeregt hat. Man kann darin vielleicht eine Gegenreaktion auf die Ohnmacht sehen, die man damals empfunden hatte, auf die Feigheiten und Gemeinheiten dieser Zeit, aber auch als einen leicht befremdlichen Reflex auf eine Art von heimlichem Einverständnis oder einer Empathie mit den Deutschen, die im Laufe der Monate eine vertraute Erscheinung geworden waren. Immer waren sie imposant, niemals wurden sie anerkannt, aber sie waren zweifellos Individuen, die alle ihren eigenen Charakter, ihre lächerlichen Seiten, kurz ihre eigene Menschlichkeit hatten. Auch sie hatten ja ihre Rolle zu spielen, sie dienten ihrem Vaterland, während die Franzosen in ihrem Sold oder gar die Angehörigen der Darnand-Miliz »eindeutig zu weit gingen«. Die Franzosen wußten, was sie von diesen Milizionären zu halten hatten. Sie wurden verabscheut und verachtet. Im Vergleich zu diesen Verrätern und Mördern konnte man mit dem Deutschen durchaus Umgang pflegen, vor allem wenn man bei der Arbeit mit ihm in Kontakt kam. Und wenn man dann auch noch über ihn lachen konnte, kam er einem irgendwie nahe, man konnte ihn vielleicht sogar liebgewinnen, und das lag jenseits aller finanziellen Beziehungen. Er war ein lebendiger Mensch unter lebendigen Menschen. Weniger lustig fand man da schon den potentiellen Denunzianten, der im Haus gegenüber wohnte, und vor allem die Gestapo-Agenten. Die gehörten zur Gegenseite, zum Land der Schatten und des Todes.

Am Rande sollten wir hier nun einen sehr wichtigen Faktor dieser Zeit erwähnen: im damaligen Frankreich beobachtete man sich ständig gegenseitig. Ein Bild kann für dieses gesellschaftliche Phänomen stehen: Ein Auge, das durch die Lamellen des Faltladens oder durch den Schlitz eines halbgeschlossenen Fensterladens lugt. Wenn Gefahr droht, schließen sich diese Fensterläden ganz; wenn sie dann tatsächlich eintritt, öffnet man sie einen Spalt weit, um zu sehen, was draußen vorgeht. Henri Decoins Film *Das unheimliche Haus* von 1942 und mehr noch Georges Clouzots *Der Rabe* von 1943 geben fast bis zum Überdruß diese beklemmende Atmosphäre und die Spannungen wieder, die in der besetzten Provinz herrschen konnten. Diese geschlossenen Fensterläden, durch die man die marschierenden Besatzer beobachtet, sind ein Phänomen in allen Diktaturen und besetzten Ländern, wie es sich auch im Prag des Jahres 1968 zeigen wird, nachem die sowjetischen Truppen einmarschiert sind.

Im Jahre 1945 leiht Jean-Louis Bory dem Dorf, in dem er wohnt, seine Stimme, als ob es sich bei diesem Dorf um eine einzige Person handeln würde: »Die Milizabteilung betritt mich durch die Rue du Maillet. Alle Fensterläden sind wegen der Mittagshitze geschlossen. Niemand stößt sie auf, die wenigen meiner

Einwohner, die sich draußen aufgehalten haben, sind in den Türen ihrer Häuser verschwunden und haben sie sofort hinter sich geschlossen. Beim Einmarsch der Deutschen waren meine Leute noch dabeigewesen; die Neugier hatte sie herausgetrieben. Und dann, der Krieg war doch jetzt vorbei? Man hatte es damals zumindest geglaubt. Man wußte nicht, ob man sich mit den Deutschen würde verständigen können oder nicht. Man muß auch anerkennen, wie es dann war: Die kleinen Österreicher aus La Germaine waren wirklich sympathisch, das muß man sagen. Diese Milizionäre aber, das sind Franzosen, die von Hitler bezahlt werden, um Franzosen zu töten. Das ist der wirkliche Feind; ich hasse sie, und ich fürchte sie. Auf ihrem Weg halte ich eisernes Schweigen, wende ich ihnen den Rücken zu, alle meine Fensterläden sind blind. Die schwarzuniformierte Kolonne dringt weiter vor. Singend. Wie die Deutschen. Sie wird eingerahmt von Milizionären, die auf den Gehsteigen marschieren; sie werfen in die geschlossenen Fenster, die Seitengassen ihre mißtrauischen, ja gehetzten Blicke, die Maschinenpistolen im Anschlag. Ein feindliches Dorf, ja, ich bin ein feindliches Dorf! Ich empfinde die Deutschen als Fremdkörper. Ich assimiliere sie nicht; mit viel Geduld wird es mir gelingen, sie zu entfernen, wie man einen Spreißel mit den Fingernägeln herauszieht. Notfalls wird man mich operieren, und ich komme unters Messer. Aber dieser Haufen schwarze Schlacke, das ist echtes Gift...«[*]

»Am Anfang«, erzählte uns Karl Ebbinghausen, dieser Wehrmachtskanonier, den wir in diesem Buch schon einmal zitierten, »hatte die Armeeführung das Ziel, keine Probleme mit der französischen Bevölkerung zu bekommen. Aber es war dann doch schon nötig, daß sie die Stellung respektierten, die der Wehrmacht zukam. Natürlich waren wir bei der Zivilbevölkerung nicht immer gern gesehen. Als Besatzungsmacht waren wir zwar nicht verhaßt, aber wir waren doch lästig und gingen vielen auf die Nerven. Bei manchem Franzosen merkte man, daß er die Deutschen

——— [*] Jean-Louis Bory, a. a. O., S. 292f.

nicht mochte, aber andere hatten doch zwischenzeitlich den Kontakt gesucht, vor allem aus wirtschaftlichen Gründen, vor allem die Wirte, Geschäftsleute usw. Unser Batteriechef war ein vernünftiger Mann und verstand sich relativ gut mit dem Bürgermeister von Berneval. Aber die besten Beziehungen zu den Einwohnern des Dorfes hatte unser Sanitäter. Die Zivilisten riefen ihn oft, um schwere Krankheiten oder Verletzungen zu behandeln. Das reichte von Brüchen bis zu Geburten. Das lag natürlich an der mangelnden medizinischen Versorgung auf dem Land, vor allem während des Krieges. Der Dorfbäcker, dessen Grundstück direkt an unser Stacheldrahtverhau angrenzte, bekam von uns schon einmal einen Gehilfen gestellt, wenn die Nachfrage besonders groß war, einen Soldaten unserer Batterie, der von Beruf ebenfalls Bäcker war. Im Gegenzug konnte unsere Küche seinen Ofen benutzen, wenn sie ihn brauchte. So hatte sich allmählich ein erträgliches Nebeneinander entwickelt, und ich habe nie etwas von irgendeiner Aggression von der einen oder anderen Seite erfahren. Disziplin war immer noch die Stärke der Wehrmacht.«

Es gab also durchaus Übereinkünfte zwischen den beiden Seiten aus pragmatischen Gründen. Aber kehren wir zur Liebe zurück. Liebe ist ja nicht nur die Suche nach einer verwandten Seele, sondern manchmal auch der Wunsch nach dem »Dépaysement«, von dem André Breton spricht, dem so ganz anderen, Fremden und Unvertrauten. Vielleicht hat dieser Drang nach dem Exotischen eine biologische Funktion, die die genetische Vielfalt befördern soll, etwas, das für die Beteiligten natürlich erst einmal keine Rolle spielt. Jedenfalls ist eine solche »Out group«-Beziehung im allgemeinen nur dann möglich, wenn zuvor Tabus gebrochen, Verbote nicht beachtet und Grenzen im konkreten wie im übertragenen Sinn überschritten werden. Sie wird auch immer zerbrechlicher bleiben als eine »In group«-Beziehung. Bis zum Beginn des europäischen Einigungsprozesses und dann der Globalisierung der zweiten Hälfte des 20. Jahrhunderts waren solche Verbindungen meist gesellschaftlich geächtet. Vor sechzig oder hundert Jahren war die Anzahl der Tabus noch weit höher und die Verbindlichkeit der Verbote noch weit größer als heute.

In der Generation unserer Großeltern und Urgroßeltern, für die eine europäische Liebe oder Ehe noch undenkbar war und deren Leben im eng umgrenzten regionalen Rahmen verlief, mußte die exotische Liebe, ja die Erotik selbst noch in weiterer Ferne, auf anderen Kontinenten gesucht werden. Nur Abenteurer, Vagabunden und Gesetzlose suchten zu dieser Zeit Glück und Vermögen weit von ihrer Heimat entfernt, so wie Magellans Gefährte Francisco Serrão, der sich dafür entschied – und dies ganz zu Beginn des 16. Jahrhunderts – auf seine Karriere im Dienste Portugals zu verzichten, um die neun Jahre seines Lebens, die ihm noch verblieben, »behaglich und unbekümmert [...] wie alle die andern kleiderlosen und sorglosen Menschen auf diesen seligen Eilanden«, in Amboina, einer Insel der südlichen Molukken, zu verbringen, »ein anderer Odysseus, der sein Ithaka vergessen hat in den Armen seiner dunkelhäutigen Kalypso«, wie es Stefan Zweig in seiner vortrefflichen Biographie des portugiesischen Weltumseglers Magellan ausdrückt.* Dieser Serrão war ganz gewiß ein Pionier des *Dépaysement,* ein Vorgänger des französischen Malers Paul Gauguin, der sich ebenfalls für ein »wildes« Leben in Ozeanien entschied, wie weniger Berühmte vor und nach ihm.

Außergewöhliche Persönlichkeiten, die es reizt, aus ihrem Milieu zu entfliehen und dem Ruf der Ferne zu folgen, können ihre »verwandte Seele« weit enfernt von ihren eigenen Wurzeln finden und sich durch den Kontakt mit ihr dann selbst verwandeln und dadurch lernen, ein erfüllteres Leben zu führen. Dafür muß man der verwandten Seele nur entgegengehen und für sie offen sein. Aber es hat lange gedauert, bis sich diese Idee durchsetzen konnte.

---

* Stefan Zweig, *Magellan. Der Mann und seine Tat,* Frankfurt: S. Fischer 1983, S. 55 f.

KAPITEL 5

Die große Illusion _____

Am 9. November 1940 wurde der Führerbefehl verkündet, daß
man ab sofort am Grabmal des Unbekannten Soldaten in War-
schau keine Ehrenbezeigung mehr erweisen dürfe, wohl aber dem
Grab des Unbekannten Soldaten in Paris. Das der Willkür eines
»Generalgouverneurs« ausgelieferte Polen verdiente keine weiteren Rücksichten mehr. Im Gegensatz zu Frankreich, das Hitler
noch auf seine Seite ziehen wollte. Die Überführung der Gebeine
des Herzogs von Reichstadt, Sohn Napoleons I., von Wien in den
Pariser Invalidendom im Dezember 1940 war ein Ausdruck dieser
Politik. Die Absicht war zwar leicht zu durchschauen, aber wie
viele waren Hitler über die Jahre hinweg nicht schon auf den
Leim gegangen, einem Menschen, der von sich behauptete, alles
mit einer »Seele aus Eis« zu beurteilen, und der nie vor einer
Lüge zurückschreckte. Hitler verachtete Frankreich, den »Tod-
feind«, das »verjudete« und »vernegerte« Land. Er hatte es nur
schnell besiegen müssen, um jetzt endlich seinen eigentlichen
Krieg gegen das »Ostvolk« führen zu können. Die Vernichtung
des »slawischen« Polen sollte nur einen Vorgeschmack des
Schicksals geben, das den Russen bereitet werden sollte.

Hitler mußte im übrigen auch mit den Militärs ein Übereinkommen suchen, die mit der Verwaltung der französischen besetzten Zone beauftragt waren. Trotz ihrer Vorbehalte gegen das
Naziregime zeigten sich die meisten Offiziere doch beeindruckt
von diesem »Strategen«, der beim Wehrmacht-Führungsstab
gegen dessen Willen im Frankreichfeldzug durchgesetzt hatte,
die Panzerdivisionen »bis zum Äußersten« einzusetzen. Der sieg-

reiche Vorstoß der Panzertruppe im Blitzkrieg im Mai und Juni 1940 hatte ihm dann recht gegeben. Nur wenige hatten das volle Ausmaß der Doppelzüngigkeit und Verrücktheit eines Mannes erkannt, der von seinen bisherigen Erfolgen berauscht war. Denn der Diktator wollte mehr, als einfach einen »klassischen« Eroberungszug zu führen. Angetrieben von dem Mythos der »überlegenen Rasse«, mit dem er sich voll identifizierte, war Hitler dabei, jeden Sinn für politische und strategische Rationalität zu verlieren. Dagegen glaubte seine Armee daran, daß man ein Übereinkommen mit dem Frankreich von Vichy suchen sollte, das dessen Neutralität garantieren würde oder es sogar zu einem Verbündeten gegen England machen könnte.

Zumindest liegt diese Interpretation nahe, wenn man den Erinnerungen des Generals Walter Warlimont Glauben schenkt.[*] Am 29. November 1941, einen Monat nach dem Treffen in Montoire-sur-le-Loir zwischen Hitler und Pétain, fanden in Paris am Sitz der deutschen Botschaft bilaterale, informelle Gespräche statt. Auf deutscher Seite nahmen daran teil Generalmajor Warlimont, Stellvertreter von Jodl im OKH, Amt Landesverteidigung, und ein Generalstabsoffizier der Luftwaffe sowie auf französischer Seite General Huntzinger, Admiral Darlan und Pierre Laval, damals innerhalb der Vichy-Regierung mit den auswärtigen Angelegenheiten betraut. Im Laufe dieser Unterredung nahmen Laval und Darlan Warlimonts Vorschläge freundlich auf, den französischen Truppen die Verteidigung von Nordost- und Westafrika anzuvertrauen, wobei Laval sogar anbot, die Gaullisten aus dem Tschad zu vertreiben. All das wird Hitler später ablehnen. Eine formelle Allianz mit dem »Französischen Staat« Pétains kommt für den Führer nicht in Betracht. Als die Gefahrenlage im westlichen Mittelmeer es erforderlich macht, zögert Hitler im November 1942 dann nicht, in die sogenannte »freie Zone« im Süden Frankreichs einzurücken, um die Küsten des

——— [*] Walter Warlimont, *Im Hauptquartier der deutschen Wehrmacht 1939 bis 1945. Grundlagen, Formen, Gestalten,* München: Weltbild Verlag 1990, S. 138 f., 142.

Languedoc und der Provence mit seinen eigenen Truppen verteidigen zu können. Selbst die Italiener, die die Gegend um Nizza
besetzt hielten, müssen sich dann zurückziehen.

Als Meister in der Kunst der Provokation wie in der der Mani-
pulation legt Hitler niemals die Karten auf den Tisch. Joseph
Goebbels, sein engster Vasall, tut das an seiner Stelle, da er glaubt,
das Denken seines Meisters zu kennen und diesem am besten dienen zu können. Und so trägt der Propagandaminister am 7. März
1942 in sein Tagebuch ein: »Die Vichy-Franzosen wären unter
Umständen bereit, nicht nur ihre Neutralität aufzugeben, sondern aktiv in den Krieg einzugreifen, wenn wir ihnen jetzt einen
annehmbaren Frieden anböten. Das will aber der Führer nicht...
Wir müssen deshalb die militärische und politische Macht Frankreichs endgültig vom zukünftigen europäischen Kräftespiel ausschalten. In dieser Beziehung folgt der Führer einem sehr fein
reagierenden nationalpolitischen Instinkt.« Am 26. April 1942
bestätigt Goebbels die Hintergedanken Hitlers, als er schreibt:
»Das Gerede von der Kollaboration ist nur für den Augenblick
gedacht.« Um dann am 30. April zu präzisieren: »Wenn die
Franzosen wüßten, was der Führer von ihnen verlangen wird, so
würden ihnen wahrscheinlich die Augen übergehen. Es ist deshalb
gut, daß man vorläufig mit diesen Dingen hinter dem Berge hält
und aus dem Attentismus der Franzosen so viel herauszuholen
versucht, als überhaupt herausgeholt werden kann.«

Für einen nationalistischen Offizier der alten Schule wie Ernst
Jünger machte Hitler hier eine tölpelhafte Politik. Seine Methoden waren ein völliger Bruch mit der Diplomatie eines Metter-
nich, dem es auf dem Wiener Kongreß von 1815 gelungen war, die
Macht der mitteleuropäischen Reiche zu konsolidieren: »Welt-
politik und Rassenpolitik zusammen zu betreiben, wie Hitler es
wollte, gehört zu den Undingen. Man kann sie aber nicht verquik-
ken mit ihrem Gegenteil. Die Art, in der Hitler sich von ihnen
leiten ließ, gab nicht nur den Hauptgrund für das Scheitern seiner
Pläne, sondern war von Anfang an das sichere Zeichen dafür, daß
imperiale Substanz ihm mangelte. Jeder Schritt, den er über die

nationale Befreiung ins Imperiale hinaus tat, mußte uns daher schädigen.«* Jünger bezog sich hier mit Sicherheit auf das Habsburgerreich, das zwar alle nationalen Unabhängigkeitsbestrebungen bekämpfte, aber trotzdem die Unterschiedlichkeit der Völker zu respektieren wußte, die in seinen Grenzen lebten. Obwohl österreichischen Ursprungs – wenn auch in einer Kleinstadt an der deutsch-österreichischen Grenze geboren – strebte Hitler nie danach, einen Konsens herzustellen. Als Anhänger eines simplistischen Sozialdarwinismus, einer Weltanschauung, in der immer das Recht des Stärkeren galt, erstrebte er eine absolute Dominanz über alle eroberten Territorien, ohne jede Beteiligung der Unterworfenen. Auch wenn er sicherlich einen gefährlichen politischen Instinkt besaß, verfügte dieser Autodidakt doch nicht über die geistige Distinktion, wie sie ein Bismarck oder ein Bonaparte besessen hatten. Die Bündnispolitik der Habsburger, die der Maxime folgte: »Die anderen mögen Kriege führen, du, glückliches Österreich, heirate«, konnte, abgesehen davon, daß sie einer abgelebten dynastischen Epoche entstammte, jemanden wie Hitler mit seiner Mystik des »reinen Blutes« nur abstoßen. Er duldete keine Rassenmischung.

Ebba Drolshagen wünscht sich in ihrem Buch über norwegische Frauen, die ein Verhältnis mit deutschen Soldaten hatten, folgendes: »Stellt man sich aber einen Augenblick lang ganz naiv, ist es doch zumindest vorstellbar, daß die Bevölkerung einer besetzten Nation während des Zweiten Weltkriegs und in den Jahren danach ihre verliebten ›Landsmänninnen‹ nicht als Verräterinnen verdammt, sondern sie als Vermittlerinnen gesehen hätte.«** Leider gab es wenig zu verhandeln, und deshalb brauchte man auch keine Vermittlerinnen. Wenn die Bündnisse zwischen Monarchien durch die Eheschließung der Thronfolger geschlossen wurden, in einem Maße, daß alle europäischen Souveräne am Ende eng miteinander verwandt waren, hatte das überhaupt

---

* Ernst Jünger, *Sämtliche Werke,* Stuttgart: Klett Cotta 1980, Band 7, Essays I, *Betrachtungen zur Zeit.* »*Der Gordische Knoten*«, S. 468.
** Ebba Drolshagen, a. a. O., S. 147.

335

nichts mit den Sitten und Gebräuchen der breiten Masse zu tun. Nun kam es schon einmal vor, daß Angehörige des Hochadels und des Großbürgertums ihre Ehegatten im Ausland oder sogar jenseits des Ozeans suchten ... Aber auch diese kosmopolitischen Kreise mußten 1940 große Vorbehalte gegenüber den Deutschen haben, und dies nicht mehr und nicht weniger als das gemeine Volk. Ob gesellschaftlich hochgestellt oder aus den »niederen Kreisen«: Jeder war entweder der machtlose Bürger eines besiegten Landes oder der Soldat einer siegreichen Nation.

Aber auf diese »Große Illusion«, um den Titel eines Films von Jean Renoir aufzugreifen, der im Juni 1937 herauskam, sind doch viele hereingefallen und sie hat viele Herzen, wenn nicht erobert, so doch verwirrt. Jeder, in Berlin wie in Vichy, hegte seine Zweifel, aber er belog dennoch sein Volk. Man wollte an den Frieden im Kriege glauben. So wie einige früher an das Ende der Nationen hatten glauben wollen. Aber die Nation bestimmte weiterhin die menschlichen Schicksale mit unerbittlichen Zwängen. Dennoch gab es Frauen und Männer, die sich dem entziehen wollten und die dabei ihr eigenes Selbst, ihre Klasse wie auch ihr Vaterland vergaßen. Dies war vielleicht die größte Illusion von allen, die aus der Liebe etwas machte, das alle Mauern überwinden sollte, um dann doch manchmal ein bloßer Zeitvertreib zu bleiben.

Man könnte nun annehmen, daß die »Eliten« ein historisches und politisches Bewußtsein auszeichnete, das als unüberwindbare Schranke eine solche Grenzüberschreitung verhindern würde, nämlich ihr starkes Ehrgefühl. Aber die Abstammung bewahrt einen weder vor Anfechtungen noch vor Leidenschaften, von denen man weiß, daß gerade sie keine gesellschaftlichen Vorurteile kennen. Die Mächtigen wie die Einfachen sind fehlbar. Überdies war diese Schranke auch nicht unüberwindbarer bei denen, die wußten, woran sie waren, da sie aus dem zaristischen Rußland mit seinen Pogromen geflohen waren, im Respekt vor den Werten der Republik aufgewachsen waren oder das Vorkriegs-Deutschland aus eigener Anschauung kannten.

Von den Unwägbarkeiten, die die Umtriebe auf höchster Ebene zur Folge hatten, von den Arrangements, die jeder eingehen mußte, wenn er diese Prüfung überstehen wollte, vor allem aber von der Verwirrung, die in den Köpfen herrschte, künden zwei wichtige Bücher, das eine aus dem Jahr 1942 *Le Silence de la Mer,* auf deutsch: *Das Schweigen des Meeres,* von Vercors, und dann ein anderes, viel späteres von Jean d'Ormesson, *Au plaisir de Dieu,* * auf deutsch: *Wie es Gott gefällt.* Beide Werke befassen sich auf sehr unterschiedliche Weise mit diesen Themen, indem sie Personen auftreten lassen, deren geistige, moralische und soziale Eigenschaften sie von der Masse der Bevölkerung unterscheiden, was eine idealisierte Sicht auf die damaligen Ereignisse ermöglicht.

Das Schweigen des Meeres ist von einer Haltung und einer Tiefe des Denkens geprägt, die es in den Rang eines Klassikers erhebt. Allerdings ist es eher eine allegorische Erzählung, in der das Alltagsleben der Bevölkerung keine Rolle spielt. Durch den Text zieht sich ein langer Monolog des Wehrmachtsoffiziers Werner von Ebrennac über das deutsch-französische Verhältnis, eher sogar ein Selbstgespräch, da der alte Mann und seine Nichte, in deren Haus er gegen deren Willen einquartiert wurde, im ganzen Buch nie auf seine Worte reagieren. Auch in der Realität fanden diese Zwangseinquartierungen gerade in guten Häusern immer wieder statt, wurden aber durchaus nicht selten von beiden Seiten mit einem gewissen Takt durchgestanden. Man brachte eben Offiziere nicht in einem elenden Loch bei den »Lumpen« unter, sondern bei Leuten der guten Gesellschaft. Da passierte es dann auch schon einmal, daß eine alte Dame, die einen Deutschen beherbergte, diesem jeden Abend einen Apfel auf sein Nachttischchen legte. Als dieser fragte: »Aber warum tun Sie denn das, Madame?« antwortete sie: »Monsieur, Sie sind doch mein Gast.« Im Gegenzug zog der Deutsche seine Stiefel am Fuß der Treppe aus, bevor er schlafen ging, um keinen Lärm zu machen

---

* Jean d'Ormesson, *Au plaisir de Dieu,* »Folio«, Paris: Gallimard 1974, S. 372f.

337

und das Haus nicht aufzuwecken. Zwar konnten solche Gesten das erzwungene Zusammenleben auch nicht erfreulicher machen, aber sie hatten eben doch ihre Wirkung.

Der Eindringling im *Schweigen des Meeres* beweist seinerseits eine Freundlichkeit, die an Selbstverleugnung grenzt. Der lange Monolog, den dieser Urtyp eines deutschen Romantikers. Abend für Abend hält, trifft bei seinen unfreiwilligen Gastgebern auf eisiges Schweigen. Er erhält »weder Antwort, Zustimmung noch einen Blick«. Ganz offensichtlich inspiriert ihn die Nichte des Hausherrn, sie inspiriert seine edelsten Gedanken und seine lyrischen Neigungen. Er ist jemand, der von der Verbindung von Frankreich und Deutschland träumt, einer Union, die fähig wäre, die Seelen zu befruchten und eine neue Welt entstehen zu lassen. »Hier, das ist der Geist, das subtile und poetische Denken. […] Die Sonne wird endlich über Europa aufgehen.« Immer bestrebt, von dem jungen Mädchen angehört zu werden, das sich in eine Handarbeit vertieft, um ihm nicht antworten zu müssen, erinnert er an das Märchen *Die Schöne und das Tier:* » Die Schöne ist stolz und ehrenwert, das Tier ist mehr wert als es scheint, neben der so feinen Schönen erscheint es ziemlich plump! Es strebt danach, sich höher zu entwickeln..., wenn die Schöne es wollte...« Wenn Frankreich es wollte...? Aber »man kann ihren hohen Reichtum nicht rauben, man muß ihn an ihrem Busen trinken... daß sie ihre Brust in einem mütterlichen Gefühl anböte! Wenn sie doch unseren Durst akzeptierte, uns ihr anzuschließen... akzeptierte, sich mit uns zu vereinigen?« Das hieß, alles auf eine Karte setzen. Die Nichte zerreißt den Faden ihrer Stickerei. Werner von Ebrennac wartet, bis sie ihn von neuem eingefädelt hat, bevor er weiterspricht. Eine peinlich genaue Geste. Das junge Mädchen hat anscheinend seine Ruhe verloren. Der wie immer aufmerksame Offizier beruhigt sie: »Inmitten von Osterglocken, wilden Hyazinthen und Amaryllis bestraft die deutsche Verlobte eine Fliege, indem sie ihr ein Bein nach dem anderen ausreißt...« Auch hier herrscht peinliche Genauigkeit, aber im Sadismus. Mit diesem Satz hat er seine Verlobung gelöst. Er wird das arglos grausame Fräulein verlassen. Jetzt ist von Ebrennac frei. Und wie anziehend ist doch diese Französin... Aber für das Idyll gibt es keine Zukunft. Während eines in Paris verbrachten Diensturlaubs entdeckt der Deutsche, daß er sich in den Seinen getäuscht hat. Er bekommt dort von seinen Waffenkameraden und von seinem eigenen Bruder zu hören: »Wir haben nun die Gelegenheit, Frankreich zu zerstören, seine Seele ist die größte Gefahr.« Völlig vernichtet kehrt er zurück. Als sein Gastgeber ihn zur Begrüßung mit einem »Treten Sie ein, Monsieur«, empfängt, fordert der Offizier ihn auf, alle seine bisherigen Worte zu vergessen... Als enttäuschter Liebhaber entschließt sich Werner von Ebrennac »zur Hölle« zu gehen, in den Osten und »seine riesigen Ebenen, deren zukünftiger Weizen von Leichen gedüngt werden wird«. In seinem Herzen nimmt er das einzige Wort mit, das die Frau je zu ihm gesagt hat, die ihn hätte lieben können: Das »Adieu« des jungen Mädchens, mit dem sie seinen Abschiedsgruß erwiderte.

Bei Vercors im Jahre 1942 war der Deutsche ein Spiegelfechter, ein Lockvogel und Verführer, wenn er sich nicht sogar selbst am meisten betrog. Aber die Französin widerstand ihm mit den Waffen, die ihr ihre provinzielle Erziehung gegeben hatte, nämlich einer scheuen Zurückhaltung, die von Anstand und Sensibilität geprägt war. Wenn man so will, der passive Widerstand des sogenannten schwachen Geschlechts. Wie hätte sich von Ebrennac gegenüber einer weniger förmlichen jungen Dame verhalten, ob sie ihn nun zum Teufel geschickt oder sich in ihn verliebt hätte? Und sie selbst, wie hätte sie auf einen weniger förmlichen, aber entschlosseneren Mann reagiert?

Auch wenn der Kontext beim Mitglied der Académie Française Jean d'Ormesson ein anderer ist, gibt es doch auch gewisse Ähnlichkeiten mit dem Werk Vercors. Der Autor von *Wie es Gott gefällt* schreibt eine Familiensaga. Der Erzähler blättert hier eine Chronik aus Adelskreisen auf, einem gesellschaftlichen Rahmen, der für eine romanhafte, wenn nicht sogar idealisierte Heraufbeschwörung der damaligen Zeit durchaus geeignet erscheint.

Die Begegnung findet im Laufe des Winters 1941 – 42 auf dem Landsitz Plessis-le-Vaudreuil statt, auf dem damals deutsche Flieger stationiert sind. Der Erzähler spricht von »einer ziemlich seltsamen Geschichte, die von neuem unser Nationalgefühl auf die Probe stellte«. Akteure waren der Schloßherr, eine junge Witwe mit dem Vornamen Anne-Marie und der Luftwaffenoffizier Karl-Friedrich von Wittgenstein, ein Mann »von ungefähr vierzig Jahren, hoher Gestalt, bereits fast weißem Haar, um den Hals das Eiserne Kreuz, der in seinem Auftreten und seinen Bewegungen etwas gleichzeitig Beeindruckendes wie Charmantes hatte«. Kurz, diese drei gehörten zur selben Welt, aber nicht zur selben Generation, und, zumindest was einen von ihnen anging, gehörten sie auch nicht zum selben Lager.

Anne-Marie hatte ihren Mann während des Frankreichfeldzugs von 1940 verloren. Das Trauerjahr war zwar vorbei, aber um den auf dem Felde der Ehre gestorbenen Helden hatte man einen regelrechten Kult aufgebaut. »Roberts Tod war für Anne-Marie eine Tragödie, ein tiefer Schmerz, ein Zusammenbruch. Dann aber, glaube ich, in dieser Grausamkeit des Lebens mit all seinem schrecklichen Hin und Her zugleich auch eine Art Erleichterung.« Und etwas später: »Das Grab brachte alles in Ordnung. Wir haben uns schon immer besser mit den Toten verstanden als mit den Lebenden.« Anders ausgedrückt, war Anne-Marie nun frei, ihr Leben neu zu gestalten. Ärgerlich war nur, daß der einzige Mann, dessen gute Erscheinung ihren Blick auf sich zog, ausgerechnet eine deutsche Uniform trug. »Sicherlich schaute sie ihn nicht an. Aber sie hatte ihn sofort bemerkt. Er war recht anziehend, taktvoll und äußerst distinguiert. Und er, wie hätte er in diesem alten Schloß, das im Unglück der Zeiten düster geworden war, nicht dieses junge strahlende Geschöpf in Begleitung des alten Herrn bemerken sollen?«

Die deutschen Flieger blieben ziemlich lange in Plessis-le-Vaudreuil. Wittgenstein wurde dreimal abkommandiert, aber er richtete es so ein, daß er zweimal wiederkommen konnte. Er schien sich diesem Ort verbunden zu fühlen. »Jeden Morgen fanden

Anne-Marie und ihr Großvater eine einzelne Blume in einer Vase vor, die auf einer kleinen Konsole am Fuße der Treppe stand, auf der seit unvordenklichen Zeiten die Post abgelegt wurde. Bei den Ausritten in die Wäldchen der Umgebung wählte die junge Frau ihren eigenen Weg, und Wittgenstein als schweigsamer Kavalier begnügte sich damit, diese Amazone von weitem zu eskortieren. Es wäre nicht schicklich gewesen, wenn man sie überrascht hätte, wie sie nebeneinander galoppierten.« Dieses kleine Spiel sollte einige Zeit andauern. Als Anne-Marie eines Morgens mit ihrem Großvater auf einen Morgenspaziergang durch das, was vom Obstgarten geblieben war, gehen wollte, entdeckte sie anstelle der üblichen Rose oder Jasminblüte einen wundervollen gemischten Strauß von zwanzig oder dreißig Blumen. Darin steckte eine Karte mit der Aufschrift: »Major von Wittgenstein als Ausdruck seiner Verehrung.« Und darunter, mit einem Anflug von schlechtem Geschmack inmitten all dieser sonstigen Distinktion – immerhin gehörte dieser strahlende Ritter trotz allem zu den Besatzungstruppen – drei Buchstaben wie ein Hilferuf: »*p.p.c.* – *pour prendre congé*«: »Zum Abschied«. Und die bewunderte und umworbene Frau verstand. Es folgte ein erneuter Ausritt, aber diesmal Pferd neben Pferd im Schritt, und dann, »vor einem Kreuz, das man im 16. Jahrhundert an der Stelle eines Gefechts errichtet hatte, in dem mehrere der Unsrigen unter den Katholiken wie den Protestanten blutig niedergemetzelt wurden, und das man im Land das ›Vier-Wege-Kreuz‹ nannte« – ein Kuß! Der erste und der letzte. All das, ohne daß ein einziges Wort gewechselt worden wäre. Schweigen, auch hier. Allerdings mit ein wenig mehr Kühnheit beim Verehrer und seiner Angebeteten. Später wird Anne-Marie zugeben: »Das war ein Mann, den ich hätte lieben können.« Gewiß, aber sie tat es dann doch nicht, nur ein kleines bißchen. Die Ehre blieb unangetastet.

Man träumt manchmal von Dingen, die man niemals tun wird. Es gab sicher viele Frauen – und Männer –, die vom Gesicht, der Gestalt, der Stimme oder der Hand eines deutschen Soldaten träumten, bei denen es aber bei diesem Traum blieb, den sie sich nie auszuleben gestatteten. Niemand würde diesen Menschen jemals Vorwürfe machen. Wenn aus dem Wunsch aber eine Tat wurde, vor allem wenn eine ernste Beziehung oder gar die Geburt eines Kindes folgten, dann fühlte sich die Gesellschaft herausgefordert, dann rief das einen Skandal hervor, dann war jeder Ausweg versperrt. Dann gab es ein neues Schweigen, nicht das in diesen Büchern beschriebene, sondern das Schweigen, das einen brandmarkt, das vorwurfsvolle Schweigen, aber auch das Schweigen der Scham. Dieses lastete sehr lange auf den Müttern und ihren Kindern. Hier wurden alle Illusionen zu Schanden.

Es sei uns erlaubt, diesen mehr oder weniger gezügelten Herzenssachen einige Fälle folgen zu lassen, die nichts Erhebendes an sich haben, aber für sich selber sprechen. Nicht alle deutschen Offiziere – oder Unteroffiziere – fühlten sich zum Asketen berufen. Ernst Jünger erzählt in seinen Tagebüchern über entsprechende Beispiele: »Damals gehörte die Briefzensur zu meinen Aufgaben. [...] Da saß ein Unteroffizier in Le Mans, der seine Frau über die Fortschritte in seiner französischen Liebschaft unterrichtete. Er fügte Zeichnungen bei, die zwar nicht der Kunst, wohl aber der Phantasie eines Giulio Romano Ehre gemacht hätten. Der Brief war ohne Zweifel zu Unrecht angehalten worden; er wurde dem melancholischen Feldwebel zurückgegeben, der ihn zuklebte und absandte.« Ein weiterer von Jünger geschilderter Fall ist fast noch bezeichnender:[*] »Anscheinend hatten die meisten vom Briefgeheimnis noch ziemlich veraltete Vorstellungen, wie etwa der Gefreite, der seiner Freundin schrieb, sie möge ihm Zivilzeug schikken, das katastrophale Ende stehe dicht bevor.« Dies war die Hauptsorge, die einzige Sorge vieler Soldaten auf allen Ebenen der Hierarchie. Leben, gut leben, so gut es geht, und dann, wenn die Stunde gekommen ist, überleben. Das war alles.

——— * Ernst Jünger, *Tagebuch III, Strahlungen II*, Stuttgart: Klett-Cotta 1979, S. 440.

KAPITEL 6

Auge um Auge, Zahn um Zahn —————————

Ab Juni 1944 gibt es wieder eine Westfront. Die Kämpfe toben zuerst in der Normandie und dann nach dem 14. August an der provencalischen Mittelmeerküste. Der letzte Ministerrat der Vichy-Regierung wird am 12. Juli abgehalten. Pétain fordert am 5. August die Nationalmilizen zur Niederlegung der Waffen auf, um sich dann zehn Tage später auf Befehl der Deutschen nach Belfort zu begeben. Überall ist der Feind auf dem Rückzug.

In den Städtchen und Dörfern, aus denen die Besatzer abgezogen sind, bricht allgemeiner Jubel aus, der mitunter durchaus auch zu Exzessen führt, wenn alte Rechnungen beglichen werden sollen. Das Land befreit sich und übt Rache für das, was es erdulden mußte. Man feiert die Ankunft der Alliierten, aber man macht auch Jagd auf die Mächtigen von gestern, notorische Kollaborateure, Hilfspolizisten, als Denunzianten Verdächtige und all jene, die durch bloßes Gerücht oder die im jetzt für ehrlos erklärten Regime eingenommene Stellung der Bevölkerung suspekt erscheinen. Obwohl die großen Fische vielfach entwischen konnten, so fangen sich doch viele kleine Fische im Netz. Und man führt seinen Fang mit Vergnügen vor. Photos zeugen noch heute von dem gebotenen Schauspiel. Die Bilder der geschorenen Frauen gehören zu den scheußlichsten Zeugnissen dieser Zeit. Es gibt auch Übergriffe auf deutsche Soldaten, und nicht alle kommen dabei mit dem Leben davon. Wenn man anhand einer Liste Verhaftungen vornimmt, um in den Tagen oder Wochen darauf eine endgültige Auswahl zu treffen, macht man dabei mit nicht wenigen Personen trotzdem sofort kurzen Prozeß. Leute werden gelyncht oder aufgehängt. Soldaten werden erschossen, obwohl sie sich bereits ergeben haben. Überall gibt es nur noch Schnelljustiz, wenn sich Recht und Ordnung in der allgemeinen Verwirrung nicht ganz aufgelöst haben. Die Schaffung von Sondergerichten zur Aburteilung der »Verräter« beginnt erst Mitte September 1944.

Die Mitglieder von Widerstandsgruppen und Résistance-Partisanen waren nicht alle Widerständler der letzten Stunde, im Gegenteil. Die Gruppen, deren Anführer sich um ein Minimum an Legalität bemühten, konnten diese auch aufrecht erhalten und haben die allgemeine Anarchie nicht befördert. Die Männer und Frauen im Schatten zogen es oft vor, weiterhin im Schatten zu bleiben. Einige mußten allerdings auch Mißverständnisse befürchten, was ihre wirklichen Taten oder ihre Identität betraf, vor allem, wenn sie ein doppeltes Spiel hatten spielen müssen. Die Anonymität gehörte quasi zur Grundausstattung dieser Helden. Es gab zahlreiche Menschen, die das Banner der Freiheit hochhielten, und andere, die von wer weiß woher aufgetaucht waren, um zweifelhafte oder schlicht kriminelle Taten zu begehen.

In den beiden vorhergehenden Jahren war Frankreich dem Abgrund nahe gewesen. Das Vichy-Regime war in die absolute Tyrannei und Polizeiwillkür abgerutscht. Auf der anderen Seite hatte die Résistance nun gelernt, einen immer härteren Befreiungskrieg zu führen. Die Bevölkerung mußte zwischen den Fronten Schläge von beiden Seiten einstecken. Die alliierte Landung hatte zu viele Energien und zu viel alten Groll freigesetzt, um auf eine militärische Episode begrenzt zu bleiben, die mit der Einrichtung neuer Institutionen einherging. In verschiedenen Gegenden des Landes herrschte ein regelrechtes Bürgerkriegs-, ja sogar revolutionäres Klima.

Neben Freude und Erleichterung gab es nun auch Ausbrüche von Haß und hysterischem Jubel, die den mittelalterlichen Fastnachtsritualen glichen, von denen in der Einleitung zum Ersten Teil die Rede war, in denen die Scheiterhaufen brennen. Aber dann gab es da auch die Angst, »nicht dabeizusein«, obwohl man doch dabeisein mußte, wenn möglich mit einer alten Flinte bewaffnet und einer »Trophäe« neben sich. Eine Frau, die der »horizontalen Kollaboration« beschuldigt wurde, war da ein geeignetes Wild. Fast so sehr wie der »Chleuh« mit dem offenen Waffenrock und dem verlorenen Blick oder der Milizionär mit dem verschwollenen Gesicht. Das war teuer bezahlt. Aber der Sieg hatte seinen Preis. Feinde und Kollaborateure sollten für alles bezahlen, was man erduldet hatte, was man hatte einstecken müssen, und schlimmer noch, was man feige ignorieren oder tolerieren mußte. Allerdings gilt es zu berücksichtigen, daß es der Nationalsozialismus mit seltener Perversität verstanden hatte, überall in seinem Herrschaftsbereich die Seelen der Menschen zu korrumpieren und zu kompromittieren. Nur ganz wenige hatten sich überhaupt nichts vorzuwerfen. Was die Frauen anging, die mit einem Deutschen geschlafen hatten, war der Fall allerdings klar. Sie waren bestenfalls Nutten, schlimmstenfalls Verräterinnen.

Fabrice Virgili* berichtet, daß nach dem Einmarsch alliierter Truppen in einen kleinen Ort im Département Oise am 30. August 1944 die Résistanceleute dort sich in zwei Gruppen aufteilten. Die eine ging auf die Jagd nach den »Boches«, die andere nach Frauen, von denen man behauptete, daß sie Beziehungen mit diesen gehabt hätten. Diese »Skalpjäger« erlebten an diesem Tage ganz sicher aufregende Abenteuer.

Marc Bergère beschreibt in dem wegweisenden Buch von Marc-Olivier Baruch** die Säuberungen auf dem Lande. Diese fiel natürlich noch viel rigoroser aus, da in den Dörfern jedermann über das Leben des anderen Bescheid wußte: »Im ganzen Land ähneln die Vorgänge während der Befreiung einer Dorfrevolution, die einige Stunden, manchmal einige Tage andauerte. Überall findet man dieselben Rituale und Gründungsakte –

——— * Fabrice Virgili, a. a. O.
** Marc-Olivier Baruch, *Une poignée de misérables. L'épuration de la société française après la Seconde Guerre mondiale,* Paris: Fayard 2003, S. 371.

oder vielmehr Wiedergründungsakte. Durch die massive Präsenz auf den Straßen zielen die Demonstrationen, die die Befreiung begleiten, auf eine Wiederaneignung des dörflichen Raumes ab [...], angefangen mit den seit jeher das Dorf verkörpernden Plätzen: dem Bürgermeisteramt, dem Kriegerdenkmal, und in den stärker religiös geprägten Orten wie der Kirche. Mit dem Verschwinden, oft sogar der absichtlichen Zerstörung der Zeichen der alten Ordnung – Plakate, Porträts, Anschlagstafeln, Schilder – kommen die republikanischen Symbole zu neuen Ehren: Man hißt die Trikolore, singt die *Marseillaise*... In allen Dörfern ist die Befreiung ein Moment außergewöhnlicher Eintracht, der in einem Akt einmütiger, aber oft auch von Rachsucht erfüllter Freude gefeiert wird. Die Einheit der größten Zahl wird manchmal besiegelt durch den Ausschluß derer, die gefehlt haben, sich beschmutzt haben und zu Verrätern geworden sind.«

Im Dorf Doué-la-Fontaine im Département Maine-et-Loire ließ der FFI-Hauptmann ein H – für Hitler – an etwa zwanzig Häuser malen und verbot durch einen öffentlichen Anschlag deren Bewohnern, die man der Kollaboration verdächtigte, am Freudenfest anläßlich der Befreiung teilzunehmen. In der Nachbargemeinde Soulanger wurden die Häuser der Verdächtigen nach einer Bekanntmachung durch den Feldhüter mit einem Hakenkreuz gekennzeichnet. Das Scheren und ähnliche Gewaltakte inszenierte man oft an öffentlichen Plätzen. So wurden Frauen, die eine Beziehung mit einem Deutschen eingegangen waren, oft auf Kasernenhöfen, auf einem Podest oder auf Lastwägen geschoren. Marc Bergère spricht von einer »Dynamik zur Säuberung des gesellschaftlichen Raums«.

Einige Landstriche wurden von einer Hysterie erfaßt, die an die »Große Angst« des August 1789 erinnerte. Schlösser wurden geplündert, Honoratioren mißhandelt und gedemütigt. Dies geschah vor allem in der ehemaligen »freien Zone« im Süden, in der das reaktionäre Vichy-Regime versucht hatte, die Sitten einer längst vergangenen Zeit wiedereinzuführen. Bei den »anständigen Leuten« waren die kommunistischen Widerstandskämpfer

346

am meisten verschrien und gefürchtet. Von den Gaullisten erwartete man ein anständigeres Verhalten. In Wirklichkeit scheinen die konkrete Situation vor Ort – von den Deutschen oder den Milizen verübte Gewalttaten, Racheakte nach einer Denunziation, Polizeioperationen, mit dem schwarzen Markt verbundene dunkle Geschäfte, Magistrate, die eifrig kollaboriert hatten – und die Qualitäten der führenden Persönlichkeiten eine größere Rolle gespielt zu haben als die jeweilige politische Richtung.

Doch es darf nicht unerwähnt bleiben, daß man die Gemüter genügend angeheizt hatte, damit solche Dinge passieren konnten. In den Jahren 1943–1944 hatte die Kommunistische Partei in ihren geheimen Zeitungen schwarze Listen veröffentlicht und dabei sogar die Ausdrucksweise der Revolutionäre von 1793 wiederaufgenommen: »Es lebe die Nation! Tod den Boches und den Verrätern! Dies ist die Parole der Patrioten von 1942, die alle unsere Handlungen bestimmen muß.« Die Zeitung *Combat* wollte da nicht zurückstehen: »Auf Terror gibt es keine andere Antwort als einen noch stärkeren und erbarmungsloseren Terror. Jeder Mord an einem französischen Patrioten, der nicht sofort mit der Exekution des Täters oder eines seiner Spießgesellen beantwortet wird, ist eine Schande für die Résistance.« *Défense de la France* ging noch einen Schritt weiter: »Töte den Deutschen, um unsere Erde zu reinigen, töte ihn, weil er uns tötet, töte ihn, um frei zu sein. Töte den Verräter, töte den Denunzianten und den, der dem Feinde hilft. [...] Töte die Milizionäre, merze sie aus, denn sie haben ganz bewußt den Weg des Verrats gewählt. Erschlage sie wie tollwütige Hunde ... Vernichte sie wie Ungeziefer.«[*]

Diese Sprache der Gewalt, die die Geister aufrütteln sollte, war nun nichts Neues. Schon vor dem Kriege hatte dieser von den Massenblättern vor allem der extremen Rechten gebrauchte Pamphletstil den Ton vorgegeben. Üble Nachrede, Verleumdung und Beleidigung fanden sich in den Spalten der antiparlamentarischen und antisemitischen Presse im Überfluß. Auch damals

----

[*] Marc-Olivier Baruch, a. a. O., S. 31.

wurde schon zum Mord aufgerufen. Die Schrecken der Besatzungszeit hatten diese Worte, die Waffen sein wollten, dann endgültig legitimiert. Der Schriftsteller und Journalist Robert Brasillach, der verlangt hatte, die Juden und »ihre Kleinen« zu töten, wurde wegen solcher Texte schließlich an die Wand gestellt. Für seine Opfer war das ein so gerechter wie folgerichtiger Akt, denn in den Jahren der Okkupation konnten Worte tatsächlich töten. Auch das Wort »Säuberung« hat schweren Schaden angerichtet und eine Menge Unschuldiger das Leben gekostet. Auf der Bedeutungsebene besteht eine Verwandtschaft zu Wörtern mit starken Konnotationen. »Säubern« erinnert an »reinigen«, »sanieren«, »eliminieren« oder »beseitigen«. Das heißt also, daß »Säuberung«, diesmal als medizinischer Begriff verstanden, auf nichts weniger abzielte als auf die Wiederherstellung der Reinheit der Nation, wenn nicht sogar der Reinheit der Menschen, aus denen diese bestand, und auf die Reinigung des französischen Blutes von den toxischen Fremdkörpern, die es befallen hatten. Man griff also weiterhin auf eine von der Hygiene abgeleitete Metaphorik zurück. 1944 scheint diese semantische Verwandtschaft mit dem Nazi-Vokabular kaum jemand schockiert zu haben. Zwar war jetzt nicht mehr davon die Rede, die Rasse zu reinigen, nur noch den Verwaltungs-, Gesellschafts- oder Gemeinschaftskörper, um dadurch ein »gesundes« Frankreich wiederherzustellen. Aber diese Operation, weit davon entfernt die vorhandenen Wunden zu schließen, sollte nur weitere Wunden schlagen und Männer, Frauen und die Kinder dieser Frauen für immer traumatisieren.

Im politischen Sinn erinnerte dieser Ausdruck an die institutionalisierten Säuberungsmaßnahmen des Jakobinerklubs während der Französischen Revolution. Während der Diktatur des Wohlfahrtsausschusses und der Zeit des »Terreur« führten die Jakobiner ständig Säuberungsaktionen in ihren eigenen Reihen durch. Wer immer sich von der offiziellen Parteilinie entfernte, wurde für verdächtig erklärt, um danach von seinesgleichen zum »öffentlichen Feind« erklärt zu werden, was die Guillotine bedeutete. Für diese Vertreter eines »Despotismus der Freiheit« garantierten diese Säuberungen den Fortbestand der Einheit und Einigkeit ihres Klubs. Dies war das Paradebeispiel für die Einsicht: »Die Revolution frißt ihre Kinder.« Auch die Leninisten werden diese Methode wieder in großem Stil anwenden. Aber diese gleichen Jakobiner, diese glühenden Patrioten, zeichnete in den Augen der Widerstandskämpfer von 1944 aus, daß sie niemals von ihrer Maxime abgewichen waren:»Die Französische Republik verhandelt nicht mit einem Feind über ihr Territorium.« Die Säuberung von 1944 hatte also unzweifelhaft jakobinische Tendenzen, einschließlich des Bezugs auf die berühmte Rede von Saint-Just vom 10. Oktober 1793, als dieser seinen »Bericht über die Notwendigkeit einer revolutionären Regierung bis zum Frieden« vorstellte und sich unter anderem fragte:»Muß eine Gesellschaft nicht die größten Anstrengungen unternehmen, um sich zu säubern, wenn sie weiterbestehen will?«

Auch wenn de Gaulle den Wunsch nach solchen Maßnahmen geäußert hatte, als er in seiner Rede in Casablanca im Jahre 1943 von der Notwendigkeit sprach, ein »reineres und stärkeres Frankreich« wiederaufzubauen, hat er das Wort »Säuberung« nie in den Mund genommen. Er zog das Verb »abstrafen« vor. Auch wenn diese Bestrafung gerecht sein wollte, so war sie doch manchmal blind.

Am 14. Oktober 1944 griff der General bei einer Radioansprache einen Mythos wieder auf, den er zuvor schon entwickelt hatte, nämlich daß Frankreich in seiner Gesamtheit ein Land des Widerstands gewesen sei. Dieser Mythos sollte drei Jahrzehnte lang die Realität vernebeln, daß das französische Mutterland in seiner Mehrzahl lange pétainistisch gewesen war und danach einfach abgewartet hatte, wer am Ende gewinnen würde. De Gaulle behauptete stattdessen:»Die immense Mehrheit von uns waren und sind gute Franzosen«, um dann noch hinzuzufügen, daß es doch »eine Handvoll Armselige und Unwürdige« gebe, »die der Staat aburteilt und aburteilen wird.« Nun zählten diese »Handvoll« Leute, deren Zahl wahrscheinlich mit der der Widerständler vergleichbar war, immerhin mehrere Hunderttausend Personen – nach einer seriösen Schätzung 350 000.* Allerdings beinhaltet diese Zahl nur die Personen, gegen die vor einem ordentlichen Gericht verhandelt wurde. Sie schließt nicht die Tausende von Beschuldigten mit ein, die in den ersten Wochen nach der Befreiung von Standgerichten abgeurteilt wurden, und auch nicht die Tausende, die ohne Gerichtsverfahren exekutiert wurden oder verschwanden, ohne daß ihre Leichen je wieder aufgetaucht wären. Die Säuberung hatte bereits begonnen, bevor man diesen Begriff überhaupt benutzte. Sie wird am Ende schwer auf dem Gewissen einiger Intellektueller lasten, zu denen auch Albert Camus gehörte. Dieser schreibt in einem Kommentar im *Combat* am 30. August 1945: »Das Wort Säuberung war schon in sich selbst mißlich, die Sache ist nun endgültig widerwärtig geworden.« In den Spalten des *Esprit* vom 1. Dezember 1944 kann man dann noch lesen: »Säuberung! Dieser Begriff hat einen moralistischen und totalitären Beigeschmack, der uns manchmal stört.«

Der Gaullistische Mythos eines aus den Reihen des Widerstandes wiederauferstandenen Frankreichs hat sich noch bis Ende der sechziger Jahre gehalten. Erst als Max Ophüls im Jahre 1971 eine filmische Chronik der französischen Provinzstadt Clermont-Ferrand während der Besatzungszeit herausbrachte, wurden die verschiedenen Formen von Feigheit, Anpassung und Kollaboration der Franzosen offensichtlich und einige Legenden der Résistance in Frage gestellt.** Inzwischen ist nach den Prozessen gegen den Lyoner Gestapo-Chef Klaus Barbie und den Polizeichef von Bor-

---

* Éric Conan, Henry Rousso, *Vichy, un passé qui ne passe pas,* Paris: Fayard 1994, S. 17. Viele Bücher haben diese Fragen behandelt, besonders die sehr ausführliche Untersuchung, die unter Leitung von Marc-Olivier Baruch entstand, auf die wir uns in diesem Kapitel mehrmals beziehen.
** Ahlrich Meyer, *Die deutsche Besatzung in Frankreich 1940–1944,* a. a. O., S. 150.

deaux Maurice Papon die Mitwirkung der Vichy-Regierung bei der Endlösung der Judenfrage zum Thema geworden. Im Gegensatz zu François Mitterrand hat Jacques Chirac die Verantwortung des französischen Staates zugegeben. 2003 lief in Frankreich, allerdings in kleinen Sälen, ein Film über die Denunziationsbriefe von Franzosen gegen Franzosen, die die deutschen Kommandanturen körbeweise erhielten. Darüber hinaus bahnt sich jetzt eine Bewegung zur Verteidigung des Gedächtnisses des alten Marschalls Pétain an, der ganz offensichtlich mit Billigung des Generals de Gaulle nach dem Krieg zum Sündenbock auserkoren wurde.

Der Wille zur Säuberung genügte nicht, man mußte dieses Prinzip auch legalisieren. Bereits 1943 hatten Résistance-Kreise die Notwendigkeit erkannt, die Rechtmäßigkeit der in ihrem Namen verübten Aktionen zu postulieren und nicht mehr allen Mitgliedern Hinrichtungen zu gestatten. Alles sollte nicht allen erlaubt sein. Man dachte auch bereits an die Kollaborateure und Diener des Vichy-Regimes, die man vor Gericht bringen wollte. Für welche Verbrechen sollte man sie verurteilen, und welche Strafen sollte man aussprechen? Als Antwort auf diese Fragen erschien im *Journal officiel* (»Gesetzblatt«) der Französischen Republik an 28. August 1944 eine Rechtsverordnung, die das Delikt der *indignité national,* der nationalen Unwürdigkeit, kreierte, das mit der *dégradation nationale,* dem Verlust der bürgerlichen Ehrenrechte, zu bestrafen war. Da man zögerte, darüber Kriegsgerichte entscheiden zu lassen, richtete man Sondergerichte ein, die sogenannten *chambres civiques.* Es handelte sich dabei um Maßnahmen, die aus den damaligen Erfordernissen abgeleitet wurden und mit den Rechtsprinzipien einer Demokratie nicht vereinbar waren. Sie erlaubten es, ein Meinungsdelikt zu ahnden, oder sogar, auf noch weit scheinheiligere Weise ein Verhalten, das man für »unmoralisch« erklärt hatte, wie wir es im Fall der »Frauen der Boches« gesehen haben. Diese Übergangzeit endete mit der Reorganisation der französischen Rechtsordnung und dem Amnestiegesetz von 1951, das diese Maßnahmen abschaffte, deren Schwächen und Fehler inzwischen allzu deutlich geworden waren. Das Gesetz von 1951 erließ eine Amnestie für alle Personen, denen die bürgerlichen Rechte für weniger als fünfzehn Jahre aberkannt worden waren. Diejenigen, die von der Amnestie ausgeschlossen waren, bekamen bedeutende Straferleichterungen, keine Aberkennung durfte länger als zwanzig Jahre dauern. Die Mehrheit der Parlamentarier war dafür, dieser Justiz im Namen der Rache ein Ende zu bereiten. Nur die Abgeordneten der Kommunistischen Partei stimmten dagegen.

Ursprünglich steckten hinter der Schaffung eines Delikts der »nationalen Unwürdigkeit« durchaus lobenswerte Absichten. Die Idee stammte von zwei Juristen des *Comité général d'études,* einer Art Planungsstab der Résistance, François de Menthon und Léon Julliot de La Morandière. Beide waren keine Strafrechtsspezialisten. Der erste war Volkswirtschaftsprofessor in Nancy und Christdemokrat. Sein Kollege, der aus einer monarchistischen Familie stammte, selbst aber aufrichtiger Anhänger der Republik war, hielt es für nötig, Ehrenstrafen zu schaffen, um eine allzu blutige Abrechnung zu verhindern. Wichtige Kollaborateure und leitende Personen des Vichy-Regimes wurden mit der Todesstrafe belegt, aber die Strafe für die kleineren Fälle, die »nationale Unwürdigkeit«, schloß die Verurteilten zwar von jeder Teilnahme am öffentlichen Leben aus, ließ ihnen aber ihre natürlichen Grundrechte, nicht zuletzt das Recht auf Leben. Diese Gesetzeskonstruktion hat unzähligen Menschen wahrscheinlich das Leben gerettet. Die Gesetzgeber dachten an das Massaker in der Bartholomäusnacht, die Guillotine auf dem Place de Grève während des »Großen Terrors« von 1793 oder die Erschießungen während des Aufstands der Commune von 1871. Sie versuchten, das Schlimmste zu verhindern, indem sie eine Ehrenstrafe schufen, eine Art modernen Pranger, auf dem nur eine Art »moralischer« Hinrichtung stattfand. Trotz aller guter Absichten war dies dennoch ein Gesetz, das gegen die Grundsätze der Verfassung verstieß. Seine Anwendung widersprach dem Artikel 8 der Erklärung der Menschen- und Bürgerrechte von 1789, der festlegt: »Niemand kann auf Grund eines Gesetzes bestraft werden, das nicht vor Begehung der Tat erlassen, verkündet und gesetzlich angewandt worden ist.« Der *Code civil* Napoleons bestimmte in seinem Artikel 4: »Das Gesetz trifft nur Verfügungen für die Zukunft, es hat keinen rückwirkenden Effekt.« Im Strafgesetzbuch von 1810 heißt es: »Kein Verstoß, kein Vergehen, kein Verbrechen kann mit Strafen belegt werden, die nicht durch ein Gesetz vorgesehen waren, bevor sie begangen wurden.« Die Säuberungsgesetze hatten aber nun genau diesen rückwirkenden Effekt!

Bereits 1943 hatten sich innerhalb der Résistance Stimmen gegen die Absicht erhoben, nachträglich Gesetze für Delikte zu schaffen, die zum Tatzeitpunkt nicht strafbar gewesen waren. Tatsächlich wollte man durch diese Bestimmungen ja nicht nur Taten der Vergangenheit, sondern auch die Einstellungen und Meinungen derer bestrafen, die diese Taten begangen hatten, manchmal jedoch gar nichts Konkretes verbrochen hatten. Da man nun aber die entsprechenden Übeltäter für diese Gerichtshöfe und Sondergerichte brauchte, suchte man sie – und man fand sie. Manchmal war die Säuberung einfach eine gute Gelegenheit, alte Rechnungen zwischen politischen Gruppierungen, zwischen Republikanern und Klerikalen, zwischen ganzen Sippen, aber auch innerhalb der Verwandtschaft zu begleichen. Die alten Leichen wurden aus den Kellern geholt. Es handelte sich dabei sehr wohl um eine »politische Justiz«, so wie sie Otto Kirchheimer in seiner bekannten Untersuchung definiert hat.* Diese Art von Justiz strebt nicht nur nach einer »legalen Elimination« der Feinde der Republik oder des Staates, sondern auch nach einer »Mobilisierung« der öffentlichen Meinung, um die Ziele des neuen Regimes zu befördern. Sie richtet Volks- oder Revolutionsgerichte ein und führt Sensationsprozesse gegen die sogenannten »Volksfeinde«.

---

* Otto Kirchheimer, *Political Justice? The use of legal procedure for political ends,* Princeton University Press 1961, S. 18.

In der Arbeit von Baruch zitiert Anne Simonin[*] eine Notiz des Journalisten Jean Galtier-Boissière vom 5. Januar 1945:»Melun. Wir warten fünf Minuten in einem kleinen Café auf den Zug nach Paris. Die Gäste, die unterunterbrochen vor der Theke vorbeidefilieren, unterrichten uns über den Fortgang der Säuberung in der Präfektur des Départements Seine-et-Marne.
– Habt ihr's nicht gesehen? Die alte Loulou, Mann, die wurde zur nationalen Unwürdigkeit verurteilt! Was soll ihr das schon groß ausmachen, frage ich euch?
– Und was war der Grund dafür?
– Sie hat wohl mal getönt, die gute Loulou: ›Dieses Scheiß-Frankreich.‹«

Die Säuberung als innerfranzösische Angelegenheit lief nach den ersten, manchmal sogar blutigen Auswüchsen wenigstens in geregelten Formen ab. Ganz anders war es mit den Racheakten gegenüber Deutschen, die als Kriegsgefangene theoretisch durch internationale Konventionen geschützt waren: 15 000 von ihnen kamen in Frankreich um. Dieses Thema beginnt auf der anderen Seite des Rheins berechtigterweise eine gewisse Rolle zu spielen. Es gibt da immer noch gewisse Dunkelzonen. So berichtete L'Express am 30. Oktober 2003 und die Frankfurter Allgemeine Sonntagszeitung am 2. November 2003 über den Fall eines Dorfes im Périgord von heute 671 Einwohnern, Saint-Julien-de-Crempse, in dem am 9. September 1944 siebzehn deutsche Kriegsgefangene ohne Gerichtsverhandlung erschossen wurden. Bordeaux war zu diesem Zeitpunkt noch nicht befreit, und die Kämpfe dauerten noch an. Das französische Magazin zitiert die heute vierundachtzigjährige Dorfbewohnerin Odette Murat:»Wir waren erschüttert, als wir diese verängstigten Soldaten sahen. Mein Vater, der auf dem Feld daneben arbeitete, ging weg, um nicht daran teilnehmen zu müssen. Niemand hat später außerhalb des Dorfes darüber gesprochen. Darauf war man nicht stolz.«

---
[*] Marc-Olivier Baruch, a. a. O., S. 37.

Der Volksbund Deutsche Kriegsgräberfürsorge (VDK) vereinbarte die Exhumierung dieser Soldaten mit der gegenwärtigen Ortsverwaltung und mit dem ehemaligen Résistance-Kämpfer Émile Guet, der diesen Wortbruch gegenüber den Deutschen – man hatte ihnen das Ehrenwort gegeben, daß sie nach einer Kapitulation sicher wären – für einen Verstoß gegen die militärische Ehre hält. Aber die Überreste dieser Männer werden anonym bleiben, da die Résistanceleute ihnen vor der Exekution ihre Papiere und ihre Erkennungsmarken abnahmen.

Laut dem Historiker Pierre Laborie kam es während der Befreiung in der Dordogne zu Racheakten und Vergeltungsmaßnahmen einmal wegen der zahlreichen, miteinander konkurrierenden Widerstandsgruppen – etwa sechzig – zum andern wegen der schlimmen Übergriffe von solchen Einheiten wie der Division Brehmer oder der 2. Panzerdivision »Das Reich« unter General Heinz Lammerding, die für das Massaker in Tulle und Oradour-sur-Glane verantwortlich war. Dazu kamen noch die sogenannte »Légion nord-africaine«, deren in Algerien von den Deutschen rekrutierte Kämpfer gegen die Partisanen eingesetzt wurden, und die Vichy-Milizen.

Immer wieder tauchen auch Berichte über heimlich verscharrte deutsche Soldaten auf. So beschreibt Jochen Hehn, der Frankreichkorrespondent der *Welt,* am 16. Oktober 2003 in einem Artikel den Fall des Gefreiten Hermann Jakob, der am 19. August 1944 auf der Nationalstraße 124 in der Nähe von Monferran-Savès, einer Gemeinde vierundvierzig Kilometer westlich von Toulouse, in einen Hinterhalt der FFI geriet und erschossen wurde, als er mit seinem Krad einem auf dem Rückzug befindlichen deutschen Konvoi vorausfuhr. Er starb im Straßengraben, unentdeckt von seinen Kameraden, die kurz danach die Stelle passierten. Die Wiese, in der er danach auf Anordnung des Bürgermeisters – man fürchtete die Rückkehr der Deutschen – in aller Eile von den Widerstandskämpfern und Einwohnern des Ortes verscharrt wurde, heißt bis heute »Wiese des Deutschen«. Aber niemand in diesem Dorf scheint sich seit neunundfünfzig

Jahren über die Bedeutung dieses Flurnamens den Kopf zerbrochen zu haben. »Begraben und vergessen«, schreibt der Welt-Korrespondent. Nur Guy Labédan, »ein ergrauter Widerstandskämpfer«, will nun, »daß die Wahrheit ans Licht kommt, schon um Legendenbildungen vorzubeugen«. Außerdem möchte er diesem Deutschen »eine würdige Bestattung« ermöglichen. Der VDK-Repräsentant Julien Hauser meint, Labédan gehöre zu jener Sorte von Widerstandskämpfern, »die kurz vor ihrem Lebensende irgendwie reinen Tisch machen wollen, indem sie auf die Existenz ›vergessener deutscher Soldaten‹ hinweisen.« In der Regel begründen sie dies mit »humanitären Gründen« oder »der deutsch-französischen Versöhnung«.

Guy Labédan besaß sogar ein Dokument, das es erlaubte, diesen Soldaten zu identifizieren, denn dessen eigentliche Erkennungsmarke war verlorengegangen. René Clavière, ein anderer Dorfbewohner, konnte sich noch genau daran erinnern, wie ihm sein Vater wenige Tage nach dem Geschehen die Stelle zeigte, wo die Leiche des Deutschen verscharrt worden war. Nach einer Gedenkfeier in der Dorfkirche, an der die Bevölkerung und hohe Würdenträger aus der Region teilnahmen, wurde der mit der schwarz-rot-goldenen Flagge bedeckte Sarg mit den sterblichen Überresten Hermann Jakobs am 16. Oktober 2003 auf den deutschen Soldatenfriedhof von Berneuil bei Bordeaux überführt, wo über 8300 gefallene Deutsche liegen. »Für unser Dorf ist dieser feierliche Akt ein bescheidener Beitrag zur Versöhnung«, erklärte Bürgermeister Jean-Louis Baylac, dessen Vater an der Beseitigung des Leichnams teilgenommen hatte, aber seinem Sohn nie etwas davon erzählt hat. Es war das erste Mal, daß in Frankreich eine derartige öffentliche Veranstaltung abgehalten wurde. Damit soll ein »geteiltes Erinnern« befördert werden, wie es der Bürgermeister den Kindern an seiner Dorfschule erklärte, die weder verstanden, warum dieses Schweigen so lange gewahrt worden war, noch warum man damals einen Deutschen getötet hatte. Guy Labédan hat dafür eine einfache Erklärung: »Es war ja Krieg!«

In einem Brief, den er im Konzentrationslager Buchenwald verfaßte, wo er seit April 1943 inhaftiert war, schrieb der ehemalige französische Ministerpräsident Léon Blum am 31. Juli 1944 an seinen Sohn: »Ich glaube weder an eine Rasse der Bestien oder Herren, noch an eine Rasse der Erniedrigten oder Verdammten. Ich lehne eine rassische Verurteilung sowohl der Deutschen als auch der Juden ab. [...] Lies noch einmal *1815* von Houssaye. Alles, was man heute über das deutsche Volk sagt und schreibt, über seine Kollektivschuld und seinen belasteten Volkscharakter, sagte und schrieb man – in England wie in Deutschland – nach Waterloo über das französische Volk. Eine ganz leichte Verschiebung der Umstände genügt, um das Bestialische im Menschen, in allen Menschen, zu erwecken, aber da gibt es neben dieser uralten Grausamkeit noch den Instinkt für Solidarität und Brüderlichkeit, den man ebenfalls wiedererwecken kann, wenn man sich gleichzeitig an ihre Gefühle wie auch an ihre Interessen wendet. Ich bin überzeugt, daß alle Völker auf eine gemischte Behandlung aus Vernunft und Güte, Festigkeit und Vertrauen ansprechen. Wenn sich der Frieden in einem anderen Geiste entscheiden sollte, hätte die Gewalt für ein paar Jahre das Lager gewechselt, und die Völker würden wieder damit beginnen, sich, wie es Jaurès ausdrückte, den vergifteten Kelch der Atriden weiterzureichen.«[*]
In einem anderen Brief vertraut Blum seinem Sohn an, der sich als Kriegsgefangener in Deutschland aufhält, daß er »die Unruhen unmittelbar nach dem Sieg« ebensosehr fürchte, wie er auf sie hoffe.

---

[*] Léon Blum, *Lettres de Buchenwald*, Paris: Gallimard 2003, S. 145f.

KAPITEL 7

Hunger nach Liebe ——————————————

Das Schicksal, das den Frauen blühte, die sich mit dem Feind eingelassen hatten, war nicht nur eine Folge patriotischer oder moralischer Erwägungen. Vielmehr waren es ganz archaische Muster, die die Verteufelung dieser »Sünderinnen« beförderten und diese zu Opfern einer Hexenjagd werden ließen. Ihr Geschlecht machte die Sache nur noch schlimmer. Der Sexismus, von dem man heute weiß, daß er eine Form des Rassimus ist, hat sich immer auf ein Frauenbild gestützt, nach dem sich die Frau der Männlichkeit oder der angeblichen Animalität des Mannes unterwerfen sollte. Der Mann sei ihr jedoch im Grunde unterlegen, auch wenn seine Stärke gefürchtet werde. In den Augen ihrer Ankläger konnte bei diesen Frauen und ihren Liebhabern nicht von Liebe oder Zärtlichkeit die Rede sein, sondern nur von Eigeninteresse, Käuflichkeit, fehlgeleiteter Sinnlichkeit, kurz von schlimmster Unmoral.

Aber da gab es noch Beunruhigenderes. Wenn auch die Frauen durchaus bereit waren, den ersten Stein auf diese Sünderinnen zu werfen, dann deswegen, weil diese den Pakt aufgekündigt und die Ketten zerbrochen hatten, auf denen das Vertrauen ihres Vaters, ihres Ehegatten und ihres Sohnes beruhte. Es war eine freiwillige und vertraglich geregelte Unterwerfung, aber es blieb eine Unterwerfung. 1944 hatte eine französische Bürgerin kein Wahlrecht, durfte nicht in Kampftruppen dienen und stand in vieler Hinsicht vor dem Gesetz immer noch unter der Vormundschaft ihres Mannes. Sie verfügte gewiß auch nicht über ihren Körper in dem Sinne, wie es die Feministinnen der siebziger Jahre verstehen werden, es gab keine Verhütungsmittel, und die Abtreibung blieb ein Verbrechen, für das man vors Schwurgericht kam. Daran sollte man sich erinnern, um den ganzen Skandal ermessen zu können. Man sollte aber auch nicht die Tatsache vernachlässigen, daß die meisten Frauen, die deswegen verfolgt, wenn nicht sogar hingerichtet wurden, aus bescheidenen Verhältnissen stammten, in denen die Erlangung einer gewissen weiblichen Unabhängigkeit durch ein Studium oder eine gute Berufsausbildung erst ein, zwei oder drei Generationen später möglich werden wird. Die Frau, auch die aus dem Bürgertum, blieb ein gesellschaftlich unterprivilegiertes Wesen. Ihr Status und die Tätigkeiten, die sie ausüben durfte, waren absolut klar. Von diesen durfte sie keinesfalls abweichen, wenn sie nicht von ihren Angehörigen verstoßen werden wollte. Dies galt vor allem in Zeiten des Kriegs und des Mangels, in denen das Wohlergehen und sogar Überleben der Familien nur von der Anwesenheit von Schwestern, Müttern, Großmüttern und nahen weiblichen Verwandten abhing, weil die Männer nicht da waren.

So peinlich das erscheinen mag, bei den Klatschbasen, die zu Harpyien wurden, den »anständigen Frauen«, die diesen »Weibern« ins Gesicht schlugen, die ihr Geschlecht ebenso wie – oder sogar noch mehr als? – ihr Vaterland verraten haben sollen, spielten Angst und Eifersucht eine nicht geringe Rolle. Eifersucht, weil diese es gewagt hatten, Normen zu mißachten, wenn sie ihrem Vergnügen im Wege standen. Angst, denn welcher aus der Gefangenschaft zurückkehrende Ehemann wäre nicht versucht, seiner Frau zu unterstellen, sie habe ihre Gunst einem dieser Deutschen geschenkt, die ihn so lange hinter Stacheldraht eingesperrt hatten? Diese Unglücklichen, ob nun geschoren oder nicht, von denen einige bereits Mutter oder schwanger waren, in der Mehrzahl sehr jung, ermöglichten es ihren Anklägerinnen, den am wenigsten akzeptablen Teil von deren eigenem Selbst auszutreiben und zu bannen.

Wie viele dieser Frauen, die in den Stunden nach der Befreiung Männern ausgeliefert waren, die sich zum Richter aufschwangen, wurden dabei vergewaltigt oder getötet? Man wird es nie erfahren, da sowohl die Akteure wie auch eventuelle Zeugen später wohlweislich geschwiegen haben. Aber solche Fälle hat es gegeben. Andere hielten sich danach verborgen, viele wurden vor Gericht gestellt und wegen nationaler Unwürdigkeit oder Kollaboration mit dem Feind zu Freiheitsstrafen verurteilt. Diese Taten fanden nicht im Verborgenen statt, sondern waren in der Zeit der Säuberung für alle sichtbar. Und obwohl die Kinder nichts für die Fehltritte ihrer Eltern konnten, wurden sie doch mitbestraft. Für diese Unschuldigen gab es auch später keine Amnestie. Sie waren nie formell verurteilt worden, aber sie blieben mit einem Makel behaftet.

Die zu Haftstrafen verurteilten Frauen konnten ihre Kinder nicht bei sich behalten. Diese wurden von Angehörigen aufgezogen oder in Heime der Wohlfahrtspflege gesteckt. Um sich nicht zu verraten, hatten andere ihre Kinder Pflegefamilien anvertraut. Viele dieser Kleinen wurden schlecht behandelt. Waren die Eltern oder Vormünder in diesen Fällen von Haus aus ungeeignet oder wurden sie es, weil das Kind in ihrer Obhut auch von der Gesellschaft schlecht behandelt wurde? Das Wohnumfeld, die Nachbarschaften, ganze Dörfer und Auffanglager und nicht zuletzt die Schulen trugen dazu bei, bewußt oder unbewußt aus diesen »Kindern der Boches« mißhandelte Kinder zu machen. Es gibt keine individuelle Handlung, die nicht zumindest teilweise das Produkt einer Gesellschaft wäre. Übelgesinnte, frustrierte und von Vorurteilen zerfressene Erzieher und Vormünder verstärkten die schlechte und brutale Behandlung dieser Kinder, weil sie sich dazu berechtigt glaubten. Sicherlich versuchten Erziehungs- und Wohlfahrtseinrichtungen – Lehrer, Ärzte, Kirchenleute – zum Schutz dieser jungen Opfer zu intervenieren, aber die gesellschaftliche Kontrolle endete oft an der Haustüre. Der familiäre Bereich war damals immer noch absolut unantastbar. Die Macht des Vaters oder Vormunds war heilig. Nach dem von den Römern geerbten Grundsatz »*Qui bene amat, bene castigat*« (»Wer sein Kind liebt, spart die Rute nicht.«) wurde die körperliche Züchtigung als unerläßliches Erziehungsmittel betrachtet. Von Psychologie konnte damals noch keine Rede sein. Man drillte das Kind, zu gehorchen und nicht ungefragt zu sprechen. Dieses Eintrichtern der Disziplin begünstigte den Mißbrauch und konnte zu physischen und psychischen Mißhandlungen führen, deren Folgen das Opfer sein ganzes Leben spüren sollte.

Die Idee des Kinderschutzes ist nicht so allgemein anerkannt, wie man glauben könnte. Noch heute gibt es unter den gesellschaftlich Verantwortlichen und den Forschern darüber eine Debatte. Doktor Maurice Berger, der Leiter der kinderpsychiatrischen Abteilung des Bellevue-Krankenhauses in Saint-Étienne hat erst kürzlich darüber ein Buch veröffentlicht.* Seit einem Vierteljahrhundert Spezialist auf dem Gebiet der Behandlung von mißhandelten Kindern, prangert er einen Mißstand an, mit dem sich Erzieher und Juristen herumschlagen müssen. Er schreibt: »Unser Land besitzt ein teures, oftmals ineffizientes, ja sogar schädliches Schutzsystem.« Und er fügt hinzu: »Dieses System wird seit Jahrzehnten von zwei stillschweigenden Regeln bestimmt: Prüfe niemals die Ergebnisse nach und beachte nicht die zahlreichen Arbeiten, die beweisen, daß es bessere Wege gegen den Mißbrauch gibt.« Einer der Hauptvorwürfe, die er in seinem Buch formuliert, ist die Praxis, die Kinder zwischen Heim und Pflegefamilie hin- und herzuschieben, ohne ihnen eine echte Stabilität zu garantieren. Tatsächlich sind es genau diese Irrfahrten, unter denen mehrere der Kriegskinder, die wir befragten, leiden mußten. Nach den Statistiken des Dr. Berger erhalten nur 32 % der mißhandelten Kinder ein Lehrabschlußzeugnis (C.A.P.) und 77 % weisen einen Intelligenzquotienten zwischen 54 und 75 auf, während der normale Mittelwert zwischen 80 und 100 liegt.

In der unmittelbaren Nachkriegszeit steckte die Untersuchung dieses Phänomens noch in den Kinderschuhen. Der einzige Schutz gegen die Übergriffe, die in den Pflegeeinrichtungen und

---

* Maurice Berger, *L'Echec de la protection de l'enfance,* Paris: Dunod 2003.

Gastfamilien vorkamen, war die oft allerdings nur schwach entwickelte Wachsamkeit der Nachbarn oder entfernter Verwandter und die Beobachtungen von Lehrern und Angehörigen von Sanitätsstationen, die auf den Körpern der Schüler Spuren von Schlägen entdeckten. Aber einigen Schulmeistern rutschte auch gerne einmal die Hand aus. Schließlich sagte das Kind selbst nie ein Wort. Ein mißhandeltes Kind meint es zu verdienen, so behandelt zu werden. Es ist dem Erwachsenen absolut ausgeliefert, aber es macht sich selbst Vorwürfe, daß dies so ist. Es hält sich für die Gewalt verantwortlich, deren Opfer es ist. Ein Kind von »schlechter Abstammung« hatte kaum eine Chance, diesem Schuldgefühl zu entkommen, weil doch die Leute seinen Vormund allein deshalb für »gut« halten, weil er es unter seinem Dach aufgenommen hat.

Für die Kriegskinder, die weder Kinder von Opfern noch Kinder von Henkern, sondern Kinder des Feindes waren, war es das Schlimmste, nicht zu verstehen, warum sie die Prügelknaben ihres Umfelds waren, während ihre kleinen Kameraden und, falls vorhanden, ihre Halbbrüder und Halbschwestern verschont blieben. Ein Kind reagiert sofort auf Ungerechtigkeiten und auf die unterschiedliche Behandlung, die dem einen oder anderen zuteil wird. Warum wird dieses kleine Mädchen wie Aschenputtel behandelt? Und dieser kleine Junge zum *Poil de Carotte,* zum Karottenkopf (die deutsche Ausgabe trägt den Titel *Rotfuchs*), wie es Jules Renard in seinem gleichnamigen Roman beschreibt? In jedem Falle schaden ungerechte Mißhandlungen der Persönlichkeit des Kindes. Und viele, die keine Schläge und körperlichen Entbehrungen ertragen mußten, litten oft unter der mangelnden Zuwendung ihrer Umgebung. Eine weitere Frustration, die zu der lückenhaften Identität hinzukam. Dieser Seelenschmerz läßt sich ganz deutlich in den Erzählungen von Daniel Rouxel, Marie-José See, Jeanine Sevestre und Michelle Colin feststellen.

Wie es Daniel Rouxel in einfachen und treffenden Worten ausdrückte, gibt es die Liebe, die man empfängt, aber auch die

Liebe, die das Kind zurückgeben möchte. Wenn diese Gefühle dann zurückgewiesen oder gering geachtet werden, versteht das Kind dies nicht und versteht es um so weniger, wenn es sich mit anderen Kindern in der Familie vergleichen kann. Dazu muß es noch die Abwesenheit des Vaters verarbeiten. Die Glücklichsten unter ihnen hatten einen Ersatzvater, den sie manchmal sehr liebten und der sie liebte. Wir waren aber auch mit dem Fall eines Mädchens konfrontiert, das von einer Mutter umhegt, überbehütet und fast mit ihren Gefühlen erstickt wurde, weil sie sich ihr gegenüber schuldig fühlte. Die Tochter trug den deutschen Vornamen Else, und ihre Mutter kultivierte die Erinnerung an eine Liebe, die zwar das große Abenteuer ihres Lebens, aber doch eine verlorene Liebe gewesen war. Im Gegensatz dazu bettelten aber viele dieser Kinder nach Liebe, ohne daß jemand ihren emotionalen Hunger gestillt hätte.

Diejenigen, die ihre Abstammung kannten, waren oft zur Lüge gezwungen. Schande und Scham schienen sich mit ihrer Existenz verbunden zu haben. Ihre Verwirrung war um so größer, als ihre Jugend sie daran hinderte, ihr eigenes Schicksal in die Wechselfälle der Geschichte und Politik einzuordnen. Sie waren noch nicht fähig, ihren ganz persönlichen Fall zu relativieren. Im Frankreich der Jahre 1940 bis 1950 – und noch darüber hinaus – Kind eines deutschen Soldaten zu sein, war ein fast nicht zu tilgender Makel.

Einige unter ihnen wandten sich, als sie größer wurden, einem Deutschland zu, dessen Sprache nur ganz wenige sprachen, wodurch eine neue Quelle der Frustration entstand. Fast alle, die wir für dieses Buches befragt haben, hatten überhaupt keinen Kontakt zu anderen Kriegskindern. Das Gefühl, ein isolierter Einzelfall zu sein, vergrößerte ihr Leid nur noch weiter. Es lag darin etwas Uneingestandenes, das schreckliche Ängste erregte.

Der Moment, als sie von den Umständen ihrer Geburt erfuhren, war für sie, die so lange davon nichts gewußt hatten, etwas absolut Fundamentales, aber auch Traumatisierendes. Ihr Selbstverständnis wurde dadurch zutiefst in Frage gestellt. Sie hatten mit einem falschen Bild von sich selbst gelebt und mußten sich nun einer verwirrenden, rätselhaften Wahrheit stellen. Der Gedanke daran sollte sie oft jahrelang Tag und Nacht beschäftigen und quälen. Ob sie nun bisher vom Leben gebeutelte kleine Mimosen gewesen waren oder Kinder oder Heranwachsende wie alle anderen auch, mit einem Schlag waren sie nun anders. Sie mußten einen Teil ihrer Identität neu aufbauen und sich in dieser neuen Persönlichkeit zurechtfinden, die obendrein noch eine fremde war und eine tragische historische Last tragen mußte. Dazu mußten sie mehr über diesen Mann erfahren, der ihr Vater war, sie mußten ihn identifizieren, um sich vielleicht eines Tages mit ihm identifizieren zu können. Sie wollten ihn besser verstehen und sich ein Bild von ihm machen können. Wie ließ sich aber dieser biologische Vater oder seine Familie, seine Heimatstadt oder sein Beruf »aufspüren«? Jeder Mensch würde sich diese Frage stellen. Er möchte wissen, woher er kommt, wenn er schon nicht weiß, wohin er geht. Jeder von uns möchte der » Leere des Davor« sowie der »Leere des Danach« entkommen, um die wunderbare Formulierung unserer Gesprächspartnerin Michelle Colin aufzugreifen. Welcher Teil unserer Intelligenz oder Begabungen, aber auch unserer Fehler und Schwächen ist uns angeboren? Welche erblichen Erkrankungen haben wir zu fürchten, woran und in welchem Alter laufen wir Gefahr zu sterben?

Wenn das Kriegskind mißhandelt wurde, wird es später als Erwachsener ein noch größeres Bedürfnis spüren, sich endlich auch in der Wirklichkeit diesen unveränderlichen Teil seines »Ich« anzueignen, der seinen Peinigern entzogen war, diesen Teil, der das Abwesende und Unbekannte repräsentiert. Das war zum Beispiel der Fall der Marie-José Salhi, die innerlich nach ihrem deutschen Vater rief, den sie nicht kannte, wenn sie von ihrem Adoptivvater gequält wurde. Ihr einziger Gedanke war in diesem Moment, etwas in ihr zu bewahren, worüber der Folterknecht, dem sie ausgeliefert war, keine Gewalt hatte. Dies hat sie zweifellos vom Selbstmord abgehalten.

Warum war aber nun diese quälende Suche nach dem Vater,

einem Vater, der ja nur zur Hälfte den eigenen Ursprung verkörperte, an diesem Punkt von so entscheidender Bedeutung? Weil der Sohn und die Tochter des Boche ja auch Opfer ihres Vaters waren. Dieser war die Ursache großer Qual. Er war der, auf den man immer hoffte, der sich aber vielleicht ganz bewußt davongemacht hatte. Er ließ sein Kind mit diesem Paradox allein. Allein vor einer großen Leere. Dies ist auch die Beobachtung der Untersuchung zweier französischer Psychologen, die sie den »als Opfer und Schuldige geborenen Kindern« gewidmet haben:* Die Angst vor der Leere ist die große Kinderangst, die Angst, seine Eltern zu verlieren, die Angst, daß sie einmal nicht mehr zurückkommen könnten.

Nun taucht im Kopf des Kindes der Gedanke an den Tod der Eltern zum ersten Mal in der hypothetischen Frage auf: Wen will ich auf keinen Fall als ersten verlieren, Papa oder Mama? Dieses universale kindliche Dilemma stellte nun für die Kriegskinder eine besonders schwere Last dar. Die meisten von ihnen wußten zu früh oder erfuhren zu spät, daß sie ihren Vater verloren hatten. Keiner von ihnen wußte aber, ob dieser nun tot war oder nicht. Dadurch wurde die oben dargestellte, hypothetische Wahl noch problematischer. Was war nun besser? Mit Sicherheit zu wissen, daß der Vater im Krieg gefallen war und dadurch für seinen Fehler gebüßt und ihn getilgt hatte, oder doch noch seine wundersame Auferstehung zu erleben?

Jedenfalls kam die ständige Abwesenheit des Vaters und das Verbot, darüber zu reden, dem Tod dieses Vaters gleich. Aber wie konnte und sollte man dann um ihn trauern? Wie kann man diesen Vater annehmen und ihn begraben, wenn dir deine kleinen Spielkameraden ins Gesicht schleudern, er sei ein Feind und ein Lump

——— *· Isabelle Ponteville, Chantal Kesteloot, *Enfants de résistants ou de collaborateurs: grandir sans père ou mère,* Bulletin du CEGES, Nr. 38, Frühjahr 2002, S. 1 – 40. Die beiden Autoren zitieren aus dem grundlegenden Buch des Österreichers Peter Sichrovsky, *Schuldig geboren, Kinder aus Nazifamilien,* Köln: Kiepenheuer & Witsch 1987, dessen Lektüre wir lebhaft empfehlen.

gewesen? Niemand konnte dieses Kind so trösten, wie man es sonst zu dieser Zeit in einem solchen Falle in den wohlanständigen Familien tat: »Dein Vater ist im Himmel und paßt auf dich auf.« Dieser Vater, dieser Deutsche, der gemordet und gefoltert hatte, konnte doch nur in der Hölle schmoren. Die Wahl stellte sich nun nicht mehr. Man mußte diesen Vater verleugnen, um selbst die Absolution von seinen Verbrechen erhalten zu können. Dies hatte oft verheerende Auswirkungen auf die Kinderseele, denn solche inneren Konflikte können durchaus die Persönlichkeit eines Menschen verstümmeln. Es bedeutet nämlich, sich selbst dazu zu verdammen, nicht mehr man selbst zu sein, wenn man den Wunsch hegt, der eigene Vater möchte doch ein anderer sein, oder, noch schlimmer, sich zu wünschen, daß es ihn nie gegeben hätte.

Die Suche nach der Identität des Vaters hatte deshalb auch das Ziel, ihn von den Verbrechen und der Schuld reinzuwaschen, die ihm die Gemeinschaft zugewiesen hatte. Er sollte sich in Wirklichkeit als »anständiger Mann« herausstellen, der sich kaum von einem Franzosen unterschied. Wenn dieses aus Frankreich gekommene Kind sich aber nun seinem wiedergefundenen deutschen Vater nähern wollte und dieser unwillig reagierte und einem Gespräch oder einer Begegnung auswich, dann wurde dieses Problem natürlich noch verschärft.

Einige dieser Kinder versuchten diese durch ihre Herkunft verursachte Leere durch eine gewisse Hyperaktivität zu kompensieren. Sie absolvierten erfolgreich die Schule, weil sie entschlossen um die besten Noten kämpften. Vielen blieb dieser Weg aber auf Grund ihrer moralischen und materiellen Situation verschlossen. Als Erwachsene verfolgten sie dann mit derselben Hartnäckigkeit ihre Berufslaufbahn. Sie waren an den Härten ihres Lebens gewachsen, sie hatten sich selbst das Recht auf eine eigene Existenz und Anerkennung für ihre eigenen Verdienste erstritten. Das sind mächtige Hilfen für alle, die Angst haben, unter der Last ihres Schicksals zu zerbrechen.

Die deutschen Psychiater Margarete und Alexander Mitscherlich konstatierten in der unmittelbaren Nachkriegszeit die »Unfähigkeit zu trauern« ihrer Landsleute, und sie bemerkten, daß das deutsche Wirtschaftswunder weitgehend auf diese Hyperaktivität der Generation zurückzuführen war, die die Schrecken des Krieges kennengelernt hatte. Diese Idee aus den fünfziger Jahren wurde von Professor Hartmut Radebeul von der Universität Kassel während eines Kongresses des Vereins »Kriegskind.de e.V.« über die deutschen Kinder im Krieg wiederaufgegriffen, der in Bad Boll stattfand.

»Es wurde in den Beiträgen und Gesprächen deutlich, daß von 1939 bis heute bei Kriegsgeschehen ähnliches Leiden bei der eigenen wie auf der Gegnerseite, an den Fronten wie bei der Zivilbevölkerung festzustellen ist«, bemerkten Mitglieder dieses Vereins in einer Stellungnahme. »Wissenschaft und Politik haben sich bisher vorwiegend mit den Betroffenen des Holocaust und deren Nachkommen in der zweiten und dritten Generation beschäftigt. Weitgehend unbeachtet blieben dagegen die Folgen von Bombenangriffen, Verschüttungen, Vergewaltigungen, des Elends bei Flüchtlingstrecks und in Auffanglagern. Zum Teil tauchten die Beschreibungen der Folgen nur in Veröffentlichungen der soziologischen und psychotherapeutischen Fachzeitschriften auf in Themen über: Trümmerfrauen, Schlüsselkinder, Frühehen, Sucht- und Verwahrlosungstendenzen, Steigerung der Scheidungsraten, Zunahme der Frühinvalidität bei Männern und Frauen, Zunahme der Aggressivität in der zweiten und dritten Generation durch transgenerationale Weiterleitung nicht bearbeiteter Traumen. Die Öffentlichkeit und Politik registrierten zwar die negativen sozialen Erscheinungen, fanden aber selten einen Zugang zu den tieferen Zusammenhängen. Sie hatten diese entweder nicht deutlich genug verstanden oder auch ignoriert, da ihnen die Mittel fehlten, die Not zu lindern.«

Zwar beschäftigen sich diese Fachleute, meist Mediziner und Psychiater, mit Fällen, die nicht unmittelbar zu unserem Thema gehören, aber die Kinder des Feindes gehören auch zu den sogenannten »Kriegsfolgen« und weisen oft mit dem erwähnten Personenkreis vergleichbare Traumata auf. Deswegen wollen die Autoren dieses Buches den Kontakt zu dem Verein »Kriegskind.de e.V.« zwecks weiterer Aktionen pflegen. Einer von uns wohnte der Tagung in Bad Boll im Jahre 2003 bei. Unser gemeinsamer Nenner ist die Selbstbeschränkung der deutschen Nachkriegsforscher, wie der Verein schreibt: »vor dem Hintergrund der Scham, dem Tätervolk anzugehören, fast ausschließlich auf die Holocaust-Opfer, es sei denn, sie konnten ihre innere Abwehr gegen die Auseinandersetzung mit dem eigenen Schicksal überwinden.« »Völlig unbeachtet«, heißt es dann weiter, »blieben während der Jahrzehnte, die dem Kriegsende und dem sogenannten deutschen ›Wirtschaftswunder‹ folgten, jene Männer und Frauen der 1. Generation, die nun, im Alter, durch die kriegerischen Auseinandersetzungen im Balkan eine Wiederbelebung eigener traumatischer Erfahrungen erlitten. Es wurden auf der Tagung in Bad Boll daher Überlegungen angestellt, wie diese Zusammenhänge öffentlich gemacht werden können, damit die Spätfolgen des Krieges in der deutschen Gesellschaft und in deutschen Familien nicht länger ignoriert werden bzw. Schaden anrichten können. Ursachengerechte, differenzierte diagnostische Zuordnung atypischer Retraumatisierungserscheinungen bei älteren Menschen könnte anstelle rein sedierender, unspezifischer Behandlung von sogenannten ›Alters-Störungen‹ erreicht werden (…), auch in Form von Psychotherapie über das 58. Lebensjahr hinaus, da das Aussprechen und Erkennen der Zusammenhänge klärend und entängstigend im Sinne der ›Linderung der Beschwerden‹ wirkt. Durch den Zugang zum eigenen Leiden an Trauer und Schuld, in der Opfer- wie in der Täterschaft, kann der politische Prozeß des Wiedergutmachens sich erstmals wirklich ereignen. An diesem Themenkreis möchte die Arbeitsgruppe national und international weiterarbeiten.«*

<hr>

* »Wir sind offen und dankbar für persönliche Beiträge und Unterstützung dieser Initiative«, schreibt uns der Verein Kriegskind.de e.V. »Wir verstehen die Internet-Seite www.kriegskind.de als ein Forum«.

Die von Deutschen während der Besatzungszeit gezeugten französischen Kinder machen sich also erst in der letzten Phase ihres Lebens, im Ruhestand, auf sich aufmerksam. Viele haben trotz des Handicaps ihrer Herkunft beweisen können, was sie wirklich wert sind. Aber nun möchten sie sich ihr Schicksal von der Seele reden. Sie haben auch Angst, zu sterben, ohne die ganze Wahrheit ihres Lebens zu kennen. Die öffentliche Meinung hat sich gewandelt. Heute können sie hoffen, angehört und verstanden zu werden. Diese günstigeren Bedingungen gehen auf mehrere Faktoren zurück. Das allmähliche Verschwinden der Generation, die den Krieg noch bewußt miterlebt hat, geht einher mit einer größeren Ausgeglichenheit und Unaufgeregtheit der historischen Arbeiten über diese Zeit, aber auch deren Aufnahme in der interessierten Öffentlichkeit. Selbst wenn implizit die Erinnerung an den Zweiten Weltkrieg die Gemüter ganz anders zu erregen scheint als die Perioden der Entkolonialisierung bis zum Stalinismus. Man interessiert sich heute auch mehr für das Schicksal der Kinder der ehemaligen Kriegsparteien, und dies nicht nur aus »Generationengründen«, sondern auch, weil in unserer gegenwärtigen Gesellschaft, »dem Kind ein ganz anderer Platz«* eingeräumt wird.

Festzustellen bleibt auch, daß die betroffenen Frauen eher bereit waren, ihr Schicksal zu erzählen, als die Männer. Dies läßt sich wohl teilweise mit einer unterschiedlichen Seelenkonstitution, aber auch Erziehung erklären, die zu unterschiedlichen Fähigkeiten der beiden Geschlechter führen, sich anderen mitzuteilen und sich selbst zu hinterfragen. Frauen scheinen im allgemeinen weniger Hemmungen zu haben, ihre Gefühle zu äußern, und mehr daran gewöhnt zu sein, über sich selbst nachzudenken. Die Männer aus dieser Generation haben gelernt, über Dinge zu schweigen, die man ihnen als Schwäche auslegen könnte. Außerdem spürt die Frau, die durch das Kind die Familienkontinuität

---

* So drücken es Ponteville und Kesteloot in ihrer oben angeführten Untersuchung aus.

gewährleistet, vielleicht Brüche in dieser Kontinuität eher als der Mann. Da es die Väter waren, die hier fehlten, haben sicherlich die kleinen Mädchen und jungen Frauen besonders unter deren Abwesenheit gelitten.

Trotzdem war es für alle, welchen Geschlechts auch immer, eine harte Sache, über ihre schwere Vergangenheit zu reden. Mehrere unserer Gesprächspartner haben vor oder nach dem eigentlichen Interview ihre Aussagen wieder zurückgezogen. Anderen hat es geholfen, ihre Anonymität wahren zu können. Dadurch konnten sie freier sprechen, ohne Rücksicht auf die Meinungen und Haltungen ihres persönlichen Umfelds, vor allem ihrer Arbeitskollegen und Nachbarn, zu nehmen, was die Ernsthaftigkeit und Genauigkeit ihres Berichts beeinträchtigt hätte. So zog es der Sohn eines deutschen Soldaten vor, nicht genannt zu werden, weil er seinen Karrierestart in der Verwaltung der Fürsprache eines Mannes zu verdanken hatte, der an der Seite seines Onkels in der Résistance gekämpft hatte! Der Begünstigte mußte also mit Zustimmung seines Adoptivvaters das Geheimnis seiner Geburt bis heute wahren... Wir konnten feststellen, daß unsere Gesprächspartner in der Regel eher bereit waren, sich uns anzuvertrauen, da wir von außen kamen und als Pendler zwischen den beiden Ländern Frankreich so gut wie Deutschland kannten.

Im Umgang mit diesen Frauen und Männern maßten wir uns nie an, die Arbeit eines Historikers oder Soziologen zu tun. Dieses Buch liefert die unverfälschten Erzählungen und Berichte dieser Menschen, auch wenn wir deren Inhalt und Form mit den jeweiligen Autoren natürlich genau durchgegangen sind. Wir empfanden es nicht als unsere Aufgabe, ihren Wahrheitsgehalt zu überprüfen. Allerdings konnten uns unsere Zeugen oft Dokumente liefern, die ihre Aussagen bestätigten. Wir haben die einzelnen Aussagen nicht zur genaueren Untersuchung gegeneinandergehalten, um dadurch Ähnlichkeiten oder Unterschiede herauszuarbeiten. Diese Vorgehensweise mag man kritisieren, aber sie sicherte uns das volle Vertrauen unserer Gesprächspartner und entsprach auch der anfänglichen Planung, diesen Menschen, die bisher über ihr Leben geschwiegen hatten, die Gelegenheit zu geben, angehört zu werden. Grundlage unseres Handelns war es, um Boris Cyrulnik zu zitieren, »uns nicht der Geschichte des einen oder anderen oder des Unglücks des einen oder anderen zu bedienen, um einen Diskurs zu befördern, den diese Leute nicht als den ihren erkennen würden«.*

Es kam für uns allerdings auch nicht in Frage, diese Aussagen zu benutzen, um damit »auf die Tränendrüse zu drücken« oder damit Fehlinterpretationen zusammenzuschustern, auch wenn die Erwähnung historischer Ereignisse und die Anführung psychologischer oder gesellschaftlicher Referenzpunkte in einigen Berichten die Reflektion durchaus anzuregen vermögen. Wir lassen uns auch von der unvermeidlichen Begrenztheit und Relativität einer persönlichen Aussage nicht täuschen, ebensowenig wie von den Veränderungen, denen das Gedächtnis im Lauf der Zeit unterworfen ist. Michel Frydman schreibt in einer Untersuchung über die Traumatisierung der versteckten jüdischen Kinder: »Wissenschaftler, die die Gedächtnisprozesse untersuchten, stellten ein unvermeidliches Nachlassen der Erinnerung fest, die die menschlichen Zeugnisaussagen sehr unsicher werden lassen. Diese entsprechen selbst nach kurzer Zeit nicht mehr der Realität. Diese Abweichungen wachsen dann mit der Zeit an, während der Einzelne immer noch von der Exaktheit seiner Erzählversion überzeugt ist. Wenn die konkrete Erinnerung etwas ungenau wird, fängt der Mensch an zu erfinden, zu fabulieren und zu rationalisieren, um die Gedächtnislücken auszugleichen und/oder der Erzählung eine gewisse Kohärenz zu verleihen. Schließlich wissen wir auch, daß Zeugnisse, die auf von einem Interviewer gestellte Fragen zurückgehen, noch weniger wert sind als spontane Erzählungen.«**

Da wir uns dieses Problems bewußt waren, ließen wir unsere

——— * Boris Cyrulnik, *Un merveilleux malheur*, Paris: Odile Jacob 2000, S. 137 (zitiert bei Ponteville und Kesteloot).
** Marcel Frydman, *Le Traumatisme de l'enfant caché. Répercussions psychologiques à court et à long terme*, Gerpinnes: Editions L'Harmattan 1999, S. 34 f.

Zeugen reden, ohne zu versäumen, wenn es notwendig wurde, von ihnen datierte, mit Namen versehene und genau identifizierte Unterlagen, Bilder und Erinnerungsstücke zu erbitten. Aber auch die Gefühle, die oft in diesen Aussagen zum Vorschein kamen, waren sehr zweckdienlich, da sie einen wichtigen Teil der durchlebten Erfahrung vermittelten. Die Genauigkeit einzelner Tatsachen kann man überprüfen, und eine gemachte Erfahrung läßt sich anhand datierter und feststehender Einzelheiten objektivieren. Dagegen ist es sehr viel schwieriger, das Klima einer Epoche und die Empfindungen einzelner Menschen zu rekonstruieren und dabei Anachronismen zu vermeiden. Noch schwieriger ist es allerdings, über Ereignisse zu berichten, die das Unbewußte der betroffenen Personen berühren, denn dieses kennt ja bekanntlich weder Vergangenheit noch Gegenwart, noch Zukunft, sondern ist die fortdauernde Grunderfahrung des Kindes, das in uns überlebt hat. Aus all diesen Gründen war es wichtig, diese Zeugnisse in ihrer Subjektivität und fast in ihrem Rohzustand zu bewahren, weil dadurch eine tiefere Wahrheit aufscheint, als die, die man erfahren würde, wenn man größere Distanz zu diesen Menschen gehalten hätte.

KAPITEL 8

Die Nationalsozialisierung des Körpers ___

Nach der kollektiven Befreiung von 1945 mußten die Französinnen oft den politischen Preis für ihre persönliche Befreiung von Tabus und Verboten zahlen. Die meisten der betroffenen, meist ganz jungen Frauen, waren natürlich zu einfache Gemüter, um solche komplexen Gefühle zu artikulieren, wie sie von Marguerite Duras beschrieben wurden. Aber die Sanktionen, denen sie danach ausgesetzt waren, diese Prüfungen, die den intimen Charakter jeder sexuellen oder amourösen Beziehung zerstören mußten, verliehen ihrem Abenteuer eine epische oder historische Dimension, die ihr eigenes kleines Schicksal weit überstieg. Der Historiker erkennt in ihrer öffentlichen Zurschaustellung mit geschorenem Schädel, manchmal sogar nackt, mitten in einer großen Menschenmenge oder auf einem Podest, ein Wiederaufleben des mittelalterlichen Prangers. Christen könnten in diesen Prozessionen der Übeltäterinnen durch die Straßen unserer Städte eine moderne Passionsgeschichte sehen. In einem Interview, das er im Oktober 2003 der Zeitschrift *Historia* gab, hat Fabrice Virgili deutlich zwischen drei Phasen der Strafmaßnahmen gegen diese »Sünderinnen« unterschieden: Die Besatzungszeit, in denen diese Aktionen sich durchaus auch einmal gegen ihre Urheber wenden konnten; unmittelbar nach der Befreiung als spontane Racheakte ohne jedes Risiko für die Peiniger; und ein Jahr danach, als die Politik entsprechende Maßnahmen beschloß und koordinierte. Er stellt fest:

»Wenn wir heute der Ansicht sind, daß eine Liebesgeschichte in den Bereich des Intimen und Privaten gehört, so war das 1944 überhaupt nicht der Fall. Fast alle Franzosen hielten eine Liebesbeziehung mit dem Feind für einen schwereren Verrat, als für die Deutschen zu arbeiten. Frappierend ist die Tendenz, den ganzen Vorgang zu ›sexualisieren‹. Das Abschneiden der Haare ist keine Bestrafung einer sexuellen Kollaboration, sondern die sexuelle Bestrafung der Kollaboration. Gerade weil sie Frauen sind, müssen die Schuldigen diese zusätzliche Bestrafung erdulden. Der exklusive Charakter der ›horizontalen‹ Kollaboration schließt alle anderen Gründe aus.«

Virgili kennt persönlich die deutsche Schriftstellerin Ebba Drolshagen und schätzt ihr Buch *Nicht ungeschoren davonkommen*, das wir bereits erwähnt haben. Dieses originelle Buch faßt ihre Erkenntnisse über das Schicksal von Frauen in den von der Wehrmacht besetzten Ländern zusammen, die bestraft wurden, weil sie im Krieg ein Verhältnis mit einem deutschen Soldaten gehabt oder ihn sogar geheiratet hatten. Der französische Historiker schließt sich hier weitgehend den Thesen dieser Soziologin an. Im Mittelpunkt von Drolshagens Analyse steht die Erkenntnis, daß die Kriegs- und unmittelbaren Nachkriegsgesellschaften, von nationalistischen Besitzreflexen bewegt, sich die Körper der Frauen aneignen, sie sozusagen »verstaatlichen«, wie man eine Ölquelle oder die Eisenbahn verstaatlichen würde. Diese Gesellschaften fordern für sich das Recht ein, die Sexualität und die Fortpflanzungsfähigkeit der Frauen zu kontrollieren. Auf diese Weise geheiligt (weil zu einem Pfeiler des Nationalstaats erklärt) wird der Körper der Frau unantastbar für jeden Fremden, vor allem aber für den Feind. Nur der Staatschef selbst hat das Recht, Ausnahmen von dieser Regel zu gestatten.

Hitler, der sich um tausend Einzelheiten kümmerte und der sich in alle Angelegenheiten in Deutschland und den besetzten Gebieten einmischte, ging sogar so weit, Kontrolle über das Privatleben seiner Untergebenen auszuüben. So macht Hermann Göring in einem vertraulichen Erlaß vom 17. Oktober 1939 klar, daß sich der Führer persönlich gegen die Eheschließung eines Offiziers

374

mit einer Ausländerin ausgesprochen habe. Es war also nicht der Körper einer Frau, sondern der eines Mannes, über den der oberste »Arier« hier im Namen seiner Ideologie verfügte. Aber das lief schlußendlich auf dasselbe hinaus: Der Staat verbot oder erlaubte Ehen. Göring hielt fest, Hitler habe noch hinzugefügt, daß man die Ehen von Offizieren mit ausländischen nordischen Frauen in Ausnahmefällen erlauben könne (in der Folge wurden die Möglichkeiten von Ausnahmeregelungen immer mehr erweitert). Es war Hitler, der wie ein strenger und gerechter Vater seines Volkes und Garant der Reinheit der Sippe einzugreifen hatte, wenn ein Stammesmitglied vom rechten Wege abzuweichen drohte.

Es sei hier auch noch kurz erwähnt, daß der Islam dasselbe Prinzip auf die Ungläubigen anwendet, denen jede sexuelle Beziehung zu einem Moslem verboten ist. Man braucht aber gar nicht so weit zu gehen: Die »Vergesellschaftung der Körper« kann auch beim Kontakt von Aliierten untereinander eine Rolle spielen, wie wir es bei den Amerikanern in Island gesehen haben. So hat auch das Naziregime während des Krieges seine Rassengesetze auf seine italienischen Verbündeten angewandt und seinen Männern verboten, Italienerinnen zu heiraten, was den Duce in helle Wut versetzte. Der deutsche Botschafter in Rom informierte Außenminister Ribbentrop am 5. September 1941 darüber, daß Mussolini sich sehr darüber geärgert habe, daß der Kreisleiter von Recklinghausen, ein kleiner Nazi namens Goldbeck, in einem Runderlaß festgestellt hatte, daß die »Blutsmischung« zwischen einem deutschen Mädchen und einem »Ausländer artverwandten Blutes« wünschenswerter sei als die mit einem Ausländer »artfremden Bluts, zum Beispiel einem Italiener«.[*]

Alle Volksgemeinschaften, die nach dem Krieg zu solchen Repressalien gegen Frauen griffen, folgten in dieser Beziehung, ohne es vielleicht zu wissen oder zu wollen, dem Beispiel des Dritten

---

[*] Akten zur Deutschen Auswärtigen Politik/ADAP Serie D. Band XIII. 1, S. 370.

Reiches, für das alle »arischen« jungen Frauen potentielle »deutsche Mütter« waren, das heißt quasi »Fortpflanzungsmaschinen« im Dienste des Staates, die »dem Führer ein Kind schenken sollten«. Gleichzeitig versuchten die ehemals besetzten Staaten nach dem Krieg, wie Ebba Drolshagen richtig bemerkt, sich die Körper ihrer Bürgerinnen wieder anzueignen, die gefehlt hatten, indem sie sich mit dem Feind eingelassen hatten. Diese Staaten handelten also genauso wie die Nazis, die sie gerade erst verjagt hatten. Auch unter Hitler durfte ein »Arier« eine »Nicht-Arierin« nicht heiraten, aber auch eine »Arierin« durfte sich nicht mit einem »Nicht-Arier« einlassen und konnte deswegen wegen »Rassenschande« hart bestraft werden, während ihr Liebhaber auf jeden Fall ins Konzentrationslager kam, was sehr oft den Tod bedeutete. Dieses Delikt der Rassenschande hatte man auch auf die französischen Kriegsgefangenen, ja sogar auf die französischen S.T.O.-Zwangsarbeiter ausgedehnt, die eine Verbindung mit einer Deutschen einzugehen wagten. Aber viele von ihnen scherten sich nicht darum und bewiesen wieder einmal, daß die Liebe keine Verbote kennt. Vom Rheinland bis nach Ostpreußen benahmen sich diese Franzosen, die auf den Höfen arbeiteten, während die Bauern als Soldaten dienten, auch nicht anders als die deutschen Soldaten in Frankreich. Im allgemeinen waren ihre Freundinnen Bäuerinnen oder Bauerntöchter, seltener gehörten sie zum Gesinde. Als dann die Männer von der Front zurückkamen, wenn sie denn überhaupt unversehrt heimkehrten, war es für sie besser, das Kind des Gefangenen als ihr eigenes anzuerkennen, denn in dieser Zeit war es eine gute Sache, einen Bauernhof zu haben oder eine Bäuerin oder sogar eine Bauernmagd heiraten zu können, weil überall in Deutschland bitterste Not herrschte.

Die deutschen Behörden waren sich des Problems vollkommen bewußt. So findet sich auf den Karteiunterlagen einiger Gefangener unterschiedlicher Nationalität ein Stempel, der besagt, der Betroffene sei darüber informiert worden, daß der Kontakt mit einer deutschen Frau »unter Strafe verboten« sei. Ein weiteres

Beispiel ist die bis heute erhaltene Personalkarte des serbischen Kriegsgefangenen Lazar Stefja, geboren am 14. März 1915 in Zagarca, Zivilberuf: Bauer, interniert im Kriegsgefangenen-Stammlager XII D in Trier, die einen Stempel mit dem Aufdruck trägt: »Die Bekanntgabe des Verbots des Verkehrs mit deutschen Frauen vom 1. 10. 40 ist erfolgt.«* Nazi-Deutschland handelte nicht willkürlich, obwohl es ein Willkürregime war. Man wurde über die Strafen informiert, die die jeweiligen Taten nach sich zogen. Auf diese Weise konnte auch kein »Missetäter« behaupten, er habe die entsprechenden Gesetze und Vorschriften nicht gekannt. Nur die Definition des Delikts oblag der Staatsgewalt. Selbst noch in den Konzentrationslagern waren die einzelnen Regelungen sehr detailliert und ließen auf den ersten Blick den Eindruck entstehen, daß nichts Gesetzwidriges geschehen könne. Nur führte diese Überreglementierung natürlich dazu, daß der Häftling früher oder später notwendigerweise einen Regelverstoß beging, der es der Lagerverwaltung ermöglichte, ihn zu bestrafen. Dies war also eine hochperfektionierte Form von bürokratischem Totalitarismus, eine These, die vor allem der Soziologe Wolfgang Sofsky vertreten hat: »Wenn Regeln nämlich alles erfassen, ist es unmöglich, nicht gegen eine Regel zu verstoßen. Die rigorose und totale Überregulierung produzierte nicht Ordnung, sondern Unordnung. Dies lieferte den Aufsehern den Freibrief, im Namen der Regeln Willkür ausüben zu können.«**

Wenn es zumindest theoretisch leicht war, die Sexualität der Gefangenen und Fremdarbeiter zu kontrollieren, indem man diesen mit drakonischen Strafen drohte, konnte man die Deutschen, die Beziehungen zu einer Ausländerin aufnahmen, nicht mit vergleichbaren Strafen, wie etwa der Einweisung in ein Konzentra-

---

* Personalkarte I: Personelle Angaben. I-H des Kriegsgefangenen 6/0159. Wir danken der WASt, die uns diese Personalkarte zur Verfügung gestellt hat.

** Wolfgang Sofsky, *Die Ordnung des Terrors. Das Konzentrationslager,* Frankfurt am Main: S. Fischer 1990, S. 133.

tionslager, belegen, da sich sonst die Reihen der Wehrmacht recht schnell gelichtet hätten. Ob es sich nun um einfache Erotik oder um den Bund fürs Leben handelte, die Nationalsozialisten erprobten während des Krieges die unterschiedlichsten Mittel, um sich die Kontrolle über die Sexualität ihrer Untertanen zu sichern. Man muß allerdings auch sagen, daß sich die damalige Zeit dafür durchaus anbot, eine Zeit, in der außereheliche Beziehungen als skandalös betrachtet wurden, die Geburt eines unehelichen Kindes eine Schande war und die Homosexualität als Straftat, im Dritten Reich sogar als Verbrechen galt, das zu einem langsamen Tod im KZ führen konnte. Die Nazis bedienten sich im übrigen dieses Delikts »Homosexualität« auch als politischer Waffe, vor allem am 2. Juli 1934, um unter diesem Vorwand den SA-Führer Ernst Röhm zu liquidieren, der versucht hatte, die Wehrmacht mit seiner Organisation in den Schatten zu stellen (eine Konzession Hitlers an die Armee), und dann noch einmal am 4. Februar 1938, um den Reichskriegsminister Werner von Blomberg und den Oberbefehlshaber des Heeres Werner von Fritsch entlassen zu können, die beide den Kriegsvorbereitungen Hitlers im Wege standen, wobei man Fritsch fälschlicherweise der Homosexualität beschuldigte, während Blomberg die Eheschließung mit einer ehemaligen Prostituierten zum Verhängnis wurde. Diese eigentlich die Sexualität betreffenden Regulierungen ließen sich also mitunter als erstklassiges Mittel gegen Störenfriede, politische Rivalen und Nazi-Gegner verwenden. Wenn man Homosexuelle in den Streitkräften entdeckte, wurden sie degradiert, verloren ihre Orden und Auszeichnungen und wurden oft in Strafbataillone gesteckt, was meist den baldigen Tod bedeutete. Die Heeressanitätsinspektion im Oberkommando des Heeres hatte bereits vor der Besetzung Frankreichs im Rahmen des Runderlasses 204 ein Merkblatt »Deutscher Soldat!« herausgegeben, das allen Wehrmachtsangehörigen beim Beginn des Militärdienstes auszuhändigen war. Es warnte vor »geschlechtlichen Ausschweifungen«, die die Fähigkeiten des Soldaten beeinträchtigen und seiner Gesundheit schaden würden. Sich dadurch mit einer Krankheit anzustecken, sei eines deutschen Soldaten unwürdig. Außerdem erwarte das deutsche Vaterland, daß er nach seinem Militärdienst eine gesunde Familie gründen und Vater gesunder Kinder werde. »Vermeide den Umgang mit leichtfertigen Frauenspersonen.« Wenn man doch einmal »in einem Moment der Schwäche« der Versuchung nach außerehelichen Geschlechtsbeziehungen nachgegeben habe, dürfe man sich danach keinesfalls den nötigen sanitären Vorschriften entziehen. Auf alle Fälle sollte man den Namen, den Ort, die Adresse und die besonderen Merkmale der Frau notieren, mit der man Sexualkontakte hatte. Die medizinische Behandlung, die sofort nach der Berichterstattung einsetze, töte die Krankheitskeime ab und könne einen vor Geschlechtskrankheiten schützen. Sie seien jedoch nutzlos, wenn man zu spät damit beginne.

Die Diplom-Pädagogin und Sozialwissenschaftlerin Insa Meinen hat sich an der Universität Oldenburg im Rahmen eines Forschungsprojekts lange mit dem Thema *Wehrmacht und Prostitution im besetzten Frankreich* beschäftigt und im Jahre 2002 ein Buch mit diesem Titel veröffentlicht, das die Frage im Schnittpunkt von Militärgeschichte und Geschlechterforschung ausführlich behandelt.[*] Kaum war die Wehrmacht in Paris eingerückt, begann sie damit, die Prostitution zu reglementieren. Um die Gefahr von echten Liebesbeziehungen mit Französinnen einzudämmen, wurden sogenannte »Wehrmachtbordelle« eingerichtet. Diese wurden, wie Meinen ausführlich darlegt, zu einem Teil des täglichen Lebens der Soldaten, so wie die Frontbuchhandlung oder das Soldatenheim. Dieser Antagonismus zwischen »freier« und »geplanter« Liebe, eine von Meinens Kernideen, ist sehr interessant. Ihrer Ansicht nach war die Schaffung eines organisierten Bordellsystems unter der Kontrolle des Wehrmachtsanitätsdienstes, das angeblich die Geschlechtskrankheiten eindämmen sollte, nicht nur eine Dienstleistung für das Militärpersonal, sondern hatte

---
[*] Insa Meinen, *Wehrmacht und Prostitution im besetzten Frankreich,* Bremen: Ed. Temmen, 2002.

zum Ziel, private Liebesbeziehungen zu verhindern. Rassenpolitische Erwägungen der Nazis dienten nur als Vorwand dafür, diese Kontakte zu den Frauen des besetzten Landes zu minimieren. Auch in dieser Hinsicht wurden diese Erwägungen für andere Zwecke »instrumentalisiert«, als es ihrer eigentlichen ideologischen Bestimmung entsprach, ebenso wie die Nazis sie als Vorwand benutzt hatten, die verschiedensten deutschen Institutionen unter ihre Kontrolle zu bringen und die Juden ihres Besitzes und Vermögens zu berauben. Insa Meinen hat bei der Erstellung ihrer Dokumentation in acht französischen Departemental- und Stadtarchiven, im Pariser Nationalarchiv und im Bundesarchiv-Militärarchiv in Freiburg im Breisgau geforscht. Insgesamt stellte sich heraus, daß auf allen Ebenen des deutschen Militärverwaltungsapparats im besetzten Frankreich die Truppensanitätsoffiziere und Kommandanturärzte für die Überwachung der Wehrmachtbordelle verantwortlich waren, wobei das Generalquartiermeisteramt und der Heeresarzt im OKH und der Chef des Sanitätswesens im OKW* die einschlägigen Richtlinien erließen. So übte der Wehrmachtsanitätsdienst Gesundheitsverwaltungsfunktionen auch gegenüber der Bevölkerung der besetzten Gebiete und nicht nur gegenüber den deutschen Soldaten aus. Zu diesen Aktivitäten gehörten die Überwachung der Wehrmachtbordelle, aber auch die Aufgabe, gegen französische Frauen vorzugehen, denen man vorwarf, der Prostitution nachzugehen, ohne von den deutschen Dienststellen registiert worden zu sein. Anfänglich war mit dieser Überwachung der französischen Frauen die deutsche Feldgendarmerie betraut. Nachdem die SS im Frühsommer 1942 die oberste Polizeigewalt in den besetzten Gebieten übernommen hatte, fiel auch diese Überwachung künftig unter ihre Verantwortlichkeit. Aber da Frankreich einer relativ milden Besatzung unterworfen war, wurde ein Teil dieser Aufgaben französischen Ärzten und der Vichy-Polizei übertragen.

―――― * OKH = Oberkommando des Heeres; OKW = Oberkommando der Wehrmacht.

Alles in allem muß man bei einer Betrachtung dieser Maßnahmen Ernst Jünger recht geben, der seinem Tagebuch ein Erlebnis im besetzten Teil Rußlands anvertraute und daraus eine für das ganze Naziregime gültige Folgerung zog: »Woroschilowsk, 1. Dezember 1942: Da im Pestinstitut auch große Mengen von Impfstoff gewonnen werden, wurde es nach dem Einmarsch der deutschen Truppen unter Schutz gestellt. Man teilte ihm zur Versorgung eine Kolchose zu, auf welcher der russische Staat bis dahin achthundert Geisteskranke beschäftigt und ernährt hatte. Diese Kranken wurden nun, um das Gut für das Pestinstitut zu räumen, durch den Sicherheitsdienst umgebracht. In einem solchen Zuge verrät sich die Neigung des Technikers, die Moral durch Hygiene zu ersetzen, ganz ähnlich, wie er die Wahrheit durch Propaganda ersetzt.«[*]

In der zweiten Hälfte des Monats Juli 1940 erließen der Heeresarzt Dr. Ott im OKH und der Generalquartiermeister im Generalstab des Heeres zwei Grundsatzbefehle, in denen die Schaffung von Wehrmachtbordellen angeordnet wurden. Gleichzeitig erließ letzterer Direktiven zur Verfolgung prostitutionsverdächtiger Frauen in ganz Frankreich. Am 29. Juli 1940 erteilte der Generalquartiermeister den Befehl, »geeignete Häuser auszuwählen und für die Benutzung durch deutsche Soldaten freizugeben«. Gleichzeitig verfügte der Heeresarzt, das Bordellpersonal nach Maßgabe der »Rassenzugehörigkeit« auszuwählen. Ein ganzer Katalog von Vorschriften regelte bis ins einzelne die Arbeitsbedingungen, die Bezahlung, die medizinische und polizeiliche Überwachung der Bordellangestellten. Um das Monopol dieser neugeschaffenen Bordelle auf den sexuellen Kontakt zwischen Französinnen und deutschen Soldaten durchzusetzen, legte der Heeresarzt im OKH in einer übergreifenden Anordnung die Leitlinie fest, daß »mit allen Mitteln darauf hingearbeitet werden müsse«, den »Geschlechtsverkehr mit gesundheitlich nicht kon-

---

[*] Ernst Jünger, *Tagebücher II, Strahlungen I*, Stuttgart: Klett-Cotta 1979, S. 431.

trollierten weiblichen Personen« zu unterbinden«.* Auf diese Weise wurden die sexuellen Aktivitäten der Truppe zentralisiert, wie es ein im September 1939 von Heydrich unterschriebener Erlaß des Reichsinnenministers für das Reichsgebiet bestimmte, der ebenfalls ein geregeltes Bordellsystem und eine Kriminalisierung der »ungeregelten« Prostitution vorsah. Was die Offiziere anging, so hatte ihnen die Führung der Wehrmacht ursprünglich aus disziplinarischen Gründen den Besuch von Wehrmachtbordellen grundsätzlich verboten und sie zur Zurückhaltung beim Besuch französischer Nachtlokale ermahnt. Als dies wenig fruchtete, befahl der Generalquartiermeister des Heeres Anfang August 1940 die Einrichtung von speziellen »Absteigehotels für durchreisende Offiziere«, die nichts anderes als Offiziersbordelle waren.

Ein Lagebericht des Leitenden Sanitätsoffiziers im Militärverwaltungsbezirk B vom September 1940 zeigt, daß nach kurzer Zeit bereits im ersten Besatzungsjahr ein dichtes Netz entsprechender *maisons closes* das ganze besetzte Frankreich überzog: » Bordelle für Soldaten sind in fast allen größeren Orten eingerichtet und werden laufend überwacht; außerdem sind in Biarritz, Bordeaux, La Rochelle, Nantes, Angers, Vannes, La Baule und Lorient ›Absteigehotels‹ eingerichtet. Razzien bezüglich der freien Prostitution wurden auf Veranlassung der Kommandanturärzte in fast allen größeren Orten durch die französische Sittenpolizei, die anscheinend gut arbeitet, durchgeführt. Es wurden dabei eine Anzahl wilder Prostituierter als geschlechtskrank erfaßt und der Behandlung zugeführt.«** Den »wilden« Prostituierten, wie sie dieser Text nennt, wurden dann registrierte Prostituierte, die sogenannten »filles soumises«, gegenübergestellt, die unter polizeilicher Überwachung arbeiteten. Diese Kontrollen betrafen sowohl die eigentlichen, direkt gegen Geld arbeitenden Frauen, als auch die wohl aus unteren Schichten stammenden Frauen, die in »getarnten Bordellen« tätig waren, »die (anscheinend verhältnis-

---
* Zitiert nach Meinen, a. a. O., S. 20.
* Ebenda, S. 25.

382

mäßig verbreitet) durch Einquartieren von Huren in Häusern mit Cafés, Restaurants und Hotels, deren Inhaber oder Personal den Huren Zubringerdienste leisten, entstehen«.* Oft tolerierten die Besatzungsbehörden bestimmte Beziehungen, während andere als Delikte geahndet wurden. Die Praxis unterschied sich relativ oft von den aus Berlin kommenden Direktiven und nahm auf die örtlichen Verhältnisse Rücksicht.

In seinem Tagebuch stellt Ernst Jünger aber die Kontrollen als relativ strikt dar. So beschreibt er am 20./21. Mai 1941 eine »unruhige Nacht« nach einem Tag, an dem er mit seiner Kompanie »im Paradeschritt am Grabmal des Unbekannten Soldaten« vorbeigezogen sei. Dabei kamen sie »am Denkmal von Clemenceau vorbei, der diese Dinge gut vorausgesehen hat. Ich nickte ihm, wie unter Auguren zu.« Nach Anbruch der Dunkelheit hatte er dann allerdings Wachdienst und mußte sich mit den Soldaten beschäftigen, die seine ausgesandten Streifen »sistiert« hatten. »Es handelte sich meist um Betrunkene oder um Soldaten ohne Urlaub, die in den kleinen Hôtels de passe aufgegriffen worden waren; die Freudenmädchen, die ihnen dort die Zeit vertrieben hatten, wurden mitgebracht. Ich trug sie alle nach kurzer Vernehmung in das große Wachtbuch ein und ließ sie dann in kleine Zellen, die wie Badekabinen im ersten Stock in großer Anzahl eingerichtet waren, einschließen. Wer in Gesellschaft geschlafen hatte, wurde zuvor ›saniert‹. Am Morgen wurde Frühstück ausgeteilt und dann die ganze Schar zur Aburteilung einem Disziplinarrichter, der auch im Hause tagte, zugeführt. Mit einer Wagenladung, die auf dem Montmartre aufgefischt war, kam auch ein achtzehnjähriges Hürchen und stand zum Gruß wie die Soldaten stramm. Da das Persönchen überhaupt sehr heiter war und über ›bon moral‹ verfügte, ließ ich es bei uns in der Wache sitzen und plaudern; ich hielt es also wie einen Kanarienvogel an diesem tristen Ort.«*

Dieses »horizontale« Operationsgebiet der Wehrmacht war

---
* Zitiert nach Meinen, a. a. O., S. 25.
** Ernst Jünger, *Tagebücher II, Strahlungen I*, Stuttgart: Klett-Cotta 1979, S. 241.

größer, als man es sich vielleicht vorgestellt hätte. So gab es Ende 1941 im Wehrverwaltungsbezirk A, der etwa ein Drittel der besetzten Nordzone umfaßte, immerhin 143 Wehrmachtbordelle, in denen 1166 Frauen arbeiteten. Dieses Massenaufgebot von Prostituierten läßt sich zum Beispiel in La Rochelle nachweisen, wo im ganzen Jahr 1942 mindestens 250 Französinnen in Bordellen den deutschen Soldaten zu Diensten waren. Insa Meinen stellte fest, daß sich zahlreiche französische Frauen aus eigenem Antrieb darum bewarben, in einem solchen Wehrmachtbordell arbeiten zu können, andere allerdings von ihren Zuhältern dazu gezwungen wurden, um dadurch den Straßenrazzien zu entgehen. Sie hat allerdings in den Archiven auch Beweise dafür gefunden, daß Französinnen, die in deutschen Lagern interniert waren, gezwungen wurden, in diesen Wehrmachtbordellen zu arbeiten. Umgekehrt wurde auch eine gewisse Anzahl von Prostituierten, die an Geschlechtskrankheiten litten, mit denen sie sich auf der Straße oder in illegalen Bordellen angesteckt hatten, nicht in Krankenhäusern behandelt, sondern in Gefängnissen, Arbeitshäusern oder Internierungslagern festgesetzt. Die Methoden in diesen Lagern, aus denen zum Beispiel ab März 1942 französische Juden in die Vernichtungslager deportiert wurden, waren nicht ganz so schlimm wie in den nationalsozialistischen Konzentrationslagern, da sie »nicht auf die Ermordung der Internierten abzielten, nur in beschränktem Umfang Zwangsarbeitsmaßnahmen einschlossen und die Häftlinge keinem Terrorregime unterworfen wurden, das Körperstrafen oder andere systematische Entwürdigungen durch das Wachpersonal beinhaltet hätte«.[*]

Insa Meinen zählte mindestens 303 Prostituierte, die zwischen Oktober 1941 und November 1944 im Lager Jargeau im Département Loiret inhaftiert waren. Die Gründe für diese Internierungen waren völlig willkürlich. So ordnete der Kommandanturarzt der Feldkommandantur Orléans im Oktober 1942 an, alle »eingeschriebenen« Frauen, die außerhalb der Wehrmachtbordelle

---
[*] Insa Meinen, a. a. O., S. 131.

deutschen Soldaten ihre Dienste angeboten hätten, ins Lager Jargeau zu verbringen. Man internierte auch rückfällig gewordene Prostituierte, die schon einmal von der Polizei kontrolliert worden waren und danach wieder in flagranti ertappt wurden. Aber die deutschen Verantwortlichen hatten weitgehend freie Hand, eine Frau, die Kontakte zu deutschen Soldaten unterhielt, zur Prostituierten zu erklären und in ein Lager einzuweisen. Es ging einfach darum, das sexuelle Angebot außerhalb der Wehrmachtbordelle so weit wie möglich zurückzudrängen, um durch die Ausschaltung der Konkurrenz ein klares Monopol zu schaffen. Hätte man diese Bestimmungen wortwörtlich ausgelegt, hätte es keine heimlichen Liebesbeziehungen zwischen Französinnen und Deutschen mehr geben können. Insa Meinen hat außerdem festgestellt, daß die deutschen Besatzungsbehörden seit Dezember 1941 im Lager Jargeau internierte Frauen in Wehrmachtbordelle verbringen ließen. Theoretisch war diese Rekrutierung freiwillig und die Frauen sollten sogar »ihren Wunsch hierzu äußern«.* In Wirklichkeit war dies für sie eine der wenigen Möglichkeiten, aus diesem Lager wieder herauszukommen. Viele von ihnen hatten vor ihrer Zustimmung, im Bordell zu arbeiten, mit anderen Mitteln versucht, dem Lager zu entkommen, indem sie Entlassungsanträge gestellt und sogar Fluchtversuche unternommen hatten, was beweist, daß bei weitem nicht alle freiwillig im Lager waren. Insa Meinen unterstreicht auch, daß nicht jeder Antrag, in ein Bordell überstellt zu werden, von den Deutschen bewilligt wurde. Die zuständige Feldkommandantur hatte eine regelrechte Auswahlprozedur festgelegt und bestimmte selbst darüber, welche Frauen in die Bordelle verbracht wurden. Diese typische Nazi-Praxis staatlicher Zuhälterei war in der französischen Geschichte ohne Beispiel.

Auch auf dem Felde der Prostitution wollten die deutschen Behörden genau wissen, mit wem sie es zu tun hatten und ob die zu diesen Zwecken eingesetzten Kurtisanen »rassisch« oder poli-

─── * Insa Meinen, a. a. O., S. 180.

tisch geeignet waren. Der menschliche Faktor stellt in allen Kriegen ein unliebsames Problem dar, ebenso wie der Einzelmensch in totalitären Regimen. Die Kriegsplaner werden immer alles dafür tun, daß der Feind der Feind bleibt – und dies ist nur dann möglich, wenn er keine Augen, kein eigenes Gesicht hat, wenn er also ganz anonym bleibt. Und was gibt es Anonymeres als die käufliche Liebe? Insa Meinen bescheinigt dem in Frankreich errichteten Bordellsystem »Modellcharakter«* für die anderen besetzten Gebiete. Zwangsläufig wurde Frankreich von vielen, vor allem ideologisch vorgeprägten Deutschen als Land der schnellen Liebe, die Französin als leicht verführbar und der Franzose als Sexbesessener betrachtet. Diese Ansichten sind auch im heutigen Deutschland durchaus noch zu finden. Aber die Idee, die Sexualität gemäß der Richtlinien der Gesellschafts-, Gesundheits- und Ernährungspolitik zu organisieren, hatte einen eher totalitären Ursprung. Himmler hatte mit ihr in einigen Konzentrationslagern experimentiert. Der Reichsführer SS hatte dabei die sowjetischen Lager kopiert, die sexuelle Beziehungen zuließen, um den Arbeitseifer der Insassen zu befördern. Es war einfach, diese Idee auf die Wehrmacht zu übertragen und dem einzelnen Soldaten zu gestatten, seine sexuellen Bedürfnisse organisiert zu befriedigen, und damit dessen Leistungen in Arbeit und Kampf zu erhöhen und die ganze Armee ruhig zu halten.

Trotzdem konnte die organisierte Sexualität die individuellen Liebesbeziehungen zwischen deutschen Soldaten und französischen Frauen nicht verhindern. Wir wir gesehen haben, begann die Zahl der neuen Beziehungen allerdings in den beiden letzten Besatzungsjahren zurückzugehen, was auf die deutschen Niederlagen zurückzuführen war. Viele Frauen begriffen nun, daß eine Beziehung mit einem Deutschen keine Zukunft mehr hatte.

Gerade Offiziere blieben aber bis zum Schluß ihrer französischen Freundin treu, und es fiel ihnen oft schwer, sich von ihr end-

---

* Insa Meinen, a. a. O., S. 214.

gültig zu verabschieden. Ernst Jünger erzählt in seinem Tagebuch die bezeichnende Geschichte des Obersten Schaer, dem Sohn eines Hildesheimer Pfarrers, der als Welfenfreund alles Preußische ablehnte. »Wenn der Vater bei Tisch dem Hund ein Stück Braten zuwarf und dabei sagte: ›Das kommt von Bismarck‹, fletschte das Tier die Zähne und begann zu knurren. Erst wenn der Pfarrer die Dogge beruhigte: ›Es kommt von unserer guten Königin Marie‹, wurde die Gabe freudig verzehrt.« Im Zweiten Weltkrieg hatte er »nach einem Angriff seines Regiments im Osten, der wegen mangelnder Unterstützung gescheitert war, Kritik an der Führung geübt. Er war wegen Beleidigung der Partei zu elf Monaten Gefängnis verurteilt worden.« Nach seiner Entlassung ging er nach Paris, weil ihm sein alter Freund Jünger eine sichere Stellung bei dem Kommandanten Heinrich von Stülpnagel verschaffen konnte. Kurz vor dem Fall der französischen Hauptstadt passierte dann folgende Geschichte: »Als der Stab des Oberbefehlshabers Paris räumte, meldete sich Schaer bei Choltitz, dem die Verteidigung der Stadt übertragen war. An einem der letzten Tage kam es ihm zur Unzeit noch in den Sinn, sich von einer Freundin zu verabschieden, die am Boulevard des Invalides wohnte. Schon waren die Dächer von der Résistance besetzt. Er konnte sich dann auch nicht mehr auf die Straße wagen und telefonierte Choltitz im *Meurice* an, meldete sich als ›eingeschlossen‹ und bat, ihm einen Panzer zu schicken, was auch geschah. Damit fuhr er davon, während seine Freundin sich durch eine Hintertür aus dem Staub machte.«* Nach seiner Rückkehr nach Berlin wurde er von der Gestapo verhaftet, weil man in einer Akte im Panzerschrank des Hitler-Attentäters Stauffenberg seinen Namen gefunden hatte. Wie durch ein Wunder kam er mit drei Jahren Gefängnis und Degradierung davon und wurde nach dem Fall der Reichshauptstadt freigelassen. Stülpnagel allerdings wurde nach einem gescheiterten Selbstmordversuch in Plötzensee gehängt.

---

* Ernst Jünger, *Tagebücher III, Strahlungen II*, Stuttgart: Klett-Cotta 1979, S. 482.

KAPITEL 9

»Biologisches Material« _____

Wenn die »Arier« eine besondere Rasse waren, hätten die »Deutschenkinder« in den ehemaligen besetzten europäischen Ländern heute keine Schwierigkeiten, ihre Herkunft durch eine Genanalyse zu beweisen. Aber es gibt kein »deutsches Gen« ... Für die Naziführung dagegen gab es diese Unterscheidung durchaus. Hitler glaubte felsenfest an die Rassentheorien seiner Partei und ließ die Juden mit einer Besessenheit verfolgen und »ausmerzen«, deren Ursprünge wohl im Verborgenen bleiben werden. Tatsächlich führte der »Führer aller Deutschen« (man betrachtete die Deutschen als Rasse und nicht als Nation) einen Dreifrontenkrieg: 1. Krieg gegen die Feindstaaten; 2. »Krieg« gegen die minderwertigen Rassen und Sklavenvölker, die man als einfache, billige Arbeitskräfte verwenden wollte und/oder umbringen mußte; und 3. den »inneren« Krieg gegen die Deutschen selbst, die es, ob sie nun wollten oder nicht, von der Machbarkeit und der Größe der Ziele der nationalsozialistischen Bewegung zu überzeugen galt.

Dies war nicht immer leicht, und die Propaganda spielte in der Geschichte des Nationalsozialismus eine entscheidende Rolle. So ließ man Filme erst einmal vor einem kleinen, ausgewählten Publikum laufen, um deren Reaktionen zu testen. Die Filme wurden zurückgezogen, wenn sie nicht so wirkten wie erwartet und geplant. Diese Methoden machen vieles verständlich, was in den besetzten Ländern wie etwa Frankreich passierte und wie man deren Bevölkerung behandelte. So hatte man allen Deutschen eingetrichtert, daß sie die Herrenrasse seien und ihnen die Herrschaft über die Welt zufallen werde, wenn sie nur genug Mut bewiesen und sich notfalls für ihre Volksgemeinschaft opferten.

Die Franzosen gehörten nicht zu dieser Herrenrasse, Frankreich zählte auch nicht zu den »germanischen« Ländern, aber Himmler glaubte gemäß einer Anschauung, die auch in gewissen französischen Adelskreisen herrschte, daß die französischen Eliten, ebenso wie die Normannen, die Elsaß-Lothringer und vielleicht noch die Bretonen und etliche andere französische Volksstämme mehr oder weniger arischen Ursprungs seien, in dem Sinne, wie er diesen Begriff verstand. Er plante, diese Gruppen vom Rest der französischen Bevölkerung zu trennen und sie wieder in den großen germanischen Volkskörper, das große »Reich der Rasse«, zurückzuführen. Er hegte kaum besondere Sympathien für die Franzosen, aber auf Grund dieser rassischen Tatsachen waren sie eben doch kein Volk, das man zerschlagen oder versklaven mußte, ganz im Gegensatz zu den sogenannten »Ostvölkern«.

Zwölf Tage nachdem die Deutschen die »freie Zone« besetzt hatten, erklärte Himmler in einem Brief vom 24. November 1942 dem Gauleiter von Baden-Elsaß Robert Wagner seine Absichten in Frankreich: »Grundsätzlich bin ich Ihrer Meinung, daß man versuchen muß, an deutschem Blut herauszuholen, was nur möglich ist. Im jetzigen Stadium ist psychologisch aber nichts zu machen. Erst wenn die Verhältnisse mit Frankreich im Guten oder Bösen einen festen Boden gewonnen haben, kann an die planmäßige Bearbeitung dieser Frage herangegangen werden.«*
Es gelang den Deutschen zwar, die Vernichtung auch der französischen Juden zu planen und durchzuführen, aber an der »Herausholung« des vorgeblich »germanischen« Bluts mußten sie wohl scheitern.

Aber Deutschland brauchte Arbeitskräfte und Soldaten als »biologisches Material«, und bei der Beschaffung konnte man nicht zimperlich sein. Mit Frankreich schloß man darüber sogar

—— * Bundesarchiv Koblenz: NS 19/441.

Verträge ab, ungleiche Verträge gewiß. Aber dann gab es ja auch über altes deutsches Blut – wie es die Nazis ausgedrückt hätten – aus den Zeiten von Chlodwig und Karl dem Großen eine gewisse Blutsverwandtschaft, die es nun zu erneuern galt. Dies bewog die Herren des Reichs sofort zu bürokratischen Aktivitäten. Man beschloß, Mütter, die bereits ein Kind von einem Deutschen geboren hatten, mittels der Einwandererzentralstelle Paris ins »Altreich umzusiedeln«, während werdende Mütter in eine Art »menschliche Zuchtanstalt«, ein Entbindungsheim nach dem Vorbild des »Lebensborn«, geschickt werden sollten, das Anfang 1944 im Schloß Ménier in Lamorlaye bei Chantilly eingeweiht wurde. Es stand unter SS-Kontrolle und bekam zuerst den Namen »Westland«, um dann später in »Westwald« umbenannt zu werden. Das Ganze war jedoch ein Mißerfolg. Bei einem Besuch des ehemaligen Hausarztes Himmlers und jetzigen ärztlichen Leiters der »Lebensborn«-Heime, SS-Oberführer Gregor Ebner, beherbergte das Heim am 6. Februar 1944 gerade einmal sechs französische Frauen. Der eigentlich verantwortliche SS-Arzt Dr. Fritze ließ sich kaum blicken, und wenige Monate später sollte die deutsche Niederlage in Frankreich dieses kleine Experiment abrupt beenden.

Himmler, dem man eine gewisse Intelligenz zubilligen muß und der von seiner Sekretärin und Mätresse Hedwig Potthast tatkräftig unterstützt wurde, war einer der ersten Naziführer, die begriffen hatten und das auch privat sagten, daß der Krieg verloren sei. Er gedachte, sich einen ehrenvollen Abgang zu verschaffen* und begann bei den Alliierten zu sondieren, ob nicht ein Separatfrieden möglich wäre, bekanntlich ohne Erfolg. Und so setzte der Reichsführer SS Heinrich Himmler nach der Verhaftung durch die Briten in einem britischen Gefangenenlager bei Lüneburg am 21. Mai 1945 seinem Leben durch eine versteckte Zyanidkapsel ein Ende. Er, der die Uniform immer so sehr geliebt hatte, war zuletzt als Landstreicher verkleidet gewesen und zuerst

---

* Jean-Paul Picaper, *Sur la trace des trésors nazis*, a. a. O., S. 128 f.

einmal unerkannt in britische Gefangenschaft geraten. Wenn man Ernst Jünger Glauben schenken will, wäre dieser Meister des schwarzen Ordens in Zivil tatsächlich niemandem sonderlich aufgefallen. Von ihm hätte man sicher gerne einen Anzug in seinem Laden gekauft oder sich von ihm hinter einem Schalter die Post stempeln lassen, ohne irgend etwas Außergewöhnliches an diesem Manne zu bemerken, der Millionen Menschen auf dem Gewissen hatte. So hat ihn Ernst Jünger beschrieben, der an vielen Stellen in seinem Tagebuch feststellte, daß die neuen Folterknechte und Massenmörder das unauffällige Aussehen von mittleren Beamten und Ladenverkäufern hätten. Als 1944 das Ende abzusehen war, konnte sich auch Himmler keine Illusionen über solche Experimente wie das im Schloß Ménier mehr machen.

Anfang 1942 dagegen konnte der Schöpfer des »SS-Staates«, eines Staates im Staate in diesem Dritten Reich, noch ganz nach Belieben von diesen germanischen Kindlein träumen. In Hitlers Tischrunde, wo die Gespräche manchmal eine bizarre Wendung nahmen, schlug der »treue Heinrich«, wie ihn sein Führer nannte, im April 1942 vor, »alljährlich einmal unter der germanischen Bevölkerung Frankreichs einen blutsmäßigen Fischzug« durchzuführen. »Man müsse versuchen, die Kinder dieser Bevölkerungsschicht in frühester Jugend in deutsche Internate zu bringen und sie dort von ihrer zufälligen französischen Nationalität abzulenken und sie auf ihr germanisches Blut und damit auf ihre Zugehörigkeit zum großen germanischen Volk hinzuweisen.« Hitler kommentierte den Vorschlag, daß es ein »schwerer Schlag für Frankreich sei, wenn seiner Führungsschicht der germanische Nachwuchs entzogen würde«.* Anders gesagt stimmte er diesem Prinzip zu, und Hitlers Wort galt ja bekanntlich als Gesetz. Himmler fühlte sich zum Handeln autorisiert.

Im August 1942 äußerte Himmler bei einem Tischgespräch,

---

* Henry Picker, *Hitlers Tischgespräche im Führerhauptquartier,* Frankfurt/M., Berlin: Ullstein 1989, Nr. 66 vom 5. 4. 1942, S. 195; und: Georg Lilienthal, *Der »Lebensborn e.V.«. Ein Instrument nationalsozialistischer Rassenpolitik,* Frankfurt am Main: Fischer 2003, S. 189 ff.

daß es zur biologischen Schwächung Frankreichs genüge, wenn jährlich 1000 Kinder »herausgeholt« würden. Im übrigen gab er auch den Befehl, am Ende des Krieges die französischen Offiziere, deren Namen germanischen Ursprungs seien, zumindest germanische Anklänge haben, herauszusuchen, um sich ihrer Nachkommen zu bemächtigen. Aus einem Schreiben vom 29. Mai 1945 geht hervor, daß es Himmler in Hitlers Tafelrunde durchaus ernst meinte. Reichsgesundheitsführer Dr. Conti macht ihn in diesem Schreiben auf das »Problem der Soldatenkinder« in Frankreich aufmerksam. Er gibt an, daß bisher etwa 50 000 dieser Kinder von Französinnen geboren worden seien, von denen die Mehrzahl »nicht schlechter« seien als die Kinder norwegischer Mütter. Obwohl oder gerade weil sich die Witwe des bei einem Unfall ums Leben gekommenen französischen Generals Huntzinger sehr um diese Kinder kümmere, bestehe die Gefahr, daß sie für Deutschland verlorengingen. Deshalb müsse sich der »Lebensborn« dieser Kinder »energisch annehmen«. Der Verein »Lebensborn« war eine 1935 auf Himmlers Veranlassung gegründete Organisation, mit dem Ziel der Unterstützung des Kinderreichtums von SS-Angehörigen und der Betreuung hilfsbedürftiger Mütter und Kinder »guten Bluts« in vereinseigenen Heimen. Conti war ein Vorkämpfer der künstlichen Befruchtung, um dadurch das Reich mit einer reinrassigen Bevölkerung füllen zu können. Was die verlassenen Kinder deutscher Soldaten mit französischen Müttern angeht, beklagt er sich, daß es bereits vorgekommen sei, daß ein deutsches kinderloses Paar gerne eines dieser Kinder aufgenommen hätte, dies aber durch Intervention der Madame Huntzinger verhindert worden sei.

Auch Wehrmachtdienststellen fürchteten ihren Einfluß auf solche Neugeborenen zu verlieren, wenn man ihren Müttern keine Hilfe und Fürsorge anbot. Als Beispiel für diese Bemühungen kann das Schreiben der Feldkommandantur 515 auf der Insel Jersey vom 27. April 1944 an den Höheren SS- und Polizeiführer in Paris dienen, in dem um mehr Hilfe für diese Mütter gebeten und dabei vor allem die rassischen Gegebenheiten der Insel als

Argument angeführt wurden: »Auf den hiesigen Kanalinseln wurden seit Anfang der Besetzung nach dem bisher gewonnenen Überblick etwa 60–80 uneheliche Kinder geboren, deren Väter mit Sicherheit als Wehrmachtsangehörige angenommen werden können. Bei dem nordischen Einschlag der hiesigen Bevölkerung handelt es sich zum großen Teil um rassisch einwandfreie Kinder und Mütter. Im allgemeinen kann sogar angenommen werden, daß es sich gegenüber Frankreich um rassisch wertvolleres Material handelt. […] In vielen Fällen haben die Mütter unehelicher Kinder oder die deutschen Väter um Vermittlung nach Deutschland zum Arbeitseinsatz hier bereits nachgesucht, da die mit Deutschen befreundeten Mädchen starken Anfeindungen seitens der übrigen Zivilbevölkerung ausgesetzt sind. In den meisten Fällen haben die englischen Mütter die deutsche Sprache erlernt und könnten daher ohne weiteres in Deutschland eingesetzt werden.«*

Der Chef der Militärverwaltung in Frankreich mußte dann aber die SS informieren, daß der Militärbefehlshaber, Abteilung Justiz, Unterhaltszahlungen für diese Kinder abgelehnt habe. Die Wehrmacht hatte nämlich im allgemeinen wenig Interesse an der Rassenpolitik der Nazigrößen. Dies geht auch aus zwei Dokumenten hervor, das eine vom OKW, das andere von der Konsulatsabteilung der deutschen Botschaft in Paris, Rue Huysmans 2.** Zum ersten wird am 13. Januar 1941 festgestellt, daß »die Angehörigen der deutschen Besatzungstruppen in den

---

* Meldung der Feldkommandantur Jersey vom 27.4.1943.
** Die Dokumente wurden uns vom Auswärtigen Amt, Referat 117, zur Verfügung gestellt: Oberkommado der Wehrmacht. Berlin W 35/Berlin W 8, den 13. Januar 1941. Betr. Unterhaltsansprüche gegen deutsche Soldaten in den besetzten Gebieten. Gezeichnet: Der Chef des Oberkommandos der Wehrmacht. i. A. gez. Dörken. Justizoberinspektor d. Lw. ; Deutsche Botschaft, Konsulatsabteilung, Ambassade d'Allemagne, Section consulaire. Paris 6, 2, rue Huysmanns. R 3 Nr. 4/TgB.216/41. Betr.: »Einrichtung von deutschen Zivilgerichten im besetzten Gebiet Frankreichs«. Wir danken Dr. von Boeselager und Dr. Maria Keipert, die uns diese Dokumente zukommen ließen.

besetzten Gebieten das Recht der Exterritorialität« genießen. »Unterhaltsansprüche unehelicher Kinder können daher nicht vor den Gerichten dieser Länder geltend gemacht werden.« Da dies zur Mißstimmung in der Bevölkerung führen könnte, setze sich der Chef des OKW dafür ein, daß deutsche Gerichte, vorzugsweise Wehrmachtgerichte, solche Fälle entscheiden sollten. »Die Regelung soll sich auf Norwegen, die Niederlande, Belgien, Frankreich und die britischen Kanalinseln erstrecken.« Dagegen wendet sich am 25. März 1941 der Leiter der Abteilung Justiz beim Militärbefehlshaber in Frankreich. Er möchte nicht, daß sich die Wehrmachtgerichte mit solchen Fällen befassen, sondern daß man dafür »die Frage der Einrichtung deutscher Zivilgerichte innerhalb des besetzten Gebietes« prüfe. Allerdings lege man auf eines Wert: »Als Gerichtstyp käme nicht das gemischte Gericht, wie etwa während der Zeit der Rheinlandbesetzung, sondern nur ein reines deutsches Zivilgericht in Betracht.«

Anders ausgedrückt: Die Armee wusch ihre Hände in Unschuld wie einst Pontius Pilatus. Sie hatte genug Probleme und wollte sich nicht auch noch mit den Rassenhirngespinsten der Nazis befassen. Für die SS allerdings hatte der Fall Jersey exemplarische Bedeutung, und man hielt seine Klärung für »zweckmäßig bei der Aufrollung des bereits mehrfach erörterten Gesamtproblems der unehelichen Kinder deutscher Besatzungsangehöriger in Frankreich«. Will man sich in diesem Zusammenhang die Rassenpolitik der Nazis vergegenwärtigen, sollte man einen Blick auf das »System der Klassifikationen« werfen, das den Wert des Einzelmenschen in den Augen der Nazis festlegte, so wie es Wolfgang Sofsky in seinem Buch über die Konzentrationlager aufzeigt.[*]

An der Spitze der Hierarchie stand der »Mensch« im Gegensatz zum »Untermenschen«. Unter den »Menschen« waren die Einwohner des Deutschen Reichs die wertvollsten, gefolgt von den Nordeuropäern, mit denen sie Ehen eingehen durften. Auf

---

* Wolfgang Sofsky, a.a.O., S. 140.

derselben Ebene, aber etwas weiter entfernt von der reinen Rasse, gab es dann die Westeuropäer, mit den Franzosen als Unterkategorie, gefolgt von den Südeuropäern. Diese durften die »Arier« ganz oben auf der Skala weder heiraten noch mit ihnen Kinder zeugen, außer wenn eine selten erteilte Sondererlaubnis vorlag. Man darf nicht vergessen, daß der Hauptverbündete Hitler-Deutschlands im Krieg gegen die Sowjetunion Rumänien war und daß dieses Land Teil Südeuropas war, einer der Gründe, warum die Südeuropäer nicht ganz so niedrig eingestuft wurden. Weiter unten in der »Menschen«-Kategorie, aber immer noch zu den Westeuropäern gehörig, gab es die politischen Gegner der Nazis, die Ernsten Bibelforscher (später »Zeugen Jehovas«), dann noch weiter unten die Kriminellen, die Asozialen und die Homosexuellen. Die Franzosen betrachtete Hitler als Bastardvolk, als »vernegert«, wegen der Vermischung mit Arabern, Schwarzen, Juden und anderen Rassen. Marc Hillel stellt heraus, daß Himmler diese »Bastardisierung« für die militärische und politische Schwäche Frankreichs verantwortlich machte. Abgetrennt von der »Menschheit« gab es dann noch die »Untermenschen«, zu denen primär die Juden und die Zigeuner zu zählen waren, aber dann auch etwas weiter weg, die Slawen. Diese wurden in Tschechen, Polen, Russen und sowjetische Kriegsgefangene unterteilt.

In den Konzentrations- und Kriegsgefangenenlagern wurden alle Mitglieder der »Untermenschen«-Kategorien« sowie die untersten Subkategorien der »Menschen« durch Abzeichen unterschiedlicher Farben und Formen gekennzeichnet. Dies war also ganz und gar kein theoretisches System, denn diese Klassifikation wurde auf traurige Weise in der Sterblichkeitsrate vor allem der Kriegsgefangenen gespiegelt. So starben 60 % der sowjetischen Kriegsgefangenen in Deutschland, aber nur 1,3 % der französischen Gefangenen. Marc Hillel[*] schreibt, daß die zunehmende

---
[*] Marc Hillel, Clarissa Henry, *Lebensborn. Au nom de la race,* Paris: Ed. Fayard, 1975.

Aufnahme von fremden Soldaten, nicht zuletzt von Franzosen, in die Waffen-SS ein Vorzeichen der Aufweichung der Rassentrennung darstellte, die von der immer schlechteren militärischen Lage erzwungen wurde. Wir stimmen damit nicht ganz überein, zumindest was die Franzosen betrifft. Wolfgang Sofsky stellt schließlich fest, daß die West- und Südeuropäer nicht zu den »Untermenschen« gezählt wurden. Trotzdem kann man im großen und ganzen Hillel beipflichten, wenn er schreibt: »1943 erhält dann der von der Notwendigkeit diktierte Notbefehl Gesetzeskraft; von nun an werden Rekruten in diese einst so nordische SS aufgenommen, deren ethnische Herkunft einige Jahre früher die ›Rassenkenner‹ hätte weiß vor Wut werden lassen. Die Franzosen von der Division ›Karl der Große‹, die Moslems von der Handschar-Division oder die slawischen Ukrainer von der Division ›Galizien‹ waren ja eigentlich nur ›Untermenschen‹, die man mit einem einzigen Ziel in den Rang der ›höheren Wesen‹ aufgenommen hatte, nämlich der deutschen Kriegsmaschinerie zu dienen.«

Im übrigen hatten die Nazis Nachforschungen über die Kriegsgefangenen der Deutschen im Ersten Weltkrieg angestellt, die während ihrer Gefangenschaft mit deutschen Frauen ein Kind gezeugt hatten, um die rassische Herkunft dieser Kinder bestimmen zu können. Aus einem Bericht in der in Berlin-Wilmersdorf herausgegebenen *Zeitschrift für Standesamtswesen, Personenstandsrecht, Eherecht und Sippenforschung*** geht hervor, daß sich diese Nachforschungen vor allem bei den Russen sehr schwierig gestalteten, daß aber die Angaben von offiziellen Stellen und Privatpersonen im allgemeinen den Namen und Vornamen, den Ort, wo der Gefangene gearbeitet hatte, seinen Dienstherrn, das Geburtsdatum seines Kindes und dessen wahrscheinlichen Zeugungszeitpunkt erbrachten, was es dann erlaubte, den Vater des Kindes zu identi-

---

* *Zeitschrift für Standesamtswesen, Personenstandsrecht, Eherecht und Sippenforschung* vom 24. Februar 1940.

fizieren. Diese Nachforschungen sollten sich auch auf die in Frankreich während und nach dem Zweiten Weltkrieg gefangen gehaltenen deutschen Soldaten ausdehnen. Mitten im Krieg suchte die deutsche Bürokratie nach den kleinsten Details der europäischen Gesellschaften, nichts sollte dem totalitären Staat entgehen, ein Machteinfluß auf jeden einzelnen Menschen, der in der Geschichte ohne Beispiel ist und der sehr gut die Gefahren aufzeigt, die von diesem Dritten Reich ausgingen. Diesem System wäre nach einem Sieg der Nazis niemand entkommen.

Es gilt zu verstehen, daß die Rassengesetze ein integraler Bestandteil des nationalsozialistischen Systems waren. Sie dienten dazu, die Herrschaft der Nazis über unterschiedliche gesellschaftliche Organisationen durchzusetzen. Hier wäre vor allem die Wehrmacht zu nennen, die in der Weimarer Republik relativ neutral blieb und sich aus der Politik heraushielt. Das am 7. April 1933 verkündete »Gesetz über die Wiederherstellung des Berufsbeamtentums« bestimmte in seinem Paragraphen 3, dem berüchtigten »Arierparagraphen«: »Beamte, die nicht arischer Abstammung sind, sind in den Ruhestand zu versetzen; soweit es sich um Ehrenbeamte handelt, sind sie aus dem Amtsverhältnis zu entlassen.« Damit gab es schon bald keine jüdischen Beamten mehr. Mit den Nürnberger Rassengesetzen vom 15. September 1935 wurde diese Bestimmung auf die gesamte Gesellschaft ausgedehnt. Dadurch mußten nun alle Bürger, ob nun eheliche oder uneheliche Kinder, Ahnenforschung betreiben. Bisher kannte das Bürgerliche Gesetzbuch für die unehelichen Kinder nur eine Verwandtschaft in mütterlicher Linie. Nach Paragraph 1705 BGB war das uneheliche Kind nur mit seiner Mutter und deren Familie verwandt. Nun aber wurde die Vaterschaft auf einmal auch in diesem Falle wichtig. Man bestimmte, daß man die Blutabstammung durch eine Ahnenprobe zu klären hatte, durch die in allen Fällen nachzuweisen war, daß die natürlichen Eltern »Deutsche oder artverwandten Bluts«, also von »arischer Abstammung« waren.

Diese Regelungen sind von großer Bedeutung für die unehelichen Kinder deutscher Soldaten. Während weder das wilhelminische Kaiserreich noch die Weimarer Republik Nachforschungen über die Vaterschaft unehelicher Kinder anstellte, da dies nicht im Einklang mit dem Bürgerlichen Gesetzbuch gewesen wäre, weichen die Nazis von diesen Bestimmungen ab und berücksichtigen die mütterliche und väterliche Abstammung, auch wenn es um die Kinder von Soldaten ging. Die deutschen Soldaten waren selbstverständlich Arier, aber man mußte zumindest die Vaterschaft beweisen. Im übrigen war die Mutter als Französin »nicht-arisch«, aber die politische Führung hätte durchaus Ausnahmen zulassen und Ehen mit solchen Frauen genehmigen können. Daran dachte wohl auch Himmler, der, von Hitler, wie wir gesehen haben, halb darin bestärkt, der Meinung war, die deutsche Vaterschaft genüge, damit die Kinder eines gemischten Paares einmal als »arisch« eingestuft werden könnten. Die Haltung der Nazis zu dieser Frage hatte sich also allmählich abgemildert. Am Anfang des Krieges verbot die Heiratsverordnung vom 7. Mai 1940 noch den deutschen Soldaten für die Dauer der Kampfhandlungen in Nordeuropa, Dänemark, Norwegen, Holland, Belgien, auf den Kanalinseln und in Ostfrankreich, Frauen aus diesen Ländern zu heiraten, gestattete es ihnen aber gleichzeitig, sexuelle Beziehungen mit ihnen zu unterhalten.

Die erste Bresche in diese strikten Befehle hatte der Führer der norwegischen Nazi-Partei *Nasjonal Samling* Vidkun Quisling geschlagen, der gegen die Zumutung protestierte, daß die Norwegerinnen »gerade gut genug sind, die Mätresse eines Deutschen zu sein, aber nicht gut genug, seine Frau zu werden«. Nicht zuletzt als Antwort darauf hob nach der Besetzung Norwegens, Dänemarks, Hollands und Belgiens ein Führerbefehl diese Ehebestimmungen auf und setzte fest, daß künftig keine Bedenken mehr gegen Ehen von Wehrmachtsoldaten mit »rasseverwandten« Angehörigen der germanischen Völker bestünden. Es läßt sich durchaus annehmen, daß Himmler plante, diese Genehmigung auch auf andere Gebiete, zumindest auf den Norden Frankreichs, auszudehnen. Es gab keinen Grund dafür, Regionen wie die Normandie und die Bretagne auszuschließen. Gerade in diesen Gegenden gab es tatsächlich viele Beziehungen zwischen deutschen Soldaten und den dort ansässigen Frauen, vielleicht sogar unter stillschweigender Zustimmung gewisser Nazi-Verantwortlicher, um dadurch das germanische »Rassepotential« zu erhöhen. Aber der Fortgang des Kriegs, die Niederlagen und dann der deutsche Zusammenbruch erlaubten es nicht, diese Politik weiter zu verfolgen und in Gesetzesform zu gießen. Schließlich stand es auch im Ermessen der Nazi-Größen in Einzelfällen, Personen eine ganz bestimmte Position in ihrer Rassekategorie zuzuweisen. So konnte Hitler mit seiner Unterschrift entsprechende Gesetzesbestimmungen außer Kraft setzen und sogar gegen das Programm seiner eigenen Partei verstoßen, dessen Artikel 4 festsetzte: »Staatsbürger kann nur sein, wer Volksgenosse ist. Volksgenosse kann nur sein, wer deutschen Blutes ist, ohne Rücksichtnahme auf die Konfession. Kein Jude kann daher Volksgenosse sein.«

Nun gab es im Nazi-Staat auch immer wieder innere Widersprüche in den vorhandenen Vorstellungen, Geboten und Verboten. So kam es vor, daß große, blonde, blauäugige Homosexuelle nordischen Typs, deren Äußeres genau den Rassenvorstellungen der Nazis entsprach, in den Konzentrationslagern bei den »Untermenschen« landeten. Sie trugen dort keinen gelben Stern, sondern einen rosa Winkel aus Stoff. Im Gegenzug konnten Juden, die dem Dritten Reich nützlich waren, durchaus auch einmal dem Holocaust entkommen. Vielleicht hatte Hitler auch gute Gründe, sich zu fragen, ob er nicht selbst eigentlich eine Ausnahmegenehmigung gebraucht hätte, um »deutscher Volksgenosse« sein zu können.* Dies würde auch teilweise Hitlers Äußerungen vom

---

* Der Psychiater Fritz Redlich behauptet in seinem Buch *Hitler. Diagnose des destruktiven Propheten,* daß Hitler Zweifel an seiner Herkunft gehabt habe. Er sei von dem Gedanken besessen gewesen, eventuell einen jüdischen Großvater gehabt zu haben. Allerdings gebe es keine Dokumente, die diese Behauptung beweisen

13. August 1938 erklären, wie sie uns sein Heeresadjutant, Major Engel, überliefert hat. Sie sind von einer sonst beim »Führer« nicht sehr häufig anzutreffenden Großmut geprägt: »Problematisch sei noch die Frage der vielen Mischehen und somit die rassisch Versippten. Er wisse noch gar nicht, wie er das machen solle. Manches täte ihm leid, denn man kann sagen, was man wolle, es habe im Weltkrieg auch tapfere jüdische Soldaten, ja sogar Offi-

―――

oder widerlegen könnten. Tatsächlich war Hitlers Großmutter Maria Anna Schicklgruber Dienstmädchen in einer jüdischen Familie in Graz gewesen. Sein Vater Alois Hitler, in dessen Geburtsurkunde kein Vater eingetragen war, hat sich erst im Alter von neununddreißig Jahren nach dem Tod seines Stiefvaters selbst legitimiert, allerdings auf Kosten verdächtiger Retuschen in seiner Geburtsurkunde. (J.-P. Picaper, a. a. O., S. 122 f., siehe vor allem den Abschnitt über Hitlers Personenstandsakte, die Schuschnigg und von Schleicher das Leben kostete, weil man sie in ihrem Besitz glaubte, und die Franz von Papen an einen sicheren Ort brachte, damit sie ihm als Lebensversicherung dienen konnte.) Erst damals nahm Hitlers Vater diesen Namen an, ein Name wahrscheinlich tschechischen Ursprungs. Bryan Mark Rigg (a. a. O., S. 117 f.) gibt den Bericht von Hans Frank, dem ehemaligen Anwalt Hitlers und späteren Generalgouverneur in Polen, wieder, den dieser in seinen Memoiren abgab, die er kurz vor seiner Hinrichtung in seinem Nürnberger Gefängnis niedergeschrieben hatte. Er behauptet, von Hitler den Befehl erhalten zu haben, Nachforschungen über die Geschichte seiner Familie anzustellen. Dabei habe er herausgefunden, daß Hitlers Großmutter Maria Anna Schickelgruber als ledige Frau mit 42 Jahren schwanger wurde, als sie als Köchin in Diensten der jüdischen Familie Frankenberger oder Frankenreiter in Graz gearbeitet habe. Es sei nicht klar gewesen, ob das Kind von dem Familienvater oder von seinem neunzehnjährigen Sohn stammte, auch wenn Frank auf der Grundlage der von ihm gesammelten Dokumente glaubte, der Sohn sei der Vater von Alois, also der Großvater Adolf Hitlers gewesen. Frank will Briefe entdeckt haben, die bewiesen, daß sich die Familie Frankenberger schuldig gefühlt habe und vierzehn Jahre lang Hitlers Großmutter Geld habe zukommen lassen. Als Frank Hitler seine Erkenntnisse darlegte, habe dieser befohlen, die Sache vertraulich zu halten. Frank gibt an, Hitler habe diese Tatsachen bestätigt, mit einer Aus-

ziere, gegeben. Bei denen kann man ja eine Ausnahme machen, denn die Kinder könnten ja nichts dafür.«* Hitler war befugt, aus Gründen der Opportunität nicht nur Gesetze, die auf die Zeit vor dem Dritten Reich zurückgingen, und fundamentale Rechtsprinzipien außer Kraft zu setzen – was er dann auch eifrig tat –, sondern auch Gesetze, die von den Nationalsozialisten selbst erlassen worden waren. Wir haben bereits den Artikel 4 des Parteiprogramms der NSDAP zitiert. Hitler hat zahlreiche Ausnahmen von dieser Regel eigenhändig unterzeichnet. Er hatte dazu die Befugnis. Hitler war zweifellos eine vielgesichtige Persönlichkeit, er hielt sich wohl gleichzeitig für den Erlöser und den Antichristen.

Nie zuvor hatte in der deutschen, ja sogar europäischen Geschichte ein einzelner Mann eine solche absolute Macht wie Adolf Hitler. Nicht alles läßt sich also durch den Terror der Nazis erklären. Zu Beginn einer neuen Phase der Radikalisierung des Regimes und des Krieges ließ sich Hitler am 26. April 1942 zum zweiten Mal vom Großdeutschen Reichstag unbeschränkte Vollmachten erteilen: »Es kann keinem Zweifel unterliegen, daß der Führer in der gegenwärtigen Zeit des Krieges, in der das deutsche Volk in einem Kampf um Sein oder Nichtsein steht, das von

---

nahme: Er habe gesagt, seine Großmutter sei von Hiedler und nicht von dem Juden geschwängert worden. Sie habe behauptet, daß Frankenberg der Vater sei, um von diesen reichen Juden Geld zu bekommen. Aber der Psychotherapeut Georg Victor hält Hitlers Version für zweifelhaft, da sie voraussetze, daß Maria Anna gleichzeitig ein Verhältnis mit dem jungen Frankenberger und mit Hiedler (alias Hitler) gehabt habe. In diesem Fall habe sie gar nicht wissen können, wer der Vater des Kindes gewesen sei, und auch Hitler hätte es nicht wissen können, auch wenn er es behaupte. Von welchen Kleinigkeiten manchmal die große Geschichte abhängt: Wenn man sich vorstellt, Hitler hätte Schicklgruber geheißen, wären wohl viele Dinge ganz anders abgelaufen. Es ist wohl kaum vorstellbar, daß man »Heil Schicklgruber!« gerufen hätte.

* *Heeresadjutant bei Hitler 1938–1943, Aufzeichnungen des Majors Engel*, hg. von Hildegard von Kotze, Stuttgart: Deutsche Verlagsanstalt 1974, S. 31 f.

ihm in Anspruch genommene Recht besitzen muß, alles zu tun, was zur Erringung des Sieges dient oder dazu beiträgt. Der Führer muß daher − ohne an bestehende Rechtsvorschriften gebunden zu sein − in seiner Eigenschaft als Führer der Nation, als Oberster Befehlshaber der Wehrmacht, als Regierungschef und oberster Inhaber der vollziehenden Gewalt, als oberster Gerichtsherr und als Führer der Partei jederzeit in der Lage sein, nötigenfalls jeden Deutschen − sei er einfacher Soldat oder Offizier, niedriger oder hoher Beamter oder Richter, leitender oder dienender Funktionär der Partei, Arbeiter oder Angestellter − mit allen ihm geeignet erscheinenden Mitteln zur Erfüllung seiner Pflichten anzuhalten und bei Verletzung dieser Pflicht nach gewissenhafter Prüfung ohne Rücksicht auf sogenannte wohlerworbene Rechte mit der ihm gebührenden Sühne zu belegen, ihn im besonderen ohne Einleitung vorgeschriebener Verfahren aus seinem Amte, aus seinem Rang und seiner Stellung zu entfernen.«*

In seinem Buch über das Dritte Reich und seine Nachwirkungen äußert der Journalist der *Berliner Zeitung* Götz Aly, ein Mann der Linken, dem man gewiß keine Sympathien für das Hitlerregime nachsagen kann, die Ansicht, daß es nie vorher und nie nachher in der deutschen Geschichte eine solche Übereinstimmung zwischen dem Volk und seiner Führung gegeben habe, wie in diesen zwölf Jahren. »Aber wie konnte sich dieses Regime trotz seiner halsbrecherischen Instabilität so lange und derart effizient an der Macht halten? Die naheliegende Antwort ist bis heute nicht akzeptiert. Für Hitler stand das Volkswohl an erster Stelle. Es war die Einheit von Wirtschafts-, Sozial-, Rassen- und Kriegspolitik, die diesem Staat die Unterstützung sicherte. Das Dritte Reich errang seinen innenpolitischen Zuspruch als das Reich der kleinen Leute und jener deutschen Intellektuellen, die beschlossen hatten, ihren Klassendünkel aufzugeben. Hitler propagierte einen

───── * RGBl. I , S. 247. Beschluß des Großdeutschen Reichstags vom 26. April 1942.

›Sozialismus ohne Proletarier‹. Er bot den Krauses eine gemeinsame Perspektive jenseits des Klassenkampfes. [...] Diese Ziele
sollten schnell erreicht werden, binnen einer Generation, mit
Hilfe des erbeuteten Eigentums und der Äcker der Vertriebenen
und Ermordeten, mit Hilfe der Rohstoffe und unter Ausbeutung
der Arbeitskraft all derer, die nicht zur deutschen Herrenrasse
zählten.«*

Diese Zustimmung gründete sich auf ein äußerst ausgedehntes
Verteilungssystem von sozialen Privilegien und Sanktionen.
Diese Privilegien waren dann aber keine erworbenen Rechte,
sondern konnten zu jeder Zeit wieder entzogen werden. Auch in
Frankreich agierten die Nazis, wie sie es im Deutschen Reich
gemacht hatten, mit Zuckerbrot und Peitsche. Aber sie sprangen
auch mit ihrem eigenen Volk nicht gerade glimpflich um. Das
Leben der »Arier« selbst bedeutete in den Augen des Führers
nicht viel.

---

* Götz Aly, *Rasse und Klasse. Nachforschungen zum deutschen Wesen,*
Frankfurt am Main: S. Fischer 2003, S. 81.

KAPITEL 10

Der letzte Schritt ─────────────

Die europäischen Staaten, die von der Frage der Kriegskinder betroffen waren, sind ganz unterschiedlich damit umgegangen. Die skandinavischen Staaten ─ Norwegen und Dänemark ─ haben sich sehr schnell damit beschäftigt, da die Kinder und ihre Mütter auf massive Ablehnung von seiten der Bevölkerung stießen, was teilweise auf die priviligierte Situation zurückzuführen war, die die Kinder der Besatzer genossen hatten. Finanziell unterstützt, konnten deren Mütter in extra für sie errichteten Heimen Aufnahme finden. In dieser Hinsicht stellte Norwegen einen Sonderfall dar. Himmler wollte aus dem Land einen nordischen »Lebensborn« machen, einen zweiten Brutkasten der »arischen Rasse« neben Deutschland. Am Ende des Krieges überzog Norwegen ein ganzes Netz von »Lebensborn«-Heimen. Dies war auch der Grund, warum in diesen Einrichtungen geborene Kinder ─ und nicht nur deren Mütter ─ von ihren Landsleuten regelrecht verfemt wurden.

Im Gegensatz dazu haben Italien und Rumänien, zwei bis 1943 beziehungsweise August 1944 mit Deutschland verbündete Staaten, dieses Problem bis zum heutigen Tage ignoriert. Anscheinend hat in Italien die katholische Kirche eine wichtige Rolle bei der Legalisierung dieser unehelichen Geburten gespielt, indem sie diesen Kindern Adoptivväter verschaffte. In Rumänien haben wir den Direktor des Militärarchivs, Oberstleutnant Carp, zu diesem Thema befragt. Er erzählte uns den Fall eines Deutschen, der am Ende des Krieges von einer Rumänin festgehalten wurde, die ein Kind von ihm hatte. Zwei Jahre später wurde er von der Securitate verhaftet und verschwand für immer in deren Lagersystem. Sein deutsch-rumänischer Sohn konnte geraume Zeit später nach Deutschland ausreisen.

In Frankreich hat lange die Meinung vorgeherrscht, daß es kein Problem der Deutschenkinder gebe. Der norwegische Historiker und Archivar Kare Olsen erzählt hierzu eine bezeichnende Geschichte. Im Herbst 1945 reiste eine Ärztin aus seinem Land, Else Vogt Thingstad, in die Schweiz zu einer internationalen Konferenz über die Situation der Kinder im Nachkriegseuropa. »Als sie dort vortrug, daß Norwegen die Nachkommen der deutschen Wehrmachtssoldaten als gravierendes Gesellschaftsproblem ansah, traf sie bei den Vertretern der anderen Länder auf tiefes Befremden: › Daß im Land eine dermaßen haßerfüllte Stimmung herrschte, daß man fürchten mußte, daß die Kinder wegen ihrer Herkunft leiden würden, schien ausschließlich in Norwegen der Fall zu sein. Teilnehmer aus Dänemark, Belgien, Frankreich, Holland, Polen und Griechenland antworteten alle, daß sie kaum glaubten, daß das in ihrem Land zu nennenswerten Schwierigkeiten führen werde; jedenfalls waren sie bisher nicht auf den Gedanken gekommen, daß das ein Problem sein könnte. ‹ «*

Die Bewußtwerdung dieses Problems vollzog sich laut Olsen in fünf Etappen. Unmittelbar nach dem Krieg erlebten die Betroffenen Verachtung und Verfolgung. Im Laufe der fünfziger und sechziger Jahre wurde mit Ausnahme von einigen literarischen Zeugnissen alles unter dem Mantel des Schweigens verborgen. 1974 veröffentlichten dann die französischen Journalisten Marc Hillel und Clarissa Henry die erste gut dokumentierte Arbeit über den »Lebensborn«.** Ihre Beschreibung dieser Einrichtung erregte internationales Interesse. In den achtziger Jahren schlossen sich die Kriegskinder in Norwegen zusammen und machten

---

* Kare Olsen, *Vater: Deutscher. Das Schicksal der norwegischen Lebensbornkinder und ihrer Mütter von 1945 bis heute,* aus dem Norwegischen übersetzt von Ebba Drolshagen, Frankfurt am Main: Campus Verlag 1998, S. 374.
** Marc Hillel, Clarissa Henry, a. a. O.

die Öffentlichkeit auf sich und ihre Geschichte aufmerksam. Diesmal ist die Aufnahme positiv. Am Ende der neunziger Jahre klagen die Kriegskinder den norwegischen Staat an, er habe ihnen die bundesdeutschen Entschädigungszahlungen, die für sie bestimmt gewesen seien, vorenthalten und für andere Zwecke verwendet. Sie strengen einen Prozeß an, den sie allerdings verlieren. Oslo stimmt jedoch zu, eine Kommission einzusetzen, die ihre Probleme untersuchen und Ungerechtigkeiten wiedergutmachen soll.

Heute beginnen sich auch in Frankreich und anderen nichtskandinavischen Ländern die Kriegskinder zu Wort zu melden und fordern, daß sich die Behörden mit ihrer Angelegenheit befassen. Sie sind der Meinung, daß ihnen der Status eines Kriegsopfers und Entschädigungszahlungen zustehen. Die meisten historischen Argumente, mit denen sie ihren Vorstoß begründen, stützen sie mit den Arbeiten von Fabrice Virgili, der fünfzehn Jahre seines Lebens den Forschungen über die französischen Mütter mit Kindern von deutschen Vätern gewidmet hat.

Auf Grund von Frankreichs geographischer Größe hat dieses Problem hier ein ganz anderes Ausmaß als in den nordischen Ländern. Olsen schätzt die Anzahl der Kinder deutscher Soldaten in Norwegen auf 12000 und in Dänemark auf 6000 bis 8000. Im französischen Mutterland sind die von Fabrice Virgili geschätzten Zahlen weit höher. Dieser Historiker rechnet mit 200000 Kindern, die aus deutsch-französischen Beziehungen entstanden sind. Er stützt sich auf zwei Dokumente, die sich auf den von Deutschen besetzten nördlichen Teil Frankreichs beziehen. Das erste spricht von 60000 bis 75000 und das zweite von 80000 Kindern. Im Oktober 1943 schätzen die deutschen Besatzungsbehörden die »unehelichen Kinder deutscher Besatzungsangehöriger in Frankreich« auf 85000.* Fabrice Virgili erwähnt auch ein Ministertreffen im Juli 1941, auf dem der Familien-

---

* Vermerk der Einwandererzentrale Paris vom 15. 10. 1943. Bundesarchiv Berlin: NS 47/48.

und Gesundheitsminister der Vichy-Regierung Chevallier die außergewöhnlich hohe Zahl von Kindern französischer Mütter und deutscher Väter anspricht. Und dies nach nur knapp einem Jahr Besatzung! Insgesamt stieg die Zahl der unehelichen Kinder in dieser Zeit stark an. Laut Virgilis Angaben in dem bereits erwähnten Interview mit der Zeitschrift *Historia* ergab eine 1944 in den Entbindungsheimen des Montparnasse-Viertels in Paris durchgeführte Zählung eine uneheliche Geburtenrate von mehr als 50 %. Virgili fügt hinzu, daß »man nicht aus dem Blick verlieren sollte, daß [in dieser Zeit] zwei Millionen Franzosen zwischen zwanzig und vierzig Jahren von zu Hause abwesend waren: Kriegsgefangene, Résistance-Kämpfer im Untergrund, freiwillige Arbeiter in Deutschland. Umgekehrt gab es auf dem französischen Territorium 400 000 bis 1 Million Deutsche ...« Dies bewegt ihn zu dem Schluß, daß während des Krieges und am Ende des Krieges bis 1945 und 1946 200 000 »Deutschenkinder« geboren wurden. Diese Extrapolation stützt sich nur auf die von den Deutschen selbst erfaßten Geburten; man kann wohl annehmen, daß Gestapo und SD auf einigermaßen genaue Zahlen kamen. Die Findelkinder könnten diese Zahlen noch weiter erhöhen.

Im Laufe des Zweiten Weltkriegs nahm die Zahl der unehelichen Kinder in Frankreich deutlich zu, wie es die folgende Tabelle zeigt, die am 22. April 1998 von einem der besten französischen Bevölkerungsstatistiker, Jacques Dupaquier, für die »Académie des sciences morales et politiques« (Akademie der Gesellschafts- und politischen Wissenschaften) erstellt wurde.

Diese Tabelle, die uns von dem Historiker Henri Amouroux übermittelt wurde, muß auch nach Ansicht des Ermittlers der Daten mit Vorsicht analysiert werden. Es ist richtig, daß in Kriegen das allgemeine sittliche Niveau sinkt und die unehelichen Geburten stark ansteigen. Aber die Wahrscheinlichkeit ist ebenfalls groß, daß viele Deutsche unter den Vätern dieser Kinder waren. Fast alle dieser unehelichen Kinder sind heute noch am Leben und treten bald ins Rentenalter ein. Sie haben selber Kinder – seit dem Krieg durchschnittlich zwei Kinder pro Ehepaar –,

Jahr	Uneheliche Geburten	Gesamtzahl der Geburten in Frankreich	Prozentsatz der unehelichen Kinder
1938	39 400	612 400	6,27% ohne Elsaß-Lothringen
1939	36 600	583 700	6,27% ohne Elsaß-Lothringen
1940	38 300	536 600	7,13% ohne Elsaß-Lothringen
1941	39 800	493 400	8,07% ohne Elsaß-Lothringen
1942	42 000	545 700	7,70% ohne Elsaß-Lothringen
1943	46 000	583 400	7,88% ohne Elsaß-Lothringen und Korsika
1944	56 400	601 000	9,39%
1945	65 300	623 000	10,48% ohne Elsaß-Lothringen
1946	72 800	840 200	8,66%
1947	66 000	866 600	7,62%
1948	62 800	867 100	7,24%
1949	60 600	868 600	6,98%

die inzwischen auch schon Kinder haben. Die aktuelle Geburtenrate in Frankreich ist 1,7%. Das würde bedeuten, daß über 500 000 Franzosen einen Deutschen unter ihren direkten Vorfahren haben.

Eine solche Tatsache verdient es sehr wohl, die Aufmerksamkeit der staatlichen Behörden und der öffentlichen Meinung auf sich zu ziehen, und wenn es nur die pure große Zahl wäre. Daniel Rouxel und andere Kriegskinder haben schon einige Initiativen auf politischer Ebene gestartet, sind dabei aber auf wenig Verständnis gestoßen. So richtete Daniel Rouxel, der vor dessen Tod von seinem Vater anerkannt worden war, im Februar 1995 ein Schreiben an die deutsche Botschaft in Paris, in dem er um die Erteilung der deutschen Staatsbürgerschaft bat. Dies war zwar als eine Art Provokation gedacht, hatte aber eine nach Rouxels Ansicht durchaus legitime Grundlage. Mit Datum vom 22. Februar 1995 erhielt er eine Antwort vom deutschen Vizekonsul in Paris, in der es hieß, »daß das die Erlangung der deutschen

Staatsbürgerschaft regelnde Gesetz, das während des Zweiten Weltkriegs in Kraft war, die Regelung enthielt, daß das Kind eines deutschen Vaters durch Abstammung die deutsche Staatsbürgerschaft erhält, allerdings unter der Bedingung, daß der Vater und die ausländische Mutter zum Zeitpunkt der Geburt des Kindes verheiratet waren«. Diese Antwort grenzte an ein Paradox, da das Dritte Reich den deutschen Volksgenossen in Frankreich ja verboten hatte, eine Französin zu heiraten. Kraft eines Gesetzes, das vor der Machtergreifung Hitlers verabschiedet wurde und von dessen Regime beibehalten worden war, konnte man den unehelichen Kindern deutscher Soldaten die deutsche Staatsbürgerschaft verweigern, da zu dieser Zeit uneheliche Kinder, die von ihrem Vater nicht anerkannt wurden, nicht zu Deutschen erklärt werden konnten.

Sicherlich war das letzte Jahrzehnt nicht gerade für eine Initiative von Bundestagsabgeordneten und des deutschen Kanzlers zu einer Änderung dieser Rechtslage geeignet. Nach der Wiedervereinigung mußte die Bundesrepublik 17 Millionen Ostdeutsche aus der Ex-DDR, zwei bis drei Millionen Volksdeutsche aus Osteuropa und Tausende von russischen Juden integrieren.

Seit dem Amtsantritt von Kanzler Schröder hat sich doch eine größere Änderung vollzogen. Das vom Bundestag im Februar 1999 verabschiedete neue deutsche Staatsbürgerrecht hat als Grundlage nicht mehr nur das sogenannte »ius sanguinis«, das blutsmäßige Abstammungsprinzip, das in Wirklichkeit ein Abstammungsrecht durch Ehe ist. Von nun an gibt es auch andere Möglichkeiten, die deutsche Staatsangehörigkeit zu erlangen. Es ist durchaus denkbar, daß die alte, vom deutschen Konsulat in seiner Antwort auf Daniel Rouxels Anfrage zitierte Rechtsauffassung dadurch rechtlich anfechtbar geworden sein könnte.

Bis zum heutigen Tag waren allerdings die Folgen dieser Reform für die Frage der Zuerkennung der deutschen Staatsbürgerschaft an Kriegskinder gleich Null. Einer doppelten Staatsbürgerschaft stehen bisher auch Vorschriften der Europäischen Union entgegen, die wohl vor allem aus statistischen Gründen erlassen wurden. Aber auch dieses Problem sollte zu lösen sein. Tatsächlich haben sich Präsident Jacques Chirac und Bundeskanzler Gerhard Schröder im Januar 2003 anläßlich des 40. Jahrestags des Élysée-Vertrags darauf geeinigt, daß ab 2005 unter gewissen Bedingungen in Deutschland lebende Franzosen die deutsche und in Frankreich lebende Deutsche die französische Staatsbürgerschaft erhalten können, ohne ihre ursprüngliche Staatsbürgerschaft zu verlieren.

In Erwartung einer endgültigen Festschreibung dieses Rechtes auf eine doppelte Staatsbürgerschaft, zum Beispiel durch eine Parlamentsabstimmung oder einen Ministerialerlaß, eröffnet auch die Reform des deutschen Kindschaftsrechts vom 16. Dezember 1997 den Kriegskindern neue Möglichkeiten, da durch sie die Rechte des unehelichen Kindes stark erweitert werden.[*] Sie hat die ehelichen Kinder den nichtehelichen in ihrer Stellung gegenüber dem Vater gleichgestellt. Das Abstammungsrecht regelt nunmehr die Zuordnung zum Vater für eheliche und nichteheliche Kinder in einer einheitlichen Bestimmung. Darüber hinaus haben die unehelichen Kinder jetzt die Möglichkeit, ihren Vater zu zwingen, sie anzuerkennen. Als Vater gilt, wer zur Zeitpunkt der Geburt des Kindes mit der Mutter verheiratet ist, der Normalfall, oder wer das Kind anerkannt hat, wenn es sich um ein uneheliches Kind handelt. Die Vaterschaft kann auch auf Antrag des Kindes oder seines gesetzlichen Vertreters durch ein Gericht festgestellt werden (§ 1592 Abs. 3). Wenn der tatsächliche Erzeuger seine Vaterschaft nicht anerkannt hat, ist vorgesehen, daß diese auch durch Gerichtsbeschluß gegen seinen Willen erklärt werden kann (§ 1600n, Abs. 1). Sicherlich ist es dann auch erfor-

---

[*] Bundesgesetzblatt Jahrgang 1997, Teil I, Nr. 84, ausgegeben zu Bonn am 19. Dezember 1997. Gesetz zur Reform des Kindschaftsrechts (Kindschaftsreformgesetz – KindRG) vom 16. Dezember 1997; und: Gesetz zur erbrechtlichen Gleichstellung nichtehelicher Kinder (Erbrechtsgleichstellungsgesetz – ErbGleichG) vom 16. Dezember 1997.

derlich, daß das Kind in einem solchen Fall auf die Vaterschaft eines anderen Mannes verzichtet (§1594, Abs. 2). Die Zustimmung des Kindes ist natürlich erforderlich, damit das Gericht die Vaterschaft bestätigen kann (§1600c). Der §1600a des Bundesgesetzes über die rechtliche Stellung nichtehelicher Kinder vom 19. August 1969, von Berlin übernommen am 9. September 1969, wird durch diese Bestimmungen noch verstärkt.

Da jetzt das Kindesrecht dem Recht des Vaters vorangeht, könnte ein ehemaliger Wehrmachtssoldat, der sich weigerte, seine Vaterschaft anzuerkennen, obwohl alle Indizien darauf hindeuten, auf dem Rechtswege gezwungen werden, sie anzuerkennen. Er kann sich nicht mehr dem Wunsch des Kindes entziehen, mit ihm in Kontakt zu treten. Im übrigen haben die Fortschritte in der Genanalyse dazu geführt, daß die Vaterschaft mit einer Wahrscheinlichkeit von 99,9% festgestellt werden kann. Es wäre noch hinzuzufügen, daß ein deutscher Vater oder seine legitimen Nachkommen, die einmal zugestimmt haben, mit einem französischen Halbbruder oder einer französischen Halbschwester brieflich oder telefonisch in Kontakt zu treten, einen Präzedenzfall geschaffen haben, hinter den sie nicht mehr zurückkönnen. Das Datenschutzgesetz findet dann keine Anwendung mehr, wenn sie einmal aus freien Stücken auf die eine oder andere Weise zugestimmt haben, unter ihrem Namen, ihrer Adresse oder Telefonnummer mit ihrem unehelichen Kind zu sprechen. Alle Bürger sind frei in ihren Handlungen, niemand hat sie dazu gezwungen. Sie haben dadurch ihre Existenz zugegeben, selbst wenn die Vaterschaft, oder die Verwandtschaft, was die Halbgeschwister, Tanten und Onkel angeht, noch durch ein Gericht festgestellt und durch einen notariellen Akt bestätigt werden muß. Von dem Moment an, wo die Vaterschaft festgestellt ist, hat das Kind Anrecht auf Unterstützung. Wenn diese Unterstützung in der Vergangenheit nicht gewährt wurde, kann sich der Vater ihrer auf eine andere Art entziehen. Er kann die Höhe dieser Zahlung vor Gericht anfechten. Die Anrufung eines Gerichts steht natürlich auch dem Kind offen.

Es gibt dann aber noch eine Einschränkung, was den Nachnamen des Kindes angeht. Das uneheliche Kind bekommt bei seiner Geburt den Namen seiner Mutter (§ 1617, Abs. 1) und nicht den seines Vaters. Wenn die Mutter durch Heirat einen anderen Namen annimmt, kann sie diesen auch ihrem Kind mit Zustimmung des Adoptivvaters geben, sie kann aber auch ihren Mädchennamen wieder annehmen und ihn auch erneut ihrem Kinde geben, wenn der Adoptivvater dem nicht widerspricht (§ 1617, Abs. 2). Das Kind kann dann diesen Namen an seine eigenen Kinder weitergeben. Läßt sich daraus auch ableiten, daß es möglich ist, den genetischen Vater zu bitten, ob man seinen Nachnamen tragen darf, wenn er damit einverstanden ist? Es gibt seltene und wertvolle Namen, andere sind es weniger. Es ist klar, daß es einfacher sein wird, jemanden um den Namen Müller oder Wagner, als einen von Bismarck oder von Bülow um dessen Namen zu bitten. Aber es besteht immer die Möglichkeit, den Namen der Mutter zu behalten.

Was das Erbrecht angeht, stellt sich da den » Kriegskindern « ein großes Rechtshindernis entgegen. Keinen Zweifel gibt es dabei, was die unehelichen Kinder deutscher Väter angeht, die vor 1949 ihren ständigen Wohnsitz in Westdeutschland oder Westberlin hatten. Das am 1. April 1998 verabschiedete Erbgesetz[*] weist zwar dem unehelichen Kind die gleichen Rechte wie dem ehelichen Kind zu, wie wir es ja bereits gesehen haben, aber kein uneheliches Kind, das vor 1949 geboren wurde, hat irgendein Anrecht auf ein Erbe von seinem Vater. Der Jurist Herbert Bartsch hat es in seinem Kommentar verdeutlicht:[**] Seit 1969

---
[*] ErbGleichG, BGBl. Teil I v. 16. 12. 1997, S. 2968, sowie: Gesetz- und Verordnungsblatt für Berlin, veröffentlicht vom Senator für Justiz, Berlin-Schöneberg. A 3227, Jahrgang Nr. 79 vom 9. 9. 1969, S. 1525, und Teil I Nr. 84 vom 19. 12. 1997, S. 2941.

[**] Herbert Bartsch, *Das aktuelle Erbrecht. Vorsorge-Steuern-Ansprüche,* Regensburg: Walhalla. Geld und Gewinn, S. 29. Den Hinweis zu dem Kommentar haben wir Herrn Hans-Joachim Naumann zu verdanken.

räumt das deutsche Recht ein, daß es eine Verwandtschaft zwischen einem außerehelichen Kind und seinem Vater gibt, während vorher ein Kind nur mit seiner Mutter verwandt war. Wenn das außereheliche Kind allerdings vor dem 1. Juli 1949 geboren wurde, kann es gegenüber seinem Vater und dessen Familie keine Erbansprüche geltend machen. Auch umgekehrt kann der Vater sein außereheliches Kind nicht beerben, außer wenn er es anerkannt oder adoptiert hat. Es wurde ebenfalls festgelegt, daß die beiden Eltern des außerehelichen Kindes es zwar durch einen notariell beglaubigten Vertrag anerkennen können, daß aber auch dieser Akt dem Kind keine Erbrechte verschafft, wenn es vor 1949 geboren wurde.

Dagegen gibt es ein Problem, das diejenigen außerehelichen Kinder betrifft, deren Väter vor der deutschen Wiedervereinigung am 3. Oktober 1990 in der DDR lebten. Diese haben dieselben Erbrechte wie die ehelichen Kinder, selbst wenn sie vor 1949, dem Gründungsjahr der beiden deutschen Staaten, geboren wurden. Die DDR, die eine in mancher Hinsicht liberalere Sozialgesetzgebung als die Bundesrepublik kannte, hatte keine in der Vergangenheit liegende zeitliche Begrenzung festgesetzt. Da nun im Einigungsvertrag festgelegt wurde, daß die Bürger der Ex-DDR keine unter dem kommunistischen Regime erworbenen Rechte verlieren dürften, ist diese Bestimmung immer noch gültig. Sie gilt auch für außereheliche Kinder, die nicht auf dem Territorium der ehemaligen DDR leben oder gelebt haben. Entscheidend dabei ist allein der »gewöhnliche Aufenthaltsort« des verstorbenen Vaters.

Zusammenfassend läßt sich also feststellen, daß die unehelichen Kinder bis 1969 nur als Kinder ihrer Mutter galten. Keine andere Verwandtschaft war möglich. Eine erste leichte Änderung dieses Zustands trat dann in diesem Jahr 1969 ein, aber erst die 1997 formulierten neuen Gesetze, die seit 1998 in Kraft sind, legen ausdrücklich fest, daß die außerehelichen Kinder genau die gleichen Rechte haben wie die ehelichen Kinder. Selbst wenn sie nicht auf deutschem Staatsgebiet leben, trifft dies zu, und sie können ihre Anerkennung durch den Vater vor Gericht einklagen, wenn er ihnen diese verweigert. Dieses Gesetz erlaubte es auch, die Probleme der Namensgebung (keiner kann einen bestimmten Namen ohne allseitige Zustimmung der Betroffenen annehmen) und des Erbrechts (es existiert nicht für Kinder, die vor 1949 geboren wurden, deren Vater auf dem Territorium der alten Bundesrepublik lebte) zu lösen. Das Problem der Staatsangehörigkeit hingegen bleibt ungelöst.

Werden die »Deutschenkinder« weiterhin außen vor bleiben müssen? Sie hoffen mit Recht, daß der deutsche Gesetzgeber, der die Rechtsgleichheit von ehelichen und außerehelichen Kindern festgelegt hat, endlich auch den Kriegskindern einen gewissen Handlungsspielraum zugesteht. Sie scheinen uns eine Vorzugsbehandlung zu verdienen, nach allem was sie durchmachen mußten. Das hieße auch, einen letzten Strich unter das vergangene 20. Jahrhundert, dieses »Jahrhundert aus Blut und Eisen«, zu ziehen.

KAPITEL 11

Eine schwer zu tragende Vergangenheit ___

Solange die gewählten Verantwortlichen der beiden Nationen den Kriegskindern nicht bestätigt haben, daß sie Bürger wie alle anderen sind, so wie die Zehntausende Nachkriegskinder von deutsch-französischen Paaren auch, solange ihnen der Präsident der Französischen Republik und der Bundespräsident der Bundesrepublik Deutschland nicht schwarz auf weiß beglaubigt haben, daß die Gefühle und Interessen, die ihren Vater und ihre Mutter zusammengebracht haben, nichts mit Verrat und nichts mit Politik zu tun hatten, werden sie weiterhin zögern, ihre Herkunft zu enthüllen. Nach diesem totalitären 20. Jahrhundert, auf der Schwelle zu einem tyrannischen und islamistischen 21. Jahrhundert, ist es nötig, das Recht auf Unschuldsvermutung und das Recht auf ein Leben außerhalb politischer oder religiöser Parteinahmen durchzusetzen.

Die deutschen Soldaten, die zwischen 1940 und 1944 eine Beziehung mit einer Französin hatten, waren im allgemeinen noch sehr jung. Die Französinnen, die sich in einen dieser Deutschen verliebten, waren meist sogar noch jünger. Für viele Frauen war diese Beziehung sogar die erste Liebe. Diese Verbindungen bedeuteten für beide Seiten einen romantischen jugendlichen Ausbruch aus der tristen Realität, einen Ausflug ins Verbotene, wie man ihn in diesem Alter so sehr liebt. Allerdings war die Flucht vor der »verfluchten Politik« gelegentlich auch eine Art stillschweigender Entscheidung für eine andere Politik. So haben es zumindest die damaligen Gesetzgeber empfunden. Die pseudorassische Selektion der einzelnen Menschen durch das Dritte

Reich wurde in den Nürnberger Prozessen als ein Verbrechen gegen die Menschlichkeit verurteilt.

Aber nur wenige Jahre zuvor herrschten sie noch über ganz Europa, und die jungen Leute machten bewußt oder unbewußt durch ihre Liebe klar, daß sie diese Gesetze ablehnten, die nur dazu dienen sollten, daß sich die Bürger ihrer beiden Länder als Feinde betrachteten. Die Nazis hatten festgelegt, wer das Recht zu lieben hatte und wer hassenswert war. Wenn man sich ihren Regeln nicht fügte, war das ein politischer Akt, der vielleicht ungewollt und unbewußt war, aber ganz reale und dramatische Konsequenzen haben konnte. Totalitäre Regime, ob nun ideologisch bestimmt wie das Dritte Reich oder der Kommunismus, oder theokratisch orientiert wie die gegenwärtigen islamischen Republiken, definieren sich immer auch dadurch, daß sie in das Alltagsleben ihrer Bürger eingreifen. Wenn man sich also ihren Regeln in seinem Privatleben entzieht, ist man, ob nun gewollt oder nicht, ein Dissident.

Das Dritte Reich praktizierte die schlimmsten Formen des Rassismus. Aber die Nazis waren in ihrer Zeit nicht die einzigen, die Menschen in Kategorien einteilten und ihnen willkürlich fundamentale Rechte, einschließlich des Rechts auf Leben, zugestanden oder absprachen. Sei es, daß diese Ideen auf ihre Nachbarn oder Gegner abgefärbt hatten, sei es, daß sie im damals verbreiteten Zeitgeist latent vorhanden waren, jedenfalls war diese Klassifizierung der Menschen zu dieser Zeit keine deutsche Besonderheit. Blond und blauäugig zu sein, war für die Nazis ein Vorzug, den Siegern war diese äußere Erscheinung dann nach dem Krieg verdächtig. Beide Haltungen waren im Grunde rassistisch. Wir haben hier ja bereits die Ungerechtigkeiten ausführlich dargestellt, denen Frauen nach der Befreiung ausgesetzt waren, deren »Delikte« auf Gesetze zurückgingen, die man durchaus als »schändlich« bezeichnen könnte.

Aber dies war in einem Frankreich nicht völlig neu, in dem oft die Staatsräson über den Rechtsstaat gesiegt hat. Auch im Ancien Régime war die Verfolgung der Hugenotten nicht gerade ein Beispiel für Toleranz und Menschlichkeit gewesen. Die Terrorherrschaft des Jahres 1793 in der Französischen Revolution war zweifellos die erste Manifestation des modernen Totalitarismus. In neueren Zeiten wurde in den Kolonialkriegen immer wieder gegen die Menschenrechte verstoßen, und auch die Unabhängigkeitskämpfer benahmen sich nicht viel besser. Und als die Franzosen in den Jahren 1918–1919 die Bevölkerung des wiedergewonnenen Elsaß in vier Gruppen einteilten, die Vollfranzosen, Dreiviertelsfranzosen, Halbfranzosen und Deutsche, und den einen die vollen Bürgerrechte zugestanden, sie für die anderen beschränkten oder sie ihnen ganz entzogen, und schließlich die letzteren vertrieben, war diese Episode ein kleines Vorspiel für die schrecklichen erzwungenen Völkerwanderungen von 1945 in Mitteleuropa und davor in Stalins Rußland.

Präsident Chirac hat 1995 anders als François Mitterrand die Mitverantwortung des Vichy-Staates für den Völkermord an den Juden zugegeben. Das war ein großer Schritt, der allerdings etwas undifferenziert ausfiel. Der »Anti-Boche-Rassismus«, der sich nach dem Ersten und dem Zweiten Weltkrieg zeigte, war ebenfalls kein Ruhmesblatt in der französische Geschichte. Aber schließlich fängt auch Frankreich an, seine Erinnerungsarbeit zu leisten. Erste Ansätze dazu gab es bereits in den dreißiger Jahren des 20. Jahrhunderts, als französische Intellektuelle wie Romain Rolland und Jean Giraudoux für eine objektivere Sicht der deutsch-französischen Beziehungen plädierten. Aber angesichts der ständig steigenden Fremdenfeindlichkeit und Feindseligkeit der Nazis war der Moment sicherlich schlecht gewählt. Man mußte also nach dem Zweiten Weltkrieg zwanzig, dreißig oder noch mehr Jahre warten, bis man auf französischer Seite aufhörte, sich der Siege von 1918 und 1945 über Deutschland zu rühmen. Sie waren in Wirklichkeit nur die letzte Erde auf den Gräbern eines zweimaligen Massensterbens, unter dessen schweren demographischen, kulturellen, moralischen und nicht zuletzt wirtschaftlichen Folgen unser Land bis heute zu leiden hat.

Man mußte diese ganze Zeit verstreichen lassen, um endlich die Wahrheit zu akzeptieren, daß die Frauen in den von 1914 bis 1918 von der deutschen Armee besetzten Gebieten Frankreichs nicht systematisch mißhandelt und vergewaltigt worden waren, wie es die französische Kriegspropaganda behauptet hatte. Vielleicht hatte auch Joséphine Barthélemy, über deren Prozeß wir bereits berichtet haben, dem Drängen eines bayerischen Soldaten nachgegeben, der sie liebte. Wer weiß, ob sie es nicht aus freien Stücken tat? Vielleicht tötete sie ihr Kind aus Verzweiflung oder Dummheit und um der Schande zu entgehen, ein uneheliches Kind in die Welt zu setzen. Wenn sie zugegeben hätte, sich einem Deutschen hingegeben zu haben, hätte dies gewiß ihren Fall bedeutend erschwert. Sie wäre sicherlich zu lebenslänglicher Haft, wenn nicht sogar zum Tode verurteilt worden. Da aber ihr Anwalt das Ganze als Vergewaltigung einer Französin durch den Feind darstellte, endete ihr Prozeß stattdessen mit einem patriotischen Freispruch. Auch diese Interpretation ist natürlich mit Vorsicht zu genießen, aber die Geschichte, auf der ihr Anwalt sein Plädoyer aufbaute, scheint mir noch weit fragwürdiger zu sein.

In seinem von uns bereits weiter oben zitierten Roman hat Maxence van der Meersch beschrieben, wie sich junge französische Frauen bereits 1914 – 1915 vom Charme der Besatzer verführen ließen, wie etwa dieses junge Mädchen, die, als sie sah, wie sich ein gestandener Bayer mit nacktem Oberkörper am Brunnen wusch, der Versuchung nicht widerstehen konnte. Im Zivilleben Bauer, half der Soldat dem Vater des Mädchens auf dem Bauernhof. Was war normaler, als sich einem Manne hinzugeben, der fähig war, einen Gutshof zu leiten? Als sie schwanger wurde, brachte sie die Angst dazu, eine Fehlgeburt einzuleiten, über die ihre Mutter Schweigen bewahrte. Aber ihr Fehltritt wurde entdeckt, und sie wurde verstoßen. Sie wurde von ihrem Vater wie eine Aussätzige in eine baufällige Kate am Rande des Dorfes verbannt.* Sie hatte nur einen Mann gesehen, nicht einen Feind.

----

* Maxence van der Meersch, *Invasion 14,* a. a. O., S. 149 ff.

Was Fragen der Nachkommenschaft anging, hatte sich die öffentliche Meinung in Frankreich zwischen 1915 und 1945 nicht sehr verändert. Ein uneheliches Kind wurde in dieser noch recht archaischen Gesellschaft immer als Produkt einer Vergewaltigung oder, schlimmer noch, als eine Sünde betrachtet. Mutter und Kind fielen der Verdammnis anheim. In früheren Zeiten wurden die ledigen Mütter auf dem Scheiterhaufen verbrannt, weil sie mit dem Teufel Unzucht getrieben hatten. Im übrigen spielte sich in Frankreich nach dem Ersten, vor allem nach dem Zweiten Weltkrieg ebenfalls eine Art Hexenjagd ab. Nach 1945 waren auch in Deutschland die ledigen Mütter nicht gern gesehen, aber es handelte sich in den Augen der Bevölkerung nicht unbedingt um einen erschwerenden Umstand, wenn der Vater Franzose oder ein anderer Ausländer war. In Frankreich war das genau umgekehrt.

In gewissen Umgebungen entstehen zu gewissen Zeiten Effekte, denen man sich nur schwer entziehen kann. So ist es wohl auch nicht erstaunlich, daß viele Mütter von Deutschenkindern, nachdem sie den Siegern eher unfreiwillig oder aus vollem Herzen nachgegeben hatten, sich schuldig fühlten, nachdem sich der Wind gedreht hatte. Nur wenige hatten den Mut, zu ihrer Handlungsweise zu stehen und sie sogar zu rechtfertigen. Sie konnten damit durchaus ihre Freiheit, vielleicht sogar ihr Leben riskieren. Aber noch schlimmer war, daß viele von ihnen sich selbst die Schuld gaben, weil man aus ihnen Schuldige gemacht hatte. Dies gilt übrigens auch umgekehrt für deutsche Frauen, die den ganzen Zorn des Dritten Reiches erfahren mußten oder die Demütigungen des befreiten Frankreichs einzustecken hatten, weil sie ein Kind von einem französischen Kriegsgefangenen oder STO-Arbeiter hatten.

In einem Buch, das ein Jahr nach diesem erscheinen und sich der Kehrseite der Medaille, nämlich den Kindern von Franzosen im Deutschland der Jahre 1940 bis 1945, widmen wird, werde ich die Geschichte zweier deutscher Frauen erzählen, die zu »Übeltäterinnen« erklärt wurden, die eine von Deutschland, die andere von Frankreich. Beide bereuen ihren Fehltritt und bringen Argumente zu ihrer Entschuldigung vor, die eine sofort, in einem Gefängnis in Berlin, in dem sie sterben wird, die andere Jahrzehnte später, nachdem sie die französischen Konzentrationslager überlebt hatte.* Dennoch war diese »Idylle« mit »ihrem« Franzosen für beide das, was man »die große Liebe« nennt, die Beziehung hatte also überhaupt keine politische Komponente.

Es mag seltsam erscheinen, daß diese Unglücklichen einen Fehler zugaben, der zu anderen Zeiten gar keiner gewesen wäre! Es ist also das Opfer, daß hier bereut, und nicht diejenigen, die ihm ein Unrecht zugefügt haben. Ist dies vielleicht eine Eigenschaft der menschlichen Seele, dazu zu neigen, sich schuldig zu fühlen, wenn man bestraft worden ist, nur weil man es noch viel weniger ertragen könnte, für nichts und wieder nichts gelitten zu haben? Die Leiden waren tatsächlich manchmal unvorstellbar. Die deutsch-französische Zeitschrift *écoute* berichtete im Jahr 2004 über den Fall einer gewissen Henriette,** deren Mutter im Alter von sechzehn Jahren ein Verhältnis mit einem deutschen Feldwebel hatte, einem schönen Mann, der Klavier und Geige spielte. Nicht sie hatte sich darum beworben, in der Kantine der Deutschen zu arbeiten, sondern das Bürgermeisteramt ihres Dorfes, Ault an der Küste der Picardie, hatte ihr diese Arbeit zugewiesen. Während der Besatzung kam dort jeder irgendwie auf seine Kosten, da die Deutschen mit Lebensmitteln und Zigaretten gut ausgestattet waren. Sie wurde dann von ihrem eigenen Bruder denunziert, der sich damit als Résistancekämpfer der letzten Stunde beweisen wollte, und nur von kanadischen Soldaten mit ihrem deutschen

—— * Ich spreche bewußt von »Konzentrationslagern« oder »KZs«. Genau diese Bezeichnung stand über dem Eingang eines der französischen Lager, in denen eine deutsche Frau eine Zeitlang interniert war, die ein Kind von einem französischen Kriegsgefangenen bekommen hatte und die Unvorsichtigkeit beging, diesem nach Frankreich zu folgen. Ihre genaue Geschichte wird in unserem nächsten Buch erzählt werden.
** *écoute,* Nr. 9/2004, S. 52 ff. Dieser Bericht von Marita Häp-Pursche erschien auch in der Zeitschrift *Dokumente.*

Freund vor der Lynchjustiz bewahrt. Letzterer war zuvor desertiert und hatte sich mit ihr und dem Baby auf dem Dachboden eines Hauses in Mers-les-Bains versteckt gehalten.

Das Verhör der Mutter von Henriette durch angebliche Widerstandskämpfer war äußerst brutal und bezog sich hauptsächlich auf intime Details des Geschlechtsverkehrs mit dem Deutschen. Es war wie in einem Alptraum: »Man schlug mich dermaßen, das mein Kopf von einer Seite auf die andere flog«, erzählte sie später ihrer Tochter. »Und immer wieder dieselben Fragen. Sie wollten wissen, wie er, dieser Deutsche, im Bett war. Ich gab keine Antwort. Da setzte es dann eine weitere Ohrfeige ... Ich kann dir gar nicht erzählen, was sie alles wissen wollten, diese Männer, meine Landsleute.« Die Mutter wurde zu einer Gefängnisstrafe verurteilt. Jahre später hat sie ihrer Tochter einige Einzelheiten über ihre Haftzeit berichtet. »Es kam vor, daß sie ganz plötzlich eine Episode erzählte, wie zum Beispiel von diesem jungen Mädchen, das den ganzen Tag nur weinte. Man sagte, sie habe was mit einem Deutschen gehabt. Später hat ein Gynäkologe dann festgestellt, daß sie noch Jungfrau war. Irgendjemand in ihrer Umgebung hatte sie denunziert, Gott weiß warum. Dann gab es noch eine andere Frau, die niemals sprach. Sie hatte einem deutschen Soldaten Deutschkurse gegeben, um ein bißchen Geld zu verdienen. Und dann diese Frau, die sich niemals vor den anderen wusch. Deshalb machte man sich über sie lustig. Eines Tages zog sie ihren Büstenhalter aus. Man hatte ihr mit weißglühenden Eisen Hakenkreuze in die Brüste eingebrannt.«

Es kam auch vor, daß sich eine Mitgefangene umbrachte. Eines Tages sieht Henriettes Mutter vor ihrem Fenster die Füße einer Gefängnisinsassin baumeln ... Dies alles waren keine Ausnahmefälle. Es war eine Politik, ein Klima, ein vom Staat geduldeter Terror. Diese Ereignisse bestätigen uns, daß die menschliche Moral außer in der Philosophie und im Katechismus kein absoluter Wert ist, sondern sehr von den Umständen und jeweiligen Machthabern abhängt. Freilich standen nach dem Krieg vor allem die Deutschen im Kreuzfeuer der Kritik. Nicht nur die Potentaten des Dritten Reichs, die zu Recht in Nürnberg verurteilt wurden, sondern die Deutschen allgemein, die sich zu wehren versuchten, indem sie eine subtile Unterscheidung zwischen Kollektivschuld und historischer Verantwortlichkeit schufen.

Dabei vergaß man allzuleicht, daß nicht nur Deutschland einiges zu bereuen hatte. Daher hätte man den Dingen Rechnung tragen müssen und nicht so tun sollen, als ob »die Wahrheit diesseits, der Irrtum jenseits der Pyrenäen« liege, wie es Blaise Pascal einmal ausgedrückt hat, wobei die Pyrenäen in diesem Fall der Rhein waren. Warum sollten unter diesen Umständen allein die »Kriegskinder« Früchte eines Verirrung sein? Ein gesund geborenes Kind, was gibt es daran auszusetzen? Es ist immer ein Grund zur Freude, und nichts anderes. Doch solange wir dies noch nicht begriffen haben, werden viele »Kriegskinder« weiterhin zögern, sich zu offenbaren. Sie handeln damit nur nach dem Vorbild ihrer Mütter, die sich selbst die Schuld an ihrer Lage gaben, danach die schmerzlichen Momente verdrängten und sich oft immer noch weigern, darüber zu sprechen.

Wir müssen all jene, Männer und Frauen, respektieren, die im Schatten bleiben wollen. Einige zogen sogar nachträglich ihre Erzählungen zurück, als ob ihr eigener Mut sie plötzlich erschreckt hätte. Die Gründe dafür, anonym bleiben zu wollen, sind vielfältig und manchmal widersprüchlich. In einem Fall weigerte sich eine Französin, nachdem sie bereits kurz mit uns gesprochen hatte, letztendlich ihre Geschichte zu veröffentlichen, nachdem ihr deutscher Vater sie auf rüde Weise abgewiesen hatte. Er warf ihr vor, den Tod seiner Frau befördert zu haben, indem sie ihre Existenz offenbarte, und Unruhe in die ganze Familie gebracht zu haben. Diese Zurückweisung hat die Frau natürlich tief verletzt. Aber da gab es auch den Fall einer anderen Französin, die nach Jahren intensiver Suche ihren österreichischen Vater fand und sich gleich so gut mit seiner Familie verstand, daß sie meint, jetzt nicht mehr darüber reden zu müssen, da das Ganze überhaupt nichts Dramatisches an sich habe. Hier sind die Dinge in gewisser Weise allzu gut verlaufen.

In ihrem Drang, endlich ihre Wurzeln zu finden, können die Kriegskinder die Hemmungen nicht immer ermessen, die ihre deutschen Gesprächspartner manchmal lähmen. Auch sie mußten nach dem Krieg ihre Vergangenheit bewältigen und nach einem neuen, manchmal recht prekären Gleichgewicht suchen. Wenn diese heute oft schon recht betagten Personen sehen, wie diese Vergangenheit plötzlich in Fleisch und Blut wieder vor ihnen auftaucht, und dies in Form eines unbekannten Menschen, der behauptet, ihr Kind zu sein, dann ist das für sie nicht immer angenehm. Und dies um so mehr, als sie diesen Kontakt heute nicht mehr verweigern können, da eine Änderung des deutschen Rechts es dem außerehelichen Kind erlaubt, sich in jedem Falle, was immer die Folgen sein sollten, zu offenbaren und gehört zu werden, da von nun an das Interesse des Kindes über dem des Vaters steht.

Da man nach dem Krieg auf deutscher Seite mit der Nazivergangenheit abgeschlossen hatte, die in einer wahren Apokalypse zu Ende gegangen war, waren auch die guten Erinnerungen weit in den Hintergrund gerückt. Man wollte nicht mehr in das Land zurückkehren, das man einst besetzt hatte, und wollte die Freundin, in die man sich dort verliebt hatte, und die Kinder, die man dort gezeugt hatte, nicht mehr wiedersehen. In diesem einen Fall siegten die schlechten über die guten Erinnerungen, nicht zuletzt weil die Leiden, die sie später erfahren hatten, oft jede menschliche Vorstellungskraft überstiegen. Die Jahre 1945 bis 1946 stellten für die meisten Deutschen einen radikalen Bruch dar. Außerdem war das ganze Land zerstört. Und so mußten die Überlebenden erst einmal den Schutt wegräumen und ganz neu anfangen. Man baute die Städte und die Wirtschaft wieder auf, eine Arbeit, die die Frauen bereits begonnen hatten, als sie die Trümmer wegräumten. Man darf die Rolle der deutschen Frauen in dieser Zeit auf gar keinen Fall unterschätzen. Die Soldaten, die den Krieg überlebt hatten, kamen aus dem Feld und der Gefangenschaft zurück und fanden ihre Behausungen oft in Schutt und

Asche vor. Dort fanden sie ihre Frauen vor, die sie genauso brauchten wie diese ihre zurückgekehrten Männer, um das gemeinsame Überleben, oft auch das Überleben der gemeinsamen Kinder zu sichern. Dies war nicht der Moment, ihnen davon zu erzählen, daß man mit einer Französin, einer Jugoslawin oder Polin geflirtet hatte. Die Erinnerungen daran waren wohl in gewisser Weise verschüttet.

Im allgemeinen neigen die Männer dazu, keine Gelegenheit auszulassen und wie Schmetterlinge von Blüte zu Blüte zu taumeln. Daher werden Moral und Recht, die sie beide dazu verpflichten, die Verantwortung für ihre sexuellen Eskapaden zu übernehmen, von ihnen oft als lästig empfunden und erzeugen in ihnen den Wunsch, sich vor diesen Konsequenzen zu drücken. Man zieht einen Schlußstrich, verdrängt die Vergangenheit und streicht die Erinnerung aus dem Gedächtnis. Das ist zynisch, aber es ist eben sehr oft die männliche Natur. Viele Frauen sind da ganz anders und klammern sich an die Vergangenheit. Nur hatten damals viele von ihnen verstanden, daß sie diesen deutschen Vater ihres Kindes vergessen und ihrem Kind einen Ersatzvater suchen mußten, indem sie in ihrem eigenen Lande eine Ehe schlossen.

Wir sollten auch die damalige Lage des deutschen Vaters bedenken. In bestimmten Zeiten seines Lebens, wenn er dieses aufbauen und wiederaufbauen muß, wenn er sein Berufsleben neu ordnet oder wiederaufnimmt oder wenn er Beziehungen knüpft, folgt auch der Mann einmal einem entgegengesetzten Impuls, nämlich dem Bedürfnis nach Stabilität. Dieses Verlangen sprach natürlich für den Ort, an dem sich die überlebenden Männer jetzt befanden: Deutschland, und für die eigene Familie. Endlich einmal Ruhe, endlich Frieden und sinnvolle Arbeit nach all dem Kreuz und Quer durch Europa, immer zwischen Kugeln und Granatsplittern, dem Wissen, man werde exekutiert, falls man rebellieren würde, und ständig der Gefahr ausgesetzt, vom Feind getötet zu werden. Und dann ist man wie durch ein Wunder am Leben geblieben, man stößt einen Seufzer der Erleichterung aus, krempelt die Ärmel hoch und nimmt seine Frau und seine Kinder in den Arm. Aber dann, vierzig, fünfzig, manchmal sechzig Jahre später, klopft ein Mann oder eine Frau, dein Kind aus Frankreich, an deine Tür. Welch ein Schock! Welche Überraschung!

Allerdings eher eine böse Überraschung, auf jeden Fall bringt sie einen aus der Fassung. Das plötzliche Eindringen eines Kindes in ihr doch so ruhiges Leben erinnert an das, was vielleicht ein Moment der Leidenschaft und totalen Erfüllung im außergewöhnlichen Umfeld des Krieges war. Das Ganze war im Laufe der Jahre zu einer Jugendsünde geschrumpft. Und jetzt ist plötzlich alles wieder da! Wenn sie den deutschen Vater eines Franzosen oder einer Französin suchen, die bei ihnen einen Antrag auf Vaterschaftsermittlung gestellt haben, müssen sich das Rote Kreuz und das Wehrmachtsarchiv (die WASt) entweder an die Stadtverwaltung oder die Polizei der Gemeinde wenden, in der der Betroffene lebt, oder sie müssen diesen informieren, daß ein Einschreiben mit Rückschein auf dem Polizeikommissariat auf ihn wartet, das er dort bitte gegen Unterschrift abholen und lesen soll. Selbst für einen ehrlichen Mann ist eine Vorladung auf die Polizeiwache immer etwas Unangenehmes, um so mehr, wenn man bereits im fortgeschrittenen Alter ist.

Einmal kamen einige Gendarmen bei einem Österreicher vorbei, der eine Tochter in Frankreich hatte, von der er nichts wußte, und teilten ihm mit gewohntem Takt mit: » Sie werden gesucht, weil Sie eine Tochter in Frankreich haben.« Er antwortete darauf: » Aber nein, ich war immer korrekt gegenüber Frauen.« Stellen Sie sich den Schock dieses Mannes vor! Die Linzer Gendarmerie hatte vom Roten Kreuz einen Brief bekommen, in der sie informiert wurde, daß eine Französin aus La Rochelle ihren österreichischen Vater suche, daß sie glaube, ihn in Linz identifiziert zu haben, und daß sie seinen Namen kenne.

Bei einem solchen ungewöhnlichen Polizeibesuch erwartete er vielleicht, jetzt verhaftet zu werden. Es ist nicht schwer, solche traumatischen Erinnerungen zu wecken bei Menschen, die eine Zeit erlebt haben, wo man für ein kleines Versehen oder sogar ohne jeden Grund einfach verhaftet werden konnte. Würde man jetzt seine Möbel pfänden und sein Vermögen beschlagnahmen, um eine andere Person zu entschädigen? Und was würde seine Frau Christiane sagen, seine im April 1944 geborene älteste Tochter, und seine Jüngste, die im Juli 1953 geboren wurde? Keine von ihnen hatte bisher etwas von dieser Geschichte erfahren. War das vielleicht sogar ein Scheidungsgrund? Hart, sehr hart für einen achtzigjährigen Mann... Die Gendarmen hatten ihm diese Nachricht ja nicht gerade zartfühlend beigebracht. Sie hatten sich vielleicht gedacht: »Wir bringen ihm eine gute Neuigkeit, er hat noch ein Kind, das ihn jetzt sogar kennenlernen will.« Und dann haben sie die Lieblingswörter aller Polizisten dieser Welt benutzt: »Sie werden gesucht.« »Gesucht...« Dieser Ausdruck war für den braven alten Mann wie ein Keulenschlag. Er, der Sohn kleiner Bauern, der ein vorbildliches Leben geführt hatte, der aus eigener Kraft Karriere als Zollbeamter gemacht hatte, der seine beiden Töchter als guter Familienvater aufgezogen und ein Haus gebaut hatte und jetzt in Ruhe seine Pension genießen wollte, wird jetzt plötzlich wegen eines Fehltritts gesucht, den er gar nicht begangen zu haben glaubt. Nun verstand er überhaupt nichts mehr.

»Verwaltungswege« haben immer etwas Unmenschliches an sich, dabei handelt sich hier um den höchst menschlichen Vorgang, die Väter von Kriegskindern wiederzufinden. Bei der WASt gibt es Spezialisten für diese »Herzenspost«, die genau wissen, wie man vorgehen muß, um die manchmal bedrückende Vergangenheit solcher verschwundener Väter auszugraben. Marie-Cécile Zipperling enthüllt in ihren Anschreiben den Betroffenen nicht sofort das Ziel ihrer Nachforschungen. Sie fragt sie erst einmal, ob sie während des Krieges in Frankreich zu einer bestimmten Zeit an einem bestimmten Ort waren. Wenn sie inzwischen bereits verstorben sind und das Schreiben an ihre Witwen geht, was immer häufiger der Fall ist, stellt sie dieselben Fragen über deren Mann. Danach erst fragt man die noch lebenden Betroffenen, ob sie eine bestimmte französische Person weiblichen Geschlechts gekannt haben. Das Risiko ist groß, daß die Angaben über diese Person falsch sind und daß es sich bei dem Angeschriebenen gar nicht um den fraglichen Soldaten handelt. In diesem Fall muß man mit den Nachforschungen von neuem beginnen. Möglicherweise ist die Beziehung mit dieser französischen Freundin nicht gut ausgegangen, und der Liebhaber hat beim Abschied wütend die Tür hinter sich zugeschlagen, oder vielleicht war das Ganze ja auch nur eine flüchtige Begegnung. Nur, jetzt ist eben ein Kind da, denn damals gab es ja praktisch noch keine Verhütungsmittel. Es gibt also genug Gründe, bei der Kontaktaufnahme vorsichtig und mit viel Fingerspitzengefühl vorzugehen.

Der ebenfalls in der WASt mit solchen Fällen betraute Peter Kirchhoff bedient sich lieber des Telefons. »Guten Tag. Mein Name ist Peter Kirchhoff.« »Ich kenne Sie nicht, es muß sich hier um einen Irrtum handeln.« »Nein, spreche ich mit Herrn Hans Müller?« »Ja, das bin ich.« »Sie waren im Krieg Soldat?« »Ja, das stimmt. Ich habe fünf Jahre in der Wehrmacht gedient, eine sehr harte Zeit, und dann war ich noch drei Jahre bei den Briten in Gefangenschaft. Keine schönen Erinnerungen, aber das alles ist schon lange, sehr lange her.« »Waren Sie auch mal in Frankreich stationiert?« »Ja, in Saint-Malo in der Bretagne.« »Zwei Jahre lang, von 1941 bis 1942?« »Genau. Das war eine gute Zeit. Die Franzosen waren nett zu uns. Aber danach hat sich alles geändert. Aber woher wissen Sie das?« »Wir sind die WASt, eine Stelle, die sich mit ehemaligen Soldaten befaßt.« »Ach so! Geht es um meine Rente? Da ist alles geregelt. Ich bin schon über achtzig, müssen Sie wissen.« »Nein, es ist nicht deswegen. Haben Sie dort eine Französin gekannt mit Namen Madeleine Durand?« In diesem Augenblick verstummt der Gesprächspartner. Sein Herz fängt wie wild zu schlagen an, und in seinem Kopf läuft sehr schnell der Film seiner Erinnerungen ab. Das ist doch alles so lange her, so weit weg...

Aber dann sieht er mit seinem inneren Auge das kleine Milchmädchen, bei der er jeden Morgen auf der Insel Oléron die Milchkrüge für die ganze Kompanie abholte. Er sieht ihr Bild allerdings nur noch verschwommen, ihre Gestalt, ein wenig ihre Gesichtszüge, ihre im Wind flatternden Haare. Madeleine, genau, Madeleine hieß sie. Sie war achtzehn Jahre alt und er zweiundzwanzig. Er hörte so gerne ihrem Französisch zu, dieser weichen und melodischen Sprache, obwohl er kein Wort verstand. Er war völlig verschossen in sie. Ihm kommen die Tränen. Wenn man älter wird, wird man anfälliger für so etwas. Mit zitternder Stimme antwortet er dann: »Das stimmt. Lebt sie noch? Will sie mir schreiben?« »Nein, nein, sie lebt nicht mehr.« (Oder auch: »Ja, ja, sie lebt noch.«) »Aber darum handelt es sich hier gar nicht. Wenn Sie möchten, rufe ich Sie morgen früh noch einmal an, und wir setzen dann unser Gespräch fort.« Kirchhoff macht eine Pause. Am Ende der Leitung hat sich sein Gesprächspartner wieder gefaßt: »Nein, fahren Sie fort. Worum handelt es sich? Ich bin verheiratet, ich habe drei Kinder, die sind schon erwachsen. Ich habe mir hier ein Leben aufgebaut.« »Nun, Herr Müller, Sie haben eine Tochter von Madeleine, und diese Französin möchte Sie gern kennenlernen, ihren Vater treffen. Ganz einfach Ihre Bekanntschaft machen. Vielleicht Ihnen schreiben. Erlauben Sie, daß wir ihr Ihre Adresse mitteilen?« Welch ein Schock. Langes Schweigen. Manchmal lautet die Antwort »Nein«, aber nur ganz selten legt der Gesprächspartner einfach auf.

Oft haben es die Betroffenen nicht gerade eilig, ihr unbekanntes Kind zu treffen und versuchen eher, etwas Zeit zu gewinnen. Sie sagen dann, die angebliche Tochter könne ihnen ja mal schreiben. Aber in welcher Sprache? Und nicht sofort, nicht wahr? Sie müssen doch erst einmal ihre eigene Familie informieren, weil sie schließlich selbst nicht wußten, daß sie ein »Souvenir« in Frankreich zurückgelassen hatten. Aber sie verstehen im allgemeinen auch, daß es nicht korrekt wäre, diese Französin durch eine kategorische Verweigerung jeden Kontakts zu brüskieren. Dann trifft der erste, noch ganz vorsichtige, aber doch schon recht enthusiastische Brief aus Frankreich ein, der Photos enthält. Man antwortet höflich und liebenswürdig. Man verspricht, sich später wieder zu melden, und legt vielleicht sogar noch ein Photo bei. Danach tagt der Familienrat, und da die Deutschen immer an die juristische Seite des Lebens und gleich danach an das materielle Wohlergehen ihrer Familie denken – vor allem in dieser Generation, die in den fünfziger und sechziger Jahren so hart dafür gearbeitet hat, ihren Nachkommen etwas hinterlassen zu können –, stellt dann jemand die Frage, ob diese Person da in Frankreich sich vielleicht nur deshalb gemeldet hat, weil sie einen Teil der Erbschaft will. Also trifft man die Entscheidung, die ganze Sache nicht weiter zu verfolgen.

Es ist zwar nicht immer so, aber in vielen Fällen folgt auf einen ersten positiven und herzlichen Briefwechsel von deutscher Seite das große Schweigen. Viele scheinen zu denken, daß die unehelichen Kinder Erbansprüche stellen könnten, was ein wichtiger Grund für den Abbruch der Beziehung sein kann. Die Französinnen und Franzosen, die ihren deutschen Vater oder ihre deutschen Halbgeschwister suchen, sollten deshalb vielleicht erst einmal einen notariellen Erbverzicht leisten, um ihre Sache zu befördern. Sie sollten von sich aus klarstellen, daß es ihnen nur um ein Photo des Vaters geht, eventuell um einen Informationsaustausch über sein Leben und seine Person, wenn er bereits verstorben sein sollte, vielleicht um ein freundschaftliches Treffen …

Hemmungen gibt es also auf beiden Seiten. Es ist ja auch sehr schwer, zu einem Vater Kontakt aufzunehmen, dem man noch nie begegnet ist, und noch schwieriger, eine dauerhafte Beziehung zu ihm aufzubauen, vorausgesetzt, er ist überhaupt noch am Leben und nicht schwer krank. Nur selten folgen diesem ersten seltsamen Wiedersehen heftige Umarmungen. Da gibt es zu viele verdrängte Gewissensbisse und Nostalgien, auch eine gewisse Verlegenheit, daß man seiner Gattin und seinen Kindern nicht erzählt hat, daß es da »vorher« oder sogar »während« so ein Abenteuer gegeben hat, aus dem ein weiteres »Kind« hervorgegangen ist. Der Mann ist gezwungen, sich zu erinnern, während er sich doch so bemüht hatte, dies alles zu vergessen. In die Vergangenheit zurückzukehren, ist nicht nur in Science-Fiction-

Romanen gefährlich, man könnte sich schuldig fühlen, weil man all dies vergessen wollte und nie mehr ein Lebenszeichen von sich gegeben hatte...

Für viele Deutsche dieser Generation war die Vergangenheit schmerzhaft und mit Schuldgefühlen beladen. Die Männer und Frauen, die überlebten, haben oft unerträgliche Erinnerungen an diese Zeit. Dies nicht etwa, weil sie irgendwelche Untaten begangen hätten, das war nur bei einer Minderheit der Fall, sondern weil sie jahrelang ständig um ihr Leben fürchten mußten, sie um sich herum Menschen haben auf grausamste Weise sterben sehen und die Hölle der Bomben, Schlachten, der Gefangenschaft, der Vergewaltigungen und des Hungers durchleben mußten. Um weitermachen zu können, mußten sie alle diese Erinnerungen verdrängen. Deren Gewicht war so stark, daß die guten zusammen mit den schlechten Erinnerungen verlorengingen. Dieser Teil ihres Lebens ist deshalb heute in ihrem Bewußtsein der eigenen Vergangenheit für immer blockiert. Sie mußten deswegen für sich diese ganze Geschichte abschließen, und jetzt taucht jemand auf und verlangt, daß sie sich nun erneut mit ihr befassen. Das leuchtet ihnen nicht ein.

Viele ehemalige Wehrmachtssoldaten wußten gar nicht, daß sie ein Kind in Frankreich hinterlassen hatten. Das könnte sie eigentlich freuen, aber dies ist im allgemeinen nicht die Art Überraschung, die Männer besonders schätzten. Wer von seinem Kind wußte, hatte deshalb meist ein schlechtes Gewissen, wies aber oft jede Schuld zurück. Warum muß diese Person, die sie doch noch nie gesehen haben, sie ausgerechnet jetzt in ihrer Ruhe stören? War deren Erscheinen etwa die Bestrafung, die sie immer schon befürchtet hatten? Es kommt noch hinzu, daß die Identitätssuche dieser Kriegskinder manchmal Ausmaße und eine Intensität annimmt, die die Hauptbetroffenen, die Väter, nur sehr schwer verstehen können. Diese ungeheure Energie, die diese aufbringen, um ihren Vater zu finden, kann bei den Vätern durchaus den Eindruck erwecken, daß sie doch noch juristische Schritte gegen sie unternehmen wollen. Ihre Hartnäckigkeit erscheint ihnen verdächtig.

Sie fürchten deswegen vielleicht sogar, daß man sie vor Gericht bringen wolle, dabei wollen die uneheliche Tochter oder der uneheliche Sohn nur ihre Wurzeln kennenlernen und wissen, ob sie ihrem Vater und ihren eventuellen Halbgeschwistern ähneln. Ich habe keinen Fall erlebt, wo der Vater sechzig Jahre danach sein Kind anerkannt und ihm seinen Namen gegeben hätte, wenn er nicht schon vorher dazu bereit gewesen wäre, stets vorausgesetzt, daß er von der Existenz des Kindes überhaupt wußte.

Und zudem liebt man mit achtzig Jahren Überraschungen und gar solche Schocks nicht mehr besonders. Oft ist man im Alter reizbar und ungeduldig geworden. Klugheit und Toleranz wachsen nicht immer mit fortschreitendem Alter.

Aber es gibt glücklicherweise auch die Fälle, wo alles gut abgelaufen ist. Manchmal sind die deutschen Halbbrüder und Halbschwestern sogar begeistert, wenn sie erfahren, daß sie nahe Angehörige in Frankreich haben. Und für die deutschen und französischen Enkel, denen nationales Denken fremd geworden ist, ist das Ganze sogar noch besser. Die jungen Leute von heute betrachten oft die europäische als ihre eigentliche Nationalität und sind deshalb begeistert, wenn sie erfahren, daß sie zu einem Viertel Deutsche oder zu einem Viertel Franzosen sind. Ihr Vaterland ist Europa. Und was für ein Vergnügen ist es doch für diese jungen Leute, wenn sie künftig in diesem schönen Frankreich Urlaub bei der eigenen Familie machen können! Ein Glücksfall, um den sie ihre Freunde beneiden werden.

Es kommt allerdings auch in ganz seltenen Fällen vor, daß diejenigen, die den Krieg durchmachen mußten, am Ende ihres Lebens von Gewissensbissen gepeinigt werden. Sie wollen reinen Tisch machen und unternehmen dazu eine letzte Gewissensprüfung. Nur, ob sie so spät in ihrem Leben dazu noch die Kraft haben? Sie müssen wohl erkennen, daß ihre Zeitmaschine nicht mehr funktioniert.

KAPITEL 12

Ein Werk der Versöhnung ———————

Die französische Ausgabe dieses Buches hat in den französischen Medien, der gedruckten Presse, in Radio und Fernsehen eine herzliche Aufnahme erfahren. Fast alle Zeitungen in Paris und der Provinz, aber auch italienische, spanische, britische und Schweizer Zeitungen haben ihm Spalten gewidmet, Sender haben ihm Sendezeit eingeräumt. Die Autoren haben zahlreiche Interviews gegeben, in Frankreich vor allem Jean-Paul Picaper in zahlreichen Zeitungen und Magazinen, aber auch Ludwig Norz im *Nouvel Observateur*. Die BBC und Radio Canada haben sich besonders für dieses Thema interessiert, und es dürfte auch nicht weiter erstaunen, daß in Deutschland die erste Übersetzung erscheint, gefolgt von Südkorea, das unter der japanischen Besatzung im Zweiten Weltkrieg Probleme hatte, die mit denen Vichy-Frankreichs durchaus vergleichbar sind.* Die deutschen Zeitungen und Fernsehsender haben schon vor dem Erscheinen der deutschen Ausgabe dem Buch und dem Thema etliche Artikel und Sendungen gewidmet. Man kann sogar sagen, daß dieses Thema ab jetzt zu einem Teil der politischen und historischen deutsch-französischen Kultur geworden ist. Zum Beweis möge

———— * Besonders eindrucksvoll fanden wir das Buch von Chang-Rae Lee: *A Gesture Life*, Riverhead Books, Penguin Putnam 1999. Deutsch: *Fremd im eigenen Leben*, Köln: Kiepenheuer & Witsch 2001. Es beschreibt das Innenleben eines in die Vereinigten Staaten emigrierten Japaners, den die Erinnerung an eine junge Koreanerin verfolgt, die in einem Lager der japanischen Armee ermordet wurde, in dem er während des Kriegs als Soldat stationiert war.

hier eine in der *Bild am Sonntag* vom 14. November 2004 erschienene lange Photoreportage von Helmut Böger über einen Franzosen, François-Xavier Bellenger, dienen, der auf der Suche nach seinem deutschen Vater ist. Bellenger hat erst im Alter von siebenundfünfzig Jahren von der Liebesaffäre seiner Mutter Thérèse Arlette Delarun erfahren, die sie von 1943–1944 in Caen mit einem der 84 000 Besatzungssoldaten hatte, die damals in dieser Region Frankreichs stationiert waren.

Einige Leserreaktionen haben uns sehr gefreut. Als Beispiel hierfür möge der Brief von Dr. Martin Lüthke vom 4. Juni 2004 dienen: »Sehr geehrter Herr Dr. Picaper, ich habe soeben in tagesschau.de die Artikel und Interviews über Ihr Buch ›Enfants Maudits‹ gelesen. Obwohl ich in keiner Weise direkt betroffen bin, war ich von den Schicksalen der Kriegskinder doch emotional berührt. Ich möchte Ihnen meine Anerkennung und Dankbarkeit aussprechen, daß Sie dieses wichtige Thema angefaßt haben. Ihr Buch wirft Licht auf die Vergangenheit und wird sicher den Heilungsprozeß anstoßen. Ich hoffe sehr, daß es zu der angeregten UN-Initiative bzgl. aller Kriegskinder kommen wird.« Ein Franzose, dessen Name schwer zu entziffern war, schrieb auf einer Karte: »Ich werde Ihr Buch bestellen und schreibe gleichzeitig über *Figaro Littéraire** an Herrn Norz. Ihnen und ihm möchte ich meinen tief empfundenen Dank aussprechen: Sie haben verborgene Wahrheiten ausgesprochen, die man seit einem halben Jahrhundert zu unterdrücken versucht.«

Verschiedene »verborgene Wahrheiten« sind uns auf diese Weise bekanntgeworden, auch solche die nichts mit dem Thema des Buches zu tun haben. So etwa die Zeugenaussagen über Massaker an deutschen Kriegsgefangenen im Jahr 1944 durch französische Résistance-Partisanen und die französische Armee – Zeugnisse, die natürlich überprüft werden müssen – und die Er-

---

* Anspielung auf die Rezension von Jacques de Saint-Victor: »Elles ont aimé l'ennemi« in: *Le Figaro Littéraire* vom 13. Mai 2004.

433

innerungen ehemaliger STO-Arbeiter*, ja sogar die Memoiren einer Kollaborateurin aus Liebe.** Wir werden dafür sorgen, daß all dies veröffentlicht wird, da die letzten Rechnungen dieser schrecklichen Zeit beglichen werden müssen. Schon vor langer Zeit hat man aufgehört, die Deutschen als »Alleinschuldige« zu betrachten. Die wirklich Schuldigen sind alle längst tot. Hitler hatte all diese jungen Leute in seine »verdammte Uniform« gesteckt. Sie unterschieden sich nicht von denen, die sich heutzutage aus beiden Ländern bei Veranstaltungen des Deutsch-Französischen Jugendwerks treffen.

Die Studentin Julie Robin schrieb uns, sie sei über die Frage des Journalisten Emmanuel Chain bei einer Debatte des Fernsehsenders *Canal Plus,* an der auch wir teilnahmen, absolut entrüstet gewesen. Er hatte gefragt, ob »alle Deutschen Nazis waren«. Die Antwort konnte natürlich nur »Nein!« lauten. Diese Jugendlichen waren nicht engagierter oder gar fanatischer als die heutige Jugend. Ist nicht auch diese Jugend immer noch bereit, einer Sache zu dienen, die sie für ehrenvoll hält? Allerdings mußten die jungen Leute der Kriegsgenerationen bitter für diejenigen büßen, die für sie die Entscheidungen getroffen hatten.

»Ich liebe Deutschland sehr«, schreibt uns eine Leserin, Claudine Zaber, die aus dem Elsaß stammt. »Angefangen hat alles, als ich 1946, im Alter von fünf Jahren die großen Buchstaben ›PG‹, ›Prisonnier de Guerre‹, Kriegsgefangener, auf dem Rücken eines Mannes sah, der auf dem Land, wo ich lebte, immer die schlimmsten und schmutzigsten Arbeiten erledigen mußte. Wie die meisten Kinder, hatte ich ein starkes Gerechtigkeitsgefühl und fing an, mir meine eigenen kleinen Gedanken zu machen. Dieser Mann trug mit diesen Buchstaben auf dem Rücken so etwas wie die ganze Last des verlorenen Krieges auf seinen Schultern. Vielleicht war es das, was mir als Fünfjährige auffiel. Aber mit diesen Gedanken stand ich wohl ziemlich alleine da.«

――― * Marcel Elola, *Kollege Feind!,* Berlin: be.bra Verlag 2005.
   ** Anne de la Bachellerie, *La corde de piano* (Die Klaviersaite), Bistria/Bukarest: Éditions DiverGens 2004.

Viele Leser unterstreichen, daß unser Buch auch dazu beiträgt, zu zeigen, daß die Kontakte zwischen den deutschen Besatzern und der französischen Bevölkerung viel natürlicher waren, als es die spätere Geschichtsschreibung über die »dunklen Jahre« wahrhaben wollte.

»Diese jungen Soldaten waren tatsächlich sehr gutaussehend«, schreibt uns Madeleine Roblin aus Le Havre. Sie fährt fort: »Ich sah, wie sie in La Rochelle ankamen, drei von ihnen fläzten sich auf roten Voltaire-Sesseln und tranken Champagner. Dabei bombardierten sie die bestürzten Franzosen mit Zigaretten, die sie sicher nicht in einem Tabakladen gekauft hatten. Diese jungen Götter blieben nicht lange in der Stadt. Sie wurden durch Soldaten ersetzt, die dann länger blieben und von der lokalen Bevölkerung mit offenen Armen aufgenommen wurden, vor allem von den Geschäftsleuten. In Le Havre war dann die Disziplin ausgesprochen streng, Besatzer und Bevölkerung waren getrennt, und die Deutschen hatten ihre Lieblingscafés, das *Café de Paris* und die *Brasserie Paillette,* wo auch Orchester spielten. Beide Lokale gingen dann im Bombenhagel unserer Verbündeten unter! Aber ich weiß von zwei Liebesgeschichten, aus denen glückliche Babys hervorgingen.«

»Ich kann mich an so viele Dinge erinnern!« schreibt mir eine andere Leserin, Madeleine Vernant. »Eines schönen Morgens im Jahr 1940 trat ich gerade aus der Scheune heraus, in die wir uns, Männer, Frauen und Kinder geflüchtet hatten, weil ich mich waschen gehen wollte, da die Kämpfe etwas abgeflaut waren. Plötzlich war ich von fünf oder sechs großartigen Jungs umgeben, die mir zulächelten. Sie waren barhäuptig, braungebrannt, und natürlich lächelte ich zurück, denn ich glaubte es mit unseren Verbündeten, den Engländern, zu tun zu haben, die Richtung Dünkirchen flohen. Plötzlich merkte ich, daß sie eine andere Sprache als Englisch sprachen. Deutsche! Diese hübschen Jungs hatte man uns als brutale Wilde, als Monster beschrieben... Nicht eine Minute hatte ich Angst. Binnen einer Sekunde hatte ich begriffen, daß man uns belogen hatte, man belügt uns übri-

435

gens immer noch, zum Beispiel, was unseren lieben Marschall Pétain angeht. Der alte Mann mit seinen achtzig Jahren übernahm eine Aufgabe, die sonst niemand wollte, er ist bei uns geblieben, obwohl er doch hätte fliehen können wie so viele andere, und er wurde dafür von den Franzosen verehrt. Und dann ließ man ihn an diesem düsteren Ort seine letzten Tage verleben, um ihn zu bestrafen. Ihn zu bestrafen wofür? Sich nicht wie andere in London wichtig gemacht zu haben? Schande über seine Peiniger!«

Dr. Pierre Doassans, ein pensionierter Arzt aus Pau, der Mitglied der Résistance im Raum Toulouse war, schreibt uns: »Ihr Buch ist wirklich außergewöhnlich, überraschend, exzellent. Es ist unmöglich, jemals die vollständige Bilanz eines Krieges, seiner Opfer und seiner schmerzhaften Folgen zu erstellen. Sie enthüllen hier eine ganze Reihe von unbekannten oder vergessenen Dramen. Sicherlich gab es damals unerfreuliche Ausnahmefälle. Man muß aber auch sagen, daß sich die Résistance in der Gegend von Toulouse sehr gut entwickelt hat und sie auch das Verhalten der einzelnen Mitglieder und Gruppen genau im Auge behielt. Dennoch kam es dann nach der Befreiung zu bedauerlichen Übergriffen. Deren Häufigkeit hat mich dann aber doch sehr überrascht. Man muß sagen, daß auch in dieser Beziehung Frankreich zweigeteilt war. Die nichtbesetzte Zone hatte lange Zeit von der Abwesenheit deutscher Truppen profitiert, und deshalb waren die entsprechenden Vorurteile der Bevölkerung dort relativ gering. Und dann wurde auf einmal die Situation viel schlimmer. Die Gestapo, die Vichy-Miliz und die SS waren gerade in diesem Teil Frankreichs sehr aktiv. Die deutschen Truppen waren sehr heterogen zusammengesetzt, sie waren damals sehr verstreut und der Kontakt zur Bevölkerung war nicht mehr so ausgeprägt.«

In Anbetracht der Neuheit des Themas, das bisher kaum behandelt worden war, hatten wir einen gewissen Erfolg des Buches in den Buchläden und in der öffentlichen Debatte erwartet, hatten aber nie mit einer derartigen Flut gerechnet, die so groß war, daß einige Buchhandlungen nicht genug Exemplare zur Verfügung hatten, als sie diese Welle erreichte. Ein Artikel von François-Guillaume Lorrain in dem Pariser Magazin *Le Point* und ein weiterer von Blandine Grosjean in der Tageszeitung *Libération* hatten den Startschuß für diese Medienrallye gegeben. Im folgenden gab es nur günstige und interessierte Kritiken, übrigens auch in den deutschen Medien. Den Ton gab hier Christoph Nesshöver im *Handelsblatt* vor, als er seinem Artikel diese bezeichnende Überschrift gab: »Auch die Sieger waren grausam.« Gemeint waren natürlich die Sieger von 1945, wie es der Untertitel auch klar ausdrückte: »Erstmals beleuchtet ein Buch das Schicksal deutscher Kriegskinder in Frankreich.« *Focus,* die *Frankfurter Allgemeine Zeitung,* die *Berliner Zeitung* und andere veröffentlichten Besprechungen dieses Buches. Lutz Krusche, einer der großen Experten für deutsch-französische Fragen, gab in der *Berliner Zeitung* mit großer Genauigkeit die Gefühle wieder, die die Betroffenen vor, während und nach ihren verbotenen Liebesgeschichten empfanden. Im deutschen Fernsehen schätzten wir besonders die genauen und einfühlsamen Berichte von Andrea Fies (ARTE) und Hilka Sinning (ARD). Diese beiden ausgezeichneten Journalistinnen fuhren nach Frankreich, um vor Ort einige unserer Zeugen zu interviewen. Das längste und umfassendste Interview mit Jean-Paul Picaper wurde von Hedwig Göbel im Internet auf der Website tagesschau.de veröffentlicht.

Auch die Briten mischten sich in diese Diskussion ein, sichtlich froh, französische Ungerechtigkeiten anprangern zu können. »Während die Frauen, die bei deutschen Liebhabern ein bißchen Trost gesucht hatten, mit geschorenem Kopf durch die Straßen geführt wurden – und manchmal sogar wegen des Vergehens der nationalen Unwürdigkeit ins Gefängnis kamen – mußten später auch ihre Kinder tiefe und manchmal irreparable psychologische Traumata erleiden«, schrieb *Expatica,* die Zeitung der Auslandsengländer. In der *Times* schlug Charles Bremner den Ball ins deutsche Feld zurück und wies darauf hin, daß auch die Deutschen nur zu gerne diese Kriegskinder vergaßen: »Einige konnten Kontakt zu ihren deutschen Familien aufnehmen, aber viele andere wurden von ihren deutschen Verwandten zurückgewiesen, die finanzielle Forderungen befürchteten und den Krieg vergessen wollten.«

Das Buch wurde von allen Leserinnen mit großer Begeisterung aufgenommen. Frauen lesen bekanntlich mehr als Männer. Sie fühlten sich von der menschlichen und weiblichen Seite des Problems angesprochen, dem Leid der verlassenen Mütter und der ohne Vater aufgewachsenen Kinder, und dann sogar noch von einem »feindlichen« Vater, ein Thema, das sie in der Tiefe ihrer Seele anrührte. Sie stürzten sich also vor allem auf den ersten Teil des Buches. Die Männer ihrerseits interessierten sich vor allem für den historischen Kontext dieser »unpassenden« Geburten. Sie lasen also mit größerer Aufmerksamkeit den zweiten Teil.

Als Zeichen des Interesses für unser Thema erzählte Dorothée Werner im Frauenmagazin *Elle* die Geschichte des Deutschenkindes Sylvie und erläuterte dadurch gleichzeitig die Begriffsverwirrungen, denen eine solche »gefährliche Liebschaft« ausgesetzt war: »Man hat alles miteinander vermengt: Die deutschen Soldaten waren nicht alle SS'ler oder Kriegsverbrecher, und beim ›Besatzer‹ zu arbeiten, bedeutete noch lange nicht, mit ihm zu kollaborien, sondern ganz einfach dort eine Arbeit anzunehmen, wo es sie gab. Der Krieg ist eine Sache der Regierungen, nicht der Völker. Die Leute gelten in ihm gar nichts.« Sylvie vertraut ihr dann noch etwas an: »Als ich klein war, wenn da im Fernsehen Filme über den Krieg liefen, konnte ich merken, daß meine Mutter ganz aufgewühlt war und so nervös, daß sie jedesmal am liebsten den Apparat ausgemacht hätte. Ich begann mich zu fragen, ob ich nicht das Produkt einer Vergewaltigung sei, was auch das eiserne Schweigen erklärt hätte, das meine Geburt umgab. Die Wahrheit hat mich dann sehr erleichtert: Ich war eine Frucht der Liebe!«

In der Zeitschrift *Télérama* Nr. 2773 vom März 2003 befaßt sich Jean Belot mit dem mysteriösen Schweigen, das bisher dieses Problem umgab. Er kommentiert eine Sendung von Olivier Truc und Christophe Weber, in der sich einige Deutschenkinder äußern konnten: »Bis zum heutigen Tag hat sich keine historische Untersuchung mit diesem ›nicht existierenden‹ Thema befaßt. Verschlossene Erinnerungen, versteckte Photos, verschlossene Türen und versiegelte Lippen…« Nach so langem Schweigen mußte unser Buch zwangsläufig die Büchse der Pandora öffnen. Seit der Veröffentlichung von *Enfants maudits* haben die Deutsche Dienststelle (WASt), die deutsche Botschaft in Paris, die französischen Konsulate in Berlin und in anderen Städten der Bundesrepublik sowie wir selbst viele Briefe, E-Mails und Telefonanrufe bekommen. Wir hatten nicht erwartet, daß wir eine solche Lawine von Reaktionen auslösen würden, und es ist schwierig für uns, mit unseren bescheidenen Mitteln damit fertigzuwerden. In der WASt, wo der Personalabbau und die Budgetkürzungen deutlich zu spüren sind, wird Marie-Cécile Zipperling, die mit den französischen Angelegenheiten betraut ist, von Anfragen regelrecht überschüttet.

Nicht alle Antragsteller verstehen, daß sie sich mit Geduld wappnen müssen. Einige Kriegskinder zeigen heute ihrer Umwelt fast wütend ihren Wunsch, endlich Näheres über ihr Schicksal zu erfahren. Aber viele werden enttäuscht. Mit der Zeit verwischen sich die Spuren. So wie es in einem französischen Chanson heißt, verwischt das Meer die Spuren der entzweiten Liebenden im Sand. Aber es war diese verdammte Politik, die diese Liebenden entzweit hat! Darüber hinaus erreichen uns nun bereits neue Nachrichten, die von Deutschen stammen, deren Vater ein französischer Kriegsgefangener oder Zwangsarbeiter in Deutschland war. Auch sie suchen ihren Vater, und wir versuchen, ihnen zu helfen.*

Die Erzählungen, die uns deutsche Soldatenkinder geschickt

---
* Wir werden bei der Édition des Syrtes in Paris und ein zweites Buch dann bei Piper in München veröffentlichen, das diesen anderen deutschen Kriegskindern gewidmet ist und sozusagen die Kehrseite der Medaille darstellen wird.

haben, sind oft herzzerreißend und manchmal ausgesprochen dramatisch. Viele sind regelrechte Romane.* »Diese Liebesbeziehungen waren echt, aber die Väter verschwanden, ohne noch einmal von sich hören zu lassen, oder, wenn das der Fall war, die lokale oder familiäre Verfemung sorgte dafür, daß das Kind seinem Vater, gar seinen Großeltern niemals begegnete... Heute kann das tragische Leben der von der deutsch-französischen Versöhnung Vergessenen als Fingerzeig für die Fanatiker aus allen Lagern dienen, ob sie nun die extreme Rechte verehren oder das Vaterland Goethes verabscheuen«, schreibt Christine Muller unter der Überschrift »Unschuldig Verfemte« in der Zeitung *Les Affiches d'Alsace et Lorraine.* Ähnlich äußert sich Guillaume Lenoir in *Culture Normande:* »Das Problem der ›Kinder der Schande‹ ist kein Ruhmesblatt für unser jeweiliges nationales Gedächtnis. Könnte dies etwa anders sein? Die Verfasser dieses verstörenden Buches hoffen, daß nun die Akten vollständig geöffnet werden. Ist es dafür nicht bereits zu spät? Zweifellos werden weitere Untersuchungen noch besser die seelische Not dieser ›Kinder der Schande‹ erklären können.«

Das ausgezeichnete deutsch-französische Magazin *écoute* hat diesem Thema ebenfalls einen langen Artikel gewidmet, der in mehreren Lehrinstituten für die französische Sprache in Deutschland behandelt wurde. Die ebenfalls zweisprachig erscheinende Zeitung *Dernières Nouvelle d'Alsace* veröffentlichte einen Artikel ihrer Berliner Korrespondentin Hélène Kohl, in dem diese daran erinnert, daß die Elsässerinnen und Lothringerinnen nicht dieselbe Behandlung erfuhren wie die Innerfranzösinnen, weil sie zu dieser Zeit als Deutsche galten und deshalb natürlich das Recht hatten, einen Deutschen zu heiraten. Die Korrespondentin erinnerte auch daran, daß das Wehrmachtsarchiv in der WASt in der unmittelbaren Nachkriegszeit dank der Intervention eines französischen Offiziers aus dem Elsaß, Hauptmann Klein, vor

---

* Wir planen, ein drittes Buch zu veröffentlichen, das einen großen Teil dieser Erzählungen enthalten wird.

der Zerstörung gerettet wurde. »Jean-Pierre Picaper wagte sich an das letzte Tabu der deutsch-französischen Beziehungen«, lautete der Titel ihres Artikels.

Nach unserer Meinung erschien die brillanteste Kritik unseres Buches in der *Dauphiné Libéré* vom 7. Juni 2004. »Es war in diesen dunklen Jahren gar nicht gut, blond zu sein und blaue Augen zu haben«, schrieb der Redakteur dieser Tageszeitung Didier Pobel. »Die Verfasser schildern sehr wohl das allgemeine Umfeld, in dem diese Geburten stattfanden, in einer Welt, die unter der unerträglichen Gegenwart der Besatzer litt. Sie unterstreichen auch – etwas, was vorher oft vergessen wurde –, daß diese Kinder nicht bei schlimmen Vergewaltigungen gezeugt wurden, sondern in der Mehrzahl der Fälle Folgen echter, wenn auch flüchtiger, Momente der Liebe waren, die man dem Haß der Zeit abgetrotzt hatte.« *France Soir* hat unserem Buch mehrere Seiten gewidmet, eine lange Passage daraus zitiert und ein Interview mit einem der Autoren geführt. »Da sie weder echt deutsch noch vollständig französisch waren, mußten sie viele Schikanen erdulden...« schreibt Aymeric de Kerdrel in dieser Zeitung. Er stellt fest: »Für all diese ›Kinder der Boches‹ stellt Jean-Paul Picapers Buch eine echte Hoffnung dar.«

In einem anderen Buch werden wir die Zeugnisse derer erzählen, denen unser Buch die Zunge gelöst hat und denen ein Stein vom Herzen gefallen ist, so etwa Bruno Guillon, der uns schreibt: »Bravo und Danke für Ihr Buch *Enfants Maudits,* das mich tief erschüttert hat, denn es hat mir gezeigt, daß ich nicht allein dieses ganze Schweigen ertragen muß, das sich die Akteure dieser Geschichte auferlegt haben, um sich zu schützen, und aus der Furcht heraus, entdeckt zu werden.« Hermine Alexinsky erinnert an die innerfamiliäre Verfemung: »Mein Großvater hat sich drei Jahre lang geweigert, mich in seinem Haus zu empfangen... In der Schule habe ich mich behauptet, in dem ich mir nichts gefallen ließ. Ich habe mehr als die anderen gearbeitet, um zu beweisen, daß ich besser und meines Vaters würdig war, der ein Wehrmachtsarzt war.« Marie-Cécile Zipperling erhielt den Brief der Tochter eines

Deutschen, der ihr Großvater verbot, sich beim Essen an den Familientisch zu setzen. Sie wurde an den »Katzentisch« verbannt.

Auch zahlreiche Deutsche haben uns geschrieben. So zum Beispiel Elsbeth Monod, deren Vater, ein Offizier des *Stahlhelm*, nach Frankreich geflohen war, wo ihn die französische Polizei 1942 trotz seines Status als politischer Flüchtling bei der Gestapo denunzierte. Er starb 1944 bei einem Bombenangriff auf das Gefängnis Berlin-Tegel. Ein anderer Brief stammt von Werner Hary, einem Deutschen, der sich in Frankreich niedergelassen hat, nachdem er sich vorher in der halben Welt getummelt hatte. Dessen fünfzehnjähriger Sohn Pierre-François wurde vor kurzer Zeit in ihrem Wohnort Falaise von jemandem »*tête de Boche*« betitelt. »Mein Sohn ist halber Indonesier, erst seit fünf Monaten in der Normandie, er hat das alles nicht verstanden.« Andere wie Brigitte Krause aus Rostock oder Peter Welinsky aus Grenzach-Wyhlen glaubten, ihren Vater in diesem Werner zu erkennen, der der Vater der Jeanine Sevestre in unserem Buch war. Aber dies stellte sich dann als Irrtum heraus.

Es wäre ungerecht, hier nur einige Menschen zu zitieren, die immer noch ihren deutschen Vater suchen. Was würden dann all die anderen sagen? Wir fordern deshalb unsere deutschen Leser auf, sich an die *Deutsche Dienststelle WASt, Eichborndamm 179, 13403 Berlin* zu wenden, die koordinierte Nachforschungen anstellt und die entsprechenden Namen und Unterlagen sammelt. Wir wollen uns hier darauf beschränken, einen besonderen Fall herauszugreifen: Claudine Nouvian, die im August 1943 in der Paul-Gerhard-Anstalt (Paul-Gerhard-Stift) in Berlin als Tochter der Französin Angèle Reynaud geboren wurde, die damals in der Pflugstraße 4/10 in Berlin wohnte. Der Vater war ein anonymer Deutscher. Wer hat Claudines Vater gekannt? Angeblich hat Angèle in zwei Unternehmen der Metallindustrie gearbeitet, das eine in Grüneberg (Grüneberg-Metallgesellschaft), das andere in Wildau (Berliner Maschinenbau AG). Aber stimmt das auch? Oder war das nur eine Rechtfertigung, um eine Aufenthaltsgenehmigung für das Deutsche Reich zu bekommen?

442

Ich möchte noch den tragischen Fall des in Stettin geborenen Kurt Bophal erwähnen, dessen Tochter Helga Söth, geborene Bophal, wohnhaft in 21502 Geesthacht, von einer Cousine ein Armband erhielt, das einer gewissen Georgette aus Lille gehört hatte. Kurt, der diesen Talisman mitgebracht hatte, hatte mit dieser Französin einen Sohn. Er wurde später an die Ostfront, nach Stariarus, versetzt, wo er fiel. Laut der Cousine hatte dieser die Absicht, nach dem Krieg nach Lille zurückzukehren, um dort mit seiner französischen Freundin und ihrem gemeinsamen Kind zu leben. All diese Schicksale! All diese unvollendeten Geschichten! Aber es geschehen auch Wunder, selbst da, wo man nur über ganz wenige Informationen verfügte. So im Fall von Marcelle Arnaud und Willibald Stary, wo der einzige Anhaltspunkt ein Name war, den die Enkelin des Deutschen gelegentlich einmal aufgeschnappt hatte. Drei Aufnahmeanträge in die NSDAP, die Stary zu drei unterschiedlichen Zeitpunkten gestellt hatte und die regelmäßig abgelehnt wurden, weil er in den Augen der Nazis verdächtig war, erlaubten es, ihn endgültig zu identifizieren.

Daß man heute freier über diese verdrängte Vergangenheit sprechen kann, ist auch dem sympathischen französischen Sänger Gérard Lenorman zu verdanken. Er hatte bereits in Interviews seine deutsche Abstammung erwähnt und eines seiner Lieder diesem Thema gewidmet. Endgültig enthüllte er dann dieses Geheimnis, das schon so lange auf ihm gelastet hatte, am 6. Oktober 2004 auf *France 3* in Mireille Dumas' Sendung *Secrets, mensonges et vérités*. Im Alter von sechsunddreißig Jahren erfuhr er mitten im größten Erfolg, daß sein wirklicher Vater ein deutscher Soldat war, eine Tatsache, die seine Mutter ihm bis zu diesem Zeitpunkt nicht eröffnet hatte. Immerhin hat er nie unter seiner Herkunft leiden müssen, denn er wurde von den Leuten in seinem Dorf in der Normandie umhegt und geliebt, die wahrscheinlich alle Bescheid wußten, aber das Schweigen bewahrten.

Der Künstler hatte bereits im März 2001 in einer Sendung von Thierry Ardison angedeutet, daß seine musikalische Begabung

zweifellos von seinem deutschen Vater stamme. Anni-Frid Lyng-
stad, Frida, die Sängerin der schwedischen Gruppe ABBA, die
Tochter einer norwegischen Mutter und des deutschen Soldaten
Alfred Haase, könnte sicherlich dasselbe sagen. Sie fand nach dem
Tod ihrer Mutter ihren Vater wieder, und der alte Herr konnte
tatsächlich noch seine berühmte Tochter in die Arme schließen.
Dieses Beispiel zeigt, daß auch diese tragischen Schicksale noch
ein gutes Ende nehmen können. Von all den berühmten Persönlichkeiten, die diesen Hintergrund haben, scheint uns der Fall des
großen französischen Schauspielers Richard Bohringer besonders
bemerkenswert. Seine Mutter hatte ein besonders schweres
Schicksal zu tragen. Sie wurde damals von der Wehrmacht genö-
tigt, zu ihrem deutschen Verlobten nach Deutschland zu kommen, der gerade an der Front schwer verwundet worden war. Sie
war zu dieser Zeit siebzehn und er neunzehn. Beide verbargen
ihre große Liebe nicht. Aber die Nazi-Behörden ließen sie zwei
Jahre warten, bis sie eine Heirat erlaubten. Huguette Bohringer
hatte also einen Deutschen geheiratet und lebte danach in
Deutschland. Nach dem Krieg mußte sie allerdings erleben, daß
sich die französischen Sieger weigerten, ihr ihren Sohn zurückzugeben. Richard blieb also bei seiner französischen Großmutter,
der sie ihn anvertraut hatte. Sein Vater starb vor sechzehn Jahren
an Krebs. Seine Mutter lebt heute in Bayern, wo diese Version
der Geschichte erzählt wird, die nur sie oder ihr Sohn bestätigen
oder widerlegen könnten.

Aber wozu sollte das gut sein? Gérard Lenorman zum Beispiel
verspürt nicht die geringste Lust, seinen Vater zu suchen, falls
dieser überhaupt noch am Leben sein sollte. In der Sendung
von Mireille Dumas war auch zu erfahren, daß der Sänger nicht
das einzige uneheliche Kind war, daß dieser schöne Deutsche in
diesem Dorf zurückgelassen hatte. Kaum verwunderlich also, daß
der Sohn keine große Lust hat, ihn kennenzulernen, und daß die
Mutter es vorgezogen hat, zu schweigen. Immerhin haben auch
jene Mütter schwer leiden müssen, die von ihrem Kind abgelehnt
wurden, weil dieses sie wegen ihres »Fehltritts verurteilte«. Clau-

dine Zaber schrieb uns, daß die Halbschwester einer Pflegerin ihrer Mutter einen deutschen Vater hatte: »Sie haßte ihre Mutter deswegen bis zum Tod«, stellte sie fest. »Sie hatte mit der deutschen Familie Kontakt aufnehmen wollen, wurde aber von ihr abgewiesen.« Dagegen kennt sie aber auch den anderen Fall »einer Frau, die voll von ihrer Zweitfamilie aufgenommen wurde«.

Aber wie wir gesehen haben, kam es auch vor, daß die Mutter ihr Kind für ihre eigene Enttäuschung büßen ließ. Anita, die in unserem Buch das Pseudonym Sanchez-Duval trägt, schrieb uns: »Ich möchte Sie durch diese Zeilen für Ihr Buch beglückwünschen, das ich mit großer Rührung verschlungen habe. Auf eine gewisse Art wirkt es wie Balsam auf immer noch offenen Wunden. Mit Überraschung stellte ich fest, daß die Ablehnung des Kindes durch seine Mutter bei weitem keine Ausnahme war. Seltsamerweise war mir das ein kleiner Trost. Die geschichtlichen Kapitel erlaubten es mir, das Verhalten der verschiedenen Akteure in diesem Drama besser zu verstehen. Schließlich ist es traurig, wenn auch verständlich, zu sehen, daß die Anstrengungen, die wir Kinder unternahmen, um unsere Väter zu finden, oft von den Vätern und ihren Familien mit Ablehnung quittiert wurden. Es wäre nötig, daß Ihr Buch weitere Nachforschungen bei möglichst vielen von uns anregt, um schließlich zu einer historischen und soziologischen Untersuchung dessen zu gelangen, was als wahrhaft authentisches Phänomen unserer Gesellschaft zu betrachten ist (das eine eigene Seite in unseren Geschichtsbüchern im Kapitel ›Folgen des Krieges‹ verdienen würde).«

»Ich finde viel von mir in diesen Erzählungen, vor allem im Verhalten der Mütter, die auf schreckliche Weise ihre Kinder für ihren eigenen ›Irrtum‹ zahlen lassen wollten«, schreibt uns eine Leserin, Josette Champaud, die am 27. September 1943 in Bordeaux geboren wurde. Zweifellos hatte auch ihre Mutter ihre ganze Bitterkeit auf sie übertragen, als sie noch ein Kind war. Aber sie schreibt auch: »Ich habe Ihr Buch mit einer ungeheuren Erleichterung gelesen und möchte mich bei Ihnen dafür bedanken. Mein Horizont hat sich dadurch ganz allmählich gegenüber diesem Tabu geöffnet. Ich konnte endlich mit meiner Tochter darüber reden. Meine Lebensgeschichte war auf zwei Tabus aufgebaut: Ich war uneheliches Kind eines ›deutschen Feindes‹, und ich war danach die Tochter des Mannes meiner Mutter. Ich habe leider kaum Anhaltspunkte, um zu meinen deutschen Ursprüngen vorzudringen. Auch wenn ich deshalb keine Suche nach meinem Vater und seiner Familie starten kann, würde ich doch gern Kontakt zu Menschen aufnehmen, die dasselbe wie ich erleben mußten. Ich habe auch die Absicht, Deutschland kennenzulernen, dieses Land, dem ich zur Hälfte angehöre ... «

Auch Julie Robin hat uns mitgeteilt, daß sie es durch das Buch endlich geschafft habe, über ihre Probleme und die ihres Vaters, alle beide Nachkommen dieses Deutschen aus Leipzig, mit den Angehörigen der Familie zu reden, die den Krieg erlebt haben und unter denen zahlreiche Résistance-Kämpfer und Soldaten waren. Bisher war man deshalb diesem Thema ausgewichen. Es scheint, daß das Buch hier als Türöffner dienen konnte. Einige dieser » Deutschenkinder «, die bisher geglaubt hatten, Einzelfälle zu sein und deshalb ihr Problem nie jemandem anvertraut hatten, konnten jetzt, zum Teil durch unsere Vermittlung, Kontakt zu Leidensgenossen aufnehmen. Für einige war das wie ein plötzliches Erwachen, das ihre ganze Einstellung zum Leben verändert hat. » Es war das erste Mal, daß ich über mein Problem mit Menschen reden konnte, die sich in derselben Lage befanden. Als ich den Hörer auflegte, mußte ich weinen. Sie können sich gar nicht vorstellen, wie gut mir das tat. « Dafür wollte Jeanine Sevestre uns herzlich danken.

» Als ich das Kapitel über Michelle las «, schrieb Anne-Laure Cochet aus Clermont-Ferrand mir am 25. Juni 2004, » war das für mich wie ein Schock, so sehr ähnelt sie der meines Papas. Er ist heute schon sehr gebrechlich, teilweise, glaube ich, wegen seiner Lebensgeschichte, und ich würde gerne Kontakt zu ihr aufnehmen, um mich mit ihr auszutauschen, damit ich danach vielleicht besser verstehe, was mein Vater empfunden hat. Mir ist bewußt, daß mein Wunsch wohl kaum zu erfüllen sein wird, aber es läge mir viel an einem Treffen mit ihr.«

Aber die Kontakte, die Michelle mit anderen »Deutschenkindern« knüpfen konnte, haben ihr Leben verändert. »Statt ihrer Eltern hat sie nun eine große Familie gefunden, eine riesige Gemeinschaft, und hat sich völlig verändert. Sie hat ihre Depression überwunden«, bestätigt Norbert Leroy, mit dem sie ebenfalls Telefongespräche geführt hat. Aus diesen Kontakten ist nach und nach ein Netzwerk von etwa hundert Kriegskindern entstanden, die miteinander durch Briefe, telefonisch oder mit E-Mails kommunizieren. Es gab hier offensichtlich ein großes Bedürfnis, sein Herz auszuschütten, sich jemandem anvertrauen und sich mit jemandem austauschen zu können.

Die Kriegskinder wollen, daß man ihnen ihre Geburt verzeiht und daß ihr Leben einen Sinn bekommt. Ihre lange Zeit verheimlichte doppelte Abstammung hat bei ihnen zu einem Leiden, wenn nicht sogar einem Syndrom geführt, das manchmal sogar eine psychologische oder gar psychiatrische Behandlung nötig werden läßt. Sie leiden quasi unter einem »Schändliche-Geburt-Syndrom«, da man ihre Abstammung und Herkunft als Folgen eines unpatriotischen und schändlichen Handelns erklärt hatte. Ihre Situation ist sicherlich weit einfacher als die der Berliner Russenkinder, die nach den Massenvergewaltigungen deutscher Frauen durch die Soldaten der Roten Armee im Mai und Juni 1945 geboren wurden. Frankreich hat die Deutschenkinder zwar unter seine eigenen Nachkommen aufgenommen, aber ohne in der Mehrzahl der Fälle ihre Herkunft zu kennen. Das Land hat noch andere Kinder fremden Ursprungs mit vietnamesischen, nordafrikanischen oder schwarzafrikanischen Wurzeln. Keines der Deutschenkinder ist sozial unangepaßt, Mitglied einer Randgruppe oder Sozialhilfeempfänger. Alle haben sich in das soziale Gefüge des Landes integriert.

Sie sind unschuldig. Man kommt immer unschuldig auf die Welt. Wir möchten deshalb, daß die Franzosen ihrer und der folgenden Generationen für ihre Lage Verständnis aufbringen. Auch die deutsche Nation muß diese Menschen, die sie mehr oder weniger »vergessen« hat, an der Stelle ihrer Väter anerkennen, denen das noch verboten war. Einige wurden ja später von ihren Vätern anerkannt und gewollt, so etwa Daniel Rouxel, der von seinem Vater in einem Brief praktisch anerkannt wurde, den dieser vor seinem Tod an seine Mutter richtete. Wir haben gesehen, daß er das erste deutsch-französische Kriegskind war, daß für sich die deutsche Staatsbürgerschaft forderte. Wir kennen auch den Fall der in Paris lebenden Lydia Braun, deren 1944 mit einem U-Boot der Kriegsmarine untergegangener Vater vor seinem Tode noch die Zeit hatte, sie anzuerkennen und ihr seinen Namen zu geben. Allerdings war die Mutter italienischer Herkunft.

Unser vornehmstes Ziel bleibt es, diesen Menschen die deutsche Staatsbürgerschaft zu verschaffen, gleichzeitig mit dem Recht, den Namen ihres Vaters tragen zu dürfen, wenn sie dies wünschen. Die Erlangung der doppelten, deutschen wie französischen, Staatsbürgerschaft wurde durch einen Beschluß Präsident Jacques Chiracs und Kanzler Schröders vom Januar 2003 möglich. Aus ihm geht hervor, daß Deutsche mit ständigem Wohnsitz in Frankreich und Franzosen mit ständigem Wohnsitz in Deutschland ab jetzt die Nationalität des Nachbarn annehmen können, ohne die eigene aufgeben zu müssen. Warum kann man diese Maßnahme nicht auf die nun wohl endgültig rehabilitierten »Kinder der Schande« ausdehnen? Diese Abweichung von den in der Europäischen Union gültigen Regeln läßt sich in diesem Fall ganz bestimmt mit der besonderen Beziehung zwischen unseren beiden Ländern rechtfertigen.

Als nächstes möchten wir den Vereinten Nationen vorschlagen, eine Konvention zum Schutz der Kriegskinder in der ganzen Welt zu verabschieden. Es gibt zwar bereits verschiedene Statuten, die das Verhalten im Krieg regeln sollen. Am bekanntesten sind hier wohl die in der Genfer Konvention festgelegten Rechte der Kriegsgefangenen. Aber obwohl das Phänomen der Kriegskinder seit jeher eines der wichtigsten und schlimmsten im Krieg entstehenden Probleme darstellt, wurde noch nie eine diesbezügliche globale Initiative ergriffen, was natürlich nicht die Bedeutung der entsprechenden Einzelbemühungen der UNICEF oder des Internationalen Roten Kreuzes in dieser Frage schmälern soll. Es erscheint uns dringend und unerläßlich zu sein, daß ein entsprechendes Statut allen Kriegskindern, welchen Ursprungs auch immer, ihr Recht auf Leben und Achtung garantiert und ein zu ihren Gunsten gebildeter internationaler Fonds ihnen eine geeignete Pflege, ausreichende Nahrung und ein Minimum an Schulbildung sichert.

Eine gemeinsame Initiative von Paris und Berlin bei den Vereinten Nationen zugunsten der Kriegskinder wäre schon eine sehr schöne Sache. Kurz nach dem Erscheinen der deutschen Übersetzung dieses Buches findet am 11. April 2005 in den Räumlichkeiten der WASt und des Landesarchivs Berlin die erste » Kriegskinderkonferenz« statt. Auch Historiker werden dabeisein. Dabei wird eine eigene Organisation, die *Amicale des Enfants de la Guerre*« *(AEG)* (»Freundeskreis der Kriegskinder«), gegründet. Treffen wie diese sind immer sehr bewegend. »Sie erledigen hier die Arbeit eines Psychotherapeuten«, sagte mir einmal eine Teilnehmerin. Und ein Beobachter meinte, dies sei »ein humanitäres Werk und ein Stück Versöhnungsarbeit«.

Nach einem ersten Gedankenaustausch, den wir am 27. Oktober 2004 unter der Patenschaft von Christiane Deussen, der Direktorin des *Maison Heinrich Heine* in der *Cité Universitaire* von Paris, veranstalteten, schrieb uns Jeanine Sevestre, eine der Zeuginnen, die an diesem Abend das Wort ergriffen hatten: » Ich möchte Ihnen mit dieser Botschaft meinen Dank und meine Anerkennung ausdrücken für den Verlauf und das Programm des von Ihnen veranstalteten Treffens im *Maison de l'Allemagne*. Ich war sehr bewegt von Ihrem Vorstoß bei einem Psychologen und Psychiater, unsere Schmerzen und Wünsche zu verstehen und damit umzugehen. Die Tatsache, einmal im Vordergrund zu stehen, ganz einfach einmal angehört zu werden, hat uns zutiefst aufgewühlt, wir, die wir lange Jahre gewohnt waren, zu schweigen und in vielen Familien eher am allerwenigsten zu gelten.«

Der Dank, den wir von all diesen »Kriegskindern« erfahren haben, geht uns zu Herzen. »Nur mit dem Herzen konnte man ein solches Buch schreiben«, schrieb mir Claudine Zaber. Ludwig Norz und ich haben manchmal den Eindruck, all dieses Lob gar nicht zu verdienen.

ANHANG

Gespräch Jean-Paul Picapers mit Urs Veit, dem Direktor der WASt, und Peter Gerhardt, seinem Stellvertreter. (Der Text entspricht dem autorisierten Wortlaut des Gesprächs. A.d.Ü.)

Jean-Paul Picaper. Als Franzose stelle ich Ihnen als erstes die Frage, die mich am meisten beschäftigt: Wie kann ein Bürger oder eine Bürgerin meines Landes in der von Ihnen geleiteten Dienstelle, der WASt, nach seinem verschollenen deutschen Vater suchen lassen?

Urs Veit. Da in der Deutschen Dienststelle noch fast alle Erkennungsmarkenverzeichnisse und Veränderungsmeldungen der ehemaligen deutschen Wehrmachtangehörigen aufbewahrt werden, können wir, falls der Vater dieser Personengruppe angehört hat, bei der Suche behilflich sein. Eine Ausnahme bilden Angehörige der Organisation Todt, der Waffen SS, der Polizei, der Sondereinheiten des Sicherheitsdienstes und der Sicherheitspolizei. Für diese Personengruppen wurden keine Meldungen während des Krieges an die WASt gesandt.
    Für eine Anfrage muß man gewisse Voraussetzungen beachten. Der Idealfall wäre der, den genauen Namen, Vornamen, Geburtsdatum des vermeintlichen Vaters zu kennen. Da dies aber den Antragsstellern teilweise oft nicht vollständig bekannt ist, sind für unsere Recherche alle möglichen Informationen von großer Bedeutung, zum Beispiel der Truppenteil, dem der Gesuchte angehörte, sein Dienstgrad, die Waffengattung, sein damaliger

451

Wohnort, wie alt er etwa war, zu welchem Zeitpunkt er sich wo in Frankreich aufgehalten hat. Vorhandene Dokumente aus der Zeit wie Briefe, Briefumschläge und Fotos könnten ebenfalls weiterhelfen.

Mit etlichen dieser Angaben sind meine Mitarbeiter oft in der Lage, die vorhandenen Unterlagen soweit zu durchforsten, daß man die Person finden kann, die mit großer Wahrscheinlichkeit auf den Gesuchten zutrifft. Zahlreiche Beispiele bezeugen, daß die Erfolgsquote relativ groß ist. Einer der spektakulärsten Fälle war die Sängerin der Gruppe Abba, Annefrid Lyngstaed, die ihren deutschen Vater über uns gefunden hat. In diesem Fall wird es niemanden wundern, daß sich der Vater sofort mit Stolz zur Vaterschaft bekannt hat.

J.-P. P. Nach welchen Kriterien und an welchen Fundorten sind diese Personennamen in der WASt registriert?

U. V. Die ehemaligen Wehrmachtsangehörigen sind hier nach Geburtsdatum, Name und Vorname alphabetisch geordnet und datentechnisch erfaßt. Diese Suchkriterien hat man anhand der Listen aufgestellt, die man bei der Ausgabe der Erkennungsmarken bei ihrer Einberufung oder bei einer Veränderungsmeldung ausgestellt hat.

Die Abkürzungen der Truppenteile und eine laufende Nummer wurden auf den Marken verzeichnet und nur einem Soldaten zugeordnet.

J.-P. P. Können Sie uns zuerst erklären, was diese Erkennungsmarken sind?

U. V. Es waren kleine Medaillons aus dünnem Metall, die alle Wehrmachtsangehörigen am Halse unter ihrem Hemd tragen mußten. Sie waren in der Mitte perforiert, damit man sie gegebenenfalls leicht durchbrechen konnte. Auf jeder Hälfte standen die obengenannten Angaben. Fielen sie an der Front, so konnte man die Hälfte des Medaillons abbrechen und die Angaben hier melden, daß der Träger der Marke Soundso gefallen war. Die andere Hälfte blieb beim Gefallenen, damit man ihn später identifizieren und mit einer namentlichen Inschrift auf einem Soldatenfriedhof beisetzen konnte.

J.-P. P. Wurde diese Erkennungsmethode erst vom Dritten Reich eingeführt?

U. V. Nein, sie gab es schon im Ersten Weltkrieg. Es war die Erfindung eines Schusters aus der Kaiserzeit, eine wirklich geniale, wenn auch etwas makabre Erfindung. Die russischen Soldaten hatten ähnliche Daten in einer kleinen Tube aus Plastik, die sie in ihrer Brusttasche tragen sollten, aber sie ließen sie meist bei sich zu Hause, weil sie dachten, daß sie ihnen Unglück bringt, da sie ja nur im Todesfalle gebraucht wurde. Viele benutzten sie auch als wasserdichten Behälter für ihr Zigarettenpapier. Daher ist die Identifizierung ehemaliger sowjetischer Soldaten erheblich schwieriger.

J.-P. P. Jedenfalls waren die deutschen Soldaten nicht so abergläubisch, und so haben sie alle Namen der Toten und der Lebenden?

U. V. Ja, fast alle. Wie schon anfangs erwähnt, werden in der WASt die Erkennungsmarkenverzeichnisse und deren Veränderungsmeldungen der einzelnen Truppenteile der Wehrmacht aufbewahrt. Diese sind nach Regimentern und Waffengattungen geordnet, die nach speziell dafür ausgegebenen Zahlengruppen, den sogenannten Bandnummern, gekennzeichnet sind. Sämtliche Wehrmachtseinheiten waren verpflichtet, in regelmäßigen Abständen der WASt die bei ihnen stattgefundenen Veränderungen, wie z. B. Personalabgang und -zugang, Neuerteilung von Erkennungsmarken für verlorengegangene Marken, zu melden. Wie schon erwähnt, sind die Personendaten dieser Listen inzwischen EDV-mäßig erfaßt worden und dadurch per Eingabe abfragbar.

J.-P. P. Die Lebenden und die Toten?

U. V. Nein, die Toten aus den Verlustlisten nicht. Es handelt sich um ca. 150 Millionen Verlustmeldungen der Truppe, die der WASt gemeldet wurden, diese Eingabe würde Jahre in Anspruch nehmen. Diese Meldungen (Erkrankungen, Verwundungen, Vermißt- und Todesfälle) wurden aber auch auf unseren Zentralkarteikarten eingetragen, die wiederum datenmäßig erfaßt sind.

In letzter Zeit werden diese Dokumente immer mehr von Historikern für ihre Arbeit verwandt, da man die Bewegungen innerhalb der Truppenteile sehr gut verfolgen kann.

J.-P. P. Werden sie auch von ausländischen Forschern benutzt?

U. V. Immer häufiger, obwohl wir durch den uns gesetzlich vorgeschriebenen Auftrag keine Forschungsstätte und kein Archiv im eigentlichen Sinne sind.

Bevor ich aber fortfahre, möchte ich zwei Namen stellvertretend für andere nennen. Den Franzosen Fabrice Virgili, der historische Untersuchungen zu einem benachbarten Thema ihres Buches in unserem Hause durchgeführt hat, und den Italiener Carlo Gentile, der als Sachverständiger für die italienische und die deutsche Justiz in Angelegenheiten von Kriegsverbrecherprozessen tätig ist. Gentiles Arbeit verdanken wir es, daß die Existenz der Unterlagen unseres Hauses in Italien in Fachkreisen als Primärquelle außerordentlich gut bekannt sind.

Nun aber zurück zu ihrer Anfangsfrage.

J.-P. P. Ja, zu den alphabetisch geordneten Karteikarten Ihrer Zentralkartei... Aber Sie haben diese Frage mit all diesen Hinweisen bereits beantwortet.

U. V. In Ihrem Buch haben Sie außerdem darauf hingewiesen, als Sie sich mit dem Fall der Mylène Lannegrand befaßt haben.

J.-P. P. Fände man bei Ihnen auch Informationen über ehemalige Kriegsgefangene, falls die Familien danach suchen?

U. V. Sicher, die Kriegsgefangenenunterlagen sind auch eine unserer wichtigen Quellen. Die Möglichkeit besteht, daß deutsche Kriegsgefangene in Frankreich Beziehungen mit Französinnen eingegangen waren, aus denen Kindern entsprangen. Dies wäre eine Quelle, um die Väter ausfindig zu machen. Frankreich hat übrigens wie alle anderen Verbündeten der westlichen Seite die Bestimmungen der Genfer Konvention strikt respektiert und nach Kriegsende, allerdings auch erst in den sechziger Jahren, der Bundesrepublik Deutschland die Unterlagen über deutsche Kriegsgefangene in Frankreich ausgehändigt.

Wir können noch auf eine weitere Quelle, den Gräbernachweis, hinweisen, um Gesuchte und deren Verbleib zu klären.

Da im Krieg die Hauptaufgabe der Menschen leider darin besteht, sich auf legale Weise und unter staatlicher Kontrolle umzubringen, werden die Kriegsgräberverzeichnisse in einer unserer personell am stärksten besetzten Abteilungen aufbewahrt. Dazu kann ihnen mein Stellvertreter Peter Gerhardt, der auch seit Jahren beim Volksbund Deutsche Kriegsgräberfürsorge ehrenamtlich tätig ist, mehr berichten, da der Volksbund und unser Gräbernachweis Hand in Hand arbeiten.

J.-P. P. Ist das alles?

U. V. Nein. Eine besondere Gruppe bilden die Personalakten und Unterlagen der Kriegsmarine. Sie sind uns fast vollständig erhalten geblieben.

J.-P. P. Sie erwähnten die alphabetisch geordneten Karteikarten. Genauso wie Deutsche Schwierigkeiten mit der französischen Aussprache haben, haben auch Franzosen Probleme mit der deutschen. Ich kann mir vorstellen, daß bei Anfragen aus dem Ausland große Probleme diesbezüglich zu überwinden sind.

U. V. Da kann ich Ihnen nur zustimmen. Viele der Fragenden, die sich an uns wenden, kennen den Namen nur nach seiner phonetischen Aussprache. Namen, die ähnlich klingen, werden oft ganz anders geschrieben. Sie können sich nicht vorstellen, wie viele Deutsche z. B. Kutbitzki heißen, nachdem früher Tausende von Polen zur Arbeit im Bergbau ins Ruhrgebiet nach Deutschland ausgewandert waren. Dieser Name hat sehr viele unterschiedliche Rechtschreibungen. Nehmen wir z. B. auch den Namen Hampel. Ein Franzose wird das »H« übersehen und »Ampel« sagen. Ein Russe dagegen wird ihn »Gampel« nennen. Das kann aber auch ein Spitzname der Kameraden gewesen sein, um einen Invaliden zu bezeichnen, der humpelte, dann hieß er »Humpel«. Nicht nur die Namen Müller oder Schuster sind problematisch, weil sie so häufig sind, sondern andere Namen auch. Schon der Name Hase, der so einfach aussieht, hat endlos viele Schreibweisen.

Wir haben seit Anfang der neunziger Jahre viel mit Rußland und den Staaten der ehemaligen Sowjetunion zu tun. In Rußland schreibt man meistens nur den Namen, den Vornamen, den Vatersvornamen und das Geburtsjahr einer Person auf. Tag und Monat fehlen fast immer. Dabei haben wir in den neunziger Jahren umfangreiche Listen mit Namen von Gefallenen oder in Kriegsgefangenschaft geratenen und verstorbenen deutschen Soldaten aus Rußland erhalten. Von den über 750 000 Namen, die wir erhalten haben und die ins Deutsche übersetzt werden mußten, konnten wir bisher ca. 480 000 zuordnen. Bei der schwierigen Aussprache deutscher Namen in Osteuropa war das kein Zuckerschlecken.

Ich möchte diese Gelegenheit ergreifen und mich bei Herren Sergiy Monchenko-Ertel vom »Service Center Ukraine-Europa« bedanken, der uns, was den Zugang und die Datenübermittlung aus Archiven der ehemaligen UdSSR, hauptsächlich der Ukraine anbelangt, unschätzbare Dienste erwiesen hat.

J.-P. P. Sie erwähnten aber, daß sie die Listen aus der ehemaligen Sowjetunion erst seit den neunziger Jahren erhalten haben. Warum erst so spät?

U. V. Weil der Zusammenbruch der Sowjetunion 1991 stattgefunden hat. Die UdSSR hatte die Rechtsfolge des Zarenreiches
nicht angetreten. Erst nach Ende des Zweiten Weltkrieges wurden die Vereinbarungen der Genfer Konvention von 1906 und
diejenigen der Haager Landkriegsordnung von 1907, die »der
Menschlichkeit auch in Kriegszeiten Raum und Geltung verschaffen sollten« und die Beziehungen zwischen den kriegsfüh-
renden Parteien verbindlich regeln, unterzeichnet. Die »Genfer
Konvention zur Verbesserung des Loses der Verwundeten und
Kranken im Felde« und das »Genfer Abkommen über die
Behandlung der Kriegsgefangenen« vom 27. 7. 1929, die vom
Deutschen Reich am 21. 8. 1934 ratifiziert wurden, hatte die
UdSSR seinerzeit auch noch nicht unterzeichnet.

J.-P. P. Was die eigenen Verluste anging, wie ging man damit
um?

U. V. Am 26. 08. 1939 wurde gemäß Artikel 77 der Genfer Konvention von 1929, kurz vor Ausbruch des Zweiten Weltkrieges,
die WASt als eine Abteilung des Oberkommandos der Wehrmacht in Berlin gegründet. Sie hatte die Aufgabe, die fremdländi-
schen Verluste (hauptsächlich Kriegsgefangene) dem Internationalen Komitee vom Roten Kreuz in Genf mitzuteilen.

Da sie aber auch die eigenen Verluste erfaßte, und dem OKW
unterstand, kann man davon ausgehen, daß sie für die Entscheidungen der Militärführung von großer Bedeutung war. Sie hatten
so eine recht genaue Übersicht über die tatsächliche Truppen-
stärke und die Verluste. Wie Sie auch wissen, ist Statistik, wenn
auch immer mit Vorsicht zu genießen, für die Planung unent-
behrlich.

J.-P. P. »Traue nie einer Statistik, die du nicht selbst gefälscht
hast«, soll Winston Churchill gesagt haben. Doch wie mir bekannt ist, hat die UdSSR das Genfer Abkommen unterzeichnet.

U. V. Ja aber erst 1949. Sie fühlte sich davor an der Behandlung der Kriegsgefangenen und an dem Aktenaustausch nach »westlichen« Maßstäben nicht gebunden. Das erste Gräberabkommen mit der UdSSR noch geplant, hat die Bundesrepublik Deutschland 1991–1992 dann mit Rußland unterschrieben. Um den Datentransfer zu erleichtern, haben wir die dafür nötigen Geräte geliefert. Damit wurde das vorhandene umfangreiche Material erfaßt und an uns weitergeleitet. Danach erst konnten wir mit unserer Arbeit beginnen, die Schicksalsklärung von Vermißten und Anzeige für die amtliche Registrierung der Toten bei den zuständigen Standesämtern.

J.-P. P. Bekanntlich haben auch französische Staatsbürger in der deutschen Armee als Soldaten gedient.

U. V. Ja, Sie haben recht. Es gab eine große Anzahl von Freiwilligen, es waren oft Angehörige rechter Parteien. Wie im übrigen Europa auch, beteiligten sie sich an dem von Goebbels ausgerufenen sogenannten »Kreuzzug gegen den Kommunismus«. Deren Zahl war aber relativ gering. Dazu noch ein Kuriosum, französische SS-Einheiten verteidigten die Reichskanzlei im von der Roten Armee belagerten Berlin.

Die wesentlich größere Zahl stellten aber die durch das Annektieren des Elsass und Lothringens zwangsrekrutierten deutschstämmigen Bürger. Die meisten von ihnen haben unfreiwillig gedient. Frankreich hat sich ihnen gegenüber korrekt benommen und sich um ihre Entlassung aus der russischen Kriegsgefangenschaft bemüht. Tausende haben diesem Handeln ihr Leben zu verdanken.

Übrigens war das auch die Argumentation von Armand Klein, und zwar die Identifizierung französischer Staatsbürger in dem Aktenmaterial der WASt möglich zu machen. Dieser Argumentation verdanken wir die Rettung der WASt-Bestände in letzter Minute vor der Vernichtung durch die Alliierten.

In den neunziger Jahren haben wir der Stiftung »Entente

franco-allemande« in Straßburg, der der ehemalige Minister André Bord vorsteht, kostenlos die Listen mit den französischen Staatsangehörigen, die wir aus russischen Archiven erhalten haben, überreicht.

J.-P. P. Kostenlos? Hätte man dafür zahlen müssen?

U. V. Eigentlich nicht. Aber der Grazer Historiker, Professor Dr. Karner, der für seine Universität arbeitete und in deren Auftrag ein Datenerfassungsprogramm erstellte, mußte damit anders verfahren. Da sein Projekt überwiegend eine Privatinitiative war, mußte er sich seine Dienstleistung bezahlen lassen. Der französische Staat hat diese Handlungsweise, aber auch die gute, über 40 Jahre dauernde Zusammenarbeit gewürdigt, indem er mich stellvertretend für alle meine Mitarbeiter mit dem französischen Verdienstkreuz und dem Titel eines Chevaliers ausgezeichnet hat. Die Verleihung fand durch Herrn Antoine Girard statt, der die WASt im Namen der französischen Schutzmacht in Berlin bis zur Vereinigung Deutschlands betreute. Das Dokument trägt die eigenhändige Unterschrift von François Mitterrand vom 3. Juni 1994. Vermutlich war das eine seiner letzten Amtshandlungen. Übrigens wurde Herr Girard für seine Leistungen als letzter »Conservateur« der WASt vom deutschen Botschafter in Frankreich mit dem Bundesverdienstkreuz ausgezeichnet. Ein Zeichen guten Stils, das auch die inzwischen vorbildlichen Beziehungen zwischen Frankreich und Deutschland, dem Motor der Einigung Europas, symbolisiert.

J.-P. P. Was verbindet Sie persönlich mit der WASt?

U. V. Die WASt bildet einen großen Teil meines Lebens. Man muß auch sagen, daß die Arbeit hier etwas Faszinierendes an sich hat. Daß man nach Jahrzehnten noch lebenden Menschen helfen kann, die schmerzhaften Folgen, die der Krieg hinterlassen hat, zu überwinden, grenzt an ein Wunder.

J.-P. P. Haben Sie eine Ausbildung als Historiker?

U. V. Nein, ich bin Diplomkameralist, d. h. daß ich Verwaltungs-
und Staatsrecht studiert habe. Von 1970 bis 1973 habe ich bei der
WASt gearbeitet, dann habe ich andere Berufe ausgeübt, und
1980 kam ich wieder zur WASt und habe sie bis zum heutigen
Tag nicht mehr verlassen. Es sind mir zahlreiche andere besser
dotierte Stellen angeboten worden, aber die Arbeit gefällt mir
hier so sehr, daß ich die Angebote abgelehnt habe.

J.-P. P. Sie sind nach dem Krieg geboren worden. Wo war Ihr
Vater während des Krieges?

U. V. Ich bin kurz nach Kriegsende geboren worden. Mein Vater
war beim Oberkommando der Wehrmacht als Schreiber und
sogenannter »Küchenhengst«. Dort war er für die Versorgung
mit Nahrungsmitteln zuständig. Stationiert war er unter anderem
auch in Norwegen. Dort lernte er einen Norweger kennen, der
Urs hieß. Aus dieser Erinnerung heraus erhielt ich meinen Vornamen.
Meine Mutter hatte ein ganz kleines Einkommen im Krieg. Sie
arbeitete in einer Regenmantelfabrik, wo sie Teile von Plastikre-
genmänteln zusammenklebte. Ich hatte Glück, überhaupt geboren worden zu sein. Im März 1945 fand wieder ein Bombenangriff auf Berlin statt. Meine Mutter und meine Schwester fanden
Zuflucht im Keller des Hauses in der Soldiner Straße im Wed-
ding, in dem sie wohnten. Eine englische oder amerikanische
Bombe zerstörte das Haus restlos. Sie waren im Keller verschüttet, der Rettungsdienst holte sie jedoch einen Tag später glücklicherweise heraus. Um Haaresbreite wäre ich also im Leib meiner
Mutter mit ihr zusammen gestorben.
Danach wurden wir ins Vogtland evakuiert und erlebten zum
Glück dort den Zusammenbruch des Dritten Reiches. Ein zwei-
tes Mal wurde unsere Familie wie durch ein Wunder gerettet.
Zurück in Berlin geschah es im Spätsommer 1945. Eine gute

Bekannte kam zu uns herübergeeilt und sagte: »Paßt auf, die Russen werden zu Euch kommen. Sie haben gerade den Günther abgeholt.« Günther war ein guter Freund meines Vaters. Wir nannten ihn »Onkel Günther«. Er war wie mein Vater als Soldat dem OKW zugeteilt worden. Seine Frau sagte meiner Mutter auch, daß die Russen als englische Militärpolizei verkleidet, in einer schwarzen englischen Militärlimousine kommen würden. An der Aussprache, aber auch an dem braunen Uniformhemd, unter der englischen Uniformjacke sichtbar, hatte sie gemerkt, daß es Sowjets waren. Wir wohnten zu jener Zeit in Berlin-Moabit, einem Stadtteil, der damals zum englischen Sektor gehörte. Die Sowjets mußten sich als Engländer ausgeben, um ihre Razzien dort zu veranstalten. Sie waren schlau, aber nicht immer schlau genug, da sie vergessen hatten, ihre Jackenknöpfe ausreichend zuzumachen. So versteckte sich mein Vater rasch auf dem Dachboden und meine Mutter sagte, als die falschen Briten kamen, daß er nicht zu Hause sei. Am Tage danach ging er zu den Engländern und ließ sich internieren. Nach sechs Monaten kam er aus dieser milden Internierung zurück. Sein Freund Günther kam erst 1952 aus der russischen Gefangenschaft zurück. Er war todkrank und starb nach einigen Jahren viel zu jung an den Folgen.

J.-P. P. Können Sie etwas über das Gebäude erzählen, in dem die WASt heute untergebracht ist.

U. V. Es ist ein Teil der ehemaligen »Deutschen Waffen- und Munitionsfabrik«, eigentlich ein schöner Backsteinbau aus der Gründerzeit. Es klingt paradox, daß heute die Kriegsvergangenheit dort verwaltet wird, wo früher große Teile an Munition für den Krieg produziert wurden. Dieses Industrieareal von mehreren Hektar Gesamtfläche ist nie richtig bombardiert worden. Vieles fiel hier in Schutt und Asche, aber nicht diese Fabrik. Sie war gut sichtbar und vermutlich wurde sie absichtlich verschont. Großaktionär war die Quandt-Familie, der auch die Automobilfabrik Opel gehörte. Opel hatte gekreuzte Kapitalanteile mit Amerika, und vielleicht wollten wohl die Amerikaner nicht ihr Miteigentum in Berlin zerstören.

J.-P. P. Kann es sein, daß die Nationalsozialisten das wußten und deswegen die Herstellung von kriegswichtigem Material dort eingerichtet hatten?

U. V. Das müßte man untersuchen, aber unsere Akten enthalten keine Hinweise dazu...

Die »Rechte Hand« von Urs Veit, Peter Gerhardt, sein ständiger Stellvertreter, gesellt sich zu dem Interview.

J.-P. P. Herr Gerhardt, können Sie noch etwas ergänzend zu dem Interview mit Herrn Veit sagen?

Peter Gerhardt. Eines liegt mir unbedingt am Herzen. Ich bin neben meiner rund vierzigjährigen Aufgabe in der WASt noch seit Jahren aktiv für den Volksbund Deutscher Kriegsgräberfürsorge tätig. Es ist mir bewußt, wie wichtig es für die Hinterbliebenen ist, den letzten Ruheort eines Familienangehörigen zu kennen. Die Gewißheit, auch nach so vielen Jahren, bedeutet immer noch sehr viel, auch und besonders bei der Enkelgeneration.

Hier z. B. erhielten wir einen Brief mit der Bitte, eine Nachricht als Frage über die Medien weiterzuleiten, heute zum Glück auch eine der Möglichkeiten, Klarheit zu schaffen.

In diesem Fall suchten Angehörige von einem im Krieg vermißten »Heinrich Kaufmann« aus Hildesheim immer noch nach einem Lebenszeichen von ihm. Das hatten wir, wie wir jetzt sehen, mit vollem Erfolg getan.

Aufgrund der bei uns registrierten Vermißten des Zweiten Weltkrieges können wir auch Familien anschreiben, die immer noch nach dem Verbleib ihrer Verwandten suchen. Ich möchte betonen, daß der Datenschutz dabei strikt respektiert wird. Die

Anschriften derer, die sich bereit erklären, z. B. mit Fernsehleuten Kontakt aufzunehmen, werden nur an diese mit ihrer Zustimmung weitergeleitet.

Der NDR (Norddeutscher Rundfunk) hat am 13. November 2003 eine Sendung unter dem Titel »*Verschollen im Krieg*« gesendet.

Peter Gerhardt zeigt uns ein Papier, das er in der Hand hält und liest einen Brief vor, den wir aufgrund der Sendung von einem Zuschauer erhielten: »*Mein Vater sah diese Sendung und erinnerte sich, daß er mit diesem Mann im Lager Nowa Scharty war. Heinrich Kaufmann war krank und hatte Wasser in den Beinen. Das Wasser ging nicht weg, und er starb Ende November 1944. Er ist in ein Massengrab gekommen. Über 300 Menschen kamen in das Lager, und nur ca. 60 Menschen sind am 24. Dezember 1944 von dort rausgekommen und woanders hingebracht worden. Herr Kaufmann hatte ein Geschäft am Hildesheimer Markt. Er war Optiker oder Drogist, wußte mein Vater. Die Angehörigen können sich gern mit meinem Vater in Verbindung setzen.*«

Es folgten Name und Adresse der Unterzeichnerin.

J.-P. P. Eine sehr schöne Geschichte ... Nach so langer Zeit, nach so langem Suchen ... Nach so vielen Jahren erinnern sich noch einige einer heute fast verschollenen Generation, was damals geschah.

Herr Veit, Herr Gerhardt wir bedanken uns für das aufschlußreiche Gespräch. Wir hoffen, daß wir mit Ihrer Hilfe und mit unserem Buch eine weitere Brücke zwischen den Menschen unserer Länder bauen werden.

PIPER

Sabine Bode
Die vergessene Generation

Die Kriegskinder brechen ihr Schweigen. 288 Seiten.
Serie Piper

Was viele bislang nur ahnten, wird nun zunehmend offen ausgesprochen: die Kriegsvergangenheit zeigt auch heute noch
in vielen Familien Spuren, bis in die zweite oder dritte Generation hinein. Rastlos haben die Kriegskinder das Wirtschaftswunder erarbeitet – doch ihre eigenen Schicksale, Vertreibung, Schmerz und unverarbeitete Erlebnisse sind eine
weitgehend unentdeckte Welt, belegt mit zahllosen Tabus. Sie
haben den Bombenkrieg miterlebt oder die Vertreibung,
ihre Väter waren im Feld, in Gefangenschaft oder sind gefallen. Erst jetzt beginnen sie zu reden. Ein anrührendes und
wichtiges Buch über die Traumata der Kriegskinder. Sabine
Bode macht zu Recht deutlich, daß das unverarbeitete Leid
der ehemaligen Kriegskinder noch heute eine große gesellschaftliche Aufgabe darstellt.

01/1443/01/L